# 苏东坡新传

李一冰 著

上

四川人民出版社

## 图书在版编目（CIP）数据

苏东坡新传 / 李一冰著 . -- 成都：四川人民出版社，2020.5（2024.8 重印）
ISBN 978-7-220-11804-3

Ⅰ. ①苏… Ⅱ. ①李… Ⅲ. ①苏东坡（1036-1101）—传记 Ⅳ. ① K825.6

中国版本图书馆 CIP 数据核字 (2020) 第 038162 号

四川省版权局
著作权合同登记号
图 字：21-2020-97

版權所有 © 聯經出版事業公司
本書版權經由聯經出版事業公司授權銀杏樹下（北京）圖書有限責任公司版簡體中文版委任安伯文化事業有限公司代理授權
非經書面同意，不得以任何形式任意重制、轉載。

本中文简体版权归属于银杏树下（北京）图书有限责任公司。

SUDONGPO XINZHUAN
# 苏东坡新传

| 著　　者 | 李一冰 |
|---|---|
| 筹划出版 | 后浪出版公司 |
| 出版统筹 | 吴兴元 |
| 编辑统筹 | 杨建国　李夏夏 |
| 特约编辑 | 谭云红　廖丹丹 |
| 责任编辑 | 唐　婧 |
| 装帧制造 | 墨白空间·陈威伸 |
| 营销推广 | ONEBOOK |
| 出版发行 | 四川人民出版社（成都三色路 238 号） |
| 网　　址 | http://www.scpph.com |
| E - mail | scrmcbs@sina.com |
| 印　　刷 | 北京盛通印刷股份有限公司 |
| 成品尺寸 | 143mm×210mm |
| 印　　张 | 32.75 |
| 字　　数 | 734 千 |
| 版　　次 | 2020 年 5 月第 1 版 |
| 印　　次 | 2024 年 8 月第 23 次 |
| 书　　号 | 978-7-220-11804-3 |
| 定　　价 | 168.00 元 |

后浪出版咨询(北京)有限责任公司　版权所有，侵权必究
投诉信箱：editor@hinabook.com　fawu@hinabook.com
未经许可，不得以任何方式复制或者抄袭本书部分或全部内容
本书若有印、装质量问题，请与本公司联系调换，电话 010-64072833

元　赵孟頫　苏轼立像

贤郎在侍下留缄塘也令有愿疏告为附
达
宠惠名茶不任愧感……中间
示谕新制火炉告令买两所因
便寄及为幸
　　　　　　　宁启

宋　张方平　名茶帖

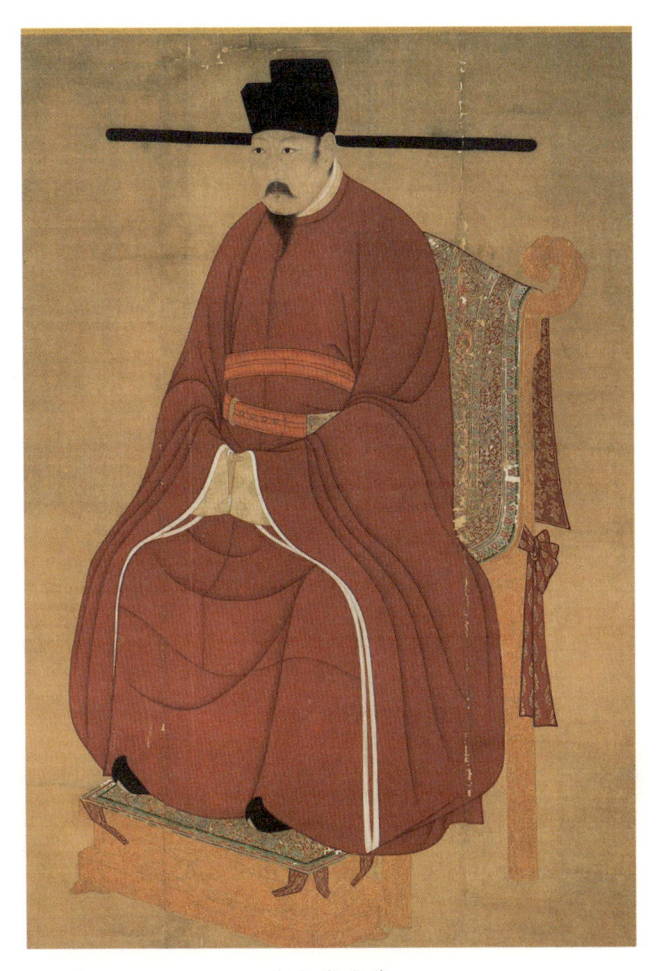

宋仁宗坐像

修啟多日不相見誠以區區見發

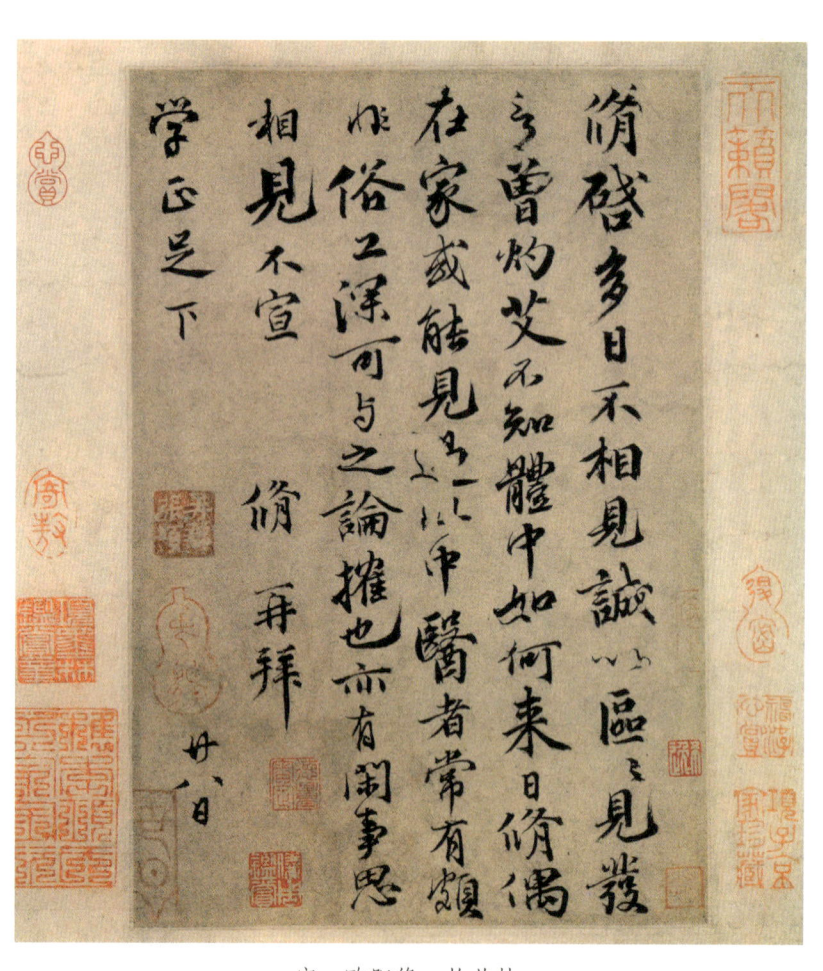

言曾灼艾不知體中如何來日修偶

在家或能見過至此而醫者常有

談俗之深可與之論摧也亦有閑事思

相見不宣 修 再拜 廿八日

學正足下

宋　歐陽修　灼艾帖

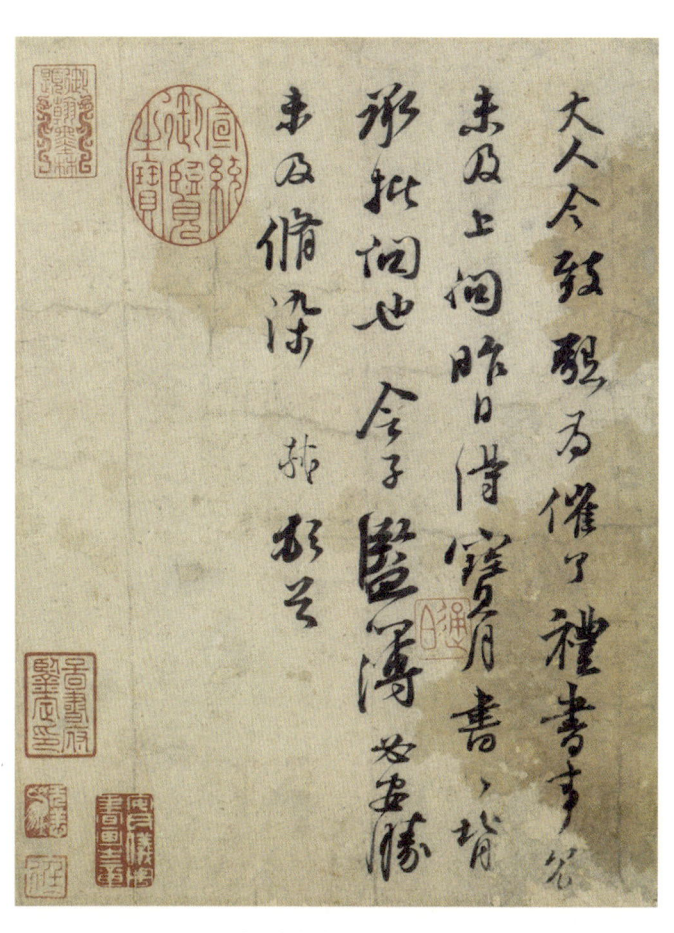

大人今极康胜为催了礼书未及上问昨日佩宝月书,皆别纸询也令子监薄甚安胜未及偹诸勒状

宋　苏轼　宝月帖

素再拜啓陝右久藉

才德宣布

天子之惠一方安肅實解

朝廷西顧之憂然偶滄

使麾興議甚戀想

進用之命不出旦夕伏冀

寬以處之前迂

寵數少慰門人之望幸甚幸甚

素再拜

宋　王素　才德帖

宋　苏洵　道中帖

宋神宗坐像

宋　苏轼　治平帖

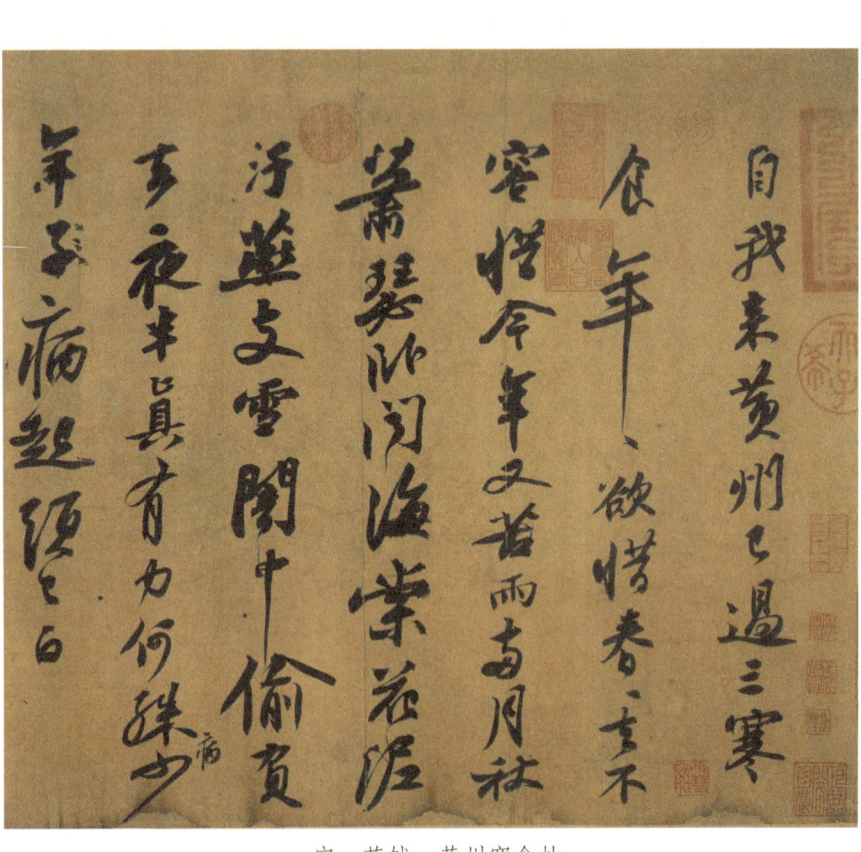

自我来黄州已過三寒
食年、欲惜春、春不
容惜今年又苦雨两月秋
萧瑟卧聞海棠花泥
污燕支雪闇中偷負
去夜半真有力何殊病
年少病起鬚已白

宋　苏轼　黄州寒食帖

赤壁賦

壬戌之秋七月既望蘇子與
客泛舟游於赤壁之下清風
徐来水波不興
誦明月之詩
歌窈窕之章
舉酒屬客
少焉月出於東山之上徘徊
於斗牛之間白露橫江水
光接天縱一葦之所如凌
萬頃之茫然浩浩乎如憑虛
御風而不知其所止飄飄乎

宋　苏轼　前赤壁赋

宋英宗后坐像

## 寻找李一冰

张辉诚

李一冰《苏东坡新传》,出版在文学大师林语堂《苏东坡传》之后,照理说,压力颇大,但却意外胜过林书——但是,李一冰是谁呢?

我问遍了我熟悉的文学圈教授,竟然没有一个人知道李一冰是谁!

李一冰是谁?

喜欢苏东坡的读者,除了看东坡诗文之外,难免想要知人论世,涉读东坡传记。文言传记姑且不论,白话传记最知名者首推林语堂《苏东坡传》(1977),可是此书整体而言,趣味有余,深度、严谨俱不足,加上原为英文之作,宋碧云女士译成中文后,出现不少问题,淡江大学张之淦教授曾作《林著宋译〈苏东坡传〉质正》,指出不少讹误缺失,兹不赘述。另一本则是李一冰《苏东坡新传》(1983),出版在文学大师林书之后,照理说,压力颇大,但却意外胜过林书——如果读者喜欢余秋雨《山居笔记》里的《苏东坡突围》，就会发现该文曾摘录李一冰先生原文，如果读者再有兴趣多一点考据精神，就会发现余文主要材料其实都建立在李一冰《苏东坡新传》的考证与整理文字之上。这也无怪乎余秋雨曾评论此书："是文字较为典雅的学术著作，大抵让苏轼以其诗文来自道生平，作者的归结甚有见地。"这确实是很奇妙的现象，一冰先生帮了余秋雨写作上的大忙（余先生不用大费周章考证，写出的散文就看起来很有学术基础），但一冰先生却必须因为名动大陆的余先生揄扬，才得以在大陆扬名。

但是，李一冰是谁呢？

这是我从大学初读此书，爱之不倦，捧读再三之余，经常疑惑的问题。大概只能从书中《后记》看出一点线索，是书从1971年开始写，1979年完稿。换言之，写了八年。后来出国，最后落款是"一九八一年四月杭人李一冰自记于美国新泽西州"，除此之外，多年来我在网络上所能查到的资料也只有"美国新泽西州大学教授"一衔，奇怪的是，我问遍了我熟悉的文学圈教授，竟然没有一个人知道"李一冰"是谁！这实在是太怪异了！——一个杰出的研究者、写作者，居然像个隐形人一般？

2013年8月我从陈芳明教授脸书（facebook）得知联经出版社更换了新的总编辑——胡金伦，而且是他的高足。我马上写了一则私讯给胡先生。

金伦兄，先行自我介绍：张辉诚，写作者，也是一名高中老师，做点文学研究。我的博士论文写苏东坡，多年来一直有个疑惑，贵社出版李一冰《苏东坡新传》，写得极好，但他的生平几乎只剩书后短短跋语，前大半辈子花了巨大心血写成此书，后来到美国便不知所终。我猜想一冰先生应该不在人世了，是否有他后人联系方式，我想写封信向他或他的后人表达我的敬意，如果可以，甚至可以多探得一些李先生的生平，为他作一小传，不然，这样好书的作者就完全消失于历史洪流了。

胡先生很快回信，说他在读硕二时我们曾在师大一起上过杨昌年老师的课，算是我学弟，他答应隔天回公司找找作者的联络方式，但是年代久远，可能也不容易。

隔了几天，金伦传来李一冰先生的联系方式，我当天就写了一封信。

一冰先生道鉴：

冒昧来信，渎神恕恕。晚辈是从联经出版社总编辑处获得您的邮址，冒昧写这封信给您，只是多年以来一直想向您表达敬仰之意。晚辈读您的大作《苏东坡新传》，毫无疑问，这是所有东坡传记中写得最好的一部。晚辈读完之后，大受感动，此后时时重新翻读，时时感受东坡之形象跃然纸上。晚辈亦从事研究、创作多年，深知其中甘苦，先生之大作必然流传千古，只恨先生之行迹几乎无人知晓，或许先生故意为之，于乱世中存神去迹，以保康泰。晚辈此信，纯粹想表达对您的敬仰之意，谢谢您留下这本巨作。尚肃。敬颂。

秋绥

晚辈张辉诚敬上

隔天就收到回函。

辉诚兄：

我是李一冰的幼子，先父已于1991年谢世（1912-1991）。感念你对《苏传》的热爱，我很愿意与你分享父亲著述的心路历程。

　　我于1950年生于台北，1973年台大毕业，游学澳大利亚，在美国制药公司工作垂三十载，现居康州。

　　像你一般的读书人已不多见，希望可以见面倾谈。

李雍敬复

我又马上复信，几次电子邮件往返，俱附录于下。

李雍先生您好：

　　听到一冰先生故去，虽然曾经料想，但真正听到消息还是感到惋惜。您现居康州，大约回台湾的机会不多，不知何时可以见面倾谈？晚辈希望可以为一冰先生作一小传，刊登在台湾的大报上，如果可以的话，也能附录于《苏东坡新传》之后。晚辈很想知道一冰先生的生平与撰写《苏传》的心路历程，甚至先生到美国之后的种种，不知如何向您联系呢？是否可以打电话给您？

晚辈辉诚敬上

辉诚兄：

　　得来书，眼睛不觉湿润。我实愧为人子。我11月回台（按，2013年），望能一见。我将以先父用过的《施注苏诗》一部相赠。我会打电话给您。

李雍敬复

李雍先生：

　　能和你联系上，晚辈也很激动。就我所知，凡是研究苏轼的学术朋友，无一不对李一冰先生怀抱敬佩与感谢之意。晚辈多年来向此间诸人询问一冰先生事迹，竟无一人知晓（然大多数人都想知道），适值联经出版社总编辑换人，换成研究所曾同修一课的学弟，晚辈方才赶紧询问联系方式，多年夙愿，终得一偿，先生当可想见晚辈激动之情。

十一月，先生返台，可否先将日期告诉晚辈，让晚辈有所准备，晚辈迫不及待想与您长谈，亦感谢您将一冰先生的用书赐赠，对晚辈而言，那是珍若璧玉。

晚辈辉诚敬上

然后就收到李雍回信，道出惊人秘密。

辉诚兄：

读兄来书，不禁痛哭。

吾兄有所不知，是书写于国民党的冤狱之中，吾家隐忍不发者，四十年。先父者，异代之太史公也；《苏传》者，先父之《史记》也。

弟已不知所云，恕我。再谈。

李雍敬复

我又再去一信。

李雍先生道鉴：

读一冰先生《苏传》之跋语，晚辈早已隐隐约约感受其中必然有许多委屈与隐情。故于第一封信中即写"只恨先生之行迹几乎无人知晓，或许先生故意为之，于乱世中存神去迹，以保康泰"。

弟虽不才，愿为一冰先生扬此公道，撰文以传之于后，不使一冰先生隐沦埋没于历史洪流。一冰先生之巨作确实如太史公《史记》，但太史公有《自序》及《答任安书》自剖心迹，一冰先生之心迹当由先生转述，由晚辈来执笔公之于世！

晚辈辉诚敬上

李雍只传来短短三句：

心潮起伏，往事历历。我们等这一天等了三十年。

2013年11月某日，李雍自美返台，我们约在永康街玫瑰园碰面，畅谈一下午。其后，李一冰先生次子李东（香港中文大学信息工程系荣休讲座教授及上海交通大学电子工程系致远讲席教授）亦从香港来台，和李雍一起到寒舍，并带来一盒大纸箱。

两次访谈，整理李一冰先生资料如下：

李一冰（1912-1991），原名李振华，一冰为其笔名，浙江杭州人。

原籍安徽，其先祖明末时避清兵南下之乱，始移居杭州，历代经商，至清嘉庆年间，创设"李广裕号"，专营杭州特产丝织物，经营有成，规模渐大，中国各地大港口俱有分店，乃营销杭州特产之最大商行。经商余裕，复在杭州泗乡，买田两千余亩；又于菜市桥大街上，开设一家当铺。然清咸丰年间，太平天国起义，两度攻陷杭州。至同治三年（1864），左宗棠率湘军收复杭城，重回家乡，劫后家园几已摧毁殆尽。只能移住菜市桥的典当铺，虽已经劫掠而空无一物，但残破屋舍修修补补，尚能勉强安居，此后六代相延，李一冰出生于此，其两子女亦出生于斯。李广裕本铺经此一乱，早已寸缕无存，各地分店，也被掌柜们乘乱卷逃，无从追寻，数十年杭州第一的出口字号，只剩下各处收回来的大堆账簿，堆满了一间厢楼。

李广裕倒闭，典当物遭劫抢殆尽，唯靠房产田地租息度日，既无资力重振旧业，而乱后百业萧条，更无任何生意可做。李一冰曾祖父便把希望放在教子弟"读书应考"之途，希望借科举重振家声。然李一冰祖父无意功名利禄,曾祖知不能强,便将希望放在孙子(李一冰之父)身上。一冰父全力准备应考,不料仅应考过一回,光绪三十年(1904)即诏废科举,年少所学,付诸流水。光绪末年,一冰父母成婚,不久后辛亥革命爆发,推翻清王朝,成立中华民国,民国元年(1912),一冰出生。

民国七年(1918),一冰父染患席卷全球之流行性感冒而谢世,得年仅三十三岁,一冰年七岁,李家一脉仅余祖母、母、一冰及两个姊妹,三世一身,形单影只,幸其曾祖父偶于同治八年(1869)与人合伙创设"怡生号",经营颜料、煤油及杂货。第一次世界大战时,颜料价涨,获利甚溥,基业因以厚立,全家赖此得以不坠。

李一冰自幼在家受自聘塾师之古文启蒙教育,奠基旧学基础,十五岁接触现代教育,毕业于浙江私立之江大学经济系,后留学日本明治大学经济系。不久日军侵华,抗战事兴,辍学返杭,携家眷逃难各地。

抗战胜利后,又回到杭州安居。民国三十六年(1947),一冰叔李辛阳的法国巴黎大学同学魏道明,接替因"二二八"事变处理不当而下台的陈仪,担任第一任台湾省政府主席,魏道明邀请李辛阳来台相助,李辛阳安插侄子李一冰到隶属经济部的物资调节委员会,担任科员。1951年,"国营"台湾造船公司购买一批废铁,发生"露标"(泄漏底标)事件,有官员周某从中牟利,遭到弹劾,最后找了两个代罪羔羊,李一冰卷入其中,因为他是低阶科员,曾经记录、盖章,经手此事。李一冰急寻叔父李辛阳救助,李辛阳拜托当时主管司法的谢冠生,一查,从中牟利者,后台惊人,乃陈诚之心腹，无可奈何。1954年，判刑确定，八年徒刑定谳。（承审法官陈某，后因伪造学历而遭吊销法官资格，一冰子女多认为冥冥之中自有因果报应。）

但说也奇怪，一冰虽失去工作，却从未收到拘禁通知，也没有强制拘监。朋友大多认为"盗亦有道"，只是为了遮掩弹劾案件而已。一冰也想："上有老母，下有四子，躲一天算一天。"自此在家鬻文维生，同时靠太太工作贴补家用。（这段时间，一冰先生以真名李振华撰写《明末孤臣张苍水传》（1953），后来又增补成《张苍水传》（1967）。张苍水是谁？熟读台湾史的人应该都知道，明末两大抗清名将，一是郑成功，一是张煌言（号苍水），郑成功东南战役难有进展，决定东进台湾，张煌言曾修书劝阻，认为郑军入台，金、厦难保，复明无望。其后张煌言遭清军捕获，拒绝投降，受刑时神色自若。一冰先生此时特撰此书，乃因张苍水墓在西湖，是一冰故乡；再者，张苍水反对到台湾，一冰亦后悔来台；三者，张苍水乃明末忠臣，国破家亡，知其不可而为之，坚守志节，视死如归。三个原因加在一起，张苍水就变成了一冰先生心情的最佳投照对象。

转眼十六年过去，旧友方某授意儿子写信向李一冰借贷，一冰泥菩萨过江，自身难保，回信婉拒。不料，旧友恼羞成怒，竟向警察局检举告发，警察到家要钱索贿，一冰妻说明家中困境，警察说："你先生不上台面！"不久，拘票出现，一冰百口莫辩，只能入监服刑。这一年，已经是1967年，一冰五十六岁。最后共监禁四年，四年后假释出狱。一冰先生晚年常对子女说："我这辈子最大的错误，就是相信这个时代还有公道！"

狱中第一次面会，幼子李雍骑脚踏车到土城看守所面见父亲，一冰先生托买苏东坡诗集。李雍到台北书肆购得《古香斋施注苏诗》，送入狱中。一冰先生在狱中四年，将苏诗两千多首背得滚瓜烂熟。（辉诚按，此书李雍后来转赠给我，书内首页盖有"止于至善"蓝印、写有"252 李一冰"〔252系囚犯号码〕，及狱中检查章和狱中编号。书内有李一冰先生红笔眉批。）

服刑期间，一冰先生再三告诫子女，刻苦自励，未来要选读实用之学，绝对不要留在台湾！四年入狱，适值长女申请到奖学金赴美读书，每月有两百美金奖学金，皆赖长女每月拨出一百五十元美金寄回台湾，接济母弟，方能度过此难。

1971年，一冰先生出狱，工作难觅，只能继续鬻文维生。他下定决心撰写《苏东坡新传》（以下简称《苏传》），开始到图书馆抄写各种原始资料，同时整理《东坡事类》《苏轼年谱》等重要书籍，加之狱中熟背东坡诗，相辅相成，下足死功夫。

一冰先生撰写《苏传》，并非从东坡出生写到老死，而是从中途写起，先写东坡四十四岁时贬谪黄州，彼时东坡甫经乌台诗案，遭小人陷害，入狱濒死，最后否极泰来，雨过天青之轻松与从容，恰恰是一冰先生当时出狱之心境。

换句话说，一冰先生写《苏传》，不像林语堂看到的东坡，是横空出世、天才洋溢，他看到的东坡是狱中狼狈至极的东坡、虎口余生出狱后的东坡，是从苦冈中走向旷达自在、从现实接二连三的无情打击走向一而再、再而三的意志坚强与生命韧性的东坡，他更从东坡一生看到文人的真性情、率直和乐观，看到一肚子不合时宜，更看到了围绕其间的政治漩涡与小人诬陷——换言之,一冰先生写东坡,实则在写自己,他把自己的悲辛穷厄镕铸在《苏传》之中,他借东坡的行止来浇自己的块垒。这样的写法,很容易就让读者深受感动,因为他把自己的饱满情感灌进东坡形骸,他让东坡形象跃然纸上之外,更让读者深入东坡的内心世界,那个幽微难言的内心世界,他体会得最深刻、最具体、最实证。简单地说,一冰先生让《苏传》里的东坡和他真实的生命处境交融在一起。如此一来,《苏传》便完全不同于文学家驰骋其文采所写的东坡传记,更不像学者饾饤獭祭堆砌资料出来的传记——这样的情感表现,却又扎扎实实建立在一冰先生坚实的考证功力与文字驾驭能力之上,一冰先生曾说:"不写一句没有根据的话。"足见其严谨。

1979年,《苏传》全书写成,共计七十余万字。一冰先生当时并不想出版,因不想出名,也不求闻达了,甚至像东坡一样"自喜渐不为人识",《苏传》是他前半生忧患、孤愤之书。1980年即将赴美,与在美国工作的子女同住,去国前,环顾四壁,四堵萧然,唯有一千余页的《苏传》原稿,去存两难。后与友人提起此事,友人刘显叔(台大历史系教师)与陈烈(统一饭店主秘)之夫人,转介绍给联经出版社总编辑方清河,玉成出版事宜。1983年正式出版,作者署名不用"李振华",改用笔名"李一冰",取"一片冰心在玉壶"之意。

在美初期,一冰先生轮流在各子女家寄住,后申请到加州的老人公寓,既便宜又方便,这段时间是一冰先生一生中最安定的十年。其间,1986年,一冰先生曾返大陆,探视亲妹,得知亲人凋零,不胜唏嘘。返美后,日常生活仍以读书、写作自娱，研究目光转向扬州八怪，逐一细考、细究八怪之生平与诗、书、画，整理出的手写资料，共计卡片一叠、笔记五本及一整册手写稿与影印资料（李雍先生亦将之转赠给我），1991年动笔，但只写了第一章，即因心脏衰竭过世，享寿八十。其子女四人，在国外各领域俱有所成。

辉诚赞曰：司马公曾对"天道无亲，常与善人"（天道是没有偏爱，只是常常帮助好人）一语，发出深切怀疑之叹。一冰先生，纯然一善良之人，却于国破家毁之际，复遭贪佞之害，以其大学所学，本为栋梁之才，不幸遭此构陷，鸿鹄折翼，腾达路断，即连安身立命尚且难得。一冰先生被迫转入文史研究与书写，凭借年少私塾旧学根柢，深入张苍水、苏东坡、扬州八怪，为之传记。不知者，读其书皆以"李一冰教授"称之，然一冰先生本非文史出身，所学经济亦与文史相去甚远，然知之、好之、乐之，以其深厚的旧学基础，复加以身处乱世的感慨，投注其书，竟超越群伦，"教授"之名，亦当之无愧。韩愈为柳宗元作墓志铭，说到倘柳宗元贬谪时间太短，终究出人头地，如此则其文学辞章，想必未能特加着力，作品也就肯定无法留传后世。这话移来衡量一冰先生，似亦贴切，人生得失，难以短暂时光看待，其屈辱悲痛，当时哭之、恨之、衔之，放诸长远，祸福得失之间，亦难遽断——一冰先生终以其立言之劳，自可不朽。

访谈结束，李东、李雍将带来纸箱打开，内盛一冰先生重要遗物，包含手稿、照片、证件、书信，等等，悉数转赠给我，说有此知音，一冰先生亦当感慰九泉。（原先李雍还想向联经要回《苏传》手稿，总编辑金伦答应请人到仓库寻找，说应该还在。但后来找了许久，确定遗失了，甚为可惜。）我酷好收藏，得此珍物，喜出望外，但转念一想，百年之后，一冰先生遗物又将何去何从？不如转捐给博物馆收藏，脑海立即想到台湾文学馆。当时馆长为李瑞腾老师，其子李时雍正在《人间福报》副刊任编辑，邀我撰写专栏，值此之便向瑞腾老师请问捐赠之事，瑞腾老师回信："台文馆馆藏以台湾文学为主，李一冰先生的书及手稿状况如何？如主要是中国古籍，台文馆并不适当。"捐赠碰壁，只好转向北京，向我的指导教授龚鹏程先生求助。巧合的是，一冰先生遗物中有他自己写作《苏传》所做之剪贴报纸资料一小册、影印参考文章三篇。其中两篇即是准备用来游说联经出版社出版《苏传》之重要文章：一是张之淦《林著宋译〈苏东坡传〉质正》、另一则是钟馗（按，我看文字风格及学养能力颇似龚鹏程老师，询问之后，果然就是年轻时的龚老师化名钟馗之作）《刘维崇〈苏轼评传〉摘误》，至此连龚老师也都有了遥远的关联。

龚老师建议两处：一是杭州西湖马一浮纪念馆；一是四川眉山苏东坡纪念馆。这两个地方现托由他管理，可全权处理。我思前想后，杭州是一冰先生故乡，放在杭州固然好，但遗物多为东坡研究，不如放在四川东坡纪念馆，别具意义。2002年，好友建筑师劭柏勋曾带领我们一群祐生研究基金会成员，趁三峡大坝尚未完工，先畅游四川，再从成都搭船顺长江而下武汉，在四川时要去游览蜀南乐山大佛，途中我查看地图，发现眉山就在主干道岔出不远，赶忙向大家提议，去看东坡故乡，得到同意后，向导游说明先改道，导游一脸纳闷，直说他带团这么多年，从来没人去眉山。到了之后，当时内心激动之情，直到现在仍无法以文字形容。我想，一冰先生若知道遗物最后进到东坡纪念馆，心情应该也会和我一样吧？

龚老师让我把东西寄过去。但我怕东西寄失，那就功亏一篑了。龚老师说，那托里仁书局社长徐秀荣带来北京，他最近要到北京开会。我致电徐先生，说明此事，徐先生说他年纪不小，无法带太多太重，于是我整理比较珍贵者，装在一箱，托徐先生先带往北京，交给龚老师。其余，另装一箱，径自邮寄北京。龚老师收到后，再请四川东坡纪念馆职员，携往四川珍藏。

这些都告一段落，这才松了一口气，总算把这件事办妥了。然后，就只剩写这篇文章了。我答应李东、李雍，会写《寻找李一冰》一文，但是一拖，转眼就过了两年，为什么会迁延这么久？一来，写这篇文章压力颇大，里头隐藏太多尘封故事。二来，为偶像写文章，很不容易拿捏尺寸，找到适当的切入点和叙述口吻。三来，这两年铆起来推广学思达教学法，希望可以改变台湾填鸭教育，经常东奔西跑，疲于奔命，无暇他顾，就连两年前就应该写好的《祖孙集》，到现在也还没多少进度，完工日更是遥遥无期！但是我一直记得李雍在电话中对我说的话："辉诚老师，您知道吗？您写来第一封信的那天，正好是我父亲的忌日。"世间巧合，竟至于此。

# 目　录

上册

寻找李一冰　　　　　　　　　　　　　　1

第一章　食蓼少年　　　　　　　　　　　1

　一　蜀道难　　　　　　　　　　　　　1
　二　宋之平蜀　　　　　　　　　　　　5
　三　世系　　　　　　　　　　　　　　11
　四　双亲　　　　　　　　　　　　　　16
　五　少年　　　　　　　　　　　　　　21
　六　但愿一识张益州　　　　　　　　　31
　七　登进士第　　　　　　　　　　　　37
　八　母丧　　　　　　　　　　　　　　48
　九　南行　　　　　　　　　　　　　　53
　十　老苏的一官难求　　　　　　　　　59
　十一　制策之试　　　　　　　　　　　64

第二章　变法与党争　　　　　　　　　　71

　一　初仕凤翔　　　　　　　　　　　　71

二　怀乡念弟　　　　　　　　　　79
　　三　陈希亮　　　　　　　　　　　83
　　四　亡妻·丧父　　　　　　　　　91
　　五　荆公变法　　　　　　　　　　96
　　六　党争的发端　　　　　　　　　106
　　七　新政暴风　　　　　　　　　　111
　　八　上皇帝书　　　　　　　　　　121
　　九　遭诬　　　　　　　　　　　　132
　　十　惘惘出都　　　　　　　　　　140

第三章　马入尘埃　　　　　　　　　　147

　　一　湖畔孤鸿　　　　　　　　　　147
　　二　湖寺寻僧　　　　　　　　　　154
　　三　监试乡举　　　　　　　　　　162
　　四　相度堤岸工程　　　　　　　　168
　　五　富春山行　　　　　　　　　　175
　　六　红裙白酒　　　　　　　　　　182
　　七　常润道中　　　　　　　　　　187
　　八　别西湖　　　　　　　　　　　196
　　九　密州利病　　　　　　　　　　202
　　十　超然台与盖公堂　　　　　　　208

第四章　黄楼　　　　　　　　　　　　217

　　一　作客东园　　　　　　　　　　217
　　二　谏用兵书　　　　　　　　　　227

三　徐州大水　　　　　　　　　　　　234

　　四　秦七黄九　　　　　　　　　　　　238

　　五　黄楼之会　　　　　　　　　　　　243

　　六　诗僧参寥　　　　　　　　　　　　248

　　七　文同　　　　　　　　　　　　　　252

　　八　重游江南　　　　　　　　　　　　256

**第五章　乌台诗狱**　　　　　　　　　　　261

　　一　始作俑者——沈括　　　　　　　　261

　　二　被台谏围剿　　　　　　　　　　　264

　　三　追捕　　　　　　　　　　　　　　269

　　四　勘问　　　　　　　　　　　　　　273

　　五　审理　　　　　　　　　　　　　　277

　　六　论救　　　　　　　　　　　　　　281

　　七　定谳　　　　　　　　　　　　　　286

**第六章　黄州五年**　　　　　　　　　　　293

　　一　出狱赴黄　　　　　　　　　　　　293

　　二　初到黄州　　　　　　　　　　　　299

　　三　孤立于风雨沙洲　　　　　　　　　305

　　四　朋友　　　　　　　　　　　　　　313

　　五　东坡　　　　　　　　　　　　　　319

　　六　书斋生活　　　　　　　　　　　　325

　　七　饮食生活　　　　　　　　　　　　336

　　八　黄泥坂和赤壁　　　　　　　　　　345

九　临皋·东坡·雪堂　　　　　　　　　　356

　　十　老农忧国　　　　　　　　　　　　　363

　　十一　神宗的救赎　　　　　　　　　　　372

　　十二　别黄州　　　　　　　　　　　　　378

## 第七章　飘泊江淮　　　　　　　　　　　　383

　　一　庐山纪游　　　　　　　　　　　　　383

　　二　访弟·殇子　　　　　　　　　　　　391

　　三　金陵谒荆公　　　　　　　　　　　　403

　　四　求田问舍　　　　　　　　　　　　　409

　　五　南都来去　　　　　　　　　　　　　417

　　六　阳羡一梦　　　　　　　　　　　　　423

## 第八章　风雨京华　　　　　　　　　　　　431

　　一　元祐更化　　　　　　　　　　　　　431

　　二　从调和到冲突　　　　　　　　　　　438

　　三　不到中书不是官　　　　　　　　　　445

　　四　老成凋谢　　　　　　　　　　　　　453

　　五　学士院风波　　　　　　　　　　　　459

　　六　经筵与驱程　　　　　　　　　　　　467

　　七　元祐党争　　　　　　　　　　　　　474

　　八　一士谔谔　　　　　　　　　　　　　482

　　九　试院抡才　　　　　　　　　　　　　487

　　十　金莲烛　　　　　　　　　　　　　　496

　　十一　乞郡避谤　　　　　　　　　　　　502

# 第一章　食蓼少年

东坡诗："少年辛苦真食蓼，老境清闲如啖蔗。"

## 一　蜀道难

蜀，位居中国之西南边陲，四境皆被崇山峻岭所围绕，中间一大盆地。境内旧有岷、泸、雒、巴四大河流，所以又称四川[①]。

蜀与中原的交通，陆路须出秦川（陕西），川陕之间，峻岭连云，山深岩密，绝无通路。照李白说，只有陕西郿县（今眉县）太白山的层层峰峦间，才有一道缺口，也只有飞鸟可度，而人迹不至：

噫吁嚱，危乎高哉！蜀道之难，难于上青天！
蚕丛及鱼凫，开国何茫然。尔来四万八千岁，不与秦塞

---

[①] 一说唐剑南道仅分东西二川，至宋则为益州路、梓州路、利州路、夔州路，谓之川峡四路，后遂以此名为四川。——编者注

通人烟。

西当太白有鸟道,可以横绝峨眉巅。①

春秋战国时代,蜀人始通中国。《华阳国志》传说,秦惠王知蜀王好色,许嫁五女于蜀,蜀王派遣五丁出山往迎,还到梓潼,见一大蛇行入山穴,一人揽其尾想要拉它出来,力不能胜,于是,五个力士一起来拉,大声呼叫,山崩石裂。五丁、秦五女和所有士卒,全被山石压死了——正因为当初这项开山工程,使人不能相信是人力所能达成的鬼斧神工,所以才有这类似神话的"五丁开山"的传说。但赖以通蜀的山间栈道,也从这个时期就傍山架木地建起来了,李白诗说:"地崩山摧壮士死,然后天梯石栈相钩连。"

天梯石栈虽然是架起来了,但是迟至唐朝李白的眼中,蜀道之难,依然难于登天。黄鹤飞不过去,猿猴也愁攀援不上;青泥岭悬崖万仞,满山云雨,百步九折,一路泥淖;山深处,景象肃杀,鸟号古木,子规夜啼,眼前尽是无穷的连峰叠嶂,高与天齐,枯松倒挂绝壁,飞瀑转石雷鸣。李白叹道:"其险也如此,嗟尔远道之人胡为乎来哉!"

峥嵘崔嵬的剑门关,耸立于大小剑山的连峰绝壁之间,飞阁通衢,绵亘一百多公里的插天峭壁,有所谓"一夫当关,万夫莫开"的形势。这大自然生成的要塞,天下大乱时,却成为西蜀赖以偏安的天险。

自古以来,代有英雄人物,在中原这片大地上,龙战千年,

---

① 本书引文多有省略之处,且与通行版本未必尽合。但因作者已逝,不知所据版本,为尊重本书原貌,故于省略、不同之处不予增补,谨修订实质性错误。——编者注

杀人盈野，蜀人幸有四境高山，卫护中间这一方安和乐土。肥沃的成都平原，从不缺乏粮食，纺织业非常发达，锦江澄明的水流，洗濯出闻名天下的蜀锦，山崖和乡野盛产茶盐，物产如此富饶，人人都能丰衣足食。经济上一有自给的满足，蜀人隐然自视为中原以外的独立王国，爱好和平和自己的乡土，无人愿意背井离乡，到陌生地方去闯天下。

不幸的是，角逐中原、开疆拓土的英雄们，不是难于登天的蜀道、万夫莫开的剑门所能阻挡得了的。秦汉之际，刘邦屯兵汉中，就曾以声东击西的谋略，"明修栈道，暗度陈仓"而征服了西蜀；三国时代，蜀汉的诸葛亮，就因为据有了富饶的四川，才能六出祁山，争胜天下。

大唐隆盛之世，突然于天宝十四载发生安史之乱，玄宗被安禄山的叛军追迫，一路西向逃亡，途次马嵬驿，在兵变的胁迫下，忍痛赐死杨贵妃后，就冒险进入山岳重叠、云烟万里的蜀道，而西狩剑南。从此以后，四川这块安和乐土，便被卷入时世的浪潮中，冲击动荡，不再能够保持像从前一样的单纯和宁静了。

安史乱平后，唐朝元气大伤，统治力量逐渐衰退，全国各地，盗贼蜂起，凡是拥有武力的藩镇，莫不割据为雄，强者且图问鼎中原，天下大乱。屡试不第的黄巢乘机秘密结社，造起反来。黄巢势力迅速膨胀，攻陷潼关不久，就占领了首都长安，国号"大齐"，自己做起皇帝来了。

当叛乱的烽火延烧到京师，即将逼近宫门时，惶恐中的僖宗皇帝，想起玄宗曾经幸蜀，认为这个四境崇山的盆地，是个理想的避难之所，于是决定车驾入蜀。世乱的压迫，使蒙尘的帝室、落魄的长安贵族和贵族附庸的文化人，都不得不身向艰难的蜀道挑战，大批大批地到了四川。

这时候，有个贩私盐、盗家畜，人称"贼王八"的草莽英雄王建，趁此机会，起兵勤王，以讨伐黄巢为名，卫护流亡中的僖宗皇帝进了西蜀。后论功行赏，便被任命为蜀中某一地方的长官。王建虽是草莽出身，却颇具有雄心，在这个小地盘上，积极扩充自己的实力，兼并弱小，坐大势力，到大唐帝国的命运终归灭亡时，他便占领整个四川，自己建起独立王国来了——是为"前蜀"，时当公元907年。

李白形容西北通秦州的蜀道，比登天还难，而东南向另一条发源于岷山的长江水系，通往江南的水路，也并不容易。自夔州以下，即是一路连续的瞿塘峡、巫峡和西陵峡的三峡之险，两岸一望无尽的层峦峭壁，密夹江流，水随山转，山壁阻挡水势，激起万顷风波，汹涌搏斗，还有一段崩山的裂石，暗藏水中，谁碰着它，立刻舟覆人亡。这一条递长七百里的峡路，同样是旅人的畏途。

然而世上的事情，没有绝对的利弊。承平时固然交通不便，但当天下动乱的时候，蜀也靠这高山和急流，排除了外来祸害的波及，得以在杀声震天、哀鸿遍野的中原之外，自成世外桃源，作为避难者的天堂。

五代十国，实是唐代藩镇之祸的延续，大江南北各地，全由节镇割据，各自独立称王，大吃小，强凌弱，此分彼合，交战不休。在这个战乱频仍的黑暗时期里，王建所统治的前蜀，恰是一个遗世独立，最平靖、最安谧的乐土。中原大户，为了保全身家性命，宁愿冒着蜀道的险难，搬到四川来寄寓，带来多年积储的财富和历世收藏的文物。王建虽然是粗人，但他懂得利用这个机会，优与容纳这批外来的高级难民，他们带来的大批金帛和物资，充实了西蜀的地方财力，使它意外迅速地繁荣了起来。避难入蜀的旧官僚和失去寄托的文化人、艺术家、诗人甚至禅僧，一例受到王建的优遇，这些人原来都是中原上层社会里的中坚分子，他们将唐代最成熟最高等的长安文化带进西蜀来，于是中原的生活风习、礼乐文物，广被蜀人吸收，到中原社会被数十年间无情的战火摧毁殆尽时，反倒要蜀境内所保存的传统文化来反馈中原了。

王建的前蜀，历二主，二十三年，被中原国家的后唐所灭，但又遭后唐委派治蜀的军人孟知祥叛离而独立，是为"后蜀"，后蜀亦历二主，三十三年。

前后蜀近六十年间，王、孟两家的统治，诛求算不得十分苛酷，以千万人的血汗奉事一家一姓而已。只要没有战争，没有社会动乱，这一段中国历史上相当黑暗的时期中，也只有西蜀独能保持一个平稳的时世。

这段独立时期，四川生产的物质，一丝一粒都不必输送中央，无数金帛和珍宝虽然积聚于蜀宫，但总还算是蜀境内的藏富。蜀宫的生活无论怎么豪奢，甚至荒唐到连溺器都用黄金铸造，七宝镶嵌。然而一人之奉，毕竟有限，老百姓忍辱负重惯了，生活欲望非常低微，只要日子过得平安，农人能安分守己地耕作田野，商人能顺顺当当做生意，他们就可以从节俭中过他们卑微的生活，从卑微的生活中获得满足。

## 二　宋之平蜀

宋太祖以陈桥驿兵变，而黄袍加身，得有天下，也因此觉察到军人操政的危险，随后就有"杯酒释兵权"那样戏剧性的成功。待到中央政治部署稍有头绪，他就分兵逐一收拾南方诸国，先平荆南，次平蜀，再次南汉和南唐（时贬号江南），渐次敉平，统一中国。

平蜀战事，发动于太祖乾德二年（964），以王全斌为西川行营都部署，刘光义、崔彦进为副，将步骑六万，分由凤州、归州两路走栈道和扬子江三峡之险，进军西蜀。

蜀王孟昶信用近臣王昭远、韩保正辈素不知兵的人统军御敌，其败亡的命运，不卜可知。剑门关天险一失，蜀主惶骇无计，但言："吾父子以丰衣美食养士四十年，及遇敌，不能为吾东向发一矢！"终至无兵可用，只得修表投降。宋军自汴京发兵，到接受孟昶投降，前后只费六十六天，得州四十五，县一百九十八。

宋为彻底矫正前代藩镇的弊害，采取绝对的中央集权制，不使地方掌握兵力，不使地方留存余财，所以一经征服西蜀，首先即将蜀官中满库的金帛珍宝，全部没收，特别编组一个输送队，一车一车地载离蜀土，输往汴京。这大批的资财，固然是取之于蜀官内库，但也是六七十年间从四川老百姓头上搜括来的地方财富，蜀人眼看它们运离本土，不能没有被征服的屈辱和愤怒。

胜利的将军们，更摆出一副征服者为所欲为的姿态，他们在成都，整日整夜地举行盛大宴会，征歌选色，纵酒狂欢，毫无顾忌地放浪声色，再也不管军务，任令部下抢掠财物，霸占妇女。蜀人屈服在宋军的淫威下，积愤难平。曹彬屡请主帅王全斌班师回京，而全斌等则贪恋成都的享受，不予理会。唐代有"扬一益二"的说法，认为全国城市的繁荣，扬州为天下第一，益州（成都）第二，所以这批将军们就乐不思归了。

皇帝下诏调遣蜀兵赴京，这是预防蜀人作乱的釜底抽薪之计，然而蜀兵岂能甘心离乡背井，任人摆布。王全斌又不知轻重，既已纵令部曲对蜀兵百般侵凌，又克扣他们的行装旅费，这些土著兵士就满怀怨愤，密谋反叛。

乾德三年三月，军行至绵州，他们就公开造起反来了，抢夺绵州附近的城邑，号召民众，一时集聚者达十余万人，自号"兴国军"，推举蜀文州的刺史全师雄为统帅，率众攻彭州。全师雄自称"兴国大王"，开幕府，设官置署，派节帅二十余人，分据要害，两川的老百姓群起附和，声势日盛。王全斌派兵进剿，屡屡落败，师雄扬言要反攻成都，邛、蜀、眉、雅、果、遂、渝、合、资、简等十六州及成都属乡都纷纷起兵响应，蜀人抗宋的武装革命，一时如火如荼。

其时，成都城里还剩有遣余的蜀兵二万七千人，全斌怕他们会里应外合，与部将合谋，将他们骗入夹城中，一起杀了。这种杀戮降卒的暴行，更令蜀人发指。

宋太祖得知蜀乱，立即派遣大军增援，费上一年时间，免不掉又一场血腥的屠杀，才告敉平。

变乱固然得以绝对优势的军事力量加以消灭，但是，宋太祖的中央政权，却也从此失掉了西蜀的民心。

宋朝统治下的子民，负担是非常沉重的。正常的赋税之外，有各种名目附加的苛捐杂税，每个人头上都须担负身丁钱，另外还有徭役和摊派，农民终年耕稼，还得不到一个温饱。前后蜀时代，老百姓缴付的捐税，总算取之于蜀，用之于蜀。现在则完全纳入宋朝中央岁入系统里去，蜀人不再得到分润，这和初平西蜀时，将孟氏库藏悉数输往京师，同样刺激蜀人。

更甚者，宋在西蜀实施专卖制度，四川重要的出产，如茶、马、盐，都由政府定价收购，人民不得自由买卖。今天以十千买进，明日即以十三千卖出，"比至岁终，收益不可胜算，岂止三分而已"。而且天下茶法皆通，只有蜀中独行"禁榷"（专卖），茶农盐民和养马户所遭受的剥削，一样苛酷，几乎无以存活。不但如此，甚至如当地名产"蜀锦"，也由政府设置专门机构，统制产销，扩而至于所有织物，都禁止人民自由买卖。朝廷所派官吏将地方富源一手攫尽，实施如此绝对的经济压榨政策，西蜀老百姓的生存机会已遭严重威胁，怎能不对宋朝抱着非常强烈的反感？

官员利用地方豪强、土霸加强他们的统治，所以只有豪强土霸才能勾结官府，粜贱贩卖，投机取利，这种霸占性的剥削与侵权，深刻到令人难以置信的地步，并且因此形成社会上贫富不均之尖锐对立，这一股怨恨，当然又归结到政府头上。

宋朝横暴的武力统治和苛酷的经济压榨，交相为用，使西蜀的老百姓困苦不堪。平蜀后三十年，即宋太宗淳化四年（993）春，终于发生了以王小波、李顺为首的武力反抗。

宋人王辟之的《渑水燕谈录》记此起义的缘由，非常扼要：

> 本朝王小波、李顺、王均辈啸聚西蜀，盖朝廷初平孟氏，蜀之帑藏尽归京师。其后言利者争述功利，置博易务，禁私市，商贾不行，蜀民不足。故小波得以激怒其人曰："吾疾贫富不均，今为汝均之。"贫者附之益众。

王小波，眉州青神县的一个农民而已，乘着这个痛苦的时势，喊出众民心中的一个口号，就将饥饿线上十万贫民集合拢来，揭竿起事，攻青神，掠彭山，他们抓到彭山县的县令，公开将他的肚皮剖开，拿大把大把的铜钱装进他的肚皮里去，说他平日爱钱，现在给他。这个样子的惩贪办法，颇具戏剧性的刺激作用，民心大快，青、彭附近城乡，纷纷起来响应。

是年年底，王小波病创死，众人推戴他的妻弟李顺做统帅，略州夺县，所向无敌，到攻陷邛州时，他们已有几十万人了。

义军势力发展得非常快速。淳化五年正月，李顺攻陷汉州，跟着就攻克四川的心脏——成都，于是他便自号"大蜀王"，四出攻城略地，全蜀动摇。

宋太宗派宦官王继恩为两川招安使，分兵进讨，击破李顺大军，斩首三万级，杀的都是蜀人，五月收复成都，俘虏李顺。王继恩胜利后，作风与王全斌如出一辙，贪恋成都的享受，专务饮博，顿师不进，任令他的部下奸淫妇女，剽掠财物，有如凶神恶煞，因此残余的民众革命运动，此起彼落，一直不能肃清。到至道年间，复有张余之乱，迫得太宗皇帝下罪己诏曰："朕委任非当，烛理不明，致彼亲民之官，不以惠和为政，管榷之吏，惟用刻削为功，挠我蒸民，起为狂寇……"

但是，后任官吏，竞喜功利，聚敛如故。真宗咸平三年（1000），益州戍卒推王均为首，再度反抗，建号"大蜀"，改元"顺化"。官军发兵反攻，王均撤桥塞门，坚守不出，官军挖掘地道入城，王均率领党徒突围而逃，官军疑有埋伏，纵火焚城，翌日将曾在王均手下任职的数百人，集体烧死，时人为呼冤酷。

自宋收蜀至平定王均之乱，蜀人经历了三十六年不停的战争，三十六年的焚烧劫掠，元气大伤，再也没有从前那样的好日子了。这一段历史背景，距苏轼之生亦不过三十余年，他自然有非常深刻的印象。

西蜀特殊的地理环境，使蜀人自有独立天地的思想，进而化为热烈的乡土之恋。苏轼笔下,时常流露浓厚的乡愁,怀乡之作,俯拾皆是。

蜀人擅辞辩而好论理,坚强独立,不认为世上有所谓权威存在。宋人岳珂《桯史》说:"蜀士尚流品,不以势诎。"所以苏轼从政,每每站在当权派的反对立场,奋不顾身地为事理争论。王安石当政,炙手可热,苏轼反对新法病民,更反对他的独裁作风;司马光主国政,苏轼因恢复差役一案,为民争命,不惜获罪于相国之门,充分表现蜀人不向权势低头,富有政治勇气的地方性格。

荆公变法,最大目的要为国家救穷,在实施上不免急功近利,而疏于恤民。王小波、李顺起事的成因,在苏轼心中存有非常的警惕,所以当他目睹小民在新法的搜括政策下呻吟时,心所谓危,便不顾一切,发为激烈的言论,而贻患自己。

宋人治蜀,一直采取高压政策,蜀人普遍怀有反抗心理,形成不合作的态度。史书说蜀人不好出仕。事实上,北宋时期,七十二位宰相中,籍属西蜀者只有四人,开国之初,太祖、太宗两朝,副相以上的高官,更无一个蜀人在内。

苏轼兄弟因农村破产,家业凋零,而不得不出仕,但初至京师,尚在应试阶段,即已思想及早退休还乡,寻求夜雨对床之乐,所谓"未入仕版,已怀归志"。这也是地方性格的表现,与一般人的淡泊不尽相同。

事实上,北宋政坛,对蜀人确也怀有偏见。苏轼以崇高的文学声望而获得政治地位,但从政四十年,官止于文学侍从之臣,从未操持实际政柄,每当位近公辅之选时,言官们便大声警告:"不能用他为宰辅。"苏轼甫登执政,朝中便兴起一片"蜀人太盛"的议论。虽然有人为苏轼加上一顶"蜀派"领袖的高帽子,倒是宣仁太皇太后了解他们,帘前温谕曰:"老身知道,你兄弟在朝,自来孤立。"

魏泰《东轩笔录》:"自王均、李顺之乱后,凡官于蜀者,多不挈家以行,至今成都犹有此禁。张咏知益州,单骑赴任……"盖为这地方蕴藏着反政府的情绪,恐怕会发生不测的危险。庆历以后,这种紧张的情形,稍稍松弛,但是一般士大夫对蜀人的歧视,并未完全消泯。

苏轼四十年的政治生活中,被人疏远,永远孤立,受出生地的影响,不能说完全没有。

## 三　世系

苏轼,宋仁宗景祐三年(1036)十二月十九日卯时,生于蜀之眉州眉山县。

眉山县,位于成都之南五十公里,而成都是四川经济文化的心脏地区。据传,大禹导江工程始于蜀山,岷江实为长江的正源,自岷江南流至灌县,纵贯成都、新津、眉山、乐山、青神、犍为诸县,至宜宾而入长江。此一江流丰富的水量,灌溉成都平原,使这地区土地肥沃,物产富饶。

江水有一支流,流经眉山县城的东郊,水色特别澄清,绿油油的像玻璃一样透明,所以称为"玻璃江"。沿江两岸遍种桃花和杨柳,枝叶披拂在水面上,泛舟江上,使人有身入桃源之感,所以人称眉山为"小桃源"。

眉山是个饶有古意的小城,气候温和,风光明丽,和成都一样美好，但特有小城纯朴的风味，宁静的气氛。城中街路宽阔，大片大片的青石板铺作路面，洁净无尘，路的两边，种植高大的槐树和柳树，垂荫匝地。城中，即使是穷家小户，门前总也有个庭院，养竹种桃，一片苍翠和绚丽。

莲花，眉山的名物，城里处处见有池塘，塘里都是种的莲花，阳光映照下的田田荷叶，泛起一片碧绿的生意，夏日花开，香闻十里。

苏轼故居在城南纱縠行，占地数十亩，三面环水，屋前屋后，茂林修竹，苍翠欲滴，树上累累鸟巢，时闻鸣啭，庭前有两株合抱的老榆树，传为其父苏洵所植，院中还有一株两枝交拱的荔枝树，是蜀中父执蔡褒送苏轼二次还朝时所种。宅西一大池塘，种满了荷花，宅内点缀着许多纪念性的建筑物，如百坡亭、披风榭、抱月亭、采花舫、瑞莲亭等，虽然都是后人所建，并非苏家旧物，但是曲径回廊，幽雅有致，颇合诗人居处。此一名迹，号为"三苏祠"，明末一度毁于兵火，现在所见者，皆为清朝时所重建。

眉山苏氏，原籍赵郡，即今河北赵县，后魏置郡，唐改赵州，宋升为庆源府。栾城从战国时代就属于赵郡，今为河北栾城县。三苏题名，惯称赵郡苏某，苏辙并名其文集曰《栾城集》者，都是从其祖籍，盖苏洵作《苏氏族谱》，追认赵郡苏味道为其始祖，如言：

苏氏出于高阳，而蔓延于天下。唐神龙初，长史味道刺眉州，卒于官，一子留于眉，眉之有苏氏自是始。

其实，历史上的苏味道，不算是个正派人物。他是赵郡栾城人，唐太宗贞观二十二年（648）生。少有文名，成进士后，以文章受知于定襄道大总管裴行俭，孝敬皇帝妃父裴居道登左金吾将军，托味道作谢表，这篇文章传诵远近，使他名噪一时。至周则天朝，他亲附则天皇帝的佞臣张昌宗，宦途开始得意，历迁凤阁舍人、检校凤阁侍郎、同凤阁鸾台平章事，居相数年，毫无作为，凡事模棱两可，庸庸保位，人称"苏模棱"。唐中宗神龙元年（705），跟着张昌宗倒了下来，被贬眉州刺史，复为益州大都督府长史，未行而卒，留一子于眉，是为眉州苏氏的始祖。

自唐神龙元年至宋仁宗景祐朝，苏氏落籍于眉，且已三百余年，所以这家族虽然算不上是个高门巨阀，但却是著名的眉山县旧家，是苏轼诗所谓"炯炯明珠照双璧，当年三老苏程石。里人下道避鸠杖，刺史迎门倒凫舄"的乡绅人家。

自苏味道的儿子家于眉山，传两百余年而至苏泾，泾以前，皆不详。

泾生钊，苏洵《族谱后录》下篇，记其世系，说他和高祖钊"以侠气闻于乡间"。钊生五子，洵的曾祖父是少子苏祐，"以才干精敏见称"。其存殁与五代相始终，这一长达七十年的五代时期，天下大乱，唯蜀独保安定，而苏祐又精明能干，苏家的经济基础，大约奠定于此时。

祐有六个儿子，苏洵的祖父苏杲以孝友著名乡里，颇善治生，遂使家道殷富，有余财可以施舍别人，曾言："多财而不施，吾恐他人谋我；然施而使人知之，人将以我为好名。"所以总是偷偷摸摸地帮助穷人。因为乐善好施而散财，终其身，田不满二顷，屋敝陋而不葺。

《族谱后录》记杲有弟宗晁，是个"轻侠难制"的人物，还有个族弟苏玩，"尝有重狱"。事迹虽然不详，但甚可注意，侠以武犯禁，这个家族中的人，似乎极有任侠尚义的遗传气质。

其实，任侠尚义和乐善好施，一样是出于热心为人，同情弱者的情操，不过因对象不同，表现方法互异而已。苏家这份遗传气质，这份侠义精神，在后来子孙身上，依然清晰可见。

热心向人的人，凡事必不为己，所以淡泊名利和居家俭约，几乎也是苏氏传承的家风。宋朝的大军破蜀前后，蜀国的达官贵人，纷纷抛售田宅，赶赴汴京投效，有人劝苏杲贱价收买，但他不占这个便宜，慨然道："吾恐累吾子。"

杲子序，字仲先，生于宋太祖开宝六年（973），像他父亲一样，乐善好施，而不爱读书。体格魁伟，气量宽宏，为人平和朴实，自奉甚俭，待人却很厚道，一心只想博取别人喜欢，从来不为自己着想。对士大夫十分敬重，甚至有点卑躬屈膝的样子，别人笑他谄媚，其实他对田父野老也一样谦虚。外表上看，他对任何人一样好，其实内心里自有一个品鉴的分寸，严格得一点都不随便。

李顺举事时，兵围眉山，苏序就在城中亲身担任守御工作，表现得非常勇敢。不幸在这战乱中，他的父亲病故了，他也能依礼治丧，退慰其母，并不草率，其时他还只二十一岁。

他虽不爱读书，却欢喜做诗，就他自己所见所闻，上自国家大事，下至乡里琐屑，加上他的感慨，用诗的形式写出他心里真实的喜怒哀乐，下笔很快，积稿数千篇，但只以此自娱，从不自鸣。

虽然表面上是那么一个平和的人，但如遇到看不顺眼的事情，他也敢作敢为。蜀人比较迷信，眉山城中有一处不伦不类的茅将军庙，为眉人所信畏，庙祝借以骗钱，香火甚盛。他一日乘醉，带领村仆二十余人入庙，斧劈偶像，并将这座新庙一起拆毁，不畏神谴。他就是这么一个正直而饶有侠义精神的乡里长老。

他非常淡泊，与世无争。王称《东都事略》说，仁宗庆历四年三月，诏诸路州府军监并立学，如修学者多及二百人以上，许更置县学，然是时郡县颇以此扰民，亦一时之弊也。怎样扰民，虽不详知，但记言县中有力者争取执事县学的地位，则定有好处，可想而知。苏氏是当地的缙绅之家，有资格争取，但苏序独令家人退让，不跟别人争夺。他出入都不乘马，说："路上有比我老还在步行的，我骑了马怎么见他？"一生竭力藏退，敝衣恶食，他才心安理得。

他家陆田不多，大部分都只种粟，收成后，盖一大仓贮存，大家猜不透他是什么用意，几年下来，存有三四千石。有一年，眉州遭逢饥荒，苏序就开仓取粟，先济族人，次助外戚，再次赈济佃户和乡曲的贫民。有人问他："救荒何必一定用粟？"序说："粟米性坚，能耐久储，缺粮时用它，不会霉烂。"平日，住宅周围，都种芋魁，每年收获很多，收藏在厚草囷里。寒冬腊月，他家用大蒸笼蒸了热腾腾的芋魁，摆在大门外，任令饥人取食。

眉山苏家，原来并非士族，迁蜀的五世先人中，没有一个做过官，也都不大喜欢读书。这是当年的地方环境和社会风气所使然。苏辙《栾城集·伯父墓表》："苏氏自唐始家于眉，阅五季皆不出仕。盖非独苏氏也，凡眉之士大夫，修身于家，为政于乡，皆莫肯仕者。"唐末及五代之际，变乱相寻，天下骚扰，蜀人自有安和优裕的农家生活可过，就不愿离乡背井，投身到混乱不安的政治社会里去谋求官职。不想做官，所以读书风气也就比较衰微，虽然他们有足够的聪明和文化修养。

苏序生有三子，长名澹，早逝；次名涣，字公群，生于真宗咸平三年（1000）；幼子苏洵，字明允，生于大中祥符二年（1009），比他的二哥要小九岁。

## 四　双亲

赵匡胤以陈桥兵变，得开大宋皇朝，这却使他心生警惕，以为军人如此跋扈，政权何由巩固？太祖对他的心腹重臣赵普说："五代方镇残虐，民受其祸，朕今选儒臣干事者百余，分治大藩，纵皆贪浊，亦未及武臣十之一也。"因此决定了一个重要国策：贬抑武人地位，限制武人参政，建立一个士大夫政治制度，全国地方长官一律任用文臣。

国家一时要普遍起用那么多文臣，而宋承五代长期的战乱，一般人都不喜欢读书，书读得好的人更少。所以朝廷为实行既定国策，就必须一方面广开读书人登仕的途径，一方面竭力提倡读书的风气。宋真宗御笔亲作《劝学篇》，传布天下，这短短的篇章，迷醉天下士子者，几近千年，何况当时。诗曰：

富家不用买良田，书中自有千钟粟。
安居不用架高堂，书中自有黄金屋。
娶妻莫恨无良媒，书中自有颜如玉。
出门莫恨无人随，书中车马多如簇。
男儿欲遂平生志，五经勤向窗前读。

士人求仕，正规的途径唯由科举。宋代的科举制度虽仍唐制，但较唐朝优遇得多。只要一中进士，立即"释褐"，就有官做，或授京朝官，或为州郡副长官，或置馆职清望之地，并且待以不次之擢。如此优奖进士，目的即在开创一个文治的局面，以矫正前朝武人专政的弊害。进士，不但出路很宽，而且宋朝的官俸甚厚[①]，大官的待遇更好，除去正格的俸禄外，还有不时的额外恩赏，

---

① 赵翼《廿二史札记》卷二十二，"宋制禄之厚"。

不但本身富足，并且荫及子孙，如做到学士以上官，历资二十年，一家兄弟子孙，可出京官二十人，接替登朝。朝廷如此大力奖励，读书求仕的风气，当然披靡全国，远如大庾岭外的广南，剑门关外的西蜀，也都闻风振起。苏洵《族谱后录》说：

> 自唐之衰，其贤人皆隐于山泽之间，以避五代之乱。及其后僭伪之国，相继亡灭。圣人出而四海平一，然其子孙犹不忍去其父祖之故以出仕于天下，是以虽有美才而莫显于世。及其教化洋溢，风俗变改，然后深山穷谷之中，向日之子孙，乃始振迅，相与从宦于朝。然其才气则既已不若其先人质直敦厚，可以重任而无疑也。

这股风气，越过崇山峻岭，吹入西蜀，吹进"五世不显"的眉山苏家。苏序的次子苏涣，即于仁宗天圣二年（1024）、二十四岁时考上了进士，当时轰动全蜀，曾巩《元丰类稿·赠职方员外郎苏君（序）墓志铭》说：

> 蜀自五代之乱，学者衰少，又安其乡里皆不愿出任。君独教其子涣受学，所以成就之者甚备。……至涣，以进士起家，蜀人荣之，意始大变，皆喜其学。及其后，眉之学者至千余人，盖自苏氏始。

苏涣成进士后，旋即授官，苏序父以子贵，也被诰封。苏序的亲家程家非常富有，也有子弟出仕受封，这样的大喜事，令程家人非常兴奋，一切准备停当后，来劝苏序道："公何不也预先做个准备？"序答道："儿子已有信来，做官的器用都由他寄来。"

一天，苏序和村老一起在城外饮酒，箕踞高歌，喝得酩酊大醉时，封诰送来了，并有外缨公服、笏板、交椅、水罐子和衣版等器物。其时，苏序头上只戴一顶指头粗细的小冠子，蹲在地上，慢慢取出谱文,读了一遍,一言不发,随手就把这些东西一股脑儿装进一只布袋里。取谱时,见有吃剩的牛肉,又将它装入另一布囊,叫个村童替他挑担,自己骑驴一同入城。城中有人听到这个消息,跑出城外来看他,走到半路上,只见老人骑在驴上,童子挑着两只布囊,走在驴后,莫不大笑。[①]他就是这样一个简朴的乡里长老。

苏涣中进士时,苏序的少子苏洵还只十五六岁。

苏洵,字明允,俗号老泉,实是沿习的误称。所谓"老泉"者,是因苏家祖坟在蟆颐山之东二十余里,地名老翁泉,故其子孙以祖墓地名,称洵曰老泉,以避名讳。后来文人误以为这是苏洵的别号,大家称之为苏老泉,甚至有加先生者,其实非是。明允生于大中祥符二年(1009),自少就不喜欢读书,虽是一个生性内向、沉默寡言笑的人,天性里却富有游侠精神,喜欢结交一些斗鸡走狗的城中少年,整日在外游荡,苏序也不管他,亲戚们问是什么缘故,苏序淡然道:"你们不知道的。"到了年已及冠,他依然故态,苏序还是充满信心地说:"这样一个人,是不必担心他不学的。"

苏洵娶眉山富豪大理寺丞程文应之女为妻。程夫人系出名门,知书达礼,以程氏之富下嫁到清寒的苏家来,已是委屈,而夫婿又那么不知上进。她是个非常要强的妇人,虽然不说什么,心里总是郁郁不乐,只把家事一手承担下来,上事翁姑,下教子女,终日勤劳不息,希望有一日她的夫婿能够自己感悟过来。

苏家本来只是一个中产之家,经过多年来的消耗和人丁的不

---

[①]〔宋〕李廌:《师友谈记》。

断增加，稍有意外，经济上就有捉襟见肘的烦恼，而岳家的富有和胞兄出仕后的荣显，在日常生活中，不免常常发生无情的对比，构成精神上甚大的威胁。因此，当苏洵要外出求官时，他们就从这三代同堂的大家庭里迁了出来，在眉山城南纱縠行街上租了一栋宅子，似乎不仅住家，还经营着布帛或织物的生意。因为，从这条街名推测，"行"者，基尔特组合式的同行集中之处，住在这条街上的，也必都是同业。关于这栋房子以及在这栋住宅里兼营过纱縠生意，有苏轼自记可见：

> 昔吾先君夫人僦宅于眉，为纱縠行。一日，二婢子熨帛，足陷于地，视之，深数尺，有大瓮，覆以乌木板，先夫人即命以土塞之。瓮中有物，如人咳声，凡一年乃已，人以为此有宿藏物欲出也。①

所谓"婢子熨帛"，可能就是生意作业的一部分。程夫人不贪窖藏的非分之财，她只规规矩矩做生意，帮助家计，希望她的丈夫没有后顾之忧，这份苦心，苏洵不是不知道，他后来说：

> 昔予少年，游荡不学。子虽不言，耿耿不乐。我知子心，忧我泯没。（《嘉祐集祭亡妻文》）

苏洵因此感叹折节，谢绝与他素所往来的少年，首次闭户读书，时年二十五岁。

苏洵第一次《上欧阳内翰书》说："洵少年不学，生二十五岁始知读书，从士君子游。"时间实已太晚，何况一开头的时候，态度又不很认真，仗着聪明，看看与他同辈的人，都不见得比自己高明，以为读书没有什么难。

---

① 本集：《记先夫人不发宿藏》。

但到第一次出应乡试举人,他却不幸落了第。这次失败,使他痛自检讨,始知古人出言用意,与自己所想的不同,再搬出几百篇自己的旧作细读,不禁喟然叹道:"吾今之学,乃犹未之学也!"愤然将这批旧稿,一把火烧个干净,决心取出《论语》《孟子》、韩愈文来从头再读,继续穷究诗书经传诸子百家之书,贯穿古今。下帷终日,兀然端坐在书斋里,苦读不休者达六七年,在这六七年中,封了笔砚,发誓读书未成熟前,不写任何文章,自述读书有得的过程,如前揭《上欧阳内翰书》言:

……方其始也,入其中而惶然,博观于其外而骇然以惊。及其久也,读之益精,而其胸中豁然以明,若人之言固当然者,然犹未敢自出其言也。时既久,胸中之言日益多,不能自制,试出而书之。已而再三读之,浑浑乎觉其来之易矣。

苏洵于乡试失败后,焚弃旧稿,决心从头苦读,则已二十七岁,故欧阳修作墓志铭,张方平作墓表,史本传皆言:"年二十七,始发愤读书。"

自二十七岁起闭户苦读六年,至三十二三岁终于自学成功。曾巩论其文章说:

少或百字,多或千言,其指事析理,引物托喻,侈能尽之约,远能见之近,大能使之微,小能使之著,烦能不乱,肆能不流。其雄壮俊伟,若决江河而下也;其辉光明白,若引星辰而上也,其略如是。

欧阳修称其为学,则曰:

益闭户读书,绝笔不为文辞者五六年,乃大究六经百家之说,以考质古今治乱成败、圣贤穷达出处之际,得其粹精,涵蓄充溢,抑而不发。久之,慨然曰:可矣。由是下笔顷刻数千言，其纵横上下，出入驰骤，必造于深微而后止。盖其禀也厚，故发之迟；志也悫，故得之精。

苏洵与程夫人结婚后，接连生了两个女儿，都夭折了。有一天，他闲逛到城中玉局观道院，看到观中一家卜卦的店里，挂着一幅画像，卜师无碍子说是"张仙"，买去供奉，有求必应。苏洵听了心动，就解下身上佩带的玉环，与他交换了，回来挂在房里，每日清晨一定上香求子。如此虔诚地供养了好几年。他廿六岁时，生了长男景先，在襁褓中夭殇；翌年又生一女，是即后来嫁与程之才的幼女八娘；二十八岁时生了次子苏轼。苏洵有《题张仙画像》文曰："……且必露香以告。逮数年，得轼，性嗜书。乃知真人急于接物，而无碍子之言不妄也。"

仁宗宝元二年己卯（1039），洵三十一岁，二月二十日，幼子辙生。他们只有兄弟二人，辙诗所谓"兄弟本三人，怀抱丧其一"者是也。

## 五　少年

苏轼自幼身体健康，头脑明快，原是个非常活泼好动的孩子，而他又不缺少游伴，除自家兄弟外，还有伯父家的堂兄弟不欺、不疑、不危，外婆家的表兄弟程之才、之元、之邵和街坊邻居等。孩子们碰在一起，便结伴往醴泉寺爬到树上去采橘子和柚子，登石头山去拾松果，玩得非常痛快。直到鬓有二毛，苏轼还非常怀念他们的童年，作《送表弟程六（之元，字德孺）知楚州》诗：

我时与子皆儿童，狂走从人觅梨栗。

健如黄犊不可恃,隙过白驹那暇惜。
醴泉寺古垂橘柚,石头山高暗松栎。
诸孙相逢万里外,一笑未解千忧积。
…………

苏轼七岁开始读书,八岁入小学,就读于天庆观北极院,从道士张易简为师,同学近百人中,老师就只称赞他和陈太初两个学生,聪明为全校之冠。但是人生各有不同的际遇,这陈太初后来做了道士,得了道,尸解于眉山。

学中见到老师的朋友矮道士李伯祥。这矮道士甚好作诗,但是诗格不高,苏轼记得他的一联断句"夜过修竹寺,醉打老僧门",认为相当可爱。他一看到苏轼,便叹赏道:"这位郎君,是个贵人。"苏轼不知道他是怎么看出来的。[1]

苏轼记得七岁时,碰到一个九十岁的朱姓老尼姑,讲她早年曾随其师进入蜀主孟昶宫中。一个盛暑酷热的夜晚,蜀主与花蕊夫人纳凉于摩诃池上,曾作一词,老尼记得全文,念给他听了一遍。四十年后,苏轼还记得首句"冰肌玉骨,自清凉无汗",暇日寻味,认是《洞仙歌》令的起句,遂为补足全词,是《东坡乐府》中的名作之一。

庆历三年(1043)三月,仁宗因讨伐元昊,兵久无功,奋然改组政府,以章得象、晏殊为相,用杜衍为枢密使,范仲淹、韩琦、富弼为枢密副使,王素、欧阳修、余靖、蔡襄为谏官。朝局更新,当时的名士石介作了一篇《庆历圣德诗》,歌颂朝廷的人才济美。有人从京师来,抄了这篇诗给一位乡老先生看,苏轼刚巧

---

[1] 本集:《题李伯祥诗》。

在旁，听大人们这样讲，便从旁偷看，默默诵习，他问那乡老先生文中所颂，是些什么样的人。那人说："童子何用知之。"苏轼抗议道："如是天人，则不敢知，假使也是人的话，为何不可问？"那乡老先生讶异这孩子能说这样的话，就给他详细数说，并且告诉他道："这韩、范、富和欧阳四人，是当今天下的人杰！"孩子心里，对这四个大人物，从此有了很深的印象，很想深入了解他们的为人。谁也料想不到，日后除了不及亲见范仲淹常以为恨外，韩琦、富弼和欧阳修，在这个孩子未来的生命历程中，都有非常重要的关系。(《范文正公文集序》)

苏轼十岁，已能开笔做文章。有一天，父亲诵读了欧阳修的新作《谢赐对衣金带马表》后，就叫儿子仿作一篇，他的拟作中有"匪伊垂之带有余，非敢后也马不进"那么一句，老苏甚喜，指着说："希望这句话，将来你能自用。"① 做父亲的人，没有不望子成龙的，而四十六年后，苏轼以龙图阁学士出知颍州，撰谢表时，记起童年这个故事，果然把这联句子用了进去。

庆历五年（1045）春，苏洵离家宦游，先游了蜀境内的岷山、峨眉山，虽然攀上了绝顶，但是目眩足颤，只怕自己会下不了山，惶恐之至。然后坐了船由夔州、巫州经三峡而至湖北襄阳，舟行江上一个多月，看尽了两岸青峰，经历了峡路的急流，然后陆行而至汴京。

苏洵在京师，与同乡好友史经臣（彦辅）同应茂材异等试，这是朝廷收罗遗贤、布衣可求出身的特种考试之一。洵曾写信给梅圣俞，述当时应试之苦，有曰："自思少年尝举茂材，中夜起坐，

----

① 〔宋〕赵令畤：《侯鲭录》。

裹饭携饼,待晓东华门外,逐队而入,屈膝就席,俯首据案。其后每思至此,即为寒心。"虽然吃了苦,这次考试,却未取上。

苏、史二人,是推心置腹的好友。在眉山时,他们两个在"破窗孤灯,冷灰冻席"上,常常深谈终夕。这次同在京师应试,则又是"饮食瘖寐,相恃以安"的伙伴,结果两人都没有考中。

苏洵外表冷漠,沉默寡言,他的儿子形容他是"燕居如斋",难得一见言笑的人,但他心里却充满一团热火,隐然还有豪情侠气在他血管里沸腾,所以交游中他独喜欢豪放不羁的人物,如述他与史经臣的交往:"子以气豪,纵横放肆,隼击鹏骞。奇文怪论,卓若无敌,悚怛旁观。忆子大醉,中夜过我,狂歌叫欢。予不喜酒,正襟危坐,终夕无言。他人窃惊,宜若不合,胡为甚欢?嗟人何知,吾与彦辅,契心忘颜。"他们这时候,原来热切希望能够相共"飞腾云霄"而一举成名的,不料双双铩羽。

苏洵在京师逗留了一年多,不能得官,一气之下,漫游了河南的中岳嵩山、陕西的华山和豫陕之间的终南山,又南下江西,在九江与雷简夫订交。《忆山送人》诗说:"昨闻庐山郡,太守雷君贤。往求与识面,复见山郁蟠。"登庐山,见圆通寺的名僧居讷禅师,然后再赴虔州,直至接到父亲(苏序)于是年(庆历七年,1047)五月十一日逝世的噩耗,这才奔丧回乡。

苏洵离家后,苏轼便从张道士那里退了学,改由母亲亲自教读。计从道士张易简读书者已经三年。程夫人特别重视历史教育,因为历史事迹,不但启迪一个人的知识,更是培养品德、使能明辨是非的人格训练。她常常挑选古往今来人事成败的关键问题,提出来考问他的儿子,而她这个儿子反应敏锐,也都能回答得非常清楚扼要,母子二人,皆大欢喜。

程夫人教儿子读《后汉书》，至《范滂传》，不禁慨然太息起来。

范滂，字孟博，汝南征羌人，学问气节，深得乡里敬重，举孝廉，又举四行，受荐于朝廷，被派往冀州视察灾荒，范滂当时"登车揽辔，有澄清天下之志"。自入州境，一力纠弹吏治，铁面无私，甚至使贪官污吏，望风解印而逃。延熹二年（159）太尉黄琼任为府掾，范滂根据诏令，一口气检举州郡刺史太守以及权门豪家二十余人，朝廷不能尽采他的直言，他就辞官回家侍母。

当时宦官弄权，政风败坏，志士仁人，共起抗争，于是发生了党锢之祸。司隶校尉李膺、太仆杜密等二百余人下黄门北寺狱，范滂亦被小人攀诬在内，到第二年得逢大赦获释。

灵帝建宁元年（168），太傅陈蕃及大将军窦武谋诛宦竖官，事机不密，反被宦竖击败，于是大捕"钩党"，范滂也在党人名单里面。汝南督邮吴导奉旨缉捕，但他不忍去抓这样一位正人君子，在传舍里抱着诏书痛哭，范滂听说此事，便亲往县府投案，县令郭揖大惊，有意弃官与他一同亡命，而范滂不从。

他的母亲赶来与滂诀别，滂道："仲博（滂弟）孝敬，足以供养母亲。我跟从父亲于泉下，存亡各得其所，望母亲割不可忍之恩，不要悲伤。"

范母说："儿今日能与李膺、杜密齐名，死亦何恨。儿既得令名，复求寿考，何可得兼！"

范滂再拜受教。回头对他的儿子，说了一句流传千古的话："吾欲使汝为恶，则恶不可为；使汝为善，则我不为恶，而下场如此。"

听到这话的邻里和路人，莫不为之同声哭泣。范滂死，年才三十三岁。

苏轼读完这篇甚长的《范滂传》，十分感动，陡然问母亲道："儿若要做范滂，你许我吗？"

"你能做范滂，难道我就不能做范母吗！"程夫人凛然答他。

令人慨叹不尽的，是苏轼少年读《范滂传》时，认为这个世界需要正直而勇敢的天才，立志要做一个为真理而不惜以死相争的巨人；到了历尽坎坷，才发现生命里仍是空无一物。当初，他用一片如火的热情来拥抱人生，不料四十年漫长的历程，却尽是错落的噩梦。

苏轼是个悟性很强的孩子，读书不错，生性好动，所以非常贪玩，和七八岁大的弟弟苏辙，二人课余不免做些抟泥弄沙、掏挖鸟窝之类的游戏，如《天石砚铭》说："某年十二岁，于所居纱縠行宅隙地中，与群儿凿地为戏，得异石，扣之铿然有声……"高兴得如获异宝。

所居书堂前，有竹柏杂花，丛生满庭，好多鸟雀在这些树上筑巢。程夫人最恶虐杀生物，严禁儿童婢仆捕鸟取卵。春天，雏鸟新生时，母鸟最怕的是天上飞的鹰鸢和地上爬的蛇鼠，这些东西惯于攫取巢中的卵和幼鸟。母鸟在这里巢居过几年后，相信人们不会加害于它时，便渐渐把巢筑到低枝上来，因为低枝近人，可以受到人类的庇护，吓退鹰蛇的入侵。苏家园子里，鸟巢低得小孩都可俯身而视，苏轼他们就常去观察幼鸟的动态，找些食物来喂它们，看到它们张嘴接食，呀呀乱叫，快乐得拍手大笑。

儒家教人要"推己及人"，再进一步就是要爱及同为有生之伦的大地上其他的生物，这种人道主义的精神教养，苏轼得之于母亲程夫人者为多。

他们园子里又常有一种羽毛非常美丽的桐花凤飞来，这种珍禽，难得一见，邻里认为这是苏家祥瑞的征兆。①

儿童都喜欢过年，而蜀中风俗也很重视度岁的年事。腊月中旬，亲戚朋友们就互送年礼，不论山珍海味、活兔子、大鲤鱼，都可以当礼品，也无所谓贵贱厚薄，量力而行。富人送出来的礼物固然光显；穷人舂米作糕，也一样是份年礼。将近除夕数日间，家家杀猪漉酒，彼此相邀到家里来吃顿年夜饭，苏轼诗所谓"且为一日欢，慰此穷年悲"，是为"别岁"。

除夕那一天，合家彻夜不睡，名之为"守岁"，孩子们都勉强撑起精神来不肯睡觉，因为这个热闹欢笑的夜晚，在他们是非常难得的有吃有玩的好机会，虽然"岁"是守不住的。苏轼有个比喻，垂尽之岁恰如赴壑之蛇，蛇已进入洞里，即使你能抓住它的尾巴，终究是徒费力气。

新年里，眉山城里的男女老幼，万人空巷，都到东门外十数里的蟆颐山去踏青，山上有亭榭松竹，下临大江，士女杂沓，歌吹嬉饮于山野间，热闹非凡。苏轼、苏辙兄弟上山去，看到有一道士，拦路兜售神符，说谁买了他的符挂在家里，养蚕蚕会结茧如瓮，养羊羊会肥至数百斤。路人并不一定信他，然而还是买了。下山再见这道士时，他已得钱沽酒，喝得醉倒路边了，嘴里还一直喃喃自语："我的符灵验啊，我的符灵验啊！"苏轼觉得这骗人的醉道士，连自己也骗，非常好笑。

二月中旬，趁着农家春闲的时候，城中举行"蚕市"，卖养蚕缫丝用的器具，同时有各种玩乐的饮食的摊子，供四乡进城来的

---

① 〔宋〕苏轼：《东坡志林》。

乡下人吃喝游乐。两兄弟便常溜出去看热闹，苏轼注意到那些做生意的城里人，在那里用花言巧语来骗乡下人的钱。

庆历七年（1047）五月，祖父苏序逝世，至八月，在虔州的苏洵才奔丧回到眉县。从此，轼、辙两兄弟才正式就学于父亲。苏洵为这两个儿子取了学名。兄名轼，字子瞻，一字和仲，时年十三；弟名辙，字子由，一字同叔，时年九岁。洵复作《名二子说》勉之：

> 轮辐盖轸，皆有职乎车，而轼独若无所为者。虽然，去轼，则吾未见其为完车也。轼乎，吾惧汝之不外饰也。
>
> 天下之车，莫不由辙，而言车之功者，辙不与焉。虽然，车仆马毙而患亦不及辙。是辙者，善处乎祸福之间也。辙乎，吾知免矣。

从这命名的意思里，看得出这位精明的父亲，很担心这十三岁的次子，才华外露，容易吃亏，希望他能学习蕴藏，"若无所为"。他也欣赏幼子的敦厚和朴实，期望他有用于世而不必居其名。

苏洵改后园书斋名南轩者为"来风轩"，他就于此课子读书。苏轼四十余年后在海南回忆当时读书的辛苦，作《夜梦诗》曰：

> 夜梦嬉游童子如，父师检责惊走书。
> 计功当毕《春秋》余，今乃粗及桓庄初。
> 怛然悸悟心不舒，起坐有如挂钩鱼。
> ……………

可见当时父教子读，非常严厉，课业以日程功，一点不能马虎，而儿子贪玩，到了限定读毕《春秋》的日子，他还只读了一半，心里惶急得像吞了钩子的鱼一样。

苏轼自言当时用功的情形，曾言："我昔家居断还往，著书不暇窥园葵。"海南初度清明节，苏轼卧听少子苏过朗朗读书之声，音节闲美，感念四十年前，自己少年时，他的父母也很喜欢听他诵读的书声，作《和陶郭主簿诗》曰：

孺子卷书坐，诵诗如鼓琴。
却去四十年，玉颜如汝今。
闭户未尝出，出为邻里钦。
家世事酌古，百史手自斟。
当年二老人，喜我作此音。

…………

苏轼读书，渐有进境，父亲出了一个题目——《夏侯太初论》，命他作文。老苏见文中有"人能碎千金之璧，不能无失声于破釜；能搏猛虎，不能无变色于蜂虿"这两联句子，知道这孩子已能运用他的想象力，入于文章了，对此非常称赏。苏轼后来做《黠鼠赋》，把这得意的句子也用进去了。①

稍后，父子三人同读富弼的《使北语录》，记"说大辽国主"一节，有云："用兵则士马物故，国家受其害，爵赏日加，人臣享其利，故凡北朝之臣劝用兵者，乃自为计，非为北朝计。"这在当时情势中，确是第一等的外交辞令，两个人都叹赏其言明白而切中事机。老苏故意要考考他的儿子，问道："古人亦有此意否？"

苏轼对曰："记得严安上书说：'今徇南夷，朝夜郎，降羌僰，略秽州，建城邑，深入匈奴，燔其龙城，议者美之。此人臣之利，非天下之长策也。'正是此意，但不如此明白。"

--- 

① 大全集载东坡少时语。

老苏笑以为然，心里当更欢喜这孩子书读得熟，记忆力亦强。[1]

他们的伯父苏涣同时守制在家，两个侄子常往请教，他很恳切地告诉他们道，我少年时读书，不让老师烦恼，年稍长，学作文，每日有一定的课程，做不完，决不停止。到街上去，规规矩矩走路，在屋子里，不懒散。非独我如此，凡是我的朋友也都如此，不这样，就要被乡里看不起。所以当时读书的人虽然不多，但从不听说有读书人犯重大过错的。你们，才不如人，不妨学我的但求寡过就好。

中国人向来视人格教育重于知能训练，苏涣这番诚恳的话，在两个侄子的印象中非常深刻。苏辙后来回忆，将它详记在《伯父墓表》中。

眉山学者刘巨，字微之，在城西寿昌院设馆授课，从学的儿童几达百人，父亲便命苏轼辙兄弟前往就读。同学中，他们和家氏三兄弟——勤国（汉公）、定国（退翁）、安国（复礼）最为交好，而这近百名的学生中，日后出仕者亦仅二苏与家退翁、家复礼四人而已。

二苏在刘微之门下受学者亦三四年。有一次，刘巨做了一首咏鹭鸶的诗出示他的得意门生，末两句是"渔人忽惊起，雪片逐风斜"。苏轼读后说："先生的诗是很好，不过我怀疑最后两句断章没有归宿，不如改作'雪片落蒹葭'，好不好？"微之慨然对别人道："我没有资格做他的老师了。"[2]

苏轼读书，除了必须诵习的经典之作外，最喜欢贾谊、陆贽

---

[1] 本集：《富郑公神道碑》。又马永卿《元城语录》。
[2] 佚名撰，钱熙祚辑：《爱日斋丛钞》。

的文章，都是不尚空言，侧重实用的。后来偶得《庄子》，看得废寝忘食，喟然叹曰："吾昔有见于中，口未能言。今见《庄子》，得吾心矣！"

苏轼开始学做诗时，他和同学们便有了一种新的游戏。几个小朋友坐在一起，出个题目，各人轮流做一句或两句，串联起来，使成为一首完整的诗，是为"联句"，这是读书人流行不衰的一种文字游戏。有一次，二苏与居住在同条巷子里的邻友程建用、同学杨尧咨相会于学舍中，天下大雨，枯坐无聊，他们就发起四人联句来作六言诗。

程建用先吟："庭松偃仰如醉。"杨续道："夏雨凄凉似秋。"苏轼联第三句曰："有客高吟拥鼻。"轮到苏辙结句，他还不到十岁，做不出来，漫道："无人共吃馒头。"大家都为他捧腹绝倒。[①]

## 六　但愿一识张益州

宋仁宗皇祐四年（1052），苏家发生了一件不幸的事。

苏洵的幼女八娘，嫁与程夫人母家兄弟程濬之子之才（正辅），本来以妻兄作亲家，以内侄做女婿，原是亲上加亲的好姻缘。不料八娘嫁过去后，却因不得舅姑的喜爱，而女婿程之才也薄情寡义，竟至送了性命。苏洵痛失爱女，怨愤不平，作《自尤诗》以哀其女，复作《族谱亭记》，痛言其乡风俗的败坏，起于某人，而某人者，乃其乡颇有名望的人物，大乱其俗。虽未指名道

---

[①] 本集：《记里舍联句》。

姓，但人人知道他骂的是眉山豪绅程濬。

苏洵举其六大罪状：一曰不恤其兄之遗孤而骨肉之恩薄；二曰霸占先人遗产而孝悌之行缺；三曰为族人所讼而礼义之节废；四曰宠妾灭妻而嫡庶之别混；五曰笃好声色，父子杂处而闺门之政乱；六曰黩财无厌，唯富为贤而廉耻之路塞。并且指斥他舆马赫奕，婢妾靓丽，足以荡惑人心，败坏社会风气，以官爵金钱勾结府县，以虚言诈语欺罔君子。总结起来，骂他为"州里之大盗"。

苏洵用这样火爆的文字来泄愤，同时宣布与他的岳家从此断绝来往，告诫家人子弟必须永远遵守这个禁令。这件事，遭受打击最重的，当然是程夫人，她丧失了爱女，又断绝了母家，骨肉之间发生这么绝情的变故，足以令人肝肠摧折，精神崩溃。然而在那个时代的妇人，出嫁从夫，只好把一切横逆归诸命定，她是一个刚毅好强的人，也只能默自吞咽苦水，一句话也不说。

至和元年（1054），苏轼十九岁，娶眉山邻邑青神县的乡贡进士王方之女为妻，王夫人名弗，时年十六。

这一年，蜀中散发了一个漫天的谣言。

西南夷中的邛部川首领报告，侬智高在大理，即将率众寇蜀。疆吏接到这个情报，不辨真伪，惊惶万分，立即调兵屯边，加征额外弓手，发动民众筑城，昼夜不歇。蜀人曾因李顺等人的起事，兵连祸结，痛苦的记忆犹新，四乡的老百姓犹如惊弓之鸟，看见官府那么紧张，就纷纷逃到城里来，将粮食布帛贱价卖了，换成金钱窖埋地下，还不到婚龄的女孩，都提早嫁出去，以便减轻危难中的负担。人心惶惑，秩序大乱。

朝廷得到这个警讯，立即发陕西步骑兵戍守西蜀，于是兵仗络绎于道，更增添了战争前夕的恐怖气氛。

朝廷为加强防御，决定要改派一个朝中重臣移镇西蜀，于是同年七月间，礼部侍郎张方平（安道），就以户部侍郎出知益州。

方平于十一月到达成都，经过实地的研究和考察，认为大理远离西蜀二千里外，两地之间的地方都由非常复杂的种族分据，安南酋与他们并无役属关系，怎能行军过境，来寇西蜀？便断定这是一个谣言。

方平对邛部川提出严重警告："寇来，吾自当之，妄言者斩！"下令新调来的军队，立刻归还原来建制，遣散添募的弓手，停止城工。过了年的正月十五上元节，照例放灯，城开不夜，继复追查到谣言的始作者，枭首示众。于是一天云雾，顿告消散，民心大定。

蜀人为了酬答张方平的崇功厚德，照当时的习惯，恭绘画像陈奉于成都之净众寺，苏洵作《张益州画像记》。

北宋时代，有一非常良好的政风，大臣即使外任地方，也有发掘在野遗贤的责任。张方平出知益州，即常以此为念，而且先已知道了蜀有苏洵其人。如其自言：

> 仁宗皇祐中，仆领益郡，念蜀异日常有高贤奇士，今犹乏耶？或曰：勿谓蜀无人；蜀有人焉，眉山处士苏洵其人也。……公不礼士，士莫至，公有思见之意，宜来。久之，苏君果至。

苏洵来成都，幅巾野服，以尺书求见。方平立刻接待他，倾盖论交，共论古今治乱及一时人物的评骘议论，甚是融洽。又读了苏洵带来的《权书》和《衡论》各篇文章，认为他有司马迁一样的笔力，赞赏之余，不禁叹道："这人是困于棘茨的鸿鹄！"就特别在宾馆里辟一房间，留他住下，一面状奏朝廷，保荐他代黄庚为成都学官。

朝命累月不下，苏洵等得很不耐烦，记起九年前在九江订交的雷简夫（太简），时为雅州知州，他便到那儿去访他。太简除了为他写了分致朝中大老韩琦、欧阳修的介绍信外，又为作书促请方平替苏洵再请三请，得请后已。书略曰：

> 简夫近见眉州苏洵著述文字，其间如《洪范论》，真王佐才也，史论，真良史才也。……又闻明公之荐，累月不下，朝廷重以例检，执政者靳之不特达，虽明公重言之，亦恐一上未报，岂可使若人年将五十，迟迟于途路间耶！昔萧昕荐张镐云：用之则为帝王师，不用则幽谷一叟耳。愿明公荐洵之状，至于再，至于三，俟得其请而后已。

至和二年（1055），苏轼年已及冠。最近这几年间，读书狂勇；如名驹放足，奔驰驿路，不能自已；又勤于作业，所蓄文章如经论、史论、经义、经解、策论等，已经积稿盈箧。他的文章，能以敏锐的洞察能力，驭以旺盛的气势，纵笔所至，议论风发，写其所不能不写，而立论的精神，则皆归于实用，不唱高调。其风格似孟子，论事则如陆贽。

张方平少年读书，是个天才人物，凡书看过一遍，终身不再读。曾向别人借一部十七史，那么多的卷帙，据说经月就已看毕，归还书主。他是制科出身，曾知制诰，官拜翰林学士和御史中丞，在政治与学术两方面都属有数的人物。苏洵命苏轼带了课业往谒方平，求教亦所以求知。方平一见苏轼，惊为天上的麒麟，待以国士。这老少二人，成都初见，奠定终生师友之谊，情逾骨肉。

苏轼在成都，乘便游了大慈寺中和胜相院，并拜观了院中所藏唐僖宗皇帝及其从官文武七十五人的画像，对于唐室之奔走失国，深为感叹。在此寺中，他认识了成都僧统惟度和本是苏家远房族人的寺僧惟简。他们的年龄比苏轼大多了，但是谈得津津有味，听他们讲唐宋五代间的掌故，都是书本上所看不到的知识，求知欲非常旺盛的二十少年，听得非常兴奋。

这一年，苏洵也办了次子苏辙的婚事，娶于史氏，新郎新娘年纪都还很小，苏辙《寄内诗》所谓"与君少年初相识，君年十五我十七"。这样早婚，与他决定次年要两兄弟一同赴京应试有关。

张方平起先荐苏洵为成都学官，久无消息，便劝苏洵道："西蜀僻远之地，不足以成君之名，何不到京师去一求发展？"苏洵为之心动。

但是苏洵想到自己年将五十，还是个没有功名的布衣，求仕实已太迟，倒是为两个儿子谋取出身要紧。不过张方平所见知者，是自己的文章和节操，而且认识未久，交情不深，又如何能以家庭私事去麻烦他呢，心中踌躇不决，"欲忍而不言而不能，欲言而不果，勃然交于胸中，心不宁而言忸怩者，累月而后决"，作《上张侍郎第一书》说：

洵有二子，轼、辙龆龀授经，不知他习，进趋拜跪，仪状甚野；而独于文字中有可观者。始学声律，既成，以为不足尽力于其间。读孟韩文，一见以为可作，引笔书纸，日数千言，坌然溢出，若有所相。年少狂勇，未尝更变，以为天子之爵禄可以攫取。闻京师多贤士大夫，欲往从之游，因以举进士。洵今年几五十，以懒钝废于世，誓将绝进取之意，惟此二子，不忍使之复为湮沦弃置之人，今年三月，将与之如京师。……明公一言，天下谁议？将使轼、辙求进于下风，明公引而察之，有一不如所言，愿赐诛绝，以惩欺罔之罪。

苏洵是个非常强项的人，为了儿子的前途，竟也顾不得腼颜求助，甚至罚神赌咒说了"不如所言，愿赐诛绝"那样的话。

其实，方平早已非常器重苏轼，当苏洵与他商量："打算命二子在蜀先应乡试，如何？"方平说："使从乡举，是乘骐骥而驰闾巷，未免大材小用。朝廷设六科，所以拔擢天下的青年才俊。你的两个儿子，使从六科之选，恐怕还不够骋其足力耳！"

于是，苏洵决定赴京。嘉祐元年春先过成都，携苏辙谒张。直到这个时候，苏洵的荐状还是没有消息，显然已被当局借口检核资格，搁了下来。方平愤然道：

"吾何足为重，进退天下士，固永叔之责也！"

欧阳修（永叔）时为翰林学士，以爱才若渴著誉天下，所以张方平认为只有介绍苏洵给欧阳修认识才有用，虽然他与欧阳修曾有芥蒂，但仍硬着头皮写了一封非常恳切的介绍信，要苏洵赴京面谒。

张方平和欧阳修从前政治立场不同。庆历初年，韩琦、富弼、范仲淹当国，颇欲有所作为，欧阳修时为谏官，站在他们这一边，尽力协助，遂与宰相吕夷简那一派的人发生摩擦，引起政见之争，结果是两败俱伤，皆在"朋党"这个帽子下被罢了官。张方平后来做御史中丞时，曾就这一旧案，力加抨击，二人因此交怨，久未通问。但是张方平为不埋没苏洵，毅然写信给欧阳修，固然难得，而欧阳修也并不因是张方平介绍，便漠视这个人才，这种风度，求诸后世，几已不易再见了。

于是，三苏决定于是年三月赴京应试。

这期间，苏家的经济情况已不甚好，老苏计划出行时，家计煞费周章，所谓"一门之中，行者三人，而居者尚十数口，为行者计则害居者，为居者计则不能行"。踌躇好久之后，苏洵想到贩夫走卒还能左提妻、右挈子地奋身远行，他又何独不可？毅然决定了行计，留在眉山的这个十余口人的家庭重担，就完全落在忧伤的程夫人一个人肩上了。

古道热肠的张方平，还资助了老苏旅费。

## 七　登进士第

嘉祐元年（1056），暮春三月，三苏父子启程北向嘉陵江畔的阆中，自阆中登终南山，走上褒斜谷迂回曲折、高悬天际的古栈道。此乃川陕间的交通要道，南褒（褒城县）北斜（斜谷，在眉县西）两座山谷，壁立千仞，中间万丈深坑下一道褒水，哗哗流过，沿途古木阴森，难见天日。这条凿石架木的栈道，秦时即已开筑，古道斜阳瘦马，实是一场艰险的行役。

至横渠镇，兄弟同游了名为崇寿院的那座古庙，然后来到凤翔。原期在此好好休息一下行脚，不料凤翔的驿舍年久失修，破落得不能留宿，懊丧之下，只得将就在"鸡声茅店月"的小客栈过了一夜。再经大散关而至关中，苏轼在关右见有一首题壁诗："欲挂衣冠神武门，先寻水竹渭南村。却将旧斩楼兰剑，买得黄牛教子孙。"心里生出一种无端的向往。但是人生自有使命，既然读书求仕，便须把责任尽了，才能寻求水竹村居之乐，心里不免怅然若失。

东向而至长安,行至二陵间(葬夏代帝王的南陵和葬周文王的北陵),作为乘骑的马匹,因过分疲惫,病死中途,只好骑驴而至河南洛阳以西的渑池。渑池是战国时代秦王大会诸侯,逼赵惠文王献出和氏璧的名城。三苏到此,疲乏不堪,就借了老僧奉闲的僧舍歇脚。这老和尚照顾周到,兄弟俩都在寺壁上题诗留念。

经过两个多月的长途跋涉,到得京师,已经是榴花照眼的五月间了。父子三人,寄居于兴国寺浴室长老德香的院中,侍者惠汶招呼他们的起居。

这一年的四月,河北发生大水,商河泛滥成灾。五月间京师又大雨不止,京畿的蔡河夜决,河水一直冒上岸来,泛滥入城,大水涨到与安上门的门关相齐,城南全部浸在水里,公私屋宇数万栋都被大水冲坏。六月间连地基很高的社稷坛都淹了水。苏轼等来时,看见沿河两岸,密密麻麻地排列着锄头畚箕之类的工具,县衙门里日费千万,忙着征召民夫来抽水,沿途数十里,吆喝之声,不绝于耳。

七月,大雨虽止,而京城内繁华的九陌通衢,竟已完全看不到车马的影子,路上到处都是小艇,在浊水里划来划去。有天晚上,苏轼独自一人走上大内正对面的龙津桥上观看夜市,虽然仍是满街辉煌的灯火,却照耀在黑黝黝的脏水面上,像无数蠢动的金蛇,抬头上看,则星寒月皎,一片凄清,这岂是繁华的京城?宛然为江湖水乡的风貌。"独立市桥人不识,万人如海一身藏",苏轼心里有无限的寂寞、无限的乡愁。

八月,苏氏兄弟与林希(子中)、王汾(彦祖)、顾临(子敦)、胡宗愈(完夫)等同应举人试于开封景德寺。

待到发榜,四明袁毂(公济)为榜首,苏轼初露头角,考了第二，苏辙也榜上有名，都中了举。

这个来自千里外西南偏鄙之区的乡野青年，虽然心知这紫陌红尘里，住着好多一向景仰的国之大老，少年时期读过的《庆历圣德诗》，印象都还非常深刻，但是门墙高远，无由晋接，心里不免怏怏。有一天，苏轼踯躅街头，忽然碰上了丞相富弼和枢密大臣韩琦的车驾，他只得侧身道旁，从行列中远远瞭望这两个伟人的风采，觉得他们的容貌似乎都很宽厚，但有"见恶不怒，见善不喜"的庄严气象，心想这岂不就是书上所说的大臣风度，禁不住有一种英雄崇拜的念头，在这青年热烈的心上升起。

儿子们已都突破了文官考试的第一关，已经具有应试进士的资格了，老苏心里放宽了一步。九月间，他就捡写了《洪范论》《史论》等七篇自己的著作，作《上欧阳学士书》。书中，除了盛称欧阳的道德文章外，末言"洵也不幸，堕在草野泥涂之中，而其知道之心，又近而粗成"，所以要"徒手奉咫尺之书，自托于执事"。

然后，他就带了张方平和雷简夫的介绍信，往谒欧阳。欧阳读了苏洵的论文，以为博辩宏伟，即使贾谊、刘尚亦不过如此。初见面，觉得他温温然不太善于说话，但是相处时间愈久，愈觉此人可爱，和他讨论一个问题，往往愈谈愈深入，愈深入则辨理愈为明晰。欧阳修叹赏他是一个纯明笃实的君子。

欧阳修就将苏洵所作二十篇，上奏朝廷，作《荐布衣苏洵状》，略曰：

伏见眉州布衣苏洵，履行淳固，性识明达，亦尝一举有司，不中，遂退而力学。其论议精于物理，而善识变权；文章不为空言，而期于有用。其所撰《权书》《论衡》《几策》

二十篇，辞辩宏伟，博于古而宜于今，实有用之言，非特能文之士也。其人文行，久为乡闾所称，而守道安贫，不营仕进，苟无荐引，则遂弃于圣时。

所以请求朝廷，将他的文章下两制看详，如有可采，乞赐甄录。

以一代文宗的欧阳修如此大力推荐，苏洵的文名遂起，朝中大老也都为之瞩目。据说，九月九日重阳节，韩琦置酒私第，邀宴二三执政，欧阳修有意提掖，约了苏洵同往，席间赋诗，洵有"佳节屡从愁里过，壮心时傍醉中来"句，虽入中年，当时的意气还是非常旺盛。①

苏洵后来就照通例，以投贽文字的名义，上书时相富弼、文彦博，枢密韩琦、田况。其时军政废弛，士卒骄惰，韩琦欲稍裁制，但恐军人悍怒生变，逡巡未发。苏洵略闻其意，所以在致韩琦的书中说："古者非用兵决胜之为难，而养兵不用之可畏。"他认为前任枢密狄青，过分宽厚，所以搞得兵骄将惰，纪律不振，因此力劝韩琦必须一反狄青之道，严格整顿军队的风纪。他认为天子有生杀大权，所以不可多杀以贾怨，人臣奉行天子之法，虽多杀，天下亦无以归罪，此先王所以威怀天下之术，希望他要考虑长治久安之道，毋幸一时的称誉，须尽至公之心，励威武以振军风的疲堕。

韩琦看了，虽然不大愉快，但他是一个心胸开朗、以和气出名的大人物，即使谈到有人倾害他时，也辞和气平如道家常，所以虽不赞成苏洵的意见，但也不批评他。

上富弼书，苏洵则说天下人皆期望他有所作为，而一人欲擅

---

① 〔宋〕叶梦得：《石林诗话》。

天下之事，必须"政出他人而不惧，事不出于己而不忌"。当权的人，如前前后后有不平者在，则其身危，所以劝他要忍其小忿而容其小过，以杜绝他人起不平之心。主要的意思是劝他用人行政，必须扩大胸襟，才能做大事，成大功。富丞相看了，更不愉快。

其他诸人，对于欧阳学士竭力揄扬的人物，口虽不言，但都不甚领情。有人探问富弼对他的观感如何，富说："此君专门教人杀戮立威，岂值得如此要官做！"语意非常刻薄。① 不过，韩琦是与范仲淹同以文人治军，声震夷狄，人称"韩范"的军事家，而苏洵与之大谈兵事；富弼更是政坛老手，且具外交长才的政治人物，而苏洵与之论政治技术，宜其所得结果如此。

欧阳论荐，苏洵止得试衔初等官，心里大不满意，据说是由于富弼的排斥。

其时，老苏对于自己的仕进还很热心，听说张方平已以三司使召还，便立即西出百余里前往迎见，希望得到他的帮助。《嘉祐集·上张侍郎第二书》中，形容往迎途中的辛苦道："雪后苦风，晨至郑州，唇黑面裂，僮仆无人色。从逆旅主人得束薪缊火，良久乃能以见。"出郑州的路上，他又碰到枢密使宋庠的车驾，更使他自伤沦落，续曰："出郑州十里许，有导骑从东来，惊愕下马立道周，云宋端明且至，从者数百人，足声如雷，已过，乃敢上马徐去，私自伤至此。"

最后说，明公认为廉洁有文可以上比司马迁者，而困穷如此，岂不为之动心，而予以援手。嘉祐二年正月，诏以礼部侍郎兼翰林侍读学士欧阳修知贡举，以龙图阁直学士梅挚（公仪）、翰林学

---

① 佚名：《道山清话》。

士王珪（禹玉）、集贤殿修撰范镇（景仁）、知制诰韩绛（子华）等四人同权知礼部贡举。欧阳又举辟国子监直讲梅尧臣（圣俞）等为编排详定等官，同入试院。

宋代的科举，以贡举为常科，大体沿袭唐朝的制度，设进士、明经等科，皆秋取解，冬集礼部，春考试。明经科试"帖书""墨义"，进士试诗、赋、论各一篇，策五道，帖《论语》十帖。策论验实学，诗赋看词章，前者定去留，后者分高下。

宋重进士而轻明经，考进士登上第者，不数年就赫然显贵。所以，主司对这两科的应试举子，待遇完全不同，考明经科者一入闱场，立即撤除帐幕毡席之类，以防传递作弊，其法甚严。场中也不供给茶汤，考生有渴到饮砚中墨水，弄得满嘴乌黑出来的，传以为笑。贡院试进士之日，例于阶前设案焚香，主司与进士互相对拜，所坐设位供帐甚盛，有司具茶汤饮浆，垂帘讲解，礼意周至。欧阳修有诗云："焚香礼进士，撤幕待诸生。"即是指此。①

宋代开国之初，为了开创一个文治国家，世代君主，莫不好学，而执政大臣也无一不是出身科第，以学问相尚的知识分子，所以历史上，宋是一个文明精熟的文化大帝国。

然而，国兴百年，通行的文章体裁，却仍沿袭五代的弊风，为文有如七宝堆砌，但求辞藻华丽，宁愿使文字与思想脱节，陈腔满纸，空无一物。早年虽有柳开、穆修等欲矫时弊，提倡古文，而力不能逮，影响薄弱。

欧阳修读书之日，偶于废纸篓中得到一卷韩愈的遗文，取读之下，明白晓畅，觉得必须循此途径，才是文章之正道，于是竭

---

① 〔宋〕欧阳修：《归田录》。又彭乘《墨客挥犀》。

力提倡恢复古文，期能革新文学的颓风。不料士人狃于旧习，束缚过久，一时不易变化，而又用意过当，作起文来，只求艰深和新奇，甚至不惜割裂文意，字雕句琢，弄到诡怪不通，迂僻难以句读的地步。这种病态的文字，其为空文而无实用，与骈丽之作，也是一样，所谓旧病未除，新弊更作，文风非常萎靡。

欧阳修以为读书人求出路，必须通过科举这条道路，而试官玉尺抡才，又具有至高无上的权威，所以树立试场评文的新标准，是丕变文风的关键。当时风气，天下的士子莫不事先猜测下一科的主考会是谁，则谁的文章就是仿照诵习的模板，主试官的好尚与意向，往往可以领导风尚开创文运。欧阳修决心乘主持此届进士试的机会，建立标准，变革文风。入闱之初，即与同官协议，定下一个原则，凡是雕刻诡异之作，一例黜落。

他得到一份荐卷，文字艰涩破碎，猜想是有声场屋的刘几之卷，决心拿来开刀，提起朱笔就在这份卷子上画了一条极粗的红勒，予以黜落，以示惩劝。

这样做，当然会引起落第举子的抗议，但是欧阳修望重士林，毫不顾虑。两年后，刘几改名刘煇再度应试时，则所作文字已经完全变了，如出二人之手。由此可见欧阳修以考试为变革文风的手段非常成功。

苏轼学为文章，本自孟子、韩愈文入手，而对于文体演变的途径，也有非常清晰的认识，如及第后上《谢欧阳内翰启》所言：

> 自昔五代之余，文教衰落，风俗靡靡，日以涂地。圣上慨然太息，思有以澄其源，疏其流，明诏天下，晓喻厥旨，于是招来雄俊魁伟、敦厚朴直之士，罢去浮巧轻媚、丛错采绣之文，将以追两汉之余而渐复三代之故。士大夫不深明天

子之心，用意过当，求深者或至迂，务奇者怪僻而不可读，余风未殄，新弊复作。……伏惟内翰执事，天之所付以收拾先王之遗文，天下之所待以觉悟学者。恭承王命，亲执文柄，意其必得天下之奇士，以塞明诏。……

这篇谢启里的话，岂不与欧阳修所要力矫时弊、重振文风的心意完全吻合！难怪欧阳修读此函后，兴奋得决欲放此人出一头地了。

礼部属尚书省，故其会试又称省试。所试科目是诗、赋、论各一篇和时务策五道。苏轼在场中骋其健笔，发为痛快淋漓的论议，气象峥嵘，辞辩坌发。很多人以为苏轼天才，"下笔千言，倚马可待"，看得十分轻松，其实他也一样需要苦心经营。据李廌说，王珪的儿子仲嶷告诉他，王珪当年同知这次贡举，曾将苏轼的论与策两份原稿，带回家里秘密珍藏，论文《刑赏忠厚之至论》凡三次起草，虽然只是草稿，也结写涂注几字几字，其慎如此。①

按房分卷，梅尧臣得苏轼的《刑赏忠厚之至论》，立即呈荐主考。欧阳修读得既惊且喜，本想将他置于榜首，但因试官所看的是糊名弥封的卷子，疑是门客曾巩（子固）之作，为怕别人说闲话，抑置第二。

再考《春秋》对义，苏轼得第一。

这次省试，锁院五十日，闱内无事，欧阳修、韩绛、王珪、范镇及两梅（挚与尧臣）共六人相与唱和作诗。欧阳修《归田录》说："余六人者，欢然相得，群居终日，长篇险韵，众制交作。笔吏疲于写录，僮史奔走往来，间以滑稽嘲谑，形于风刺，更相酬

---

① 〔宋〕李廌：《师友谈记》。

酢，往往哄堂绝倒，目为一时盛事。"这盛事后来遭人攻击，朝廷明令禁止，以后试官在闱内不得做诗。

礼部试合格者，列名发榜于尚书省。苏氏兄弟通过了礼部这一关，但已不免身心交疲，就住在兴国寺里等候金殿御试。

三月，礼部奏名，将省试中式的人，开列名单，奏请天子亲策于廷，故又称为廷试。这一科赐礼部奏名进士诸科及第出身八百七十七人。三月初八日，礼部引试，约集进士先拜阙下，然后引入金殿两庑的考场，两庑内临时设置几席，席上各标姓名，寻名入座。仁宗皇帝亲御崇政殿。殿试以应答天子策问为主，试题是《民监赋》《鸾刀诗》《重申巽命论》。

考毕，由内臣收卷，编排官编注字号，付封弥官校勘，用御书院印。

旧制，殿试尚有黜落，临时取旨，或三人取一，或二人取一，或三人取二，但自这一年起，诏进士参加殿试者，皆不黜落。三月十四日发榜，全部登科。

宋取进士分五等，上二等曰及第，三等曰赐进士出身，四等五等曰同进士出身。建安章衡（子平）得第一，为状元；眉州苏轼得第二，为榜眼，皆进士及第。其余同榜成进士者有曾巩、苏辙、叶温叟、林旦、朱光庭、蒋之奇、邵迎、刁璹、苏舜举、张琥（后改名璪，与李定同治苏轼乌台诗狱，必欲置之死地以求富贵者，就是这个同年）、程筠、傅方元、邓文约、冯弋、家定国（眉山西社刘巨门下的同学）、吴子上、陈侗、莫君陈、蔡元道、蔡承禧、张师道、黄好古、单锡、李惇（李方叔之父）等。

洪迈《容斋随笔》说：

> 国朝自太平兴国以来，以科举罗天下士，士之策名前列

者,或不十年而至公辅,吕蒙正、张齐贤皆是也。

苏轼送同榜状元《章子平(衡)叙》也说:

> 仁宗一朝,十有三榜,数其上之三人,凡三十有九。其不至于公卿者,五人而已。盖为士者,知其身必达,故自爱重而不肯为非,天下公望,亦以鼎贵期之,故相与爱惜成就,以待其用。

省榜一出,落第的举子汹汹大闹,指责试官挟有私见,评文不公,且在闱内唱和作诗。欧阳修摹写考场即景,有"无哗战士衔枚勇,下笔春蚕食叶声"句;梅尧臣有"万蚁战时春日暖,五星明处夜堂深"句。落第举子便据此汹汹抗议,攻击考官,说他们自命为五星,视我辈为蚕蚁。造为种种丑话,千百人聚于途中,包围欧阳修的马前马后,群诟众骂,甚至散布生祭欧阳的祭文,叫嚣不休。但至殿试榜出,大家就都不敢再闹了。

苏轼依例分别致书谢各试官。《谢梅龙图(挚)书》称道考试的方法说:"简且约,故天下之士皆敦朴而忠厚;详且难,故天下之士虚浮而矫激。诗赋将以观其志,而非以穷其所不能;策论将以观其才,而非以掩其所不知。使士大夫皆得宽然以尽其心,而无有一日之间,苍皇扰乱、偶得偶失之叹。"这个意见,就是他后来反对王安石变科举的滥觞。《谢王内翰(珪)启》有"顾惟山野之见闻,安识朝廷之忌讳"之语,竟是后来身罹诗狱的语谶。

欧阳修接到苏轼的谢启,拿给梅尧臣看,慨然道:

> 读轼书,不觉汗出,快哉,快哉!老夫当避路,放他出一头地。

一日,与儿子欧阳奕论文,说到苏轼,欧阳修叹道:"你们记得，更三十年，无人道着我也！"①

苏轼在《上梅直讲（尧臣）书》中，也充分表现了他对欧、梅的知遇之感，如言：

> 轼不自意，获在第二。既而闻之人，执事爱其文，以为有孟轲之风，而欧阳公亦以其能不为世俗之文也而取焉。……人不可以苟富贵，亦不可以徒贫贱，有大贤焉，而为其徒，则亦足恃矣。

欧阳修提携后进，向来不遗余力，对苏轼更是用尽全力，到处揄扬。介绍他去见宰相文彦博、富弼，枢密使韩琦，大家都以国士待之，对他的印象很好。这些前辈对这位新科进士道："唯恨你不能一识范文正公。"盖因范仲淹已于距此五年前的皇祐四年逝世。苏轼归读欧阳修所撰的《范文正公墓志》，为他那"先天下之忧而忧，后天下之乐而乐"的责任精神，磊落的行谊而深受感动，不觉落泪，叹道："自读石介《庆历圣德诗》，中经十有五年，而不得一见其面，岂非命也！"

欧阳修不但介绍他晋见名公巨卿，并且叫他的门客晁端彦（美叔）去访苏轼，说这个人将来一定能够盛名于世，嘱与定交。

梅尧臣是老苏的老朋友，他看到轼、辙兄弟时，他们的年纪都还很小。后来作《老翁泉诗》赠苏洵，有"岁月不知老，家有雏凤凰。百鸟戢羽翼，不敢呈文章。去为仲尼叹，出为盛时翔"之句，对苏氏兄弟更是赞誉非常。

因是父执，苏轼尊之为梅二丈，说他长身玉立，秀眉大耳，额头泛着红光，酒量很宏，饮过百盏，他就端坐高拱不语，此时

---

① 〔宋〕朱弁：《曲洧旧闻》。

算是醉了。

榜发后,苏轼往谢这位父执,圣俞问道:

"《刑赏忠厚之至论》中,有'皋陶曰杀之三,尧曰宥之三',这两句话,典出何书?"苏轼坦然答道:"想当然耳。"[1]

在这场兄弟同登进士第的喜庆中,传说苏洵禁不住有点遗憾的样子,有人问他的感想,他道:

> 莫道登科易,老夫如登天。
> 莫道登科难,小儿如拾芥。

不论此传说中的话语是真是假,想象苏洵心中,正可有此感慨。[2]

轰轰烈烈的考前考后的忙乱,到了是年八月,粗告静定,但一不幸的噩耗,如晴天突生霹雳,忽自眉山传来京师。轼、辙兄弟的母亲程太夫人已于本年四月初八日卒于纱縠行的老家。

## 八　母丧

老苏接到程夫人的噩耗,最早已在五月底,"变出不意",父子三人仓皇出京,奔丧返蜀。

程夫人是个非常要强的妇人,她以眉山巨室的千金,下嫁苏家,不以清寒为嫌,认为只要大家努力,未尝不能出人头地,没想到她的丈夫游荡不学,口虽不言,心里总是抑郁难解。幸得苏洵自己觉悟,下帷苦读,她便抖擞精神,将全家内外大小事务,

---

[1]〔宋〕陆游:《老学庵笔记》。
[2] 佚名:史阙。

一手包揽，不让丈夫分神。

老苏外出求仕，她更将教育儿子的责任担当起来，经常陪伴儿子，青灯共读。生活在一个大家庭里面，本已很难，尤其是房份间经济环境发生高下的变化时，更不易处。程夫人是个有见解、有胆识的妇人，不甘心屈居人下，便从老家搬了出来，在纱縠行街上赁屋而居；但在宗法社会里面，这是一件不易得人谅解的行为，她也无可奈何。

老苏外出两年回来，一事无成，戚党里邻间不屑的眼色，她得忍受。唯一成长的女儿又不幸既嫁而死，导致老苏和她的母家闹得那么决绝，断绝往来的是她的骨肉血亲，这是一个非常严重的打击，但她一点办法也没有，只能逆来顺受。

丈夫带着两个儿子赴京赶考，她孤单单的一个人，带着两个年轻的媳妇看家，最多不过四十余岁，何以忽然逝世，诚然是一件意想不到的变故。

老苏个性刚强，责人甚严，对他的夫人，似乎也很冷漠，甚至和厌薄他的故乡一样，也厌薄他的夫人。程夫人只能像那个时代所有的女性，将她一片心血，寄望于两个儿子，但是等到她的两个儿子登了第，薄命的程夫人则又撒手人寰了。

三苏回到家门，只见屋庐倒坏，篱落破漏，正如一栋逃亡无人的家屋，如今新丧在堂，更增一重凄凉空洞的光景。老苏在京，甚不得意，这次又经溽暑之下的长途奔波，回来后，疾病侵寻，自己觉得不数日间就忽然变成了一个老翁，深感生命的脆弱，不免心灰意冷起来，谢绝与人过往，杜门不出。

苏洵为程夫人茔葬于武阳安镇山下。山分左右两股，中间偏右的坡地上，有一大井，蓄潴山上流下来的泉水，名曰"老翁井",虽旱不竭。苏洵在泉上筑了一个亭子,作《祭亡妻文》,最感激她教养两个孩子的辛苦:"惟轼与辙,既冠既昏(婚)。教以学问,畏其无闻。昼夜孜孜,孰知子勤。"而现在唯一可以安慰她的,也只有"亦既荐名,试于南宫。文字炜炜,惊叹群公。二子喜跃,我知母心。非官实好,要以文称"。而生者的哀伤是"归来空堂,哭不见人"了。

于是,轼、辙在乡,依礼守制。

嘉祐三年(1058),宋朝名相王旦的儿子、龙图阁学士王素(公仪)从定州来知成都[①],苏轼以在籍进士的身份,就本乡民生疾苦,赋税太重的问题,上书进议有关蓄兵赋民之事。略曰:蜀人劳苦筋骨,奉事政府,但犹不免于刑罚。有田者不敢望以为饱,有财者不敢望以为富,惴惴焉恐死之无所。然而,民困已深时,是为政者最容易为老百姓做事的机会,希望他不要错过。国家向老百姓收税来养兵,两者应该兼顾,不能厚此薄彼。兵士离心,还是小乱,民怨深积,却足酿造大乱,所以希望他两存而皆济。又说,天下不可能完全没有贪暴的官吏,只要在上者能够公开接纳诉苦,老百姓就有依靠。如现在,老百姓有冤无处申,申诉了也不听,甚且指为凶民,阴中其祸。吏治到了这个地步,老百姓就无死所了。

从这信中所说的情形看,宋朝官吏对蜀人的经济压榨和剥削,经历百年,还一点也没有改善,苏轼痛心桑梓,疾奋一言。

王素非常看重这位后辈,以后叫他的儿子王巩(定国)从苏轼问学,此后,他们两人成了患难与共的知交。

苏轼的岳家在眉州首府的青神县,他就常到那里去玩。他夫

---

[①] 据孔凡礼《苏轼年谱》,王素知成都在嘉祐四年(1059),可备一说。——编者注

人的族叔王淮奇（字庆源，又字子众），住在瑞草桥，做过多年县衙门的主簿、户掾之类的小官，待人和蔼可亲。他家自酿的酒尤其好得出奇，苏轼一到，淮奇就约了杨宗文（君素）、蔡褎（子华）诸人，携酒带菜到江岸边，坐在草地上喝酒聊天，看天上的流云，听江上的涛声。虽然他们的年龄相差那么多，但是一点隔阂也没有。日后回忆，苏轼只想早日"归休，相从田里"。只要说到这个，他的心已驰于瑞草桥之西南矣。①

王弗夫人的族弟王箴（元直），也是他后来继妻的胞弟，当时还是一个十几岁的孩子，苏轼很喜欢他，江边饮酒回来，天也黑了，就回到何村的岳家去，与王箴对坐在庄门口，吃瓜子、炒豆，天南地北地闲话，过一个清静闲适的夜晚。②

距青神二十五里地的石佛镇上，有个猪母泉。传说百年前，有头母猪在此化为泉水，泉中有两尾鲤鱼，常人不能见。有一次，苏轼与其妻兄王愿玩到此处，苏轼俯视水面，忽然嚷道："我看见鲤鱼了。"王愿不信，于是两人作了一个祷告，不久鲤鱼果然浮出水面，王愿大惊再拜。③

苏轼很喜欢喝酒，虽然并无酒量，即使看人喝酒，也一样过瘾。他的族叔慎言，是个道士，住在蟆颐山下的道观里，他常和堂兄不疑（子明）同到道观去，三人一起喝酒。子明是个海量，一口气喝个二十大杯也不醉，他们传杯递盏地喝个够，便大声歌唱。"当此时也，"苏轼说，"其豪气逸韵，岂知天地之大，秋毫之小？"④

---

① 本集·书简。
② 同上。
③ 本集：《记猪母佛》。
④ 本集：《题子明诗后》。

嘉祐三年（1058）十一月，中书省札子下眉州，以两制议上欧阳修的荐状，召苏洵赴京"试策论于舍人院，仍令本州发遣"。老苏甚不满意，决定称病请辞。

十二月一日上皇帝书，称病请辞外，并条陈十事，大体上均为指陈朝廷用人行政方面的缺失及改进的建议，以自解其辞不应召之罪。

老苏是个自尊心很强的读书人，最大的不满，是朝廷要"试而后用"。《答雷简夫书》曰："向者，《权书》《衡论》《几策》，皆仆闲居之所为，欧阳永叔以为可进而进之。苟朝廷以为其言之可信，则何所事试；苟不信其平居之所云，而其一日仓卒之言，又何足信耶！"《寄梅尧臣书》曰："圣俞自思，仆岂欲试者？惟其平生不能区区附合有司之尺度，是以至此困穷。今乃以五十衰病之身，奔走万里以就试，不亦为士林之士所轻笑哉！"

半年后，嘉祐四年之六月，朝廷召命再下，苏洵再辞，同时上书欧阳，解释道：不敢以匹夫而要君命，亦不敢自高求名而得罪于门下。他又说：从嘉祐元年丙申之秋，公进某之文起，至三年戊戌之冬止，凡七百余日而得召命，以此推算，即使今日立刻治行，数月而至京师，待命数月，得就试于所谓舍人院者，然后考官评阅亦一二年，幸而及等而奏之，从中，下相府相与拟议，年载间才可望得一官，如此，洵已老矣，而不能为矣！老苏对于官场的泄沓，对于朝廷之以众人待之的不平，跃然纸上。

然而，二十四岁的儿子，则刚刚见识到这个世界的壮阔无边，而志气如虹，当他的朋友宋君用将赴京师，苏轼作诗赠行，认为扩大生活天地，是人生第一件大事。他打了一个譬喻，生长在山上石溪里的鲤鱼，倘然碰上赤日沸水的天气，而溪岸石密，无缝可钻时,定将窘迫得有如涸辙之鲋。所以,必须超越小溪,奋然跃往大江大海,而与浮沉浅水的群蛙道别。苏轼鼓励他道:"赖尔溪中物,虽困有远谋。不似沼沚间,四合狱万鲰。纵知有江湖,绵绵隔山丘。人生岂异此,穷达皆有由。"

中国的知识分子,望能有用于世,则与政治的关系,密切得像骨和肌肉一样,非但不能分割,甚至无可选择,只有这一条通道。所以他进一步说:"我非田农家,安能事粗耰。又非将帅种,不惯挥戈矛。平生负壮气,岂可遂尔休。"年轻的新科进士,对政治抱着无比的热忱与信心,认为现实政治的权力,具有广泛的改变一切的力量,他鼓励朋友亦所以明示自己,读书为求世用,就不能不奋然跃入政治这个大海里去,发挥生命里的光和热,进入权力世界里去,才能为生民的福祉做一番事业。

## 九 南行

嘉祐四年(1059)九月,妻丧终制,老苏决定全家离蜀。

轼、辙兄弟这两位新科进士,当然要回京去,办理注官手续,两位年轻的媳妇,留在家乡没人照顾,何况长媳还怀着孕,都必须跟随丈夫同行。

老苏自己并非不知故乡眉山风土可爱,只因受够了人情势利的伤害,再也不愿住在眉山看小人得意的嘴脸。他从前有意于"嵩山之下,洛水之上,买地筑室,以为休息之馆",诗曰:"岷山之阳土如脾,江水清滑多鲤鱼。古人居之富者众,我独厌倦思移居。经行天下爱嵩岳,遂欲买地居妻孥。晴原漫漫望不尽,山色照野光如濡。……"

然而,他没有这个能力,在那时候,不过是一个秘密的心愿而已。而今夫人死了,儿媳都将离去,一个孤单的老人,没有穷独故里的必要,所以他也决定同走。

为了超度死去的夫人,他造了观音、大势至、天藏、地藏、解冤结和引路王者等六尊菩萨像,连同两副龛座,舍与极乐院,在如来堂里供养,作《极乐院造六菩萨记》,说苏家最近三十年间,骨肉零落,悲忧惨怛之气,郁积未散,所以他决计要"南去,由荆楚走大梁,然后访吴越,适燕赵,徜徉于四方以忘其老",也希望菩萨保佑程夫人的魂魄,能够超脱幽阴,邀游于上下四方,如他"游于四方而无系"一样的快乐逍遥。

嘉祐四年十月,他们一家人自眉州入嘉陵江,经戎、泸、渝、涪、忠、夔诸州,下三峡而抵荆州度岁。

初自眉州入江,苏轼豪气凌云地说:"故乡飘已远,往意浩无边。"岷江之滨,有凌云寺凿山为大弥勒佛像,高三百六十尺,依山建九层楼阁为庇覆,极是壮观。他们的船,随着奔腾的江流,行过大佛脚下,这一路水平山远,胸襟异常旷荡。舟过宜宾,行近戎、涪一路,地与多山的贵州接境,沿江遂见不知名的山峦无数,一重一重的夹岸峭壁,高耸天际。夜泊牛口渚,才见岸边有三四户人家,疏树寒灯,非常寥落。船上要补充食物,但这穷荒地方,是无酒亦无肉的,只好向他们买点蔬菜回来,看他们住在"朔风吹茅屋,破壁见星斗"的家屋里,身上穿的破裤,遮蔽不了双股,饭不满盂,被盖都不齐全,天生的性情,使苏轼忘怀山川,只注意眼前小民的寒苦,以为他们连这个样子的生活也在过,而且过得毫无怨言,自忖道:"今予独何者,汲汲强奔走。"

过泸州安乐山，听说天师张道陵曾经在此小寓，所以山上的树叶都有纹如道士所篆的符。苏轼不信这些神话，他说天师早已死了，他的子孙也一样要死，岂能有神力于满山的秋叶。

江流两岸，群山壁立，这青年人站立船头眺望，风平浪静，不觉舟行，但见群山去如走马，他举起手来，想与山上的行人打个招呼都来不及，觉得新奇有趣，作《江上看山》诗：

　　船上看山如走马，倏忽过去数百群。
　　前山槎牙忽变态，后岭杂沓如惊奔。
　　仰看微径斜缭绕，上有行人高缥缈。
　　舟中举手欲与言，孤帆南去如飞鸟。

此诗虽是少作，但已充分显露苏轼作诗已能自由表现他敏锐的观察与丰富的想象能力。在船上看到山上行人的影子，也想举手和他说说话，他开朗与和善的性格，也完全流露于此。

十月小寒，江上下起大雪来了，舟中无事，兄弟学欧阳体作《江上值雪》诗，照欧阳修的限制，作雪诗不得用盐、玉、鹤、鹭、絮、蝶飞舞之类的比喻字眼，他们更加设限，不得用皓白洁素等形容词。这是一种游戏，但也是一种运用文字的训练。过忠州后，沿途独多三国时代的名迹，如至鱼腹，游永安宫，登山望诸葛亮的八阵图，看诸葛盐井，访屈原庙，作赋。抵夔州，吊刘备托孤的白帝城，都是宇宙山川与历史人物的交织，怀古吟诗的好题目。

至夔府而后入峡，首过瞿塘，两岸峭壁对耸，上入霄汉，仰视天如匹练，中贯一江，是乃三峡的大门。苏轼形容峡门的形势："入峡初无路，连山忽似龛。萦纡收浩渺，蹙缩作渊潭。风过如呼吸，云生似吐含。"群山逼阻水势，水又反激起来，狂噬山脚，水石相激，造成危险的涡流，势欲吞舟，而一舟微茫，前途难测。

过了瞿塘，经滟滪堆，全系崩山碎石积成，出水数十丈，夏秋涨水时，水又高出堆上数十丈，苏轼有赋。以后便是巫山，巫山是峡中一大县，但山隘诡怪，如石门关，仅通一人行，为天下之至险。过了巫峡，便是归州新滩，此处因山崩石裂而成，所以又称新崩滩。不但水流湍急，白浪汹涌，而且水中暗伏锐石，船触上石礁，立即沉没，每年舟毁人亡于此者不可胜计，为峡中最险之处。苏轼诗："扁舟转山曲，未至已先惊。白浪横江起，槎牙似雪城。番番从高来，一一投涧坑。"大鱼都被浪冲到滩上，暴鳃而死。他们在新滩遭遇了大风雪，被迫停航三日，船上什么事也没有，只能到附近村落去走走，走到一个叫龙马溪的地方，买到了酒，父子三人就蹲在船舱里喝闷酒。

经黄牛峡、扇子峡，登虾蟆碚，而至下牢关，夹江千峰万嶂，奇形怪状，不一而足，欧阳修《下牢津诗》所谓"入峡山渐曲，转滩山更多"者是也。再过三十里，则已见江南的一片平原，舟甫出峡，人人额手相庆，如得更生。

至夷陵，这是欧阳修曾被谪居的小邑。他们专诚往访了欧阳修所筑的至喜堂。过荆门十二碚，皆高崖绝壁，巉岩突兀，以险固得名。十二月八日才到江陵驿。

三苏父子自眉州舟行，至荆州出陆，水路一千六百八十余里，舟行六十日，过郡十一，县三十有六。

这六十日中，舟中无事，父子三人共做了一百篇诗赋，合为《南行（前）集》，苏轼作集叙（因避父祖名讳，所以他们父子写序，都作叙或引），首述作文的态度曰："夫昔之为文者，非能为之为工，乃不能不为之为工也。……自少闻家君之论文，以为古之圣人有所不能自已而作者，故轼与弟辙，为文至多，而未尝敢有作文之意。"这是苏轼文论中一个非常基本的观念。

《南行集》没有传本，今从三苏集中寻绎出来，得苏轼之作四十二篇，苏辙二十三篇，附老苏所作及各赋共七十二篇，散佚者已逾三分之一。

苏氏一家在船舱里闷了两个月，亲历三峡之险，实已精疲力尽。到得荆州，已是十二月中旬，腊鼓频催，凋年急景，行路也不方便，所以就在荆州住下来，过了年再走。

苏轼因当地的风土见闻，作《荆州十首》，其第一首曰：

游人出三峡，楚地尽平川。
北客随南贾，吴樯间蜀船。
江侵平野断，风卷白沙旋。
欲问兴亡意，重城自古坚。

这是苏轼的少作，饶有杜甫《秦州杂诗》的风貌。

嘉祐五年（1060）正月初五，他们从荆州启程，陆行赴京。经涮阳，渡汉水而至襄阳，苏轼作古乐府《野鹰来》《上堵吟》《襄阳乐》三首，又去南阳城南二十里登访了诸葛亮的隆中草庐，拜观了武侯的遗像。

过唐州（今河南唐河县，宋属京西南路），太守赵尚宽正在发动戍卒、招揽流民，共同从事修复三陂、疏浚召渠的水利工程。这项工程做好了，足以灌溉民田数万亩，而且使濒临饥饿边缘的流民和淮湖一带失业的老百姓来做工，可以用自己的血汗和力气，分到陂渠附近的荒地，耕种落籍。

在那个"民以食为天"的社会里，农田水利工程的重要，固不必说，而化荒地为良田，收游民为自耕农，此于安定社会方面的贡献，又岂仅增产而已。苏轼对赵太守这项工作，敬佩万分，他虽是一个过路的旅客，不能亲执壶浆箪食，帮助赵太守迎劝四方的来者，独为《新渠诗》五章，代赵太守告于道路，即如现在布告。其中一章说：

  侯谓新民，尔既来止。

  其归尔邑，告尔邻里。

  良田千万，尔择尔取。

  尔耕尔食，遂为尔有。

继续行程，二月至许州，始识范文正公（仲淹）次子纯仁，时任许州签判，范苏订交自此。时正春光明媚，苏轼往游许州西湖，但见游人如鲫，提壶携酒，非常热闹，而苏轼却想着欢游背后有人寒饿，诗言："……池台信宏丽，贵与民同赏。但恐城市欢，不知田野怆。颍川七不登（七年年成不好），野气长苍莽。谁知万里客，湖上独长想。"

过汝州，游颍考叔庙。至尉氏，大雪纷飞，酷寒入骨，苏轼独留驿所，取酒解寒。忽然，有一来自北方的旅人狼狈进来，头戴的竹笠上已经积雪盈寸，下马登堂，面色苍黑，冻得全身僵硬。苏轼现成有酒，就邀他过来同饮。主人持杯未举，那来客却已顾不得客气，斟满大杯，一倾而尽。其时，外面风狂雪暴，"千门昼闭行路绝"，如临世界末日，而驿所里这两个同是风雪中的旅人，则酒暖颜酡，相与笑语不绝，一直喝到天黑。次日天明客去，苏轼还不知道他姓甚名谁，但见他横策上马而已。

大苏自荆州陆行京师，途中作诗三十八首，小苏《栾城集》中仅存七篇，两人共四十五首，后人编为《南行后集》。

## 十　老苏的一官难求

嘉祐五年（1060）二月十五日，苏氏一行到达汴京，于西冈租了一栋宅子居住。宋代入仕的途径很多，单是从贡举出来的选人已经不少，官员缺额有限，皇祐年间，就已三人而待一缺，因此，殿试中式的进士，只是得到任官的资格，要做官，尚须通过吏部的典选和注拟。

轼、辙赶往京都，就是为去参加吏部的"流内铨"[①]。吏部择人之法，举办身、言、书、判四项考试：

身，以体貌丰伟为合格；

言，以言辞辨正为合格；

书，须楷法遒美为合格；

判，须文理优长为合格。

这四项以书、判为重。身、言两项，类似现在的面试；后面书、判两项，则是应用书牍的测验，这是做官的人所必须具备的条件。

经过"流内铨"的考试合格，吏部铨派：苏轼授河南福昌县主簿；苏辙授河南渑池县主簿。

吏部铨叙，只能注拟州县官幕职，进士及第者，例授九品，县主簿都是从九品的职官。

这种但凭年资的任用办法，实与北魏崔亮的"停年格"、唐代裴光庭的"循资格"相同，只能培养官僚，不足以拔擢青年才俊，

---

[①] 流内铨：掌文官自初仕至幕职州县官之铨选，官自一品至九品称流内。九品以外，称流外。

如有奇才异能之士，徒使沦为州县小吏，以后很难出头，实是国家严重的损失。

苏氏兄弟，皆辞不赴。

八月，苏洵被任命为试校书郎。秘书省校书郎，官虽止于从八品，但为士大夫间所最看重的清职，由此可登馆阁，践言路，假如运气好，更迁起居院，就可入侍讲筵也说不定。宋代的清职，几乎无有不试而任的，这次苏洵以布衣召用，不试而任，可以说是非常的恩遇，此盖欧阳修大力斡旋的结果，但是老苏还是不就，他的理由一是待遇太薄，"实以家贫无赀，得六七千钱，诚不足以赡养"；二则此仅"试衔"，忍穷耐老，望而未可必得。

他说："凡人为官，稍可以纾意快志者，至京朝官始有其仿佛。自此以下，皆劳筋苦骨，摧折精神，为人所役使，去仆隶无几也。"这几句话，虽然道尽了千古小公务员的伤心之处，但其真实的原因还是在于年已老大，不堪磨炼。他说：若为少年，今且守选数年，然后得窥尚书省门，又待阙岁余而到任，幸无差错，又守选，又待阙，如此熬过十四五年，满七八考，又幸有举主五六人，然后才敢希望改官，"至此时也，洵年七十矣。譬如豫章橘柚，非老人所种"，因为等不到它成长结实也。(《上韩丞相书》)

是年，王安石以提点江东刑狱召入为三司度支判官。

安石，字介甫，江西临川（今江西抚州）人，真宗天禧五年（1021）生，仁宗庆历二年（1042）成进士。知鄞县四年，通判舒州，中书札召试馆职，以家贫母老而不赴。陈襄首为上荐，将他与一代大儒胡瑗并举，称其笃于古学，而文辞政事，亦都有闻于世。仁宗至和元年，欧阳修荐为谏官，称其"德行文学，为众所推，守道安贫，刚而不屈"。皇祐三年（1051）文彦博、韩维同荐，朝廷任命为集贤校理，但他都借口家累，辞不应命。嘉祐元年王安石为群牧判官，欧阳修第二次于再论水灾状中，以王安石与包拯、张瓖、吕公著四人共荐，赠诗则曰："翰林风月三千首，吏部文章二百年。老去自怜心尚在，后来谁与子争先。朱门歌舞争新态，绿绮尘埃拂旧弦。常恨闻名不相识，相逢尊酒盍留连。"比之为李白、韩愈，推许可谓极至。但是安石报诗，却说："他日倘能窥孟子，此身安得望韩公。"处欧阳为韩愈，而自期为孟子，这样妄自尊大的口气，欧阳修大度宽宏，并不为嫌。①

其时，司马光与王安石同为群牧司判官，包拯是他们的顶头上司。院中牡丹盛开，包公邀同赏花，时酒相劝。司马光素来不喜欢喝酒，碍于主人的情面，只好勉强干杯，而安石终席滴酒不沾，包公不能强。司马光说："光以是知其不屈。"②

嘉祐三年（1058）王安石知常州，再移提点江东刑狱，上仁宗皇帝万言书，建言国是。安石虽然不在京师，而朝廷的达官贵人，都已熟闻其名，尤其世方争权夺利之不暇而安石则屡诏不起，自甘于地方小官，远离名利之场，大众都刮目相看，交相延誉。

王安石抵京后，欧阳修劝苏洵往交这位杰出的名士，但苏洵说："我知道这个人，凡是不近人情者，很少有不为天下之患的。"老苏不愿意有这样一个朋友。

世传苏洵有《辨奸论》一文之作，痛骂王安石"误天下苍生者必此人也"。又说："今有人口诵孔老之言，身履夷齐之行，收召好名之士、不得志之人，相与造作言语，私立名字，以为颜渊、

---

① 〔宋〕叶梦得：《避暑录话》。
② 〔宋〕邵伯温：《邵氏闻见录》。

孟轲复出,而阴贼险狠,与人异趣,是王衍、卢杞合而为一人也。"等等,极口丑诋。

此文《嘉祐集》不载,是真是伪,聚讼莫决,若是后人伪作,则张方平所撰墓表及苏轼本集所见《谢张太保撰先人墓碣书》也都是一连串相关的伪物了。不过,两宋文人,对于王安石抱有甚深的成见,不但普遍排斥,甚且造作许多诡异的故事来中伤他,《宋史》又糊里糊涂地采入引用,此文始见邵伯温《邵氏闻见录》中,邵氏正是一个颇具偏见的作者,梁启超撰《王荆公传》引李绂（穆堂）之《书〈辨奸论〉后》,断为伪作,非为无见。

老苏求官,千回百转,始终没能得到一个合意的职位。至嘉祐六年,儿子们忙着准备制科试,老苏百无聊赖,他又再函韩（琦）丞相,一则声明上年朝廷除试校书郎,辞不愿赴的原因,继言:"相公若别除一官而幸与之,愿得尽力,就使无补,亦必不至于恣睢漫漶以伤害王民也。……今洵幸为诸公所知,似不甚浅,而相公尤为有意。至于一官,则反复迟疑不决者累岁。嗟夫,岂天下之官,以洵故冗耶!"语意颇有不平。韩琦先曾对老苏说过,"关于你的出处问题,几次想与欧阳修商量。但是见了面,总是忘记,实在很是奇怪"。老苏就抓住这一点,作此函的结尾说:"洵诚惧其或有意欲收之而复忘之,故忍耻而一言。"则仍不免有腼貌求人的畏葸。

嘉祐六年（1061）八月,苏洵得除霸州文安县主簿,命同编纂礼书。这很可能是韩琦与欧阳修商量后协力的结果。

一个月后,欧阳修出任参知政事（副相）,兼任提举太常修礼的工作。宋之典礼,初时沿用唐之开元礼,宋太祖开宝年间,曾补遗逸,通以今事,成《开宝通礼》二百卷。现在,欧阳以为太常修订新书，遗略甚多，目前所存简牍，日久残脱，将不能应用，奏请续编建隆以来的遗礼。诏许，即以苏洵与项城令姚辟两人，专领其事。

苏洵的政治理想，见于其所撰《六经论》者，以为人类有惜生、好逸、安常、知耻等各种性情，以儒学之礼、乐、诗、易为用，因其性情而为社会行为之控制，求其演化而进步。

生民之初，自然纵逸，无所谓贵贱尊卑、长幼老少，人民好逸恶劳，如水趋下，久之，不免自相残杀。圣人乃利用惜生之情，设礼制以矫制自然之纵逸，利用人类安常知耻的天性，用礼来服人心。而统治者亦必须立德以取信，使礼成为控制人类行为、维持社会秩序的基本工具；利用易的宗教性质，倡导尊君崇圣，以巩固政治力量；用乐的正声，化育人民，使有奉事君父之心；用诗来畅发人之天赋情欲；以诗的教化来阻遏人欲横流。所以，治礼书这个工作，适合苏洵政治理想之一部分，他就欣然接受了。

苏洵认为编修礼书，是属于史家的工作，礼书乃史录，所以他主张："遇事而记之，不择善恶，详其曲折，而使后世得知，善恶自著。"（《嘉祐集·议修礼书状》）

但有一部分朝士，不以为然，他们说："祖宗所行，不能无过。若不经之事，欲尽芟去，无使存录。"目的是在掩恶讳过，以全臣子之义。苏洵不从，径行其是。

其时，洵年已五十三岁，阅五年而谢世，官止于是。

## 十一　制策之试

宋沿隋唐的贡举制度，设进士科以得常才，又设制科以待非常的人杰。士人出身进士，固已受人敬重，而制科得隽者，则更被人矜贵，莫不以国之大器待之。

制科又名制举，唯待天子特诏才举行的特试，须由大臣奏荐，受天子亲自策问与拔擢，其隆重可见。仁宗一朝，有贤良方正极言尽谏科、博通坟典明于教化科、才识兼茂明于体用科、详明吏理可使从政科、识洞韬略运筹帷幄科、军谋宏远材任边寄科等，习称"六科取士"。

制科之试，始于汉文帝之诏举贤良。宋因前代成规，而制度更加严密，每届对策者最多不过五人，取精用宏，目的即在拔擢非常的人才，而出身制科者，自有上承天子特达之知的荣宠，比常科进士更加一等。

嘉祐五年（1060）八月，仁宗皇帝诏求直言，礼部侍郎兼翰林侍读学士欧阳修以才识兼茂荐苏轼于朝，天章阁待制、知谏院杨畋（乐道）对苏辙说："闻子求举直言，若必无人，畋愿备数。"荐举了苏辙。

苏轼说制科特考之难，有曰："特于万人之中，求其百全之美，又有不可测知之论，以观其默识之能，无所不问之策，以效其博通之实。……犹使御史得以求其疵，谏官得以考其素，盖其取人也如此之密。"为应付这项漫无范围、无所不问的考试，他们必须有个清静的地方读书准备，因此于翌年（六年）正月，便从西冈移往京师丽景门外，汴河南岸之怀远驿居住。

应考制科，须历三个规定的程序：一是缴进辞业，二是秘阁六论，三是殿试策问。

应试人于大臣论荐奏可后，先自选录所写的策论五十首，分为十卷，检同荐状诣阁门或附递投进，送两省侍从"看详"。经评定等次，选取文理优长者，择日参加阁试。苏轼因此有上两制（中书舍人与翰林学士）丞相富弼、曾公亮书。

《上两制书》说，轼本是草茅下士，现在列名为州县小吏，而诸公则是可与人主揖让周旋的人，贵贱的分际非常辽远。然而轼所学者圣贤之道，所习者圣贤之言，所守者圣贤之分，故敢踽踽而来，仰不知明公之尊，俯不知其身之贱，不由绍介，不待辞让，而直言当世之故，无所委曲者，以为贵贱之分，非所以施于此也。

他检送富弼的是策论五十篇中的二十五篇，"贫不能尽写而致其半，请观其大略"。上曾公亮者，献其文凡十篇，"惟所裁择"。苏轼志气如虹，昂首于权势之外的风度，在这些地方，非常生动地表现了出来。

兄弟俩当时的生活，实在非常清苦。若干年后，苏轼和他的朋友刘攽（贡父）谈起读书怀远驿时，每日三餐，饭桌上只有白饭、白萝卜和盐三样食物，戏称之为"三白饭"。刘攽是个惯开玩笑的人，过了一段日子后，他忽折柬邀苏，去他家吃"皛饭"。苏轼已经忘记前事，认为贡父读书多，所谓皛饭定然别有典故，到时兴冲冲赶去赴约，待见到他家餐桌上只有白饭、白萝卜和一碟子食盐时，才悟到已为贡父所戏，但仍欣然就食，吃得津津有味。①

--------

① 〔宋〕朱弁：《曲洧旧闻》。

时光过得很快，在怀远驿倏忽已逾半年，七八月间的天气，白昼还是秋暑难挡，兄弟俩挥汗如雨，但是有个晚上，忽然刮起西风来，风声非常凄厉，一阵阵落叶，穿窗入室，寒气袭人，间又下起潇潇冷雨，更是一番凛然秋意。

苏辙年轻时，有肺病，身体很单薄，起来要去找件夹衣穿，苏轼正在读韦苏州（应物）集，刚读到《与元常全真二生》诗，"那知风雨夜，复此对床眠"两句，不禁触景生情，意识到兄弟俩现在拼命准备考试，一旦做了官，各自宦游四方，从此就要分离。眉山老家中，两人无忧无虑，闲居读书的那份悠然生活，就再也不容易有了。

兄弟俩就此讨论起前途来。清贫人家的读书子弟，怎么推得开求仕谋生这条唯一的出路，只能希望及早从仕路上退出来，同回故乡，才能对床而卧，共度风雨之夜，寻回他们的旧梦。

兄弟俩就在怀远驿做了"风雨对床"的约定，此后四十年间，两人都念念不忘这个旧约，然而由于可悲的人生羁绊，终身不能实现。

嘉祐六年（1061）七月，诏以起居舍人知谏院司马光、同知谏院杨畋、知制诰沈遘（文通）为秘阁考官。

凡举制策者，于前纳文卷经两制看详，列等次优以上，才得参加秘阁考试六篇论文。这次的考题是：一、王者不治夷狄论；二、刘恺、丁鸿孰贤论；三、礼义信足以成德论；四、形势不如德论；五、礼以养人为本论；六、既醉备五福论。

秘阁试六论规制非常严格，甚难通过，当时的士人目为"过阁"，意指难如过关。六论每篇不得少于五百字，须一天一夜内写成。风檐寸晷，时间紧迫，一般考生但求充分发挥意见，无法考究文辞工拙，所以向来皆不起草，文章都不能工。苏轼为文，意思充沛，下笔如流泉汩汩涌出，不能自已，因此，他独可从容起稿，及时完篇，而文义粲然。当时的人，都认为这是很难得见的天才。

秘阁六论及格后的八月二十五日，仁宗皇帝御崇政殿，亲试"贤良方正直言极谏"策问。策题长达五百余字，规定对策字数应在三千字以上，当日内完成。苏轼举条而对，文长五千五百余字，本于深厚学养，济之以一腔忠诚，痛快淋漓地极论国是，写得甚是得意。所以登科后，他慷慨自言道："敢以微躯，自今为许国之始。"

这次制科，四人中录取三人：著作佐郎王介、福昌县主簿苏轼、渑池县主簿苏辙。

制策取士，特别郑重，考官定等之后，言官（包括御史和谏官）例得复核。

评核的结果，苏轼得第三等，王介得第四等。科制分五等，宋朝自有制策之试以后，第一第二两等，皆是虚设，从来无人得过，普通都以第四等中选。苏轼以前，只有吴正肃公（育）一人，曾入三等，苏轼是自有制科以来获此最高评等的第二人。

苏辙对策，极言尽谏，语甚切直，司马光非常推许，定为三等，但却发生了争议。覆考官胡宿以为此卷出言不逊，坚持不可。司马光与范镇商量，范镇主张降等录取，另一覆考官蔡襄说："吾三司使也，司会之言，吾愧之而不敢怨。"只是推卸，而胡宿力主黜落。事情不得解决，闹到皇帝那里，帝诏："差官复位。"复位的结果，也主张黜落苏辙。是科，弥封卷号，苏轼为"臣"字，苏辙为"毡"字。司马光奏曰：

……臣窃以国家置此六科，本欲取材识高远之士，固不以文辞华靡、记诵杂博为贤。所试文辞，臣不敢言，但见其指陈朝廷得失，无所顾虑，于四人之中，最为切直。今若以此不蒙甄收，则臣恐天下之人皆以为朝廷虚设直言极谏之科。而辙以直言被黜，从此四方以言为讳，其于圣主宽明之德，亏损不细。臣区区所忧，正在于此，非为臣已考为高等，苟欲遂非取胜而已也。

伏望陛下察臣愚心，特收辙入等，使天下之人皆曰："辙所对事目，虽有漏落，陛下特以其切直收之。"岂不美哉！

奏上，执政将"辙"号对策卷进呈御览，仁宗看了之后，谕曰："此卷，其言切直，不可弃也。"乃降一等收录。所以，苏辙终于收入第四等。荐官杨畋见皇上时面奏："苏辙，臣所荐也。陛下赦其狂直而收之，盛德事也。乞宣付史馆。"仁宗欣然从之。

光献曹后后来说，那一天仁宗策试贤良后，归宫，面有喜色，对曹后说："吾今日又为子孙得太平宰相两人。"意指轼、辙。①

制科入等后调官，苏轼除大理评事，苏辙为试秘书省校书郎。

自此风声所布，一旦之间，三苏父子文名，震动京师，流传四方，苏氏文章，遂为天下第一。士人竞以苏文为师法，很多人来访求传抄新作，也有很多人来要求从老苏问学，孙馨（叔静）兄弟就于此时拜在老苏门下。

据说，老苏发愤苦读之初，偶得《战国策》一书，读之大喜，视为枕中鸿宝，秘不示人，甚至不让儿子们看见。一天被苏轼偷来看了，哪知他也很喜欢书中那种纵横雄辩的文字，所以后自为文，就带有非常浓重的纵横家风格。

王安石为翰林院知制诰，他是个笃实的经学家，很不喜欢苏

---

① 〔宋〕俞文豹：《吹剑录》。又陈鹄《耆旧续闻》。

轼文章中的策士气息，曾对吕公著、韩维说："如果我是考官，就不取他。"①

王、苏二人性格的不合，始见于此时。

苏轼在京师宜秋门旁买了一栋住宅，号曰"南园"，奉老苏及全家徙寓于此。与蜀中杨济甫书，说及此宅：

> 都下春色已盛，所居厅前，有小花圃，课童种菜，亦稍有佳趣。傍宜秋门，高槐古柳，一似山居，颇便野性也。

诗又云："荒园无数亩，草木动成林。"则此住宅，屋宇虽不甚大，而花木繁茂，宅基又在宜秋门旁的高槐古柳之中，九陌红尘里，不失为一所幽雅的诗人之居。苏辙曾将园中草木，一一题咏，则可见到堂前有芦，砌下有竹，堂后有石榴树，隙地有井，可以汲水浇花，另外还有双柏及一座葡萄架，深处更有幽室，室前杂植萱花、葵花、牵牛花之类的草花。

老苏又在庭前开凿一口方池，引水从假山岩鼻中流注池内，另以一盘上盛木三山，这一木根雕刻，还是老苏从蜀中携带出来的爱物，《嘉祐集》有记。

不久，朝廷告下，任苏轼为将仕郎大理评事、签书凤翔府节度判官厅公事。

苏辙本以试秘书省校书郎充商州军事推官，王安石当制，认为苏辙在对策中说古时的宰相，专攻人主，比之为谷永，缴进词头，不肯撰告。

宰相韩琦笑道："此人策语谓宰相不足用，欲得娄师德、郝处俊而用之，尚以谷永疑之乎？"

---

① 〔宋〕朱熹：《五朝名臣言行录》。

知制诰沈遘不以为然,所以后来当制作词说:"……而辙也指明其微,甚直不阿,虽文采未极,条贯靡究,亦可谓知爱君矣。"

苏轼将赴凤翔任所,其时苏辙的科考能否入等,尚在朝中纷纷议论之中,出处未定,而父亲孤身在京,无人陪侍,所以他只好留京侍父。此后三年,苏家仍然居于南园。老苏除与姚辟同修《太常因革礼》外,公余之暇,续写他的《易传》,苏辙亦于此时,从父学易。所以苏轼自凤翔寄诗,有这样的句子:

策曾忤世人嫌汝,易可忘忧家有师。

# 第二章　变法与党争

## 一　初仕凤翔

宋仁宗嘉祐六年（1061），十一月十九日的黎明，朔风凛冽，地冻天寒的晓色朦胧中，郑州城里出来一簇旅人，约有六七匹乘骑，跟着一辆大车，来到西门外。

这一行中，三匹马并辔联行在前面，中间那匹马上，坐着一个高颧大耳、浓眉插鬓、双目炯炯有神的青年，即是要赴凤翔府出任签书判官的苏轼；紧靠在他身旁骑着一匹瘦马的那个瘦长个子是他的弟弟苏辙；稍微落后一步的马上，则是年岁相若，但留着一把大胡子的他的朋友马梦得；后面那辆车上，是从行的内眷——王弗夫人、不满三岁的儿子迈和两三个婢仆。

苏氏两兄弟，二十余年的生命中，从来形影不离，未曾分开过一日，如今行至郑州的西门郊外，蓦然惊觉，必须于此告别，就情不自禁地惶恐起来。

苏轼骤然勒住马头，看了那清瘦的弟弟一眼，脸色突然变得非常苍白，嘴角抽动了一下，差点流下泪来。

一路来，无论是在屋子里的，或是走在路上的行人，个个都很安详快乐，随行的僮仆们非常诧异，何以这位去上任做官的主人，却要这么悲伤。

兄弟俩再也说不出一句话来。

苏轼的头脑里，忽然变得茫茫的一片空白，骑在马上，心神恍惚，摇摇欲坠。今儿早上明明没有喝过酒，何以虚飘飘地直有晕眩的感觉？仿佛看见弟弟挥挥手，急急忙忙回去了，他还策马高冈上，一直眺望那个骑在瘦马上的颀长的身影。

忽然间，连这个熟悉的背影，也被无情的坡垄隔断了，只看到他头上那顶乌帽，一耸一耸地，一会儿出现，一会儿又隐没到山坡后面不见了。

苏轼定定神，转上荒茫的驿路，然后，他就在马上构想一篇诗作，要寄给苏辙：

> 不饮胡为醉兀兀，此心已逐归鞍发。
> 归人犹自念庭闱，今我何以慰寂寞。
> 登高回首坡垄隔，但见乌帽出复没。
> 苦寒念尔衣裘薄，独骑瘦马踏残月。
> 路人行歌居人乐，童仆怪我苦凄恻。
> 亦知人生要有别，但恐岁月去飘忽。
> 寒灯相对记畴昔，夜雨何时听萧瑟。
> 君知此意不可忘，慎勿苦爱高官职。

这次，苏轼把朋友马梦得带到凤翔去，原因起于喜欢涂墙抹壁，写"题壁诗"。

杞人马梦得，字正卿，原在京师里做"太学正"的学官，生活清苦，性情耿介，所以"学生既不喜，博士亦忌之"。有一天，苏轼去访他未晤，随手抓起笔来在他书斋壁上，题了杜甫《秋雨叹》的三首之一。苏轼自己说是"初无意也"，但那首诗却是以资质明丽的决明草，将在风雨中随百草一同烂死，用来比喻书生的命运，感慨最深的一章。[1] 原诗是：

> 雨中百草秋烂死，阶下决明颜色鲜。
> 著叶满枝翠羽盖，开花无数黄金钱。
> 凉风萧萧吹汝急，恐汝后时难独立。
> 堂上书生空白头，临风三嗅馨香泣。

写者无意，读者有心，马梦得看了，决心不做这终身坐冷板凳的学官，宁愿跟从苏轼到凤翔府去做幕僚。

从汴京陆行到凤翔，重过五年前旧游的渑池，再访奉闲的精舍。不料从前接待过他们的那位老和尚已经死了，变成庙后一座新造的墓塔；兄弟俩曾经题诗在上面的寺中墙壁，也已颓坏，更无字迹可循。苏轼觉得人生变幻无常，不过如天上飞翔的鸿鸟，偶然在雪地上留下一二爪痕，一忽儿便又各自西东飞散，了无踪影。作诗告诉苏辙："老僧已死成新塔，坏壁无由见旧题。"这满怀孤独的旅人，心里只是一片苍茫。

来自京华的苏轼，行程所经的关中地区，尽是地方残破、村落萧条的景象，这还是仁宗康定、庆历年间，西夏兵连年入寇陕

---

[1] 杜甫《秋雨叹》共三首，胡仔《苕溪渔隐丛话》认为东坡书于马梦得斋壁者，必为"雨中百草"之第一章。以其感慨最深，故今梦得决心辞去学官而浪迹江湖，今据此。

甘，所造成的破坏和灾害，到现在仍未恢复元气。

宋代两大外患，契丹之外，就是西夏。

契丹本来亦是游牧民族，其富以马，其强以兵。但自五代时，辽太祖阿保机立国后，竭力倡导耕织，已渐次进为农业社会。宋辽关系亦自改观，澶渊和谈后，辽每岁坐得大宗银绢，建设内部，似已无意南侵，所以北宋当前之患，实为西夏。

西夏的祖先，原是唐末庆州党项族的酋长李思恭，当时做夏州（今陕西靖边）节度使。至宋，他的儿子虽曾一度叛离中朝，但至李德明继位后，一方面受宋朝西平王的封号，一方面又受契丹大夏国王的册封，身事两朝，相安无事。

然而，李德明的儿子李元昊，野心勃勃，不以他父亲的保守态度为然，屡屡劝他不必臣事宋朝。德明说："吾族三十年衣锦绮，都是宋朝的恩赐，不可负！"元昊却说："穿皮毛，事畜牧，这是我们番人的本等。天生英雄，应当自为帝王，何必要穿别人赏赐的锦绮。"他也确有能力，率兵西破吐蕃、回鹘（纥），夺甘州，尽取河西的土地，因此被立为太子。仁宗明道元年，德明病死，元昊继立，他便整军经武，建立政治体制，大力发挥他的抱负，国势日强。不久，就据有了现在的宁夏、陕西、甘肃的大部分和内蒙古西南部分的领土，分立一十八州，奠都兴庆（今宁夏银川），实现了自当皇帝的野心。立国后，遣使奉表宋朝，说他已自建国，国号"大夏"，建元"天授"，要宋朝"许以西郊之地，册为南面之君"。仁宗不能忍受元昊的公开叛逆，便下诏削夺他的官爵，断绝双方的互市，并且揭榜边城，重赏缉购元昊的头颅，于是西夏兵便连年入寇陕甘了。

康定元年，元昊引兵攻保安军，破金明寨（今陕西安塞），直薄延州城下，宋兵大败。朝命韩琦安抚陕西，韩又举荐范仲淹知永兴军，同负经略招讨之责。不料韩主集中兵力，先发制贼；而范则稳重，主张屯兵营田，备边观衅。主帅的意见不同，政策遂不一致。至庆历元年二月，西夏倾全国之力，入寇渭州（今甘肃陇西县西南），好水川一役，宋军又是大败，于是朝廷将陕西分为四路，以韩琦、王沿、范仲淹、庞籍各领重兵，都二十万人环边守御，以抑西夏凶焰。但是庆历二年之秋，西夏兵又再度入寇渭州，幅员六七百里之间，焚荡抢掠，几成赤地，自泾邠以东，各地都只闭垒自守，莫能救御。

西夏军虽然年年入寇，屡屡得胜，但其人马的伤亡也很严重，财用亦复不继。而宋朝既于西边布下重兵，韩范两人虽然战守意见不同，但其治军严明，风纪大振，则是一样。更重要的是他们两人倾全力收拾边疆的人心，诸羌畏威怀恩，不敢轻犯。所以西夏兵于大肆焚杀掳掠之后，无力长期占领，就撤兵自去。

基于此一情势，宋与西夏终于庆历四年，达成和议，由宋朝册封元昊为夏国主，岁赐币帛，西边自此才得安静。事距苏轼之去凤翔，已经相隔十八九年了，但是陕甘两地，经历那种野蛮的焚烧劫掠，原始性战争的杀戮和破坏，西夏兵所至城邑，不但庐舍田地都变成了废墟，所有壮丁牲畜又全被掳劫而去，连资以恢复生产的人力、畜力和工具也都没有了。劫后荒原，亘二十年而不得恢复。苏轼一路所见，地旷人稀，萧条满目，处处都还是战争留下来的残迹，以及苟活在残迹上赤贫的百姓。

嘉祐六年（1061）十二月十四日，苏轼到凤翔府签判任。

现任太守宋选，字子才，郑州荥阳人，进士出身，早年在京，曾与司马光、韩宗彦、沈遘同为三司僚属，做地方官又一向声望甚好，温文尔雅，颇能敬礼同僚。他也是今年八月才来凤翔的，待苏轼尤其温厚，使初次出仕的这个青年人颇有"幸遇"之感，如《和子由除日诗》说："兄今虽小官，幸忝佐方伯。"《东湖诗》说："予今正疏懒，官长幸见涵。"日后与宋选的儿子，画家宋汉杰书说："某初仕即佐先公，蒙顾遇之厚，话及畴昔，良复慨然！"

凤翔县令胡允文，在蜀时曾从老苏问学，至此方才识面，相得甚欢。

苏轼住居官舍，在府衙之东北，为州长官官邸之西邻，府衙的后圃，高柯乔木，森荫繁茂，城北的终南山色都为这丛丛树木所遮蔽。而他的园内，却只有一株老槐，一株榆树，一株不够大的枣树，非常荒伧。苏轼在廨北葺一小园，开辟一方隙地，筑一亭，亭前为横池，分堂屋北厦的一部分，装置轩窗曲槛，可以俯瞰池水。堂屋南边，加建回廊，廊之两旁各凿一池，引府廨的水注入池中，种莲养鱼于池内。

池端造一板桥，以达池北，手植桃杏松桧三十余本，使与原有的槐榆相映带，老槐树上有野鹤巢居，又买了一丛牡丹花，种在池北。

苏轼辛辛苦苦经营这个小园，只为"临池饮酒"而已，但一想到任期有限，"三年辄去岂无乡，种树穿池亦漫忙"，自己也觉得好笑起来。

抵任之初，时逢新年假期，苏轼得有闲暇，遍游凤翔附近的名胜，浏览古物。

首谒孔庙，参观了保藏在那里的石鼓。这十个石雕的大鼓，表面刻有铭文，唐时出土，当时大家认是周文王时代的石刻，但据最近研究，推定为战国时代秦灵公（？—前415）或秦襄公

（？—前766）时的制作。很多唐代诗人为此古石刻作诗，而以韩愈的《石鼓歌》为最知名。初时这批石刻还随便散置在原野的露天里，雨淋日晒，无人看顾，还是韩愈的朋友郑余庆将它搬进凤翔县的孔庙里保存起来。

石鼓上的铭文，欧阳修录时存四百六十五字，磨灭不可辨识者过半，但仍是古文字学和考古学上非常重要的资料。苏轼用心辨认，在所作《石鼓歌》中，说他"旧闻石鼓今见之，文字郁律蛟蛇走。细观初以指画肚，欲读嗟如钳在口"。初寻偏旁，再一点一画地推详，只能认得十之一二，其余的文字，像雾里的月，稂莠间的禾，见面不识，它似乎只是轩辕、仓颉的朋友，李斯、李阳冰的前辈，苏轼虽有"余生也晚"的惆怅，但当面对这个古代战鼓的形象，禁不住要缅怀周代的王化政治，而慨然谴责暴虐的秦政，对帮凶法家李斯更投以无情的讽刺，如言："自从周衰更七国，竟使秦人有九有。扫除诗书诵法律，投弃俎豆陈鞭杻。当年何人佐祖龙（始皇），上蔡公子（李斯）牵黄狗。登山刻石颂功烈，后者无继前无偶。皆云皇帝巡四国，烹灭强暴救黔首。六经既已委灰尘，此鼓亦当遭击捂。……"① 自古以来，野心家一旦拥有权力，便都挂起救国救民的招牌而无所不为，也不愁没有人来歌功颂德。

苏轼游城北街开元寺，看了先秦的诅楚文碑，观赏了吴道子画的佛像和王维的画竹。吴道子画的是双林树下，朝暾晕彩，中有菩萨正在讲说寂灭之理，很多人在听道。王维画竹两丛，交柯乱叶，飞动若舞，而一枝一叶都有来处。

---

① "九有之师"，言秦军之壮大。上蔡公子为李斯，斯将就刑，顾谓次子曰："吾欲与若复牵黄犬，俱出上蔡东门逐狡兔，岂可得乎？"（《史记》）

在性情上，苏轼很喜欢吴道子雄放得浩如波翻的笔墨，称他"当其下手风雨快，笔所未到气已吞"。王维本是诗人，以诗心写竹，苏轼称其"摩诘得之于象外，有如仙翮谢笼樊"。两者比较，苏轼认为吴道子的画虽然"妙绝"，但总还是画工之画，而对于王维所写的竹，则衷心倾倒，说道："吾观二子皆神俊，又于维也敛衽无间言。"

长安，从前有座故藏经龛，唐明皇所建，四边各有一门，门各两扇，门板的两面，都是吴道子画佛像真迹，阳面是菩萨像，阴面是天王像，共十六躯。

广明之乱时，藏经龛遭贼兵焚烧，有个和尚抢下四扇门板从兵火中舍命逃出。奔至半途，力竭不支，他想了一个办法，将门板各穿一洞，套在头颈上跑路，如此辗转来到凤翔，寄住在乌牙僧舍里。他死后，这四扇门板留在那里已经有一百八十多年了。

有人花十万钱将它买了下来，恰巧给苏轼看到。其时，他已经做了一年多的官，身边稍有积蓄，想到父亲平生别无嗜好，就只喜欢书画，收藏一百余件，但没有吴道子的真迹，他就和这个画主商量，照原价购买，以此献与父亲，这四扇门板就成了老苏收藏中天字第一号的珍品。[①]

苏轼再游凤翔东北郊的天柱寺，参观了杨惠之雕塑的维摩像。维摩的造型，显得病骨支离如枯龟。苏轼不禁生出一个感想，天下的至人，本来已将生死置于度外，人的肉体像天上的浮云一样，随时变灭，全不足恃，只有心灵才是主宰的永恒。世上尽多体格非常壮硕而心病独多的人，宛转人间，才堪悲悯。

---

① 本集：《四菩萨阁记》。

岐山风物，实在不堪入目，"有山秃如赭，有水浊如泔"。苏轼老是怀念他家乡澄碧的蜀江，后来发现东门外，有个东湖，为古饮凤池的旧迹，"入门便清奥，恍如梦西南"，才使他的休沐假日，有个去处，一游再游。

以上诸游，各有诗篇，连同《真兴寺阁》《李氏园》及《秦穆公墓》三诗，合为《凤翔八观》。

苏轼到底年轻，又是一个文人气质偏重的人，被派到这荒凉的凤翔来，不免时有"尔来走尘土，意思殊不堪""人生营居止，竟为何人卜"的慨叹。趁着新年假期，游山玩水，访古、读画、写诗，是他的兴趣，而"扶风古三辅，政事岂汝谙"则又是初仕当时的心理压力，但见别人都很忙碌，只能独自一个，往东湖去寻求一醉，借求片刻的解脱。

所幸者，王弗夫人贤淑，使他由衷敬爱；与弟辙虽然远别，但是还可通信。"诗成十日到，谁谓千里隔。一月寄一篇，忧愁何足掷。"

## 二　怀乡念弟

嘉祐七年（1062）正月，到任谢执政启，述其任务曰：

　　所任签署一局，兼掌五曹文书。内有衙司，最为要事。编木筏竹，东下河渭；飞刍挽粟，西赴边陲。大河有每岁之防，贩务有不蠲之课。破荡民业，忽如春冰。于今虽有优轻酬奖之名，其实不及所费百分之一。救之无术，坐以自惭。惟有署置之必均，姑使服劳而无怨。过此以往，未知所裁。

上面所说的，都是苏轼在签判这个职务上该做的工作。核判五曹文书，虽已甚繁，但是本等的工作，且不说它。凤翔府有两大特别任务，一是终南山特产的木材，每年均须编成木筏，自渭水放入黄河，运往中央，供皇家土木建造之用；二则凤翔是对西夏边防军的兵站基地，要负责集运粮米和刍秣，供给军需。这两大事务，且都以"衙前"被征召的老百姓来义务工作，困难重重，何况黄河堤防，每年要修，贩务征课，更是繁杂。苏轼是甚不耐烦的人，苦于被事务工作所困。

衙前之役，始自五代，而宋承之，是由政府征召百姓义务担任官物之供给或运输的一种制度。老百姓服役"衙前"，费时失业不说，更须担负运输中途的风险，如公物损失，就必须赔偿，这无穷无尽的负担，使老百姓几至无以为生的地步。凤翔这地方，原来土地富足，中产之家所有土地，不以亩计，而以顷为计算单位，上户不可以顷计而计以赋。但自西夏之变，经历战争以来，如汤沃雪，顿见消融，有产者残存不及十之三四。战争的伤残未复，而又重之以衙前重役，一般人民，既负劳役，更苦于赔偿，因而破产者，比比皆是。

苏轼遍问老校："何以至此？"老校说："木筏之害，本来还不至于到此地步，假如政府能将时间安排得好，趁渭水黄河都未涨水时放筏操运，以时进止，费用省而危险少，衙前服役的老百姓负担就轻。目前的毛病，出在政府令不以时，叫木筏逆拒水势挽运，就造成数不清的灾难了。"苏轼分析后，认为有理，就着手修订衙规，使衙前可以自择水工的运作时间，筏行不发生危难，老百姓就不必于出力冒险之余，再来承担公物的赔偿。此案经过宋太守的核可后实施，从此衙前之害，减了一半。

七年二月，诏令淹水诸州减决囚禁。凤翔所属共有十县，苏轼被派往宝鸡、虢、郿、盩四县，督饬减刑释囚的公事。至十七日事毕，回程朝谒盩厔东南二十余里的太平宫，瞻仰二圣御容，泛舟南溪，复游楼观、大秦寺、延生观，访玉真公主遗迹，观仙游潭，取中兴寺玉女洞的飞泉，从郿县归府复命，就整个游程，写成五百字的五排一首，寄与苏辙。

三月，因久旱不雨，苏轼赴郿，祈雨于太白山之上清宫。数日后，虽有微雨，父老以为不足，于是，再陪宋太守亲往祭祷，回程路上，便见道中有云气自山中来，如群马奔突而至车座左右，苏轼一时好奇心起，开笼收云归家，作《攓云篇》。

太守祭祷灵应，不久，大雨沛然而下，老百姓奔跃欢呼，垂枯的二麦，立见复起，生气洋溢。苏轼以北亭为喜雨之所，作《喜雨亭记》。凡是受过中等以上教育的人，对这篇名文，大多耳熟能详，所谓："五日不雨可乎？曰：五日不雨则无麦。十日不雨可乎？曰：十日不雨则无禾。无麦无禾，岁且荐饥，狱讼繁兴，而盗贼滋炽。……"

苏轼有位好夫人，王弗夫人非但精明干练，而且颇识大体。苏轼在外面做些什么，回到家去，夫人一项一项地要问个仔细，她说："你离开父亲远了，凡事没人指点，不可以不谨慎。"她常引用公公说过的话来警戒苏轼。苏轼在家里见客，她就站在屏风后面，听他们说些什么，然后对丈夫说："某某这个人，说话模棱两可，一味逢迎你的意向，你何用与这种人谈天。"有的人惯会拍马，跑来表示热络，夫人说："这种朋友，不会长久，交情套得那么快,其去也必速。"苏轼非常佩服她的眼光和见识。①

一年大雪,住宅庭前积雪甚厚,只见古柳树下约有一尺见方的地方,独无雪迹,等到天晴了,这方土地又高起数寸来,苏轼怀疑是古人窖藏丹药之处,丹药性热,所以地不积雪而土又坟起,他想发掘。王弗夫人说:"假使先姑在,一定不会许可的。"

这是引用程太夫人不许发掘纱縠行老宅中地下大瓮的故事,如此婉转谏阻,使苏轼觉得惭愧而止。②

然而,西北的强风黄土,凤翔府的官吏生涯,处处都使苏轼感觉厌倦。重九日,他不愿参加群官欢聚的"府会",独自一人跑到东门外的普门寺去玩,怀乡念弟,心情郁闷。作《壬寅重九不预会,独游普门寺僧阁,有怀子由》诗:

花开酒美盍言归,来看南山冷翠微。
忆弟泪如云不散,望乡心与雁南飞。
明年纵健人应老,昨日追欢意正违。
不问秋风强吹帽,秦人不笑楚人讥。

西北早寒,九月下旬,天已微雪,再作怀子由二首,如言"愁肠别后能消酒,白发秋来已上簪""江上同舟诗满箧,郑西分马涕垂膺。未成报国惭书剑,岂不怀归畏友朋"等,情绪非常低落。

苏辙十九岁登第五甲进士第,二十三岁中制科,一鼓作气,可以算得其进也锐了,不料除命商州推官,被知制诰王安石驳回词头,不肯撰告,事情便在执政间琢磨拖宕了整整一年,弄得意气消磨殆尽。一直到今年七月,诰命才下来,而老苏在京,身旁

---

① 本集:《亡妻王氏墓志铭》。
② 本集:《记先夫人不发宿藏》。

别无侍子,苏辙便以这个理由,辞不赴任。

商州与凤翔毗邻,假使苏辙赴商,还可希望能来凤翔一聚,现在又落空,寄诗慰弟说:"远别不知官爵好,思归苦觉岁年长。""著书多暇真良计,从宦无功漫去乡。"再说,商山也不是一个什么好地方,苏轼听商州县令章惇说,商州人说话像外国语,一句也听不懂,很多人生着大脖子(甲状腺肿),不辨肩颈,这个样子的地方,不去也罢,诗言:"夷音仅可通名姓,瘿俗无由辨颈腮。答策不堪宜落此,上书求免亦何哉!"

自秋徂冬,苏轼身体一直不好,十一月间,大雪数日,索性赖在床上不起来,年前年后,怀念故乡度岁的年中行事,作《馈岁》《别岁》《守岁》及《和子由踏青》《蚕市》诸诗。

八年正月十五,大家都在欢度元宵夜,只有苏轼在家,独坐无聊,一个人跑到城北街的开元寺东塔院去看王维的壁画。其时,夜色已阑,苏轼凝眸注视,但见残灯影下的画中僧人,个个都栩栩欲动的样子,竟是看得呆了,对于诗人画家的笔墨,自此便有更深一层的领悟。

## 三 陈希亮

嘉祐八年(1063)三月,仁宗皇帝崩于福宁殿,四月一日,皇太子赵曙即位,是为英宗。英宗自少体弱,时方卧疾,由光献太后曹氏权同处分国事。

是年正月,宋选罢凤翔太守,眉州青神县人陈希亮(公弼)自京东转运使来代。

陈希亮身材矮小、清瘦，而为人刚劲，面目严冷，两眼澄澈如水，说话斩钉截铁，常常当面指责别人的过错，不留情面。士大夫宴游间，但闻陈希亮到来，立刻阖座肃然，语笑寡味，饮酒不乐起来。他对待僚属，自然更加严厉，竟然有很多人吓得对他不敢仰视。

苏轼虽是以京朝官差充签书节度判官厅公事，简称签判，仍是幕职，有如现在地方政府的秘书长，职掌赞襄郡政，综理诸案文移，斟酌可否，签拟后报告首长，或罢或行。他与长官公事上的关联，非常密切，而两个人的性格，却是如此的冰炭不相融合。

苏轼性豪阔，不会官僚滑头，而做事却勇于负责，意见不同时，便要据理力争。这二十七八岁的签判，年少气盛，就不免形诸辞色，一点不肯屈就退让。

陈希亮也有意要裁抑这个锋芒太露的后辈，对他也一样地端起架子，毫不客气，使苏轼更难忍受。

府衙中的吏役，为了对这位制科出身的判官表示敬重，大家尊称之为"苏贤良"，这颇类似现代人之称某博士者一样，实是一件平常小事。不料被陈知府听到了，大怒，愤然骂道："府判官就是府判官，有什么贤良不贤良的。"把那吏役打了板子，这当然使苏轼十分难堪。

苏轼写的公事，他也毫不客气地涂抹删改，往返不休，此在以文章自负的苏轼，更不容易忍受。

陈希亮官僚架子很大，同僚晋见，任在客座中等候，久久都不出来接见，甚至有人在客位中打起瞌睡来。苏轼心生不平，作《客位假寐》诗，讽刺他：

谒入不得去，兀坐如枯株。

岂惟主忘客，今我亦忘吾。
同僚不解事，愠色见髯须。
虽无性命忧，且复忍须臾。

两人之间的摩擦，造成日深的成见。苏轼益发落落寡合起来。他不预府宴，中元节也不过知府厅。陈希亮抓住这一点，竟然上奏朝廷纠劾他，被朝廷罚铜八斤，苏轼也都不管，只是日后作谢馆职启中，才说："一参宾幕，辄蹈危机，已尝名挂于深文，不自意全于今日。"

陈希亮于廨宇后圃，筑造一座凌虚台，以望南山，请苏轼作记，轼乘此机会浇了他一头冷水，如言：物之废兴成毁，不可得而知也。昔日的荒草野田，岂知有今日的凌虚台？而从前秦穆王的祈年、橐泉，汉武帝的长杨、五柞，隋之仁寿殿，唐之九成宫，其宏丽坚固，将百倍于凌虚台，而今复为破瓦颓垣，又安在者？所以结尾狠狠地讽刺他道："夫台犹不足恃以长久，而况于人事之得丧，忽往而忽来者欤！而或者欲以夸世而自足，则过矣。盖世有足恃者，而不在乎台之存亡也。"这是对陈知府奏劾一事，给予针锋相对的答报。

陈希亮是眉州人，苏陈两家原是数代世交，论辈分，且比老苏还长一辈，当他读过《凌虚台记》的稿子后，不易一字，吩咐上石，并且慨然道："吾视苏明允，犹子也；轼，犹孙子也。平日故不以辞色假之者，以其年少暴得大名，惧夫满而不胜也，乃不吾乐耶！"

后来，苏轼因其子陈忱之请，为作《陈公弼传》，其中有一段说：

公于轼之先君子为丈人行，而轼官于凤翔，实从公二年。方是时，年少气盛，愚不更事，屡与公争议，形于言色，已而悔之。

原任凤翔法曹张琥,本与苏轼为进士同年,共事两载,曾同游真兴阁寺。嘉祐八年十一月,调职回京,苏轼作《稼说》送其行,其中有一段说:

>……吾少也有志于学,不幸而早得与吾子同年。吾子之得,亦不可谓不早也。吾今虽欲自以为不足,而众且妄推之矣。呜呼,吾子其去此而务学也哉!博观而约取,厚积而薄发,吾告子止于此矣。子归,过京师而问焉,有曰辙子由者,吾弟也,其亦以是语之。

读此文所言,显见苏轼当时已经体谅到陈希亮这位老前辈,为要矫治他少年早达的弊害,所设下的苦心,因此说"已而悔之",因此作《稼说》以赠同年张琥。但是赠文张琥,却真个是"与非其人",此君阴险贪鄙,热衷利禄,元丰年间,改名张璪,官知谏院兼侍御史知杂事,诗狱案起,他与李定共治此案,必欲置苏轼于死地者,就是这个同年。

陈希亮于凤翔任上,因将他州馈送的公使酒,据为私有,坐赃去职,抑郁而殁。后人造作希亮之所以获罪,系由于欧阳修代轼报复的谣言,实是"以小人之心度君子之腹"的妄人妄语。

希亮有四子,唯幼子陈慥(季常)不乐仕进,使酒好剑,用财如粪土。苏轼在岐山碰到他,他正带了两个朋友,骑马携箭,在长林丰草间出入射猎。两人自此相识,高谈用兵及古今成败之事,陈慥自以为是"一世豪士",苏轼很喜欢他的游侠气概,遂成莫逆之交。

仁宗崩,以韩琦为山陵使。兴筑皇陵,需用竹木,饬由凤翔供应,而"编木筏竹,东下河渭",则为签判苏轼的专职。不幸其时天旱,渭河干涸,挽木不下;而山陵工期迫切,运材须于限定时日内到达,否则,这延误王事的责任,怎么担当得起。诗言:"桥山日月迫,府县烦抽差。……千夫挽一木,十步八九休。渭水涸无泥,菑堰旋插修。对之食不饱,余事更遑求。"苏轼整日忙于督抽差役,集材付运,弄得寝食不安,整整忙了五个多月,直至是年秋间,才算交完差,透了一口气。

然而刚刚交完皇差,又逢地方大旱,苏轼祷雨于太白山,不验,再经虢县,渡渭水而祷于磻溪。回程自阳平入斜谷,九月至终南,住在太平官的溪堂里,得遂一读《道藏》的宿愿。

自来凤翔,他对于这么许多牵连不断的吏事,厌倦不堪,以为除了浪费生命之外,身名两皆无益。案牍劳形,问囚理讼,不知所为何来,从前所学,完全抛弃,而一官在身,却又不得不奔走劳役,弄得心神俱疲。他在《和子由闻子瞻将如终南太平官溪堂读书》诗中,大发牢骚:

役名则已勤,徇身则已媮。
我诚愚且拙,身名两无谋。
始者学书判,近亦知问囚。
但知今当为,敢问向所由。
士方其未得,惟以不得忧。
既得又忧失,此心浩难收。

…………

然而,在这一年中,苏轼仍有出其所学,极论民生国是两篇大文章,一是《上韩魏公论场务书》,以所见凤翔老百姓为衙前之役所困,请求政府行宽大久长之政;二是《思治论》,指出嘉祐政治之弊,症结在于没有一定的国策,所以法弊而事无成。

关于前者，苏轼指陈凤翔的老百姓所最怕的，莫如衙前之役，而课役的标准，从每一人家的盘碗锅罐算起，长役十千，乡户及二十千者，都该占股一分。一分之役，名为十千可办，其实须十五六千至二十千，役重如此，老百姓焉能不穷。

课役本只限于上户，但事繁而役不足时，则递取其次，而现在家赀二百千者都须服役。事实上，连盘碗锅罐都计算在内，家赀不满二百千者，何以为民，则任何人已皆不免于衙前之役，困穷可知。

苏轼希望政府行宽大久长之政，以官榷优与人民，先裕民而后裕国。

苏轼作《思治论》，立论甚大。他说，世有三患，终莫能去：一是官室祠祷繁兴，钱币茶盐法坏，加以庞大的军事费用，天下常患无财；二自澶渊之盟后，辽与西夏，日益骄横，而宋则战不胜，守不固，天下常患无兵；三则选举法严，吏不重视考功，考铨之法坏，天下常患无吏。

这三大问题的形成，是由于国家没有通盘的计划，没有一定政策之故。五六十年来，规模未立，虽有很多人对这三个重要问题，游谈聚议而上，但都各就个人的见解，做枝枝节节的议论，人心不同，好大者欲王，好权者欲霸，而偷者欲休息，聚讼纷纭，莫衷一是。朝廷发一政，则曰"姑试行之"，成功与否不可知，前政尚未见效，而后政又发，政令纷纭而法日弊，故症结在于"其始规模未立，其卒事功无成"。

他的主张是政府应该于众论中"从其可行者而规模之，发之以勇，守之以专，达之以强，日夜以求合于其所规模之内，而无务出于其所规模之外。其人专，其政一，然而不成者，未之有也"。

苏轼虽然以最大的政治热忱上书时宰,力求稍解老百姓衙前之役的困苦,但是韩琦方欲持重,决不能用这新进的书生之言。

英宗即位,覃恩各有升迁,苏轼在凤翔,其本官为大理评事,是年晋升为从八品的大理寺丞。

翌年,改元为治平元年(1064)。

正月,苏轼自清平镇至盩厔县,商洛令章惇率同僚苏旦、安师孟自长安来谒,同游楼观,访老子出关时的关令尹喜的旧宅与授经台,经五郡城而至大秦寺、延生观;下山西行十余里而至黑水谷,谷中有仙游潭,潭上有南北二寺,倚峻峰,面清溪,林木深翠,怪石不可胜数;潭水深不可测,以绳縋下数百尺不得其底,以瓦砾投之,翔扬徐下,好久才不见;水深如此,而两岸万仞绝壁,山壁之间架一独木为桥,危险万分。章惇邀苏轼过桥去题字山壁,苏轼谢不敢,诗曰:"犹有爱山心未至,不将双脚踏飞梯。"

章惇说:"你不去,我去。"他平步过桥,乘索挽树,摄衣而下。以黑漆濡笔,在石壁上书大字曰:"苏轼章惇来。"再照样攀绳拊树而还,神色不动。苏轼拍拍章惇的背脊道:"子厚他日必能杀人。"

"为何?"惇问。

"能自判(拼)命者,即能杀人。"轼答。①

苏轼既不敢过桥,遂与诸人向潭北循黑水而上,至南寺,以章惇远来,留他们在寺午餐,诗有"野馈惭微薄,村沽慰寂寥"句。饭后,章惇等将往渼陂,遂别。

---

① 〔宋〕曾慥:《高斋漫录》。

苏轼还至岐山，与文同相遇于岐下。文同，字与可，梓州梓潼人，他们是西蜀的同乡。与可长得眉清目秀，而志气方刚，淡泊名利。他是画竹的名家，倾谈之下，苏轼称他有四绝，诗一、楚辞二、草书三、画四，为作《文同画竹赞》。与可向人说："世无知我者，惟子瞻一见识吾妙处。"①自此订交，以后相见之日虽不多，却成为死生不渝的好朋友。

治平元年八月，西夏又大举犯边，入寇静边寨，围童家堡。仓猝之间，朝廷暂以当地的转运使摄帅事，而他却与军中的副总管发生严重的摩擦，军无纪律，民心惶恐，沿边各城，风声鹤唳，整个西北边区都为之动摇。

大军云集西边，凤翔为边军的粮秣供应中心，苏轼职掌所在，就日夜忙于"飞刍挽粟，西赴边陲"的任务，疲惫不堪。

幸而朝廷诏以端明殿学士王素再知渭州，自许州移镇平凉，泾原故老互相欢贺，沿边将士听说老将重来，踊跃传呼，从此旗帜鲜明，鼓角欢亮，军容大振。西夏习闻王素威名，闻讯立即撤兵，至素到任时，虏围已解，他不过宴劳将佐而已，而人心大定。

韩琦以派驻陕西的戍兵太多，军粮不足，请科陕西民户，三丁抽一，籍为义勇军，得十四万人。军粮不足而籍民为兵，因为义勇可以不必供食之故。当时的谏官司马光上疏累谏，不听。诏下之日，苏轼便须巡回所属各县，亲自提举这件"刺勇"的大事，而他所亲眼目睹的，则是"愁怨之民，哭声振动"。但这是诏令，地方官责在奉命行事，一点办法也没有。

幸而三年任期届满，苏轼遂于是年十二月十七日罢签到任。

---

① 本集：《书文与可墨竹诗叙》。

宋有"磨勘"之法，文资三年一迁，武资五年一迁，苏轼以磨勘得升官为殿中丞。宋吏，殿中省监、丞各一人，掌奉天子玉食、医药、服御、幄帝、舆辇、舍次之政。其实有官无职，只是衔名而已。

苏轼携家带眷，回开封去，自长安而至华阴，时又寒冬腊月，霾风凛冽，道路泥泞难行，只得全家留在华阴的旅舍里度岁，忍寒苦吟：

三年无日不思归，梦里还家旋觉非。

腊酒送寒催去国，东风吹雪满征衣。（《华阴寄子由》）

## 四 亡妻·丧父

治平二年（1065）正月，苏轼返京，与父亲和弟弟一家团聚。旋奉诏命，差判登闻鼓院。

这登闻鼓院是谏官组织中的一个单位，隶属于司谏和正言，掌管收受官民投递的章奏表疏，不论是说朝政得失、公私利害，还是理雪冤滥等，皆许到鼓院来击鼓进状，如为告密或检举官吏，并许密封呈进。吏民如有冤屈，都可借此申告，是北宋政制中一个很好的制度。

英宗皇帝自在藩邸，久已习闻苏轼的文名，是时，便欲循唐朝的先例，特命召入翰林，知制诰。

宰相韩琦以为不可，对曰："轼之才，远大器也，他日自当为天下用。要在朝廷培养之，使天下之士，莫不畏慕降伏，皆欲朝廷进用，然后取而用之，则人人无复异辞矣。今骤用之，则天下之士，未必以为然，适足以累之也。"

英宗说："且与修注，如何？"

琦对曰："记注与制诰为邻，未可遽授。不若于馆阁中近上贴职与之，且请召试。"

英宗说："未知其能否，则试之。如轼，有不能耶？"

韩琦仍然坚持苏轼年少资浅，未经试用，不可骤与侍从之职，最后决定依照一般通例，召试学士院，且与馆职。

殿陛间这番讨论的言语，不免外传，欧阳修还怕执政官中有与韩琦不睦者（暗指曾公亮），借此挑拨是非，所以特地向苏轼解说，苏轼道："韩公所以于某之意，乃古之所谓君子爱人以德者。"[①] 对于韩琦此举，倒是后来的史论家有很多批评，以为韩琦号为名相，但面对杰出异能的人才，仍计寻常尺寸，不能破格擢用，认为他太官僚化了。

二月，召试学士院。试两篇论文，题一为《孔子从先进论》，一为《春秋定天下之邪正论》，轼复以最高分的"三等"入选，于治平三年（1066）二月乙酉，得以殿中丞直史馆。

宋设三馆——集贤院、史馆与昭文馆，掌管校雠典籍，管理图书等事。馆职首重文才，故试论文，一经入选，便为名流，其职位高者为修撰，次为直馆，再次为校理，卑者曰校勘、检讨等。苏轼作《夜值秘阁呈王敏甫》诗，一时也颇有些许富贵气象：

蓬瀛宫阙隔埃氛，帝乐天香似许闻。
瓦弄寒晖鸳卧月，楼生晴霭凤盘云。
共谁交臂论今古，只有闲心对此君（藏书）。

---

① 〔宋〕李廌：《师友谈记》。

大隐本来无境界，北山猿鹤谩移文。

苏轼既已回京供职，老父得人随侍，闲居南园已历三年的苏辙便开始活动，三月得为大名府推官。

但至五月二十八日，苏轼忽又逢丧妻之痛。夫人王弗时仅二十七岁，只有一个儿子，还不满七岁。他俩的婚姻生活只有十年，而这十年里面，正是丈夫出外求取功名，家庭残破，离合无常的艰难时期。她在家侍奉翁姑，勤俭谨肃，声闻戚党；到随夫游宦凤翔，深知她的丈夫缺乏社会经验，生性又大而化之，她就专心注意他在外面的每日行事，细心观察与丈夫交往的朋友，以她精明的头脑，帮他辨析人情事理，及时谏诤，避免上当。

王弗夫人的谨言慎行，正是苏轼所最缺乏的修养。她的精明干练，使苏轼对她产生很多依赖，隐然做了丈夫的护身神，而今一旦丧逝，怎不令他痛恸。

父亲也嘱咐儿子道：媳妇从你于艰难，将来，你必须要将她葬在其姑之侧。这在当时的家族观念里，是一种崇尚与敬爱的表征。所以苏轼作《亡妻王氏墓志铭》说："君得从先夫人于九泉，余不能。呜呼哀哉！余永无所依怙。君虽没，其有与为妇，何伤乎？呜呼哀哉！"

苏轼对夫人王弗的敬爱，也永远不衰。后十年，熙宁八年（1075）的正月二十日，他在密州梦见夫人，犹是凄切难遣，作《江城子》词：

十年生死两茫茫。不思量，自难忘。千里孤坟，无处话凄凉。纵使相逢应不识，尘满面，鬓如霜。

夜来幽梦忽还乡。小轩窗，正梳妆。相顾无言，惟有泪千行。料得年年肠断处，明月夜，短松冈。

六月初六，殡王夫人于京城之西，后来运柩回籍，葬于翁姑茔墓之西北八步。

这些年来，苏氏的家运实在不好，死亡相继，骨肉凋零，苏洵《极乐院造六菩萨记》说："自长女之夭，不四五年而丁母夫人之忧。……其后五年，而丧兄希白（苏澹），又一年而长子（景先）死，又四年而幼姊亡，又五年而次女卒。至于丁亥之岁，先君（父苏序）去世，又六年而失其幼女（嫁程之才之八娘），服未既，而有长姊之丧。悲忧惨怆之气，郁积而未散。"越四年，轼、辙兄弟又丁程太夫人之忧，所谓"三十年之间，而骨肉之亲零落无几"，这也是促使老苏誓去远游四方的一个重要原因。

然而，曾不几年，丧母之后，苏轼又悼妻亡。距妻亡十一个月，治平三年（1066）之四月，老父忽又疾革，二十五日逝世，享年五十八岁。苏洵所编礼书，甫经脱稿，由欧阳修领衔，与礼官李柬之、宋敏求、陈绎、李育、姚辟、苏洵等联名奏上，尚未得报；而私撰《易传》，亦未完稿。临终前，苏洵遗嘱两件大事："未完成的《易传》，希望他们两兄弟续写成书；兄澹（希白）过世得早，子孙未立，要他们照顾；妹嫁杜氏，死而未葬，要轼负责葬事。"苏轼涕泣受命。后于熙宁元年遵遗命为这个杜氏姑母茔葬于眉山，又当他官可荫补亲族时，奏请荫补大伯父（苏澹）的曾孙苏彭，都决定于这个时候。

苏洵逝世事，奏闻于朝，英宗诏赐银一百两，绢一百匹。苏轼辞赐银绢，为父求赐官爵。六月九日诰赠光禄寺丞，同时特饬有司备具船只，载送灵柩归蜀。

韩琦、欧阳修各致厚赙，均辞不受。

据欧阳修所撰墓志，苏洵的著述有《文集》二十卷、《谥法》

三卷、又《易传》未成。另见于其他著录者则有《洪范图论》《皇祐谥录》(《宋史·艺文志》)及《批点孟子》二卷。

六月,兄弟扶护父亲的灵榇和王弗夫人柩,一舟两棺,自汴入淮,溯江而上。

至江陵,初识他夙所敬佩、风骨嶙嶙的刘挚,其时他为江陵府的观察推官;在途中又与史馆的同事李师中相遇,其时师中方欲出守凤翔,赴任中山。

兄弟护丧还乡,遵礼在家守制。治平四年八月,合葬父母于武阳(彭山)县安镇(蟆颐)山之老翁泉;同时葬王弗夫人于其侧。

家居无事,苏轼在整理旧书中,发现父亲疏写数纸祖父(苏序)的事迹,似乎是想要写篇行状而并未完稿的残篇,于是决定代他父亲了此心愿,撰《苏廷评行状》。然后又将这篇行状抄录副本,写了信托人携交曾巩,求撰墓碣书。《曾南丰集》有《赠职方员外郎苏君墓志铭》,即是轼所求文。

居丧期间,听了许多道家的神秘故事,也看了不少名画,他的族兄僧惟简从成都来看他,以苏辙所得的河朔兰亭拓本交他带回寺去刻石,并为作跋。苏轼在凤翔所购得的四扇吴道子画四菩萨真迹的门板,这次也带回家来,就代他父亲施舍给惟简的庙中,要惟简造一大阁,专藏此画,且绘苏洵像于其上,以为永念。造这大阁预算需钱百万,苏轼认捐二十分之一。①

熙宁元年(1068)七月除丧。十月,苏轼续娶王弗夫人的堂妹王闰之为继室。闰之夫人字季璋,青神县王介(君锡)的幼女,

---

① 本集:《四菩萨阁记》。

其弟王箴（元直）于苏轼前次母丧归乡时，两人尝同坐在庄门前吃瓜子炒豆者，现在则已长大，时从苏轼问学。

十二月，轼、辙兄弟再度携同家属还京，将乡中祖坟的修护照看，田宅的出纳经纪，亲戚家的酬酢等事，委托了老邻居而又总角之交的杨五哥（济甫），如遇大事，则要堂兄子安做主。

同乡的父执辈王淮奇（庆源）、蔡褒（子华）、杨宗文（君素）来送行，蔡褒在他纱縠行的老宅中为种荔树一棵，说待荔树长大，望能见他回来。

但是苏轼此去，过了二十二年，他还在杭州任上，不能还乡，《寄蔡子华》诗，无限惆怅：

故人送我东来时，手栽荔子待我归。
荔子已丹吾发白，犹作江南未归客。

## 五　荆公变法

宋代继承天下于唐之安史、黄巢之乱，五代十国的军人割据之后，国家经历长达六十余年的分裂和战争，民穷财尽，积弱已深，而开国不到二十年，外患又起，初受北方契丹族辽人的入侵，一败于高梁河，再败于歧沟，大小八十一战，宋只胜了太原一仗。太宗两次亲征，被辽兵包围，仅得身免，而股为箭伤，每年都要发病，自此签订了不平等的"澶渊之盟"，年输大宗币帛，暂得相安。

不料羌夏又崛起于西北，他们以游牧民族强悍的骑兵，环伺边境，年年入侵。沿边地方，遭受扫荡式的洗劫、掳掠和破坏，政府不得不在沿边设置重兵，又须消耗极大的军费和补给。后来虽稍平靖，但是宋朝每年均须输与白银一百二十五万余两，其他庆节、聘问、赙遗近幸诸费，几是正额的一倍。似此敲骨吸髓的剥削，使原本疲弱的国力，不但没有休养生息的机会，更是斲伤日甚，几至衰竭的困境。

何况辽居上游，俯以临宋，夏与辽结，托以自重，掎角之势已成，宋朝腹背皆是强敌，这是一个充满危机的时代，而年轻有为的神宗皇帝，适于是时践祚。

神宗赵顼，是英宗的长子，母为宣仁太后高氏，生于濮王府邸，嘉祐八年始侍英宗入居庆宁宫，隆准龙颜，仪表英伟，治平三年（1066）十二月被立为太子，四年正月正式即位。

神宗在藩邸时，留心国事，已知民穷财困，军政敝弛的情况，有志于富国强兵，而深患历来的执政皆非其人，譬如"濮议"，只是讨论如何尊礼他的祖父一事而已，无关国计民生，但是朝臣聚讼纷纭，数年不决，舍大论小，心里甚不谓然。

神宗好学深思，即位后，更欲奋发有为，心里隐藏着一段国恨家仇，曾于滕元发陛见时，因他向以熟谙兵学出名，所以留他长谈天下事，语及北辽，神宗说：太宗自燕京城下兵败，被北虏穷追不舍，仅得脱身。行在服御的宝器，都为所夺。随行的宫嫔，皆沦陷虏中。太宗股上中了两箭，每年都要发病，其崩，也是箭创复发之故。像这样的不共戴天之仇，我们还要年年捐献金帛以事之，为人子孙者，应当这样的吗？

言下，不禁唏嘘哭泣起来。[①]

---

① 〔宋〕王铚:《默记》。

宋太祖对于唐及五代藩镇之祸,亲身体验,非常警惕,所以建国之初,竭力裁抑兵权,建立一个文治国家,是其基本政策。文彦博对神宗说:"为与士大夫治天下,非与百姓治天下。"就是说明宋代行士大夫政治的特性。

士大夫十有九为文章之士,果于有为者少,乐于无事者多,尤其是出身高门华族的子弟,更缺乏淬厉奋发的志气;而且表面上国家承平百年,大家也就耽于苟安,但求逸乐,因而形成非常保守的政治风气,民心士气,也一样萎靡不振,这是神宗所不满意的现实。苏轼也说:

> 夫天下之未平,英雄豪杰之士,务以其所长,角奔而争利,惟恐天下一日无事也。是以人人各尽其材,虽不肖者,亦自淬厉而不至于怠废。……天下既平,则削去其具,抑远天下刚健好名之士,而奖用柔懦谨畏之人。不过数十年,天下靡然无复往时之喜事也。于是能者不自激而无以见其能,不能者益以弛废而无用。当是之时,人君欲有所为,而左右前后皆无足使者,是以纲纪日坏而不自知。(本集·策略第四)

神宗所面对的现实,就是这样一个墨守成规、无人乐有作为的朝局。神宗首先试探几个老臣。

一日,对文彦博说:"天下敝事甚多,不可不革。"

彦博对曰:"譬如琴瑟不调,必解而更张之。"但他并无具体建议。神宗认为国家当前最大的困难,在于欲举兵而兵不足,欲足兵而饷不济,所以"政事之先,理财为急"。过了几日,又试探他说:

"当今理财,最为急务。养兵备边,府库不可不丰。大臣宜共留意节用。"

神宗的心事，不便直讲，恐怕引起敌国注意，只好说"养兵备边"。文彦博的对答，就更不着边际。

四月，知汝州富弼入见，神宗与他从容坐语，竟至日昃。帝问以治道，富弼知道皇帝锐于有为，对曰：

"人君好恶，不可令人窥测。可窥测，则奸人得以附会其意。陛下当如天之鉴，人之善恶皆所自取，然后诛赏随之，则功罪无不得其实矣。"

久之，帝又以当前大事为问，则对曰：

"陛下临御未久，当先布德泽，愿二十年口不言兵，亦不宜重赏边功，干戈一起，所关祸福不细。"帝默然良久。

环顾盈廷朝士，几乎无人可以与言大计。神宗苦闷之中，马上想起一个夙所闻知，"慨然有矫世变俗之志"的王安石来。

在当时的政治社会里，大家心目中的王安石，是个馆阁之命屡下，辄辞不起的高士，朝廷数欲授以美官，他都辞不应召。嘉祐时，来朝为知制诰，未及大用，又因母丧而出居江宁，韩维和吕公著和他比较接近，非常佩服他的品德和学问，逢人便为称扬。北宋官场里面，人人勇于猎官，争权夺利，视为本等，像王安石这样耿介自重的人，实所罕见，使国之大老如富弼、文彦博、韩琦、司马光等都视之为"圣人复出"，非常钦重。

神宗在颍邸，韩维为太子记室，讲书时，如获神宗称许，便说："此非维之说，维友王安石之说也。"韩维迁官庶子时，又荐王安石自代，因此，神宗对王安石这个名字印象很深，即位未久，便欲召见其人，而安石不至。神宗问辅臣道："安石历先帝朝，屡召不赴，人以为不恭；现在召又不至，果真是病还是有所要求呢？"

其时左相韩琦专权，右相曾公亮很不服气，他就趁这机会力荐安石，想用他来离间韩琦，遂对曰："安石真辅相材，必不欺罔。"

韩琦求去，以司徒兼侍中，判相州。入对，帝泣曰："侍中必欲去，今日已降制矣。然卿去，谁可属国者？王安石何如？"

韩琦对曰："安石为翰林学士则有余，处辅弼之地则不可。"

于是召王安石为翰林学士，安石迟迟其行，六七个月后，才到阁门报到。熙宁元年（1068）四月，越次召对。

帝问："治国以何者为先？"

安石对曰："择术为先。"

帝又问："唐太宗如此？"

安石对曰："陛下当法尧舜，何以太宗为哉！尧舜之道，至简而不繁，至要而不迂，至易而不难，但末世学者不能通晓，以为高不可及耳。"

帝曰："卿可谓责难于君，朕自视眇躬，恐无以副卿此意，可悉意辅朕，庶同跻此道。"

接着一日，讲席终了，群臣告退，帝独留安石坐，说："有话欲与卿从容谈论。"接下去说道："唐太宗必须有魏徵，汉昭烈必须有诸葛亮，然后可以有为。但魏徵、诸葛，都不是随时可有的人物。"

安石对曰："陛下诚能为尧舜，则以天下之大，人民之众，百年承平，学者不为不多，而虑无人助治，是陛下择术未明，推诚未至。即有贤者，亦将为小人所蔽，卷怀而去。"帝曰："何世无小人，虽尧舜之世，亦不能无四凶。""惟能辨四凶而诛之，此所以为尧舜！"

安石退而进《百年无事札子》，论曰："天下无事，过于百年。虽曰人事，亦天助也。伏惟陛下知天助之不可常，知人事之不可急，则大有为之时，正在今日。"

这番话，针对神宗亟欲有为的兴奋心理，发生极大的作用。越日，遂再召安石问曰："卿条陈众失，想必已一一有所经画，试为朕详言设施之方。"

安石对曰："天下风俗法度，一切颓坏，在于廷臣。庸人则安习故常而无所知，奸人则恶直丑正而有所忌，有所忌者创之于前，而无所知者和之于后，虽有昭然独见，恐未效功，早为异论所胜。陛下诚欲用臣，恐不宜遽，谓宜先讲学，使于臣所学本末不疑，然后用之，庶粗有所成。"

神宗对于当时的保守政风及那些老成的旧臣，本不满意，一听安石变风俗、立法度的新论，有深得我心，契合非常之感。这情形，很像秦孝公之得商鞅，刘备之见孔明，君臣遇合，如鱼得水。

自此，神宗专任安石，而安石之主张变法，也确为时势之所急需。强敌压境，外患严重，幸无战争，但须年付北辽和西夏无穷的需索，割地献金，了无餍足。而庙堂内外，泄沓成风，人皆安于无事，不乐有为。按照实际，大宋帝国到这时候，早已民穷财尽，国用空虚，军备政事两皆窳败的衰颓局面，再不及时振奋求变，则未来的命运，恐怕就不堪设想了。

所以王安石倡言变法之初，朝中重臣莫不对他高远的理想寄以厚望，也都钦佩他那任劳任怨的政治勇气与抱负。不幸他自视过高，而个性又非常偏执，满朝臣士，在他眼中，不是庸人，就是奸人,目无余子,而独行其是。譬如与人论政,难免两议不合,他就当面骂人:"公辈坐不读书耳。"有人提出与他相异的意见,他就一概诋之为"流俗之见"。甚至对神宗说:"陛下要以先王正道,胜天下流俗。故与天下流俗,相为轻重。流俗权重,则天下之人归流俗;陛下权重,则天下之人归陛下。"

安石既目盈廷朝士皆为流俗,则这番话不啻是教皇帝与群臣对立。这种绝对排斥他人的态度,使人人对他不满,如御史中丞吕诲说他"好学而泥古,不通世务";参知政事赵抃、唐介说他"难当大任";侍读孙固认为他"狷狭少容",没有宰相的度量。

然而神宗仍欲付以大政,对安石说:"人皆不能知卿,以卿但知经术,不晓世务。"

安石对曰:"经术正所以经世务。"

帝问:"卿所设施,以何为先?"

安石说:"末世风俗,贤者不得行其道,不肖者得行无道,贱者不得行礼,贵者得行无礼。变风俗,立法度,最为方今之所急。"

安石更揭橥"人主制法,而不当制于法。人主化俗,而不当化于俗"的大原则,来坚定神宗的信心,神宗也决心付与大政。熙宁二年(1069)二月,王安石遂除右谏议大夫、参知政事,开始执政。这个月里,苏轼、苏辙兄弟刚刚回到汴京。

安石在朝,得皇帝的专任于上,独行其是,大家只好暂时缄默,而整个行政中枢,几成瘫痪,只有王安石一人,在唱独角戏。当时人说中书省里的人物,有生老病死苦之分,盖指王安石生,曾公亮老,富弼病,唐介死,赵抃苦。

安石执政,神宗首从其议,诏设"制置三司条例司",以安石与知枢密院陈旭（升之）共领其事。

宋朝本有三司使之设，包括户部、盐铁与度支三使，掌理全国财赋，而王安石所另设的这个制置三司条例司，其范围为"掌经画邦计，议变旧法"，实为一个最高国策的企划机关。这个议变法、定国策的组织，却以财经组织的形态而成立，则新法的目的，完全侧重财政需要，已经十分明白。宋朝老百姓的税负甚重，熙宁时全国的岁入，比唐代已经高出二三十倍，生产总额的增加有限，哪里还有增税的余地？如要在此之外设法搜括，其流于聚敛，实为必然的趋势，而聚敛造成民生的痛苦，也是持重的旧臣群起反对之最大原因。

苏轼还朝，依例请求注（派）官，以殿中丞直史馆判官告院。这官告院属于吏部，掌管官吏和将士的勋封、官告等事务。一般来说，这是一个储才之地；对苏轼来说，则是被投闲置散，所谓职务，不过司官方辞章的撰制而已。

苏辙到京后，闻神宗有"养兵备边，府库不可不丰"之语，因以上疏曰："所谓丰财者，非求而益之也，去事之所以害财者而已。事之害财者三：一曰冗官，一曰冗兵，一曰冗费。"疏上，神宗批付中书说："详观疏意，知辙潜心当世之务，颇得其要，郁于下僚，使无所伸，诚亦可惜。"即日召对延和殿，亲任为新设立的制置三司条例司的检详官。神宗面命，辙不敢辞。

安石又起用章惇为三司条例官，曾布检正中书五房公事，推荐吕惠卿同为条例司的检详文字。

惠卿，福建泉州人，自真州推官秩满入京，与安石论经义，大蒙赏识，即加延揽。从此事无大小，安石皆倚惠卿为主谋，凡所建请章奏，亦都由惠卿主稿，而苏辙与他却常议论不合，时生龃龉。

安石被命执政，御史中丞吕诲首先发难，袖章弹劾。当时司马光还说他："众喜得人，奈何论之。"吕诲说："安石虽有时名，然好执偏见，轻信奸回，喜人佞己，将败国事。"疏上，神宗不听，还其章，遂求去，出知邓州。

熙宁二年（1069）七月，立淮浙江湖六路均输法，使薛向主其事。均输本以"从贵就贱，用近易远"调节物资，平定物价为主，用意很好。不过此事如由政府来做，不免有官营买卖、与民争利之嫌，诚如苏轼所言："虽不明言贩卖，既已许之变易，变易既行，而不与商贾争利，未之闻也。"苏轼更说，若官吏更从此中贪黩，则商贾之利未必可得，而整个政治风气，却将为之败坏。（《上神宗皇帝书》）

知谏院范纯仁奏言王安石变祖宗法度，掊克财利，民心不宁。又进所作《尚书解》，阐明尧舜禹汤文武的行事。神宗亟于求治，轻易延见小臣，纯仁谏曰："小人之言，知小忘大，贪近昧远，愿加深察。"及均输法行于六路，纯仁奏曰："陛下欲修先王补助之政，今乃效桑弘羊均输之法，掊克生灵，敛怨基祸。"疏中攻击王安石"欲求近功，忘其旧学。尚法令则称商鞅，言财利则背孟轲。鄙老成为因循，弃公论为流俗。异己者为不肖，合意者为贤人。……人才不可急求，积弊不可顿革。倘欲事功急就，必为憸佞所乘"。神宗留章不下，纯仁只好求去。其后，侍御史刘述、刘琦、钱顗劾奏安石，皆被遣出。

朝廷从制置三司条例司之请，派遣刘彝、谢卿材、侯叔献、程颢、卢秉、王汝翼、曾伉、王广廉八人分赴各路，视察农田、水利和赋役。苏辙深知这八位专使分赴各路，必将力求民间余利，设法聚敛，以迎合上意，民不堪命矣，而众莫敢言。苏辙往见本司另一长官陈旭（升之），向他陈说，从前嘉祐末年，朝廷遣使宽恤诸路，尚不免造事生非，还奏多不可行，为天下笑，现在又何以异于曩时。希望他能加以阻止，而陈旭不敢言。

安石拟变常平广惠仓法为放贷青苗，与吕惠卿商议定案后，拿出一本小册来给苏辙，苏辙研究后，列举种种理由，大加反对，安石当时说："君言诚有理，当徐思之。"

一个多月后，京东转运使王广渊来说："放青苗钱，年可获息甚巨。"安石就决定付诸实行。苏辙上书力争，触怒安石，将加以阻挠之罪，幸陈旭解救，才得无事，苏辙只得求去，上疏言："每于本司商量公事，动皆不合。臣已有状申本司，具述所议不同事，乞另除一合入差遣。"

皇上问曾公亮该如何安置苏辙。曾对曰："可堂除差遣。"[①]帝从之，诏除河南府留守推官。

实施新政的最高机构，制置三司条例司，现在已由诡诈善辩的吕惠卿当家，而一切新法的草拟，安石说个纲要，都由曾布斟酌条目，编为法典。其他如辩驳反对派的议论，解析法理以坚定皇帝的信心，也都由曾布主稿，他是新政派的理论家。

在吕、曾二人的翊赞下，农田、水利、青苗、均输、保甲、免役、市易、保马、方田诸法，于短短的两三年间，相继兴作，令行天下。

王安石新政后面，不能说没有高远的理想。如方田、青苗、

---

[①] 堂除差遣：又称"堂差"或"堂选"。宋制，京官选人一般由吏部选差，其有特殊功勋则由政事堂（中书门下）直接奏注差遣，堂差较候选于吏部为速。

均输、市易，原是想要造成一个裁抑兼并、上下富足的社会；如保甲制度，为想造成一个兵农合一、武装自卫的社会；如兴学校、改科举，为要造成一个开明合理、教育普及的社会：都是适应时代要求的革新措施。问题在于操之过急，流弊自生，而"徒法不能以自行"。王安石最大的失策，始因于他的性格之"举一偏而尽沮公议，因小事而先失众心"。像推行新法这样的大事，经纬万端，人事上的助力非常重要，而他却刚愎自用，不惜牺牲本来很好的关系，如欧阳修、富弼是竭力掖进他的前辈，司马光是同辈中的好友，程颢、苏辙且都与他共事，他都轻予放弃。而失败则在于"所用非人"，君子不愿与他合作，则小人就乘虚而入，人言安石独善柔佞逢迎之辈，其实也是事势使然。史言：安石秉政时期，"忠厚老成者摈之为无能，狭少儇辩者取之为有用；守道忧国者谓之流俗，败常害民者谓之通变"[①]。这说法固然有点偏颇，但是后来事情证明，"法非不良，而吏非其人"。熙宁变法的失败，这是最大的症结。

## 六　党争的发端

熙宁元年（1068）十一月，将举行郊祀，执政以河朔伤旱，国用不足，乞请南郊勿赠金帛。帝召学士会商，司马光说："救灾节用，常自贵近始，可听也。"

王安石则以为："大臣不能，当辞职，不当辞禄。国用不足，

---

① 〔清〕毕沅:《续资治通鉴》。

是由于未得善于理财的人才之故，徒节用为无益。"

司马光曰："善理财者，不过头会箕敛而已。"

安石答曰："不然，善理财者，不加赋而国用足。"

光愤然道："天下安有此理，天地所生财货百物，不在民则在官，彼设法夺民，其害乃甚于加赋。此是桑弘羊欺武帝之言，司马迁书之，以见武帝之不明耳。"

这次御前会议的争论，是这两个时代巨人观念对立，第一次发生的直接冲突。

王安石抱有极大的理想，要富国强兵，以救国家贫弱，所以认为区区节用，无济于事，而司马光则是实事求是的稳健分子，认为养民乃治国之本，夺民所有，官未必富而民乃先贫，远不如节用以积余财，培养本源，徐徐取用。

王安石与司马光，品德学问，都是当代第一流人物，同负社会重望，但是两人的学术背景和政治思想，却又完全不同。荆公是经学家，著作有《三经新义》，他是个高调子的理想主义者，所以诵述尧舜，执持周礼，他所要实施的新法，都从古制中传承而出。如青苗法自比于《周官》的泉府；免役法本于《周官》；保甲之制，起于三代的丘甲；市易法则如周之司市、汉之平准。他认为宋代开国百年，至今贫弱已甚，但幸天下无事，正宜及时讲求正道，本诸先王之意，变更法度，为富国强兵之计。

而司马光则是史学家，所以编纂《资治通鉴》，他是个标准的经验主义者，以为生今之世，时与古异，三代的古制，极不适用于今日。所以他主张有选择地承袭近代汉唐相治的法制，仍须按照实际利害，逐步改良应用。

温公认为仁义是治国之本，有为之政，往往背义而言利，利国者未必不病民，他更不信王霸之辨，认为治道"不过使百官各称其职，委任而责成功；养民不过轻租税，薄赋敛，已逋责而已"。

这两个政治思想绝对相反的人，同在政府，形成尖锐的对立。宋代实行士大夫政治，而士大夫政治本质上就含有政党政治的特性，于是王荆公成了革新派的领袖，司马光做了守旧派的代表人物。如从地缘关系来看，安石新政，代表南方知识分子开明进取的精神，而司马光则代表北方人稳健和保守的传统。

熙宁二年（1069）二月，王安石开始执政，请设"制置三司条例司"，司马光甚不以为然。一日，光侍讲席，讲述曹参代萧何的史事，从而论及变法，安石的左右手吕惠卿起而辩驳，两人竟在御前争论起来。

司马光说："治天下譬如居室，敝则修之，非大坏不更造。公卿侍从皆在此，愿陛下问之。三司使掌天下财，不才可以罢黜，不可使执政侵犯它的职权。今又置三司条例司，是为什么？"

惠卿语塞，就掉转头来对司马光做人身攻击，声色俱厉，纷訾不已。皇上说："相与论是非，何必如此。"

既罢讲，司马光气貌温粹，而吕惠卿则怒气冲天，过了许久，还说不出话来。

旁观者道："一个陕西人，一个福建仔，怎生厮合得着。"

当时反对新政的元老旧臣，如张方平、范镇、富弼、司马光等，都很器重苏轼的才华和人品，也都欣赏他的议论，鞭辟入里。盖因苏轼为学，基于传统的儒学，比较守旧，他的政治思想，以"人性本善"为出发点，认为道德乃人性之根本，政治不过用以矫治人类后天的浇薄，所以道德与政治必须相辅而行，才成治道之大备，故上皇帝书曰：

> 国家之所以存亡者，在道德之深浅，而不在乎强与弱；历数之所以长短者，在风俗之厚薄，而不在乎富与贫。
>
> 道德诚深，风俗诚厚，虽贫且弱，不害于长而存；道德诚浅，风俗诚薄，虽富且强，不救于短而亡。

他在新政"富国强兵"的目标上，加上了一项道德风俗的大帽子，这不但是急求有功的王安石所不愿闻，也与神宗的愿望南辕而北辙。

新政的重点，在于富国，是要以政治的强制力量来达到充裕府库的目的。君相之意如此，奉行的官吏就变本加厉，唯利是图，使青苗法变成强派的"必借之债"，免役法使贫民不免于追逋，保甲法使农民不得安于畎亩，市易法成为不肖官吏的市利之具，不但流为"聚敛"，甚至不惜严刑以求利，斫丧国本，为害甚烈。苏轼道：

> 夫兴利以聚财者，人臣之利也，非社稷之福。省费以养财者，社稷之福也，非人臣之利。何以言之？民者国之本，而刑者民之贼。兴利以聚财，必先烦刑以贼民，国本摇矣，而言利之臣，先受其赏。

安石推行新政，为环境所驱迫，因习惯之推移，为欲迅赴事功，不惜用刑赏来推动新政的施行。奉行的官吏，莫不畏刑乐赏，就不择手段以更重的严刑酷罚，来压迫小民，贯彻法令。安石这样的做法，使他倾于法家的唯法主义而不自知，使原已困穷不堪的生民家破人亡而不恤。

苏轼对法家的攻击，更是激烈，他说：

> 古之圣人，非不知深刻之法可以齐众，勇悍之夫可以集

事，忠厚近于迂阔，老成初若迟钝。然终不肯以彼易此者，知其所得小而所丧大也。

服膺儒学的苏轼，自少反对法家，在凤翔作《石鼓歌》，初见其端，后作《志林》中有一节，"商鞅用于秦"，更说："商鞅以苛法治秦，桑弘羊以理财佐汉，二子所操皆'破国亡宗'之术。后世虽谬加称道，而自君子视之，二子之名如'蛆蝇粪秽'，言之则污口舌，书之则污简牍。"

苏轼坚决反对新法，针对时事，特别攻击"聚敛"和"法家"两端，在当日保守派的议论中，确实具有代表性的作用和地位。而他的语言文字，又那么愤激，含有非常强大的煽动力量，足以风动四方，元老重臣们或多或少会受他言论的影响，馆阁清流间不良舆论之所以形成，新政派也有理由怀疑是苏轼鼓动起来的。

安石对三苏的为学，本来存有甚深的偏见，认为苏氏所学是春秋战国时代的霸术，正是他所倡导的王道政治之正面敌人，所以一提到苏氏，总认为他们都是"纵横策士之流亚"，表示不屑的态度。

当苏辙辞去制置三司条例司的检详官时，神宗有意用苏轼来接替这个位置，以此就商于安石："苏轼如何？观兄弟俩的学问，颇相类似，可使代辙否？"

安石对曰："轼兄弟大抵以飞钳捭阖为事。"

神宗问："如此则正宜配合时事，何以反为异论？"

"轼兄弟学本流俗，朋比沮事，如朝廷不行先王正道，才合这班流俗朋比者的心意。"安石的悻悻之情，如闻声口。

不久，神宗对司马光说："谏官难得，卿为朕择其人。"司马光退而举苏轼、王元规、赵彦若三人。安石立即反对道："与司马朝夕切磋者，即此刘攽、苏轼之徒耳。"

因此，神宗未用司马之荐。

王安石眼中，苏轼是个可恶的游说之士，是反对派领袖司马光幕后的智囊人物。

## 七　新政暴风

熙宁二年（1069）九月，实施青苗法，引起朝廷内外一片反对的浪潮。

青苗法是用政府籴常平米的本钱，春散秋敛，借与农户，出息二分，本意在于青黄不接时，救济农民的困乏。不料付诸执行，官吏竟将此一优良的社会融资政策，变作政府放债取息，增加库收的工具。二分利息，本已不轻，照韩琦说："春贷十千，半年之内，便令纳利二千；秋再放十千，至岁终又令纳利二千。则是贷万钱者，不论远近，岁令出息四千。"则政府竟自成了盘剥重利的高利贷，难怪范镇要说："物议纷纷，皆云自古来未有天子开课场者。"

宋代老百姓的租税负担，已经非常沉重，韩琦论青苗，又说："今天下田税已重……更有农具、牛皮、盐钱、曲钱、鞋钱之类，凡十余目，谓之杂钱。每于夏秋起纳，官中更加细绢斛斗，低估价例，令民将此杂钱折纳。……诸如此类，不可悉举，取利已厚，伤农已深，奈何更引《周礼》，谓放青苗取利，乃周公太平已试之法。"

欧阳修说："田野之民，安知周公泉府为何物？但见官中放债，每钱一百文，要二十文利耳。若使天下晓然，知非为利，只乞除去二分息，但纳本钱。"

青苗法不但重利盘剥，实行后，产生一个最大的流弊，就是"抑配"，即强迫摊配。原来诏令规定青苗钱的贷放是"取民情愿"则与之，不许追呼、均配和抑勒。而提举使务以多散（放）为功，订立各郡的定额，州郡要达到定额，只能不分贫富，像配给一样强迫借与，又使贫富相保，终于致使贫者还不出钱流散逃亡，富者为之破产。韩琦疏言："今所立条约，乃自乡户一等而下，皆立借钱贯陌，三等以上，更许增借。借钱一千，纳一千三百，是官自放钱取息，与初诏相违。又条约虽禁抑勒，然不抑散，上户必不愿请；下户虽愿请，请时甚易，纳时甚难，将来必有督索、同保均赔之患。"所以苏轼说："青苗不许抑配之说，亦是空文。果不抑配，其间愿请人户，必皆孤贫不济之人。家若自有赢余，何至与官交易？此等鞭挞已急，则继之逃亡，逃亡之余，则均之邻保。"

从此以后，全国各地的地方政府，每日忙于逮捕积欠官钱的贫户，官厅里则日夜鞭打这些穷人，很多人"因欠青苗，至卖田产、鬻妻女，投水自缢者，不可胜数"。

顾名思义，贷放青苗钱，当然只以农户为限，但官吏为欲邀功，竞争贷放的实绩，城市里本无青苗，也强迫市人接受放款。事闻于帝，神宗便问安石道："坊郭安得青苗，而使者亦强与之。"安石勃然进曰："苟从其所欲，虽坊郭何害。"

其性情的固执，不惜强辞夺理来卫护己见，实已到了不讲道理的程度。如三朝老臣富弼，看到皇帝如此专任安石，自忖无法争得过他，只好称疾求退。神宗问他："卿即去，谁可代卿者？"弼荐文彦博，帝默然。良久，帝问："王安石如何？"富弼也默不作声。

张方平极言新法之害,不忍亲见这样的朝局,力求外放。神宗多方挽留,而方平去意甚坚,遂出知陈州。陛辞时,神宗还问:"能复稍留乎?"对曰:"退即行矣。"

方平辟苏辙为陈州学官,二月,辙亦离京,苏轼更是孤单,后作《次韵子由初到陈州见寄》诗,有曰:

旧隐三年别,杉松好在不?
吾今尚睠睠,此意恐悠悠。
闭户时寻梦,无人可说愁。
还来送别处,双泪寄南州。

苏轼是个最不能忍事的人,面对如此的政事,不堪满怀失望,但也无处诉说,就又常常怀念故乡的祖宗坟墓,不知何年何月,才能实现还乡之梦。

其时,神宗欲用司马光为枢密副使,光固辞不拜。

神宗将这事就商于王安石,安石说:"司马光外托劘上之名,内怀附下之实。所言尽害政之事,所与尽害政之人。而欲置之左右,使与国论,此消长之机也。"

司马光是反对派的领袖人物,王安石不欢迎他,是当然之事,所以更进一层说:"光才岂能害政,但在高位,则异论之人,倚以为重。"

理想主义的人,常常看不起保守人物,认为他连害政的本事都没有,皆是他身边那些异论之徒在掀风作浪,意指苏轼、刘攽等人。

参知政事赵抃,为反对派遣青苗提举官,四出扰民,恳求去位,又出知杭州。

熙宁三年（1070），改诸路更戍法，立保甲法、募役法。

保甲法的目的，是为解决兵制问题，实施兵农合一的制度，籍乡村之民，二丁取一，十家为保，保丁授以弓弩，教以战阵，是即改"募"为"征"，恢复唐代的府兵旧制而已。

但是宋至仁宗朝时，国家承平已久，势官富户，占地无限，土地渐次集中。失去土地的农民，变成大量的游民。政府将这些游民，收编为军队，资以衣食，才不致扰乱社会。所以宋代的佣兵，国防意义少，救济意义多。

保甲法则放弃了这许多过剩的劳动力，使到处充斥的游民，失掉出路，饥寒所迫，必然流为盗贼。河东、陕西、京西一带，寇贼成群，白昼行劫，则是实施保甲以后，不久就发生的现象。另一方面，征召有业的农民，训练为兵，不得尽力田地，妨碍生产，甚至有不能维持生计，弃家逃亡者。更不应该的是，保甲需要武器（弓弩），政府也不供给，责成他们自购。百姓买一弓，要花千五百钱，买十支箭，要六七百钱，城里有人典当了衣物买弓箭的。保甲五日一教，实在也教不出什么战阵能力来，后来又改为一月教练三天，则更是有名无实了。

宋代原来采用佣兵制，所以人民须服力役，而徭役的负担非常沉重。役别有"衙前"，主官物之供给或运输，以里正、户长、乡书手课督赋税，负催征与偿逋的责任，以耆长、弓手、壮丁逐捕盗贼，以承符、人力、手力、散从给官使奔走，县曹司至押录，州曹司至孔目官，下至杂职、虞候、拣掏等，各以等第差充。

民户分九等，上四等须给役，下五等可免。役使频仍，生赀不给，老百姓为逃避徭役，土地不敢多耕，骨肉不敢相聚，以免提高户等，即须差役。

募役法又称免役，得据家赀高下，各令出钱雇人代役，合于"有钱出钱，有力出力"的原则，在熙宁新法中，可以算是最适合社会需要的便民良法。可惜执行的官吏，务求役钱增羡，变成聚敛之具。单丁女户，原无力役义务，现在则要担负助役钱，另又在役钱上平添百分之二十的免役宽剩钱，说是备以应付水旱之灾的需要，实是分外的搜括。

唐改租庸调为两税，宋承之，两税中既已包括"庸"（免役钱）在内，再征役钱，不啻庸外增庸。苏轼道："今两税如故，奈何复欲取庸。"又说："女户单丁，盖天民之穷者也，古之王者，首务恤此。"而欲致君于尧舜的新政，却"忍不加恤"。至于从役钱再加征二分的宽剩钱，则更是明目张胆的搜括了。

还有一个最大的漏洞，每人出钱多寡，既随家赀高下而定，而家赀高下，又随官吏审定，漫无标准，不但人民巧避失实，而吏缘为奸，或指富为贫，或指贫为富，颠倒混淆，任意敲榨，老百姓真是没有命了。

神宗胸怀隐痛，亟求富国强兵，以御外侮。王安石虽然明知变法大事，决不能速求成效于年岁之间，但至一旦负起实际责任来时，他却不能控制。新制日下，法令滋彰，一法尚未成功，另一法已经颁布，使奉行的官吏都茫然不能省记，老百姓在新政暴风下，只有惶惑或恐惧的份儿，人心浮动，谣言四起。更糟糕的是安石用刑赏来压迫地方官，促令积极推行新政，地方官怕推行的成绩不好，时间落后，自身要遭罪谴，只好不择手段，加倍压迫到老百姓身上去，如再加上胥吏的浑水摸鱼，从中舞弊，则纷扰苛刻，任何良法美意，都会变成残民之具。

新政之来，势如暴风，老臣的反对无用，言官的诤谏不听，

"道不同，不相为谋"，他们只好纷纷求退，朝中就换了一批新人进来，如赵抃罢，以韩绛为参知政事；吕公弼罢，以冯京为枢密副使；曾公亮罢，冯京升参知政事、以吴充为枢密副使。至熙宁三年十二月，王安石与韩绛并同中书门下平章事，拜真相之职。

余如知审官院孙觉奉派视察实施青苗的情况，说了"民实不愿与官相交"的实话，坐奉诏反复之罪，贬知广德军；御史中丞吕公著反对青苗和任用吕惠卿，神宗怒贬知颍州；知制诰宋敏求、苏颂、李大临为反对安石引荐李定为监察御史里行是破坏法制，坐累格诏命而落职，而天下人壮之，称之为"熙宁三舍人"。监察御史里行程颢、张戬，右正言李常及其他言官薛昌朝、林旦、蒋育等皆因论政触怒王安石，都被罢斥，出为外郡。

熙宁三年（1070）三月，吕惠卿知贡举，苏轼被命为编排官。从这一年起，天子御试，不用诗赋，专考策问，而应考的举子则迎合时势，争言成法的缺失。有叶祖洽者，邵武人，对策中竟说："祖宗法度，苟且因循，陛下当与忠智豪杰之臣，合谋而鼎新之。"考官宋敏求、苏轼都欲将此卷黜落，而主考官吕惠卿却擢为第一。

苏轼大为气愤，以为朝廷今年殿试，专考策论，目的本在咨访治道，而结果则是士登甲科者，多以谄谀得之，而叶祖洽尤其荒谬，诋祖宗以媚时君，竟然大魁天下，何以正风化？退而自作《拟进士对御试策》一题，进呈皇上曰："臣恐自今以往，相师成风。风俗一变，不可复返。正人衰微，则国随之。"

他以拟作的策论，极言时政。一曰："今陛下使两府大臣侵三司财利之权，常平使者乱职司守令之治。刑狱旧法，不以付有司，而取决于执政之意；边鄙大虑，不以责帅臣，而听计于小吏之口。百官可谓失其职矣。"二曰："事有决不可欺者，苟有其实，不敢辞其名。今青苗有二分之息,而不谓之放债取利,可乎?……则使二三臣者,极其巧辩,以解答千万人之口。附会经典,造为文书,以晓告四方之人。四方之人,岂如婴儿鸟兽,而可以美言小数眩之者。"最后,他提出郑重的警告:"近者,青苗之政,助役之法,均输之策,并军搜卒之令,卒然轻发,又甚于前日。虽陛下不恤人言,持之益坚,而势穷事碍,终亦必变。他日虽有良法美政,陛下能复自信乎!"

苏轼向神宗直言,目前正是一个危险而黑暗的时代,形容当前的情况是"盲人骑瞎马,夜半临深池"的危境,他说:"臣愿陛下解辔秣马,以须东方之明,而徐行于九轨之道。"

疏上,神宗仍是取这状文给王安石看。安石说:"轼才亦高,但所学不正,又以不得意之故,其言遂跌荡至此。"[1]

苏轼亦自知位微言轻,不足挽救危机,再去求见宰相曾公亮,希望他能挺身出来,救国救民。殊不知安石请置条例司,更张政事,曾公亮初曾大力支持,现在虽已悔恨,也不能说话了,所以御史们每到中书论事,他都俯首无言。苏轼对他满腔热望,只得到公亮一句话:"上与安石如一人,此乃天也。"[2]

在这一片新政排斥的浪潮中,馆阁同人中有很多朋友被放外任。旧例,同舍在饯行席上,通行分韵赋诗为别。苏轼满腹牢骚,无法克制,就不免在那些诗上发泄他的苦闷。

钱藻,字醇老,杭州钱武肃王的后裔,为人清谨寡过,治事简静,人称长者,以秘阁校理出守婺州(今浙江金华)。苏轼很羡

---

[1]〔明〕薛应旂:《宋元通鉴》。
[2]〔宋〕王称:《东都事略》。

慕他得遂所愿，避开这变乱嚣杂的都城，一方面又可惜这么一个品学兼优的人，不在天子左右而远去地方。青苗法行，做州长官的恐怕免不掉要日以敲扑鞭笞老百姓为专职了。诗曰：

子行得所愿，怆恨居者情。
吾君方急贤，日旰坐迩英。
黄金招乐毅，白璧赐虞卿。
子不少自贬，陈义空峥嵘。
古称为郡乐，渐恐烦敲搒。
临分敢不尽，醉语醒还惊。

刘攽，字贡父，与苏轼往来密切，非常交好，时为馆阁校勘。他与安石，本是旧友，而性好谐谑，居常要开安石玩笑，安石对他早已心有芥蒂。

安石当政，骤行新法，贡父反对青苗，贻书劝止，书中说："介甫为政，不能使民家给人足，无称贷之患，而特开称贷之法，以为有益于民，不亦可羞哉。"他又说，历史上皇甫镈、裴延龄之聚敛，商鞅、张汤之变法，没有一个人是有好下场的。安石大怒，斥为泰州（今江苏泰州）通判。苏轼作诗送行，便劝他少说话，多饮酒：

君不见，阮嗣宗，臧否不挂口。
莫夸舌在齿牙牢，是中惟可饮醇酒。
读书不用多，作诗不须工。
海边无事日日醉，梦魂不到蓬莱宫。
……………

这首诗，显然是对言论获谴，提出抗议，当时即被众所传诵。苏轼后与刘攽在扬州重遇，作诗曰："去年送刘郎，醉语已惊众。"

殊不知凡此均是祸根。

早几年，有件司法案子引发争议。登州太守许遵（仲涂）上州狱，以该州妇人阿云伤夫一案，照犯杀伤而自首，得免所因之罪判处，请从减论。安石时为翰林学士，帝命与司马光合议。安石主以许遵为是，司马光则持异议，认为妻子伤夫，悖逆伦常，不可轻减。当时的宰相富弼、曾公亮都同意司马光的看法，而审刑院大理寺官齐恢、王师元、蔡冠卿从法的立场，也认为许遵的原判不当，参政唐介与王安石数于帝前争论，相持不下。

至安石参政，催促结案，于是吕公著、韩维等就遵照安石的意思定谳，而大理官齐、王、蔡等，都因该案被贬外放，蔡冠卿知饶州（今江西鄱阳）。

在当时盛行威胁利诱的政风之下，刚强有骨力的士大夫已经罕见，苏轼推重蔡冠卿的风骨，则曰：

怜君独守廷尉法，晚岁却理鄱阳椊。

欧阳修门下的大弟子曾巩（子固），也被出为越州通判。苏轼在此饯行席上，细数师门人物，不禁感慨丛生。王安石向任外官，并无籍籍之名，因曾巩的介绍，始游欧阳之门，借欧阳的大力揄扬，遂致通显，以至今日的纷纭变局。又念欧阳老师平生求才若渴，所以他门下，贤与不肖，难免混杂，如蒋之奇竟然诬告老师帷薄不修，使他精神上遭受莫大的打击，求为外郡，身体很坏，憔悴不堪。而现在新政中大红特紫的吕惠卿，也是欧阳修于嘉祐二年安石为知常州时，推荐给他，与之为友的。

苏轼将这林林总总的感慨，写入《送曾子固倅越，得燕字》诗中，一曰："醉翁门下士，杂沓难为贤。"又曰："翁今自憔悴，子去亦宜然。"最后对子固申其同情之意，就说现在当道者，胸襟褊狭，苦无容人之量，而好为大言，故曰："但苦世论隘，聒耳如蜩蝉。安得万顷池，养此横海鳣。"

苏轼在京师的朋友，虽然很多，但真正气味相投合的，只有文同一人。二人始于凤翔任内，订交岐山，相处的时间甚短；但幸此时，文同被调到京师来做集贤校理，两人同在馆阁，休沐之日，几乎无不相聚一处。

苏轼不随便称赞别人的诗，但对欧阳修诵读文同佳句："美人却扇坐，羞落庭下花。"欧阳笑道："与可无此句，与可拾得耳！"

盖谓"文章本天成，妙手偶得之"。①

文同是画竹名家，他教苏轼画竹，同游净因院，两人合为这座庙宇里新粉的墙壁，画上丛竹枯木，苏轼又徇住持道臻之请，为作《净因院画记》。与刘攽共看文同作草书，"落笔如风，初不经意"，谈诗论画，十分相得。虽然文同为人，与苏轼完全不同，他非常沉静厚重，不撄世故，那时候，京中议论纷纭，文同从不参与一言，在京不到一年，为议宗室袭封事，坚持要照典礼行事，被夺一官（降一级），他就乘此请还乡郡，出守西蜀的陵州。苏轼送行诗说："夺官遣去不自觉，晓梳脱发谁能收。"将夺官大事，比作早晨梳头，掉落头发一样，不值得计较，非文同的高操，不足以当此语，也只有苏轼豁达的胸襟，才能道出这样的奇句。

文同去矣，热情奔放的苏轼，却一直怀念着文同的静厚，《题赵屼屏风与可竹》云：

与可所至，诗在口，竹在手。来京师不及岁，请郡还乡，

---

① 〔宋〕释惠洪：《冷斋夜话》。

而诗与竹皆西矣。一日不见，使人思之。其面目严冷，可使静险躁，厚鄙薄。今相去数千里，其诗可求，其竹可乞，其所以静厚者不可致，此予所以见竹而叹也。

## 八　上皇帝书

熙宁四年（1071）正月，神宗欲用张琬直舍人院，枢密副使冯京举荐刘攽、曾巩、苏轼三人，同备采择，上不答。

王安石主张改科举，兴学校。

经学家的安石，以为国家设科取士，应以经世之学为主，诗赋无裨实用。他说今之取士，"记不必强，诵不必博，略通于文辞，而又尝学诗赋，则谓之进士。……然而不肖者苟能雕虫篆刻之学，以此进至乎公卿；才之可以为公卿者，困于无补之学，而以此绌死于岩野，盖十八九矣"。故欲更改贡举法，并且罢废明经等科。进士科免试诗赋，专考经义论策，以通经有文采者为合格。群经中废《春秋》与《仪礼》，又设新科曰"明法"，试律令、刑统大义等，以待不能应试进士的士子。

神宗并不反对经学，但对此议不能无疑，乃诏下两制、两省、待制以上官，御史、三司、三馆杂议。

苏轼以为"得人之道，在于知人。知人之法，在于责实"。假使君相无知人之明，朝廷无责实之政，则变更贡举，徒滋纷乱而已，上《议学校贡举状》。

关于立学，苏轼以为自昔庆历年间，朝廷固已诏令各州县立学，而至今惟有空名仅存，如今何必变更，徒费民力，"今之学校，特可因循旧制，使先王之旧物，不废于吾世足矣"。苏轼认为取士的准则，最重要的只是德行与文章两项，"德行"不是试场考得出来的，"欲兴德行，在人君者，修身以格物，审好恶以表俗"。如从设科立名以取之，则是教天下相率为伪而已。

就文章来说，确是策论为有用，诗赋为无益。但从政事来说，则诗赋、策论，两皆无用。然自祖宗以来，莫之废者，以为设科取士，不过如是，而且自唐至今，以诗赋为名臣者，不可胜数，"何负于天下而欲废之"。再说，经传子史，即使真的读通，也无益于从政，何能寄望于粗识大义之人。他说："今进士日夜治经传子史，贯穿驰骛，可谓博矣。至于临政，曷尝用其一二。顾视旧学，已为虚器，而欲使此等分别注疏，粗识大义，而望其才能增长，亦已疏矣。"

奏上，神宗悟曰："吾于此议，本亦有疑，读了苏轼这番议论，意为释然了。"即日召见。

帝问："方今政令得失安在？即使是朕个人的过失，都可坦白指陈。"

苏轼对曰："陛下生知之性，天纵文武，不患不明，不患不勤，不患不断，但患求治太急，听言太广，进人太锐。愿镇以安静，待物之来，然后应之。"

神宗听了，不禁为之悚然。

苏轼所对，与他所上议状中言对照来看，更加明白："夫时有可否，物有废兴。方其所安，虽暴君不能废；及其既厌，虽圣人不能复。故风俗之变，法制随之。譬如江河之徙移，强而复之，则难为力。"盖他认为变革是一定要有的，但不能急求有功，揠苗助长。

苏轼的理论是，一切政治和法律制度的变更，都须因应时势的需要而逐渐推行，社会的生活和风俗因时变化于先，法律制度跟着革新于后。假如以为法令代表政治权力，六七少年关门制作出来白纸黑字的公文，竟是一帖万应灵丹，足以一笔抹杀宋代百年的积弊，足以强迫改变社会的风俗，这是过分的迷信。人类均有惰性，未必能于旦夕之间信任新制之利，甚或发生疑惧，则就产生顽强的阻力，而至于完全的失败。

神宗求治太急，所以才听言太广。范纯仁也劝谏过不要随便延见小臣，至安石陷于孤立，而事又急需人为时，就引用急功近利之徒，而进人太锐，使整个政治的人事结构，一两年间，面目全非。不但法令滋彰，朝局动荡，且使一向稳定的经济社会，为之骚扰和紊乱。

苏轼慷慨陈辞，使神宗为之悚然动容，稍停，温谕曰："卿三言，朕当熟思之。凡在馆阁，皆当为朕深思治乱，无有所隐。"

苏轼退朝后，兴奋不已，遂将这次召见经过，向朋友同事说了。事闻于安石，安石不悦。

据说，神宗于召见苏轼后，有意欲用为修起居注，此职是接近皇帝身边的侍从近臣，怎能让反对派的苏轼去做？事为安石所格，因而有"权开封府推官"之命。

关于贡举取士的方法，神宗再与安石商量时，安石对曰：

若谓此科尝多得人，自缘仕进别无他路，其间不容无贤。若谓科法已善，则未也。

今以少壮时，正当讲求天下正理，乃闭门学作诗赋。及其入官，世事皆所不习。此科法败坏人才，致不如古。

安石此论，谓人才须从教育扎根，从经义策论甄拔器识之士，原是正论。但他忽略了通明经义，不能期望于急求功名的举子，而经义有无实用价值，更是可疑。历史教育，是直接的经验教育，具有实用价值；诗赋之作，看似无用，但从熟读经史而出。安石的主张，所悬目标太高，往往画虎不成反类犬，此事亦然。

神宗是非常讲究文辞，重视史学的，本意并不以安石的主张为然，朱弁曰：

> 行中尝与坡言，裕陵晚年深患经术之弊，其时判国子监，因上殿亲得宣谕，令教学者看史。是月，遂以"张子房之智"为论题，上索第一人程文，览之不乐。

坡曰："予见章子厚（惇），言裕陵元丰末欲复以诗赋取士，及后作相，为蔡卞所持，卒不能明裕陵之志，可恨也。"①

由是可见，神宗当看了苏轼的《议学校贡举状》时，所说"意为释然"的话，并非空言，只因安石一再坚持己意，帝才曲从其请。

于是，熙宁四年，诏罢诗赋，罢明经诸科，专以经义论策试进士，同时分置学官，教育州县子弟，次第付诸实施。

其次，安石不当以一家私学，用自所训释的《三经新义》来取士，史言：

> 初安石训释《诗》《书》《周礼》。既成，颁之学官，天下号曰新义。晚居金陵，又作《字说》，多穿凿附会，其流入于佛老，一时学者无敢不传习。主司纯用以取士，士莫得自名一说。

王氏的《三经新义》，本自有学术上的价值，但不该颁之学

---

① 〔宋〕朱弁：《曲洧旧闻》。

官，使科举变成一种统治思想的工具。宋代士风，揣摹已成习惯，考官既不敢不以《三经新义》的解释作衡文的唯一标准，则天下的举子，别的书都不必看，专诵王氏章句，博取功名，但又并不了解其义。正如从前考明经科的学究，死背注疏一样，根本谈不上开明器识，培养人才。举子既以《三经新义》为猎取功名的利器，就不再读史，对于古今人物及时世治乱之迹，漫无知识。元丰初年，举人试卷中竟然有"古有董仲舒，不知何代人"这样荒谬的程文，闻者以为笑。① 而安石暮年，也自觉悟其失败，叹道："本欲变学究为秀才，不谓变秀才为学究也。"②

安石又有《字说》二十四卷之作，笑话更多。

《字说》成书于元丰年间，但他构思历有多年，自言"平生精力，尽于此书"。安石解释字的形意，概照自己的意思，穿凿附会，强为解人。殊不知中国的字体，经历篆隶等等多少时代的变易，但凭东汉以后所存，以偏旁类次的字形，望形生义，从而取解，就不免笑话百出了。一说：

> 王荆公在熙宁中，作《字说》行之天下。东坡在馆，一日因见而及之，曰："丞相赜微窅穷制作，某不敢知。独恐每每牵附，学者承风，有不胜其凿者。姑以犇（奔）、麤（粗）二字言之，牛之体壮于鹿，鹿之行速于牛，今积三为字，而其义皆反之，何也？"荆公无以答，迄不为变。③

而好谐谑的刘攽则更当面戏弄王安石道："三鹿为麤，鹿不如牛；三牛为犇，牛不如鹿。谓宜三牛为麤，三鹿为犇。若难于遽

---

① 〔宋〕朱弁：《曲洧旧闻》。
② 〔宋〕陈师道：《后山丛话》。
③ 〔宋〕岳珂：《桯史》。

改,欲令各权发遣。"权发遣者,宋时公文用语,小官骤得高缺,资历浅不能正式任命者,皆号"权发遣",故并谑之。①

据传,安石曾问苏轼"鸠何以从九",轼开他玩笑道:"鸤鸠在桑,其子七兮,连娘带爷,恰是九个。"

安石说:"波者,水之皮。"苏轼听了,笑道:"滑者,水之骨。"②

又一则说,荆公喜说字,客曰:"霸字何以从西?"安石说:"以西在方域主杀伐。"接着说了一大篇理由。其时另一人说:"霸从雨,不从西也。"安石又随口答道:"为时雨之化耳。"其无定论而好强辩也如此。

所以,《东坡志林》有一则记安石想法太多,有好穿凿的毛病,曰:

> 王介甫多思而喜凿,时出一新说,已而悟其非也,则又出一说以解之,是以其学多说。尝与刘贡父食,辍筯而问曰:"孔子不撤姜食,何也?"贡父曰:"《本草》,生姜多食损智。道非明民,将以愚之。孔子以道教人者也,故不撤姜食,所以愚之也。"介甫欣然而笑,久之,乃悟其戏己也。贡父虽戏言,然王氏之学,实大类此。
>
> 庚辰(哲宗元符三年,轼在海南)三月十一日,食姜粥甚美,叹曰:"无怪吾愚,吾食姜多矣。"因并贡父言记之,以为后世君子一笑。

苏轼被任为开封府推官,据说是有人忌他以小官横议国是,欺他缺乏行政经验,故意坑他。这话不是没有因由,宋人矜重馆

---

① 〔宋〕邵博:《闻见后录》。
② 〔宋〕罗大经:《鹤林玉露》。

职,任馆职者,为国家所储养的英才,为未来公卿贤相的后备人选,惯例是"优予廪禄,不责以吏事"。苏轼本官"直史馆",且是馆职中的高等,而现在却将繁杂无比的首都地方行政事务,套在他的头上,欲以困之,事实显然。

虽然苏轼并不在乎这些,欣然就任,但是此一出处,决定苏轼终神宗之世,流转在地方官的命运里,不能出头。至于能力,他自有足够的聪明,办事迅捷,决断精明,在任声名很好。

熙宁四年(1071)正月,宫中派出中使到开封府来传谕,要买浙江制作的元宵花灯四千余盏。主办单位调查了市价报上去后,续有诏令"减价收购",于是开封府就将市上浙灯,全部"拘收",禁止私买。

苏轼忍不住不说话,上《谏买浙灯状》:

……臣始闻之,惊愕不信,咨嗟累日,何者?窃为陛下惜此举动也。……卖灯之民,例非豪户,举债出息,蓄之弥年。衣食之计,望此旬日。陛下为民父母,惟可添价贵买,岂可减价贱酬?此事至小,体则甚大……

他希望朝廷收回前命。目前外面有很多谣言,士人间传说科场要改期,商人说京城将榷酒,吏忧减俸,兵忧减廪,朝廷并无其事而谣诼繁兴,可见"陛下勤恤之德,未信于下,而有司聚敛之意,或形于民"。所以要请皇上凡遇游观、苑囿、宴好、赐予之类的开支,应饬有司务从俭约。

此状奏上,神宗从善如流,立即诏罢购买浙灯的前命。

苏轼既蒙皇帝殿前温谕,又闻买灯停罢,惊喜过望,北向阙廷,感动得不觉流下泪来。

"为朕深思治乱"这句琅琅玉音,整日盘旋在胸臆间,不能一时或释。自从服满还朝,适逢王安石推行新政,这短短的两年间,政局扰攘,人事剧变,不仅朝局如今面目全非,而雷厉风行的新政,又尽是峻刻的剥削和聚敛,谁都可以预见生民即将遭逢空前的苦难。倘如老百姓的生存权利受到威胁,则后果就不堪设想。西蜀王小波、李顺叛乱的阴影,时时从尘封的记忆中袭上心头,作为一个有良知、有血性的知识分子,怎能不挺身而起、为民请命?

他并非不知道王安石得君之专,以及新政派垄断一切的作风,多少元老重臣,都被迫得相率走避。宋自立国以来,言官向被尊重的传统,也不惜因此破坏。今已台谏一空,苏轼,他只是一个区区八品闲官,怎能拂逆巨龙的鳞甲?倘如不自量力,他将付出何等重大的代价,也是谁都明白的后果。

然而,老百姓自己没有讲话的机会。英明的神宗,求治之心过分激切,不暇冷静思考,九重之内,听不到千家万户的号哭,也看不到老百姓咬牙切齿的冤苦。苏轼则来自田间,原是老百姓中的一分子,彼此血肉相连,痛痒关切,有一种单纯而强烈的感情,对受苦受难的老百姓抱持着情不自禁的同情心,逼得他要挺身出来,"为民请命"。

苏轼内无畏怖,外无所求,皇帝既许建言,他也不能漠视同胞们悲惨的命运,不替天下哀苦无告的老百姓,说出他们的艰难和困穷。假使因此必须要他肝脑涂地,则东汉范滂的影子在他前面,他也有这份道德勇气承受一切,做一个伟大的悲剧英雄,毫不顾虑个人的祸福。

于是,熙宁四年(1071)二月,苏轼撰进长达三千四百余字的《上神宗皇帝书》。略曰:

臣之所欲言者，三言而已。愿陛下结人心，厚风俗，存纪纲。

人主之所恃者，人心而已。陛下不以财用付三司，无故又创制置三司条例一司。使六七少年，日夜讲求于内；使者四十余辈，分行营干于外。以万乘之主而言利，以天子之宰而治财。君臣宵旰几一年矣，而富国之功，茫如捕风，道路皆知其难。……汴水浊流，不以种稻，今欲陂而清之。一岁一淤，三岁而满矣。真谓陛下有意兴作，上糜帑廪，下夺农时，堤防一开，水失故道。虽食议者之肉，何补于民。……自古役人，必用乡户。今者江浙之间，数郡雇役，而欲措之天下。单丁女户，盖天民之穷者也，而陛下首欲役之，富有四海，忍不加恤。……青苗放钱，自昔有禁，今陛下始立成法。愿请之户，必皆孤贫不济之人，鞭挞已急，则继之逃亡，不还，则均及邻保。势有必至，异日天下恨之，国史记之曰：青苗钱自陛下始，岂不惜哉！……议者必谓：民可与乐成，难与虑始。故陛下坚执不顾，期于必行。此乃战国贪功之人，行险侥幸之说。未及乐成，而怨已起。臣之所愿陛下结人心者，此也。

臣愿陛下务从道德而厚风俗，不愿陛下急于有功而贪富强。爱惜风俗，如护元气。仁祖持法至宽，德泽在人，风俗知义，故升遐之日，天下归化。今则招来新进勇锐之人，以图一切速成之效。多开骤进之门，使有意外之得。公卿侍从，跬步可图。俾常调之人，举生非望。欲望风俗之厚，岂可得者？……近岁朴拙之人愈少，巧佞之士益多。惟陛下哀之救之，以简易为法，以清净为心，而民德归厚。臣之所愿陛下厚风俗者，此也。

……祖宗委任台谏，许以风闻。言及乘舆，则天子改容；事关廊庙，则宰相待罪。养其锐气，而借之重权，将以折奸臣之萌也。陛下得不上念祖宗设此官之意，下为子孙立万世之防，朝廷纪纲，孰大于此。

……台谏所言，常随天下公议。今者物论沸腾，怨讟交至，公议所在，亦可知矣，而相顾不发，中外失望。臣恐自兹以往，习惯成风，使台谏尽为执政私人，以致人主孤立，纪纲一废，何事不生！万一有小人居其间，则人主何缘知觉？臣之所愿存纪纲者，此也。

三月，朝廷诏令各路监司实地考察"青苗抑配"情形，又将选择三路试办。苏轼续有《再上皇帝书》，他将立条例司、遣青苗使、敛助役钱、行均输法，四海骚动，行路怨咨的情况，譬喻为医生用人的性命来试验毒药，断言道："今日之政，小用则小败，大用则大败，若力行不已，则乱亡随之。"他说：

自古以来，国家存亡寄托在四种人的身上：一曰民，二曰军，三曰吏，四曰士。这四种人的人心一失，足以生变，今陛下一举而兼犯之。

一、青苗、助役法成，则农不安；均输之令出，商贾不行。

二、并省诸军，迫逐老病，而军始怨。

三、内则不取谋元臣侍从，而专用新进小生；外则不责成守令监司，而专用青苗使者，多置闲局，以摈老成，而吏解体。

四、今用事者欲消进士，纯取明经，虽未有成法，而小人招权，自以为功，而士始失望。

苏轼毅然直指谄谀之人，但求逢迎，不怕欺罔，所以凡是说军心乐于合并，百姓乐于青苗者，都是逸言，皆不可信。最后，他竟直指神宗"人皆谓陛下圣明神武，必能徙义修慝，以致太平。而近日之事，乃有文过遂非之风，此臣所以愤懑而太息不能已也"。这样的话，在那个时代，杀头尚有余辜，苏轼之奋不顾身，固然可惊，而神宗的宽容，尤不可及。

最后他以汉代末年贾充留朝而成晋氏之乱的史事，申言小人之党难去，讽劝神宗勇决。后来事实证明苏轼的预见，终神宗之世，尽是吕惠卿、韩维、曾布、蔡确之流，把持政柄而不能去，即使王安石亦被排挤。

苏轼此一谏稿真迹，经宋室南渡的战乱，仍为冯氏三代所珍藏，陆放翁题跋东坡谏草云：

> 天下自有公论，非爱憎异同能夺也。如东坡之论时事，岂独天下服其忠，高其辩，使荆公见之，其有不抚膺太息者乎！……

早在苏轼甫登进士第时，欧阳修介绍他的门人晁端彦（美叔）到兴国浴室来访，由是订交，往来甚熟。这期间，端彦即常劝他言语谨慎，苏轼却说："我性不忍事，心里有话，如食中有蝇，非吐不可。"

还有一次，又谈到这个问题，苏轼说："某被昭陵（仁宗）擢在贤科，一时魁旧，往往为知己。皇上（神宗）赐对便殿，有所开陈，悉蒙嘉纳，已而章疏屡上，虽甚剀切，亦终不怒。使某不言，谁当言者？某之所虑，不过恐朝廷杀我耳。……"

苏轼停顿一下，等待端彦的反应，而端彦默不作声，苏轼浩叹久之，续曰："朝廷若果杀我，微命亦何足惜！只是有一件事，杀了我后，好了你。"

两人相与大笑而起。①

苏轼两上皇帝书,极论时事,即使日常与人聊天,也常讥诮时事时人。文同极不以为然,替他担忧,每每苦口劝诫,而苏轼不能听从。到被出为杭州通判时,文同作送行诗,还郑重叮咛:

北客若来休问事,西湖虽好莫吟诗。②

## 九 遭诬

神宗是个开明的英主,喜欢听多方面的意见,所以王安石常将外来的地方官,引见皇帝,用以证见新政的成功,坚定皇帝的信心。范纯仁谏勿听信小臣之言,苏轼有听言太广之诤,都是针对这个情形而发。在安石方面,当时反对新政的人太多,很担忧这年轻的皇帝,会被众口动摇,所以竭力劝说神宗,为人主者必须"独断"。有一个独断的君主于上,必然连带产生"专任"的大臣于下,这是王安石巩固新政及其领导地位的一策。

开放言论,众谋国是,在苏轼看来,是比什么问题都重要的先决条件。他要揭破安石"独断"论的企图,限于位卑职小,没有办法进言。适逢开封府考试举人,苏轼被派为考官,就借发策来鼓励正论,以"晋武平吴以独断而克,苻坚伐晋以独断而亡;齐桓公专任管仲而霸,燕哙专任子之而败。事同而功异,何也"为问。王安石看到了,认为是讽刺他,非常愤怒。

初,言官群起反对新政,数月之间,台谏一空。一日,安石

---

① 〔宋〕朱弁:《曲洧旧闻》。
② 〔宋〕叶梦得:《石林诗话》。

独对，向神宗进言曰："陛下知今日所以议论纷纭之故何在？"

帝曰："此由朕置台谏，皆非其人。"

安石说："陛下遇群臣无术，数失事机，别置台谏官，但恐如今日措置，亦未能免其纷纷。"

于是安石荐淮南转运使谢景温为工部郎中兼侍御史知杂事。景温不能得官于中朝，以妹嫁与安石之弟安礼，结为姻亲，安石援以为助。

神宗又诏近臣举荐谏官，翰林学士范镇应诏奏举苏轼，可当其任。景温深恐苏轼这个劲敌，一旦当上谏官，必攻新政和新政派的人，遂先发制人，奏劾苏轼前于英宗治平三年丁父忧，扶丧归蜀时，沿途妄冒差借兵卒，并于所乘舟中，贩运私盐、苏木和瓷器。这件劾案，诏下江淮发运湖北运使逮捕当时的篙工水师，严切查问，又分文六路，按问水行陆行所历州县，令向苏轼曾经差借的兵夫舵工侦讯，又查知时任天章阁待制的李师中，其时，曾与苏轼遇于中途，就要他出来作供伪证，故意将这案子，闹得雷厉风行。

师中，字诚之，治平中自广南还京，他曾在史馆与苏轼共事。苏轼扶丧返蜀，师中出守凤翔，道出江陵，曾相邂逅。师中是个光明磊落的气节之士，岂肯为人做伪证。而各地方查问的结果，贩货的事根本子虚乌有，而所谓冒借兵卒一节，只是有几个眉州派出来迎接新太守的兵夫，因便送苏轼至京而已，并无冒差事实。穷治年余，毫无所得。

当景温劾苏案付查之初，声势严厉，似有将兴大狱的模样。范镇上疏为苏轼辩诬，他说："苏轼于治平中丧父，韩琦赠银三百两，欧阳修赠二百两，轼皆辞谢不受，而现在言官劾他舟中夹带私盐贩卖,能得多少?岂有不受赠银而冒险私贩,博取蝇头小利之理。"①

其时,司马光为乞外放,入对垂拱殿,神宗问曰:"王安石素与卿善,何自疑?"

这句问话的背后,显然有安石所说的苏轼在幕后操纵司马,反对新政的此一猜疑在内。司马光就趁势对曰:

"臣素与安石善,但自其执政,违迕甚多。今迕安石者如苏轼辈,皆肆行诋毁,中以危法,臣不敢避削黜,但欲苟全素履。"

帝曰:"青苗有显效。"

光对曰:"兹事天下知其非,独安石之党以为是耳。"

神宗说:"苏轼非佳士,鲜于侁在远,轼以奏稿传之。韩琦赠银三百两而不受,乃贩盐及苏木瓷器。"

光凛然对曰:"责人当察其情,轼贩鬻之利,岂能及所赐之银乎!安石素恶轼,陛下岂不知?以姻家谢景温为鹰犬使攻之,臣焉能自保,不可不去也。且轼虽不佳,岂不贤于李定,定不服母丧,禽兽之不如,安石喜之,乃欲用为台臣,何独恶于轼也。"

神宗果然"独断"不悟,"专任"安石如故。熙宁四年九月,司马光罢知永兴军。

是年,诏开贤良方正制科,范镇举荐台州司户参军孔文仲对策,文仲策言九千余字,力论新法不当。宋敏求定为异等,安石大怒,持请神宗御批,令以原官回任。范镇不服,疏争:"文仲草茅疏远,不识忌讳,且以直言求之,而又罪之,恐为圣明之累。"疏上不报。

---

① 〔宋〕李焘:《续资治通鉴长编》。

于是范镇以"臣言不行,无颜复立于朝",请求致仕。略曰:

……臣论青苗不见听,一宜去;荐苏轼、孔文仲,不见用,二宜去;李定避持服,遂不认母,坏人伦,逆天理,而欲以为御史,反为之罢舍人,逐台谏;王韶上书,肆意欺罔,以兴造边事,事败则置而不问,反为之罪帅臣;不用苏轼则掎摭其过,不悦孔文仲则遣之还任,以此二人,况彼二人,事理孰是孰非,孰得孰失,其能逃圣鉴乎?

续复极言青苗之害,指责王安石以个人的喜怒定国家的刑责,结曰:"陛下有纳谏之资,大臣进拒谏之计;陛下有爱民之性,大臣用残民之术。"疏入,安石大怒,执着这份疏状,气得手都发抖,就亲自草制,诋斥范镇,命以户部侍郎致仕,凡所应得恩典,一概削去。范镇谢表说:

愿陛下集群议为耳目,以除壅蔽之奸;任老成为腹心,以养中和之福。

这话,完全针对王安石而发,天下闻而壮之。苏轼往贺范镇致仕,说:"公虽退,而名益重矣。"

范镇愀然不乐道:"君子言听计从,消患于未萌,使天下阴受其赐,无智名,无勇功,吾独不得为此,命也。天下受其害,而吾享其名,吾何心哉!"[①]

范镇自此日与宾客赋诗饮酒,有人劝他称病,杜门谢客,以防政治迫害,镇曰:"死生祸福,天也。吾其如天乎!"

司马光在永兴军,随又乞判西京留台,屡请不报,最后一疏曰:

……臣之不才,最出群臣之下,先见不如吕诲,公直不

---

① 本集:《范景仁墓志铭》。

如范纯仁、程颢，敢言不如苏轼、孔文仲，勇决不如范镇。臣畏懦惜身，不早为陛下别白言之。轼与文仲皆疏远小臣，乃敢不避陛下雷霆之威，安石虎狼之怒，上书对策，指陈其失，黩官获谴，无所顾虑，此臣不如轼与文仲远矣。

今陛下惟安石是信，附之者谓之忠良，攻之者谓之谗慝。臣今日所言，陛下之所谓谗慝者也。若臣罪与范镇同，即乞依镇例致仕；若罪重于镇，或窜或诛，所不敢逃。

神宗一再挽留，而司马光去志已坚，最后只好从其所请。既至洛阳，他就从此绝口不谈时事，邀约一批史学者如刘恕、范祖禹等着手编撰历史巨著《资治通鉴》。

被司马光骂为禽兽不如的李定，字资深，扬州人。少年时受学于王安石，熙宁二年由孙觉推荐，以秀州军事判官召来京师，谒谏官李常，常问曰："君从南方来，老百姓对青苗法以为如何？"定曰："人民称便，皆大欢喜。"常说："举朝方共争此事，君莫作此言。"李定往见安石，告知此事，并说："定但知据实说话，不知京师乃不许说。"

安石闻言大喜，将他引见神宗。帝不次拔擢，命以定知谏院，宰相说："前无选人除谏官之例。"遂拜权监察御史里行，陈襄奏弹不得，宋敏求以其资格不合，封还词头，翌日自行辞职。依次轮值李大临、苏颂，相继封还，拒不撰告，如此更奏更下，一直换到第七个人，才得通过，而宋、李、苏三人，坐"累格诏命"的罪名，同时落职。马永卿《元城语录》载："此乃祖宗德泽，百余年养成风俗，公论之不为屈如是，齐太史崔杼弑君，杀三人而执笔如初，何异。"

御史陈荐继起奏劾李定前为泾县主簿时，闻母仇氏死，匿不服丧。诏下淮浙转运使问状,还奏:"李定以父年老,求归侍养,不云持所生母服。"定自信:"实不知为仇所生,故疑不敢服。"盖其生母早为其父所出而改嫁。

宰相曾公亮请饬追服,安石力主不必,且罢陈荐的御史职,改官李定为崇政殿说书,而御史林旦、薛昌朝、范育复言:"李定不孝之人,不宜居劝讲之地。"并且辞侵安石。李定不能自安,求解职,乃以为集贤校理、检正中书吏房公事。①

李定不服出母之丧,到底不是大逆不道的罪行,而全台总攻,满朝讹议者,不过是借李定以反对王安石而已。

恰巧这时候,长安大尹钱明逸奏报:有个从前做过知广德军的朱寿昌,扬州天长人,生七岁,其父朱巽为长安太守时,出其所生母刘氏另嫁,母子不相闻问者五十年,寿昌宦游四方,多方寻母不得。熙宁三年,与家人诀别,弃官入秦,断荤茹素,刺血写经,沿途散布,祈有遇合,行次同州,果获重逢,其时刘氏已经七十多岁了。②

神宗以为至孝,召寿昌赴阙,时适群攻李定不服母丧的热潮中,安石甚忌寿昌,但付审官院,使授河中府通判,希望他赶快走而已。

这更激起士大夫间的伦常正义之感,纷纷作诗褒扬朱寿昌的孝行,居然汇印成书。苏轼后亦作贺寿昌得母诗,曰:

> 嗟君七岁知念母,怜君壮大心愈苦。
> 羡君临老得相逢,喜极无言泪如雨。
> …………

---

① 〔宋〕叶梦得:《石林燕语》。
② 〔宋〕邵博:《闻见后录》。

这首诗里,通篇称扬朱寿昌的孝行,其中只有"此事今无古或闻"及"西河郡守谁复讥"两句[1],被人附会为讥刺安石袒护不孝之人,因此结怨李定,导生后来的诗狱,其实非是,那是党争之祸,并非私怨。

谢景温劾奏苏轼一案,也是当时政争中的一件大事。其中,御史风闻言事,可以不负责任,而横遭诬陷的苏轼,则无反证足以自明,只好静待侦查,待到查无实据,他就乞请外调。

神宗批出:"与知州差遣。"中书认为不可,拟令通判颍州。神宗又再改批:"通判杭州。"

苏轼自签判凤翔至今,已经十年,屡经"磨勘"迁官,现为监官告院兼判尚书祠部,位仅次于侍郎,已足够知州的资格了。何况他又望重士林,名满天下,但是中书硬要压抑,神宗也只好指个东南第一大都会的美缺给他。

宋为防止地方割据,以文人出守列郡,自下湖南,复置通判,由中朝直接选派京朝官担任此职,一切公事须经通判联署,才能生效,目的在以通判牵制知州,削弱地方首长的权力,以免尾大不掉。

这个制度,却产生另一流弊,即知州与通判经常发生摩擦,如欧阳修《归田录》言:

> 国朝自下湖南,始置诸州通判,既非副贰,又非属官。故尝与知州争权,每云我是监郡,朝廷使我监汝,举动为其所制。太祖闻而患之,下诏书戒励,使与长吏协和,凡文书非与长吏同签书者,所在不得承受施行,自此遂稍稍戢。然

---

[1] 西河郡守暗指李定。《史记·吴起传》:吴起出卫郭门,与其母诀,啮臂而盟曰:"起不为卿相,不复入卫。"顷之,其母死,起终不归,后仕卫为西河守。

至今州郡往往与通判不和。

往时有钱昆少卿者,家世余杭人也。杭人嗜蟹,昆尝求补外郡,人问其所欲何州,昆曰:"但得有螃蟹无通判处则可矣。"至今士人以为口实。

这一两年来,朝中耆老和反对新法的朋友,一个一个地离京远去,失意京华的苏轼觉得送行者比远行人还要难堪,他对钱藻说:"子行得所愿,怆恨居者情。"送吕希道知和州说:"年年送人作太守,坐受尘土堆胸肠。……我生本是便江海,忍耻未去犹彷徨。"环顾四周,越来越觉得孤独难耐。

"交朋翩翩去略尽,惟吾与子犹彷徨。"馆阁同事秘书丞刘恕(道原),是最后一个仅留的朋友,忽然听得他已向朝廷乞准回乡省亲,行有期矣,苏轼心里更是难过。

刘恕,字道原,筠州人,家居庐山之下,为当代第一流的史学家,上下数千年间的史事,可坐而问,娓娓而谈,如数家珍。恕与安石有旧,安石执政,有意邀请刘恕到三司条例司去帮忙,恕说:"天子付公大政,正宜恢弘尧舜之道,不应以利为先。"说他自己不懂经济事务,一口回绝了。

当时王安石权倾天下,谁也不敢在他面前这样说话。道原不但说了,后又条陈新政之不合众心者,贻书劝请复旧,在稠人广座中,即使当着安石门生的面,也毫不为他忌讳,痛论时政得失,甚至觌面指摘安石的错误,气得安石脸色发青。后来他们就断绝了往来。

刘恕将行,苏轼作《送刘道原归觐南康》诗,因为刘是史学家,遂牵连想起一辈历史人物,借来发泄心里的悲愤。如言:"孔融不肯下曹操,汲黯本自轻张汤。虽无尺棰与寸刃,口吻排击含风霜。"以孔融、汲黯比刘恕，以曹操、张汤比安石，而十分称赏道原那种知识分子所仅有的劲气，徒手搏虎的勇敢。

道原曾说那班得意忘形的新政人物，恰如喝醉了酒的狂人在手舞足蹈，不过引人发笑而已，故诗曰："自言静中阅世俗，有似不饮观酒狂。衣巾狼藉又屡舞，傍人大笑供千场。"

## 十　惘惘出都

苏轼幸已逃过谢景温诬告这一关，出为杭州通判。离京在即，回首从政以来，忽已十年，当初一心以为参加了匡时济世的大事业，不料自少至长，努力追求的政治生活，竟如儿戏一般荒谬，幻灭的悲哀，令他惘然若失。

人生真有命运这样东西，挡在前面，引领人懵懂前行吗？尽管有人不肯承认它，以为人自有力主宰一切，不幸有更多的经验事实，使人们不得不承认：人，实在很脆弱，常被命运所捉弄。

苏轼未第制科以前，声名先已上达九重，初次诣阙陛见，英宗皇帝即欲破格擢用为知制诰那样的御前重职，宰相韩琦提到"馆职必先试而后用"的规例，英宗还说："不知能与不能，才要考试。如轼者，有所不能耶！"君主的信任达到如此深切的地步，不能不说是罕见的异数。然而，谁能想到英宗会那么短命，还来不及用他就已崩殂。

神宗是个对文字很挑剔的君主，他先已喜欢苏轼的文章，初次召见，听了他那明快的议论，认为足以破疑解惑，即欲拔置左右，委为修注官。无奈格于王安石的反对，以后又屡在御前谤毁他不是个纯正的学者，终以谢景温的诬告，逼得苏轼只好自请外放。

士人从仕，能得人主的知遇，该是多不容易的造化，而苏轼是既得其"知"，而无其"遇"。

熙宁四年（1071）七月，苏轼挈带一家大小——继室闰之夫人、发妻所生现已十三岁的长子苏迈、去年新生的次子迨等，乘舟出都。先到陈州去谒候张方平，与在陈州做学官的弟弟苏辙晤聚。

船中无事，做了八首小诗，其中有一首说：

鸟乐忘置罦，鱼乐忘钩饵。

何必择所安，滔滔天下是。

刚从政治罗网里脱逃出来的苏轼，一出都城，便觉天地辽阔，心想另求一个安身之地，应该不难，实在觉得没有违心背性，非要做官不可的道理。

陈州城北有个柳湖，是当地的一大名胜。湖边古柳万株，树皆合抱，南山老松，蛟龙蟠屈，苏辙曾有《柳湖感物》之作。

苏辙诗鄙薄柳花的浮浪而爱松性的坚实，这见解很合乎他的个性。但是老兄以为不然，和诗说："子今憔悴众所弃，驱马独出无往还。惟有柳湖万株柳，清荫与子供朝昏。"这样的好友，为何要讥评它？何况宇宙万物，四时各有盛衰，南山孤松如压在雪底，即使"抱冻不死"，人家看不到，它也无法表显于世，还有谁来赞扬它呢？苏轼今日自有这个感慨：物各有遇有不遇，但是千万不能被埋没。

苏轼在陈州弟家，盘桓了七十多天。张方平因反对新法，于熙宁三年正月出判应天府而至陈州，哪知陈州的监司官，现在也都换了一班新进的后生，趋时兴利，道不相谋，方平说："吾衰矣，雅不能事少年，不如归去，以全吾志。"遂向朝廷再三要请以南京留台名义告了老。苏轼作《送张安道赴南都留台》诗说："我亦世味薄，因循鬓生丝。出处良细事，从公当有时。"

在陈州初遇张耒。耒字文潜，淮阴人，其时方从苏辙问学，所以起初别人都说他是"少公之客"。他的诗，学白乐天，务为自然平淡，尤精绝句，如《偶题》云："相逢记得画桥头，花似精神柳似柔。莫谓无情即无语，春风传意水传愁。"苏轼称之曰："文潜容衍靖深，独若不得已于书者。"至元祐中，苏轼在翰林，荐耒出任馆职，始为东坡门下四学士之一。

九月间，兄弟相偕同往颍州，晋谒致仕后闲居里第的欧阳老师。

欧阳修文章风节，负天下重望，但于英宗治平年间朝廷"濮议"中，被吕诲、彭思永攻击得灰头土脸。平生提携后进，不遗余力，但被门生蒋之奇造作"帷薄不修"①的蜚语，连遭污蔑，意冷心灰。自治平四年出知亳州后，就接二连三以体弱多病为辞，自请退休。到调知蔡州时，更是决心求去，门人蔡承禧劝他道："公德望为朝廷所重，未及引年（规定告老的年纪），岂容遽去？"欧阳修叹道："某平生名节，为后生描摹殆尽。惟有速退以全节，岂能更待驱逐乎！"

北宋士大夫间的风气，败坏到这个地步，也是苏轼所意想不到的现实。欧阳修一生更历忧患，精力早衰，他的头发完全白了，终年牙痛，已经脱落了好几个，两耳重听，本来是深度的近视眼，这时候，几已接近失明了，仅辨黑白而已。最严重的是患有多年

---

① 蒋之奇诬欧阳修与自家的甥女通奸。

的消渴疾,即今之糖尿病,时发时愈,全身肌肉消瘦,自言"弱胫零丁,兀如枯木",以致步履维艰,更形衰老。

苏轼认为欧阳的年纪还不算太老,身体之所以坏到这个地步,显然是忧劳过度之故,只看自己还只三十六岁,头上已生白发,忧劳伤身,真不值得。《颍州初别子由诗》说:"……我生如飞蓬。多忧发早白,不见六一翁。"

唐诗以抒写感情为主,几已写尽人类情绪上各种隐微曲折的变化,穷极工致,后人很难在这上面更有超越的成就。而宋代的散文非常发达,宋人就以锻炼文章的方法,用之为"知性之诗",别辟途径,与唐诗争胜。所以,中国诗史中,咏物诗为宋人的特色。

欧阳修的《日本刀歌》,又是宋人咏物诗中的代表之作,自己是此中高手,这次却出个难题给苏轼,要他为所珍藏的石屏风赋一首诗,于是便有《欧阳少师令赋所蓄石屏》诗:

何人遗公石屏风,上有水墨希微踪。
不画长林与巨植,独画峨眉山西雪岭上万岁不老之孤松。
崖崩涧绝可望不可到,孤烟落日相溟濛。
含风偃蹇得真态,刻画始信天有工。
我恐毕宏、韦偃死葬虢山下,骨可朽烂心难穷。
神机巧思无所发,化为烟霏沦石中。
古来画师非俗士,摹写物象略与诗人同。
愿公作诗慰不遇,无使二子含愤泣幽宫。

物,本是"死"的东西,要将它写"活",实在不大容易。苏轼早年在凤翔时,写过一首《石鼓歌》,将历代文字流变间的人物,一一引进诗中,便将活泼泼的生命赋予了死的石鼓,后世评者认为胜于韩愈的旧作。

石屏风这个题材，更是平凡，不过石上有纹，颇似松影而已。苏轼运用其丰富的想象力，联想出两个画松的古人，因这两个画家生前不遇，想象这块石上的松影，定是这毕、韦二人，含愤地下的精气，沦入石中所形成的画面。经此点染，便在这本是"块然一物"的石屏风里，添入了画师的灵魂，写成一篇非常生动的好诗。难怪欧阳为之大乐。

欧阳修虽然须发尽白，满身疾病，但据苏轼说，气色甚好，谈锋还是很健。苏轼劝老师道："已将寿夭付天公，彼徒辛苦吾差乐。"那些当权的人，只有辛苦，哪里能如老师这样自由自在的快活，这是安慰老人的话，但也想不到未及一年，欧阳便在颍州谢世。

兄弟俩在颍州欧阳家住了二十天后，于此分手，在苏轼的感觉中，认为相较以前三次分别，此次滋味特别酸冷。

兄弟两人，虽然一样的不得意，但是苏辙走得早，毛羽未伤，所以苏轼称之曰："至今天下士，去莫如子猛。"

苏轼自嗟临事如病热狂，不能节制进退，现在则像一个喝醉酒的人，摔了一个大跟头，幸而没有受伤，倒也吓醒了迷梦。《颍州初别子由》诗里，写尽只有兄弟二人自己才能体会的人生失意的哀伤。

苏轼自颍入淮，再过泗州时，记得五年前扶丧回蜀，在此遇到逆风，三日不能开航，船上人劝他向僧伽灵塔祷告，果有应验。苏轼认为只是"巧合"，大公无私的神明，何分厚薄，而做祷告的人，都只为了私自的方便。耕田的农夫希望下雨，而割草的人却要天晴，去舟要顺风，来船便将抱怨，假使人人都要祷告得称心如意，这神明岂不太难做了。

这次情形不同当年，万一再遭逆风，苏轼决定不再求神，怅然道：
> 今我身世两悠悠，去无所逐来无恋。
> 得行固愿留不恶，每到有求神亦倦。
> …………

行至龟山（今江苏盱眙），诗曰：
> 我生飘荡去何求，再过龟山岁五周。
> 身行万里半天下，僧卧一庵初白头。
> …………

苏轼从中国西南的边城眉山出来，而今将往东南的海滨，已经走尽了半个中国的一条直径，如此奔波劳碌，真还不知所为何来。

在泗州与一旧识的庵僧重逢，别来不过五年，但却发现他的头上也有白发了。时间是造物主之极大的公平，无分贵贱，无分劳逸，到时候都将同样老去，奔走道路的劳人和闲卧庵中的和尚既然一样，则又何苦如此"徒劳"。

苏轼离京时，还是秋暑难当的七月，一路盘桓，直到十一月二十八日，始抵杭州，途程几已半年。

杭州府衙，设于凤凰山之右麓，依山兴建，府廨左右，分设通判南厅北厅各一所，另一通判鲁有开住南厅，苏轼便居北厅。

住入官邸后，依照俗例，要祭灶，要请四邻吃酒，乃作绝句两首，代束寄陈州苏辙：
> 眼看时事力难胜，贪恋君恩退未能。
> 迟钝终须投劾去，使君何日换聋丞。
> 圣明宽大许全身，衰病摧颓自畏人。
> 莫上冈头苦相望，吾方祭灶请比邻。

# 第三章　马入尘埃

"西湖三载与君同，马入尘埃鹤入笼。"
（《次韵周邠寄雁荡山图》）

## 一　湖畔孤鸿

中国之东南，尤其是俗称"江南"的这一地区，由于长江的冲积作用，使它成为一大片土壤肥沃的三角洲，农桑发达，物产富饶。虽然迟至公元四世纪前后，始行开发，但在唐代，它已是国家财政收入的重要支柱；五代时，钱镠建吴越国于此，开发的程度更形增长；至宋，遂有"苏常熟，天下足"之称。这一地区农田收成的丰歉，往往代表民生经济的宽裕或贫乏，而左右国家的财政，故有"天下谷仓"之目。

三吴境内水路纵横，货物流通便畅，所以到处都有新兴的商业城市建立起来。各地所生产的粮食和大宗民生物资，汇集在直通开封的大运河边,舶运京师,供养都城中百万市民之所需。杭州,是运河南端的起点,与北端的苏州,同为江南经济的中心都市。

杭州在北宋当年,是京朝人眼中的东南第一大都会,如袁裹《枫窗小牍》说:"汴中呼余杭百事繁庶,地上天宫。"嘉祐三年(1058),梅挚出守杭州,仁宗赐诗宠行,首联即曰:

地有湖山美,东南第一州。

梅在任中,就在吴山上造了一座有美堂,欧阳修作记曾说:"……今其民幸富完安乐。又其习俗工巧,邑屋华丽,盖十余万家。环以湖山,左右映带。而闽商海贾,风帆浪舶,出入于江涛浩渺、烟云杳霭之间,可谓盛矣。"记北宋杭州之盛,极言尽美如此,对于门人苏轼之行将赴杭任官,欧阳修心里非常快慰,临别,对他道:"西湖有僧惠勤,人很文雅,长于作诗。我曾作《山中乐》三章赠他,你公暇若欲求友于湖山间而不可得者,则不妨往寻惠勤。"

苏轼于熙宁四年十一月二十八日抵杭州任,到官三日,就往西湖孤山,访问惠勤、惠思二僧。

西湖孤山,在钱塘门外四里许的北山路上,湖中一峰独立,碧波环绕,必须坐船才到,山前山后,林木幽深。唐宋间,这一带地方,古刹名蓝,参差相望,山后到处都是花圃,为湖上一大胜境。苏轼去的这一日,天色晦暗,似有雪意,初见西湖,又在僧舍的纸窗竹屋里盘桓终日,顿觉心情舒坦,几乎就已不想回家了。作《腊日游孤山访惠勤惠思二僧》诗:

天欲雪,云满湖,楼台明灭山有无。
水清石出鱼可数,林深无人鸟相呼。

> 腊日不归对妻孥，名寻道人实自娱。
> ……
> 天寒路远愁仆夫，整驾催归及未晡。
> 出山回望云木合，但见野鹘盘浮图。
> 兹游淡薄欢有余，到家恍如梦蘧蘧。
> ……

但这不过是长时间的积郁，得一日的疏解而已。正如庄周之梦为蝴蝶，固然自以为是栩栩然的蝴蝶了，而从梦中醒来，则仍然是个蘧蘧然的庄周。

当时的杭州太守沈立，字立之，历阳人，以右谏议大夫出为江淮发运使，知越州，甫于今年正月才调到杭州来。他是个精勤吏事的好官，苏轼屡以"湖上棠阴"来颂扬他的爱民，两人相处不坏。而其他同僚，如监司张靓、俞希旦等，则大多是浮沉利禄的俗吏，苏轼常苦无可与言，但又不能不口是心非地敷衍他们，曾向老弟抱怨道："居高忘下真何益，气节消缩今无几。"

苏轼天生是个率性任情的人，在虚伪的官僚社会里，不能乡愿，就变成了怪物"狂者"。他觉得自己从未矫世违俗，何以却与世俗格格不入。同乡岑象求将以提举梓州路常平还蜀，在送行诗里，苏轼倾吐苦水道："我本不违世，而世与我殊。拙于林间鸠，懒于冰底鱼。人皆笑其狂，子独怜其愚。"苏轼自认疏懒和拙于应付，是他的无可救药的痼疾，此病不除，则其精神上之陷于孤独，也就很难自拔了。

人生，被命运播弄，发生变化，常在意外，如这变化竟然荒谬到令人不能自信时，则你已陷入命运的陷阱，遍身芒刺，动弹不得了。

在荆公变法所发生的政争中，苏轼是反对派中的少壮分子，他的激烈而动人的言论，为众目所共睹；他与保守派重臣间的交往活动，更被新政人物侧目疑忌。他是这样一个反对新政的彰著人物，却被派到地方政府来，地方官在职责上，必须遵守中央命令，执行新法，推行新政，否则即是渎职，所以他到杭州来做通判，本身即是一大讽刺。

江南是国家经济的命脉，在富国强兵的总目标下，重建财经政策的重点，必置于此。王安石要为天下生财，要充裕国库的收益，也必然要以全力督促这个地区积极进行新政。其时青苗、募役、市易诸法，都已先后颁布实施。募役法虽然也遭人反对，但实际施行时，倒还相当顺利，地方上的大地主，每户只消缴纳六百贯文的免役钱，就可免掉差役的痛苦，这办法甚受有钱人欢迎；拿不出钱来的贫民，本来服惯差役，只要不另加苛杂，也就无可反对；单丁女户，到底是少数，阻力不大。只是青苗法的流弊却很严重，起先是执行的官吏强迫推销"贷款"，现在则已到了受贷的老百姓还不出钱来，被官府逮捕、拷打、追保以致入狱等，一连串压迫的惨剧，就天天在地方政府的公堂上，热烈登场。

州政府里，问囚决狱是通判的职务。预言这恶法必将有此恶果的苏轼，却必须每日冠带整齐，高坐堂上，看衙役着力鞭棰这些穷人，在一片号哭声中，签署无情的判词——这是何等不堪的工作，这是何等荒谬的命运。

杭州发运使李杞和了前举游孤山诗，苏轼再以原韵答诗曰：

兽在薮，鱼在湖，一入池槛归期无。
误随弓旌落尘土，坐使鞭棰环呻呼。
追胥连保罪及孥，百日愁叹一日娱。

白云旧有终老约，朱绶岂合山人纡。
…………
陶潜自作《五柳传》，潘阆画入三峰图。
吾年凛凛今几余，知非不去惭卫蘧。
…………

　　苏轼刚强独立，不能首鼠两端，以一个激烈的反对论者，却无可奈何地来执行新法，一批一批囚首垢面的人犯，戳棘堂下，哭声震瓦，而堂上的这位通判，惭汗满脸，手执判笔，逡巡难下，落笔时几乎没有一次不是热泪盈眶，隐隐作痛的良心，总在汩汩泣血。

　　衙门旧例，除夕这一天，必须将狱中囚犯提出来逐一点名，这也是属于通判的公事。熙宁四年（1071）除夕，别人都回家过年去了，苏轼却须在都厅里值班，眼看铁索锒铛的犯人，一个个从堂下走过，执笔点名，一直忙到天黑，还没点完，不能回家。苏轼心想：我和他们没有两样，他们为了要吃饭才犯法，我亦不过为了生活才贪恋这份俸禄，做这违心丧志的事情。心底里有个冲动，很想学一学古人，将这些人犯暂时开释，让他们各自回家去过个年，但却没有这份胆量，暗自惭愧，作《题狱壁》诗：

　　　除日当早归，官事乃见留。
　　　执笔对之泣，哀此系中囚。
　　　小人营糇粮，堕网不知羞。
　　　我亦恋薄禄，因循失归休。
　　　不须论贤愚，均是为食谋。
　　　谁能暂纵遣，闵默愧前修。

　　苏轼就任后，公事就一直非常忙碌，即使向来酷爱山水，而

且此身已在西湖,却无时间可以逛个痛快。郎中蔡准(蔡京的父亲)新春邀他游湖,苏轼说:

> 湖上四时看不足,惟有人生飘若浮。
> 解颜一笑岂易得,主人有酒君应留。
> 君不见钱塘游宦客,朝推囚,暮决狱,不因人唤何时休。
> ……………

又曰:"……君不见壮士憔悴时,饥谋食,渴谋饮,功名有时无罢休。"心雄万丈的志士,竟因区区衣食而憔悴,如何能叫他心甘情愿。

苏轼厕身官僚群中,精神上总觉得非常孤独。京中旧友刘恕从九江寄了诗来,胸中浩气忽然为之复苏,作《和刘道原见寄》诗曰:

> 敢向清时怨不容,直嗟吾道与君东。
> 坐谈足使淮南惧,归去方知冀北空。
> 独鹤不须惊夜旦,群乌未可辨雌雄。
> 庐山自古不到处,得与幽人子细穷。

这首诗,固是对风骨嶙峋、使新政头痛的刘恕,致其一片向往之情,但也反映出群乌中的苏轼,心头却有无边的寂寞,"出口谈治乱,一生溷尘垢",他曾那么痛苦地自忏。

这寂寞腐蚀心灵,使人产生虚无的念头。如几乎同一时期内所作的《和刘道原咏史》那首诗,他写下了现实世界中先知的寂寞,古往今来作为一个天才所抱持的生命的沉哀。诗曰:

> 仲尼忧世接舆狂,臧谷虽殊竟两亡。
> 吴客漫陈豪士赋,桓侯初笑越人方。
> 名高不朽终安用,日饮无何计亦良。

独掩陈编吊兴废，窗前山雨夜浪浪。

整顿农田水利，是新政的基本工作。王安石执政之初，即分遣诸路常平官，使专责办理调查、开发农田水利等事务，其后又不断派遣劝农专使到地方来考察和督导。这批人中，不免有人仗势凌人，百般挑剔，动辄以检举奉行新法不职来威胁地方官吏，弄得地方官战战兢兢，如逢豺虎。苏轼看在眼里，满怀愤懑，忽然觉得还是老弟运气好，他做学官，没有吏责，虽然生活清苦，但可不遭这批恶棍虐侮，于是作《戏子由》诗：

宛丘（陈州古名）先生（子由）长如丘，宛丘学舍小如舟。
常时低头诵经史，忽然欠伸屋打头。
斜风吹帷雨注面，先生不愧傍人羞。
任从饱死笑方朔，肯为雨立求秦优。
眼前勃溪何足道，处置六凿须天游。
读书万卷不读律，致君尧舜知无术。
劝农冠盖闹如云，送老齑盐甘似蜜。
门前万事不挂眼，头虽长低气不屈。
余杭别驾（自称）无功劳，画堂五丈容旂旄。
重楼跨空雨声远，屋多人少风骚骚。
平生所惭今不耻，坐对疲氓更鞭棰。
道逢阳虎呼与言，心知其非口诺唯。
居高忘下真何益，气节消缩今无几。
文章小技安足程，先生别驾旧齐名。
如今衰老俱无用，付与时人分重轻。

台州推官孔文仲过江来看他，苏轼兴奋不已，他说："一对高人谈，稍忘俗吏卑。"

苏轼说他自己生性只合是一匹遨游原野的麋鹿,如今却跑来做"立仗马"——那种仪仗队里,金鞍玉勒装饰起来的马匹,旁人看得非常华贵,在它自己只有厌恶。立仗马终日无声,那是用皮鞭子训练出来的,不准一嘶,此非马的本性。苏轼很激愤地说:"一样为别人劳作,我宁愿拉盐车,也不做仅存皮骨的立仗马。"

这年深秋,雨水丰足,苏轼白天听人说今年农家的收成都很好,夜雨敲窗,辗转不能成眠,深悔当年无端放弃家乡的田园生活,实在大错特错,秋怀难遣,竟至通宵不寐,坐以待旦,《秋怀二首》诗,有曰:

念我平生欢,寂寞守环堵。
壶浆慰作劳,裹饭救寒苦。
今年秋应熟,过从饱鸡黍。
嗟我独何求,万里涉江浦。
居贫岂无食,自不安畎亩。
念此坐达晨,残灯翳复吐。

## 二 湖寺寻僧

群芳谱中,唐人独重牡丹,洛阳花会,万人空巷,宋亦承袭此一余风,每年春天,看花是件大事。杭州安国坊(今众安桥畔)吉祥寺的和尚守璘养牡丹千本,有几百样不同的品种,每年花开,也都有盛会。

熙宁五年(1072),暮春三月,苏轼从沈太守等往吉祥寺赏花,置酒作乐。数以万计的老百姓也赶来参加花会,其中有五十三个代表，以金盘彩篮载花来献官长，吏民同欢，饮酒乐甚，连向来不饮的人，都喝醉了，舆台皂隶的头上都插了鲜花。当此春风骀荡、花光娇艳的景色里，苏轼忽然有种迟暮的感觉，觉得自己已经苍老得不配戴花，其实在那时候他还只三十七岁，只是诗人敏感，在美好的造物前自卑而已，醉吟道：

人老簪花不自羞，花应羞上老人头。

醉归扶路人应笑，十里珠帘半上钩。

苏轼曾说："杭州之有西湖，如人之有眉目。"西湖的开凿，始于唐穆宗长庆二年，水源本来出自钱塘江，杭州刺史白居易于钱塘门至武林门之间，筑塘防海，始将江水与湖水相隔绝。

湖产鱼鲜，腴美非凡。吴越建国，不许百姓网捕湖鱼，特权人物才能享受，名曰"使君鱼"，经常设置湖兵千人，打捞葑草，湖光山色，益发明媚。宋天禧年间，真宗从宰相王钦若的建议，指定西湖为皇家的放生池，禁捕鱼鸟，目的则为人主祈福，所以当日湖中，游鱼成群，并不畏人。

吴越建国时，所建府治之西，即为西湖。天下的好山好水，大抵都在郊野，只有西湖却在城市之中，使杭州有"城市山林"之乐。苏轼歌颂西湖，有曰："城市不识江湖幽，如与蟋蟀语春秋。试令江湖处城市，却似麋鹿游汀洲。"

六月二十七日，苏轼独上钱塘门外昭庆寺前的望湖楼喝酒，天忽阵雨，他尽情观赏了湖上的雨景，醉书五首绝句，其第一首曰：

黑云翻墨未遮山，白雨跳珠乱入船。

卷地风来忽吹散，望湖楼下水如天。

躺在瓜皮小艇上，随波上下，眼看湖边群山，一一似在跃动；

夜坐小艇，随风容与，便觉得天上那一轮皓月，总跟在船的左右。所以苏轼诗说："水枕能令山俯仰，风船解与月徘徊。"苏轼说过，西湖游者，贤愚不一，所得深浅，随人而异，但能像他这样深入自然流变中，于静中见动，充分享受湖山之美的，该是千年来西湖的第一知己。

湖上有"乌菱白芡不论钱，乱系青菰裹绿盘"的鲜果，有往来水上的卖花女，"献花游女木兰桡，细雨斜风湿翠翘"的绮丽风光。她们乘着小艇，追到你的舷边来兜售白兰、茉莉花串成的花球，这个买卖，现在仍还存在。

西湖的美好，使苏轼情不自禁地想道："大隐住朝市，小隐入丘樊，一时既然都还做不到，则站在杭州，聊为中隐，实也不坏。"近一年来，苏轼的心情，从未有如今日这样畅快，湖风为他吹凉热躁，湖水为他洗尽烦忧，他高唱道：

　　未成小隐聊中隐，可得长闲胜暂闲。
　　我本无家更安往，故乡无此好湖山。

通判有巡视辖属各县的职责。七月初，正是铄石流金的酷热天气，苏轼出城坐船到余杭县去，夜宿法喜寺后的绿野堂。次日，从余杭转到临安的净土寺，时已正午，又热又饿，来不及参禅，先要忙着吃饭，饭后好好睡了一个午觉，诗曰："鸡鸣发余杭，到寺已亭午。参禅固未暇，饱食良先务。平生睡不足，急扫清风宇。……"苏轼从来不说装模作样的话，读这首诗，如见大热天里，一个饥渴的行路之人，跑进庙里来，求食求饮的急迫，每个人都会有过同样的经验，他和我们一样。

从净土寺步行到钱武肃王所建造的功臣寺去玩，不论庙貌如何金碧辉煌，他只觉得人间的荣华，隔世就归消歇，只有那盏长明灯，孤照深殿而已。

次往临安县西五十里，天目东北峰之径山，他只觉得天地那么辽阔，有生之伦既然同在一个天地的覆载之内，为何要自相残害。他在诗中说了一句真心话："近来愈觉世路隘，每到宽处差安便。"从径山归来，自觉心情宽舒得多，所以又说："我行得所嗜，十日忘家室。"

既回杭州，兴犹未尽，也不立刻回家，住到望湖楼去，邀观察推官吕穆仲来同游夜湖。穆仲是吕蒙正的孙子，苏轼的诗友，不巧他因事未能应约，苏轼就独自一人，坐上小艇，夜泛西湖。是日只有半月，须从三更看起，苏轼就三更、四更地细细欣赏夜湖之美，直到东方大白，才回上岸来。《夜泛西湖五绝》录三：

三更向阑月渐垂，欲落未落景特奇。
明朝人事谁料得，看到苍龙西没时。
苍龙已没牛斗横，东方芒角升长庚。
渔人收筒及未晓，船过惟有菰蒲声。
菰蒲无边水茫茫，荷花夜开风露香。
渐见灯明出远寺，更待月黑看湖光。

前人论诗者，说苏轼西湖诸诗，都特别"加意出色"。一日，饮酒湖上，初晴后雨，作诗二首，其一云：

水光潋滟晴方好，山色空濛雨亦奇。
欲把西湖比西子，淡妆浓抹总相宜。

此篇一出，在西湖诗中，可谓"前无古人，后无来者"。西湖本无定称，最早传说湖中曾有金牛见瑞，故唐人别集称之为金牛湖；郦道元注《水经》，称之为明圣湖；白居易治湖，作石函泄水，故大家又称之为石函湖；宋初，俗称放生湖。但至苏轼前诗流传众口,从此奠定了西湖的名称,更有人称之为西子湖者,亦本于此。

"若欲求友于湖山间而不可得者……"这是欧阳老师对他说的话,同僚中既少可与言者,则何不求诸方外。

西湖僧寺之盛,冠于全国,田汝成《西湖游览志余》说,杭州内外及湖山之间,唐以前就有三百六十寺之多,钱氏吴越立国后,更增至四百八十寺。如此好山好水的供养中,必有静中生慧的智者,孤山所见的惠勤外,一定尚有高人在。苏轼到杭未久,情绪还很低落,往访上天竺的都师(僧官)慧辩,清谈终日,不料使他忧劳纠结的心情,获得意外的解脱,后来作《海月辩公真赞》说:

> (都师)神宇澄穆,不见愠喜,而缁素悦服,予固喜从之游。时东南多事,吏治少暇,而予方年壮气盛,不安厥官。每往见师,清坐相对,时闻一言,则百忧冰解,形神俱泰。因悟庄周所言东郭顺子之为人,人貌而天虚,缘而葆真,清而容物,物无道,正容以悟之,使人之意也消,盖师之谓也。

从此,苏轼每游湖上,就遍历寺院,留连僧舍,访求远离名利之场的和尚来做朋友。在这方面,所得甚多,日后作《怀西湖寄晁美叔同年》时,还说:

> 嗟我本狂直,早为世所捐。
> 独专山水乐,付与宁非天。
> 三百六十寺,幽寻遂穷年。
> 所至得其妙,心知口难传。
> 至今清夜梦,耳目余芳鲜。

熙宁年间,西湖僧中以诗名者,有清顺、可久二人。可久最工古诗和律诗,居钱塘门外的祥符寺,清苦耿介,不与贵游交结。有人送米给他,所取不过数升,日煮二三合食之,虽茹蔬菜,亦非每日皆有。舍房窗外,但红蕉数本,翠竹百竿而已。

一年,元宵之夜,祥符寺九曲举行灯会,游人杂沓,热闹非凡。苏轼悄悄将他的侍从遣开,独自步入祥符寺,往寻可久,原想找他聊天,不料他的房间一片漆黑,了无灯火,但闻檐卜(花名)余香,随风飘扬,竟是另一个世界,不禁叹仰留诗曰:

门前歌鼓斗分朋,一室清风冷欲冰。
不把琉璃闲照佛,始知无尽本无灯。

苏轼湖上寻僧,觉得佛门的道理,确能叫人跳出尘罗俗网,得于另一个清凉世界中,来重定生命价值的取向。一个人眼界远了,则纠结一身的是非烦恼,毵毵自落,心理上便能获得无限的平和。从这个时期开始,他就时亦涉猎佛书,虽非深入研究佛典,却可取以疏解种种心理上的压迫。

一日,漫游至宝严院,见壁上题有一诗曰:"竹暗不通日,泉声落如雨。春风自有期,桃李乱深坞。"苏轼问谁所作,人曰:"清顺。"苏轼立刻就去找他,清顺诗名,从此鹊起。这和尚在院中筑有借竹轩和垂云亭,苏轼为之作《垂云亭诗》。

江南五月,入梅天气,霪雨连月,苏轼"寻僧去无路,潋潋水拍檐",气闷得慌,就邀了两个同僚登上湖中画舫,沿北山路各个庙宇,请来五六个僧人一同游湖,兴味甚浓,高兴得自谓:"世人骛朝市,独向溪山廉。此乐得有命,轻薄神所歼。"

在所交往的南北诸山众僧中,苏轼与上天竺的辩才法师交谊最深。辩才名元净,与海月禅师慧辩,都是天竺灵山寺明智大师的弟子,苏轼为作塔铭,称其"心具定慧,学具禅律"。凡人见了他,就会尊其道,奉其教,是个颇有影响力、道行很高的和尚。沈遘做杭州太守时,请他住持上天竺,香火鼎盛,起造很多座殿宇,崇楼杰阁,冠于浙西。苏轼对他的印象是:"南北一山门,上下两天竺。中有老法师,瘦长如鹳鹄。不知修何行,碧眼照山谷。见之自清凉,洗尽烦恼毒。……"

苏轼有次子迨,长得高颅巨颧,家人昵呼之为"长头儿",生来体弱多病,已经三岁多了,还不会走路,行动都要大人抱负,父母怕养不大他,要求辩才法师在观音菩萨座前为他落发,做了沙弥,取名"竺僧"。

法师为他摩顶祝赞后,没有几天,就能像平常的儿童一样行走了。辩才本是律宗,所以苏轼感叹道:"乃知戒律中,妙用谢羁束。"

苏州瑞光寺的名僧圆照禅师宗本,到杭州来住持南屏山下的净慈寺。一日,苏轼忽然兴起,飘然单乘独出,往谒宗本,诗言:"欲问云公觅心地,要知何处是无还。"语出《楞严经》,由此可见,苏轼求友方外,还是因为心理上的压迫太重,欲求疏解于佛门而已。

这一两年间,苏轼时患目疾,诗言:"白发长嫌岁月侵,病眸兼怕酒杯深。"又曰:"迟暮赏心惊节物,登临病眼怯秋光。"皆是。病中,推开公事,谢绝灯红酒绿的酬应,独自漫游湖上,他便有"笙歌丛里抽身出,云水光中洗眼来"的轻快。一日,往游虎跑的定慧禅寺,俗称祖塔院,苏轼但凡到得这等地方,就如游子回到家里一样,他的心情就会变得非常开朗、非常平静,《病中游祖塔院》诗:

紫李黄瓜村路香,乌纱白葛道衣凉。

闭门野寺松阴转，欹枕风轩客梦长。

因病得闲殊不恶，安心是药更无方。

道人不惜阶前水，借与匏樽自在尝。

现代的科学医说，安眠是心身疾病最好的治疗。苏轼漫游湖山群寺，也屡屡称道在寺院清静的环境中午睡的酣畅。如《瑞鹧鸪》词，有句云："老病逢春只思睡，独求僧榻寄须臾。"又在宝山僧舍昼寝，题壁云：

七尺顽躯走世尘，十围便腹贮天真。

此中空洞浑无物，何止容君数百人。

从这首短诗看得出来，苏轼是个毫无心机的人，并且慢慢地在学习对世俗的"容忍"。

西湖诸山，盛产好茶，苏轼好饮而无酒量，但却能大量喝茶。有一天到湖上去沿路游览寺院，和尚们知道他讲究茗饮，都以上好泉水烹茶来招待他。一日之间，他竟痛饮酽茶七盏，欢喜得连羽化登仙都不稀罕了，题诗孤山道："何须魏帝一丸药，且尽卢仝七碗茶。"

在寺里饱食斋饭，饭后午觉睡起，一瓯清茶，这是苏轼最大的享受。《佛日山荣长老方丈五绝》中，有一首记其无上的满足曰：

食罢茶瓯未要深，清风一榻抵千金。

腹摇鼻息庭花落，还尽平生未足心。

方外中也有很多奇才异能之士，如僧智周不读佛书，却穷研《易经》。宝山有个云阇黎，十五年足不出户，低头读书，什么人对他说话，都不理睬。苏轼第二次去时，知他死且葬矣，复至其室，空空洞洞，了无一物，不禁独自感叹道："却疑此室中，尝有斯人否？所遇孰非梦，事过吾何求。"生命无常，故人生只是连绵起伏的梦境,和云阇黎之室一样的空虚。

僧昭素,善琴。苏轼说,昭素所作的微妙琴声,不知何所从来,但能"散我不平气,洗我不和心"。只是还有这颗心在,虽然可因艺术的力量,消散或清洗于一时,而人生凿枘的痛苦,却仍隐隐存在。

——这是人生的悲哀。

## 三　监试乡举

太守沈立,调任审官西院,福建侯官人陈襄自陈州以尚书刑部郎中移知杭州,于熙宁五年五月间莅任。

陈襄,字述古,文惠公尧佐长子,举进士,历知县事,专心教化。熙宁初,因富弼之荐,入京为知谏院,改侍御史知杂事,上论"青苗法为商鞅之术,乞贬王安石、吕惠卿以谢天下"。安石想办法调开他,打算派他去做陕西转运使,而神宗不答应,留他在京修起居注。逾年,为知制诰。不久,又改直学士院。安石、惠卿等更加忌他,从他所撰的书诏中,挑瑕剔疵,终被外放,出知陈州。不到一年,改调到杭州来。

述古为政,认为教育是国家的根本,莅官所至,必先兴办学校,只要有空,也不辞亲自讲授。做官认真讲求民间利病,学者间称之为古灵先生。

陈襄的品德,苏轼十分敬视,但看两人在杭州重聚,苏轼作《和陈述古拒霜花》诗:

千林扫作一番黄,只有芙蓉独自芳。

唤作拒霜知未称,细思却是最宜霜。

人生中,能抗拒霜雪欺凌的,固是勇者,但有更高一层的生命本质,不经风霜锻炼,就开不出瑰伟的奇葩来,是谓"宜霜"。苏轼此意,甚为深曲,也许以此颂赞陈襄的风骨,也许自期得此境界。

苏轼为人,人人皆知其豪迈;而豪迈者,大多是从刚健的个性中化生出来的一种风度。苏轼治事的态度,就常看得到刚健不屈的一面。

史载熙宁四年(1071)五月,高丽始来入贡。

在此以前,高丽被北辽所阻,不通中国者已四十三年。是年,福建转运使罗拯令商人黄真出面,招待通好,高丽王就托黄真移牒福建,称愿备礼朝贡中国。罗拯奏上,朝议认为可以结合高丽,共谋北辽,决定接受。高丽王就派其国侍郎金悌等由登州上陆,入贡京师,自此朝贡不绝。

苏轼抵任未久,有一批高丽的朝贡使者到杭州来,他们自以为是外国的特使,根本不把州郡长官放在眼里。而担任押伴的使臣,本来都是本路的管库官,暂时兼差,他们却假借外国贡使的名义,乘势作威作福,甚至要与钤辖[①]分庭抗礼。苏轼叫人警告他们道:"远夷慕化而来,理必恭顺,如今竟敢这样横暴放肆,不是你们教唆,决不至于如此,倘不立刻悛改,我这边马上出奏。"押伴者大惧,气焰低了不少。

高丽使者发来的公文,但书甲子,不写年号。苏轼退还来文,

---

[①]《宋史·职官志》:钤辖司掌军旅屯戍营防守御之政令,或一州一路。有兼二路、三路者。

拒不收受，谕之曰："高丽称臣本朝，而公文上不禀正朔，我怎么敢收。"高丽使者急忙换了文来，恭书"熙宁某年"。由是时人莫不钦佩这位通判临事刚健不屈，处理得体。

熙宁五年（1072）秋八月，苏轼主持本州乡试，闱场设于州廨内中和堂之望海楼。

关于科举取士之法，神宗以王安石的变更计划，依照程序，下中书省复议，中书言：

> 古之取士，皆本学校。道德一于上，习俗成于下，其人材皆足以有为于世。今欲追复古制，则患于无渐。宜先除去声病对偶之文，使学者得专意经术，以俟朝廷兴建学校，然后讲求三代所以教育选举之法，施之天下。

于是，上述更定科举之法，于熙宁四年（1071）二月公布施行。从此罢废明经诸科，罢进士之试诗赋，各专治《易》《诗》《书》《周礼》中的一经，兼以《论语》《孟子》。每试四场，初本经，次兼经大义，题凡十道，次论一首，次策三道。中书省撰七义式颁行。

叶梦得《石林燕语》曰："熙宁以前，以诗赋取士，学者无不先遍读《五经》。余见前辈虽无科名人，亦多能杂举《五经》，盖自幼习之，故终老不忘。自改经术，人之教子者，往往以一经授之，他经纵读，亦不能精。教者未必皆读《五经》，故虽经书正文，亦多遗误。今人问答之间，称其习为贵经，而自称敝经，尤可笑也。"

是试经而经亡，这个样子的士风，这个样子的试法，怎能选拔得出真正的人才？苏轼心里非常沮丧，只因职务上不能拒绝这个差使，勉强承担，心里不抱太大的希望。

苏轼作《监试呈诸试官》诗,说他自己本是山野中人,只为家贫才出来谋求廪禄。少年时虽也弄过文字辞章之学,但也只是用过功而已,并无什么天赋,所以旋得旋忘,距今且已十年,旧学大都荒废。假如现在叫他重来应考,一定会被罚饮墨水①,听到开科诏下,就会吓得浑身出汗。杭州是东南要会,济济多士,实在不敢随意品题。

苏轼说他回想嘉祐初年的文风,非常卑靡,雕镂割裂,竟至不能句读,"千金碎全璧,百衲收寸锦"。正如一盘珍美菜肴中却夹杂许多沙砾,使人不能下咽。幸亏欧阳学士有那么大的气魄,力创变革,文风始振,当时的士人还群相惊疑,肆力诋斥,现在到底可以相信他的卓见了。

但是,试法又变,诗赋被视为雕虫小技而罢废了,时尚大唱经学的高调,像我这样既老且钝的人,实已难于适应,希望各位容我闭口,容我偷懒,滥竽在望海楼里听听秋涛,睡睡午觉。

苏轼这首诗中,将他满肚皮不合时宜的牢骚,尽情发泄。同时,与叶梦得书说:"某被差本州监试,得闲二十余日,在中和堂望海楼闲坐,渐觉快适。"借此逃避无穷的吏事,饱看钱塘江上的秋潮,在试院中煎茶自娱。

望海楼位居凤凰山腰,唐武德七年建置,楼高十八丈,面对钱江,当兹八月秋潮时节,苏轼日在楼上饱看著名胜景的钱江潮,作《望海楼五绝》中,有一首云:

海上涛头一线来,楼前指顾雪成堆。
从今潮上君须上,更看银山二十回。

---

① 五代之梁与北齐,试进士不中程者或选举滥者,皆罚饮墨水。

唐人好酒，至宋始以饮茶为日常生活中一种重要的享受。善于享受生活的苏轼，尤好茗茶，只要能够偷得浮生半日的闲暇，不辞亲自生火煎茶。一瓯好茶在手，从袅袅茶烟中，便能把自己从忧烦劳苦的尘网中，解脱出来，神游太虚，获得精神上的满足，心灵里的宽容，如其自言："乳瓯十分满，人世真局促。意爽飘欲仙，头轻快如沐。……"

《试院煎茶》诗，苏轼详细记述他的煎茶方法，以为第一要有新鲜的泉水，注入铫中，先用文火慢慢烧，一面取出精琢的石碾来，将翠绿的茶饼放入碾船里，细细研磨，一面静听壶中水沸的声音。

水有三沸。初发，水泡仅如蟹眼一样微细；逾时，沸声渐大，如风动簧管，嘈嘈低吟，则壶中水面，起泡已大如鱼眼，是为一沸。到这时候，应将炭火煽旺，使鲜红的火焰不断跃起，是谓"活火"。活火急煎，壶水便四向腾涌，散如滚珠，沸声益发激越清澈，是为二沸。二沸是"汤"之最佳火候，过此，壶水腾波鼓浪，是为三沸，汤已太老了。

碾好的蒙茸新绿，放入茶瓯，将二沸的水冲入，则茶在瓯中，翠屑旋转，清香四溢，然后细细品味，尘俗顿消。苏轼说，我虽患贫，不能如文潞公（彦博）那样，用名贵的定窑花瓷作饮器，有艳丽如花的姬妾侍茶，但望能于睡足一个好觉后，有一瓯好茶喝，不要再为那五千份考卷"牵肠挂肚"，就已经非常满足了。

乡贡进士试，例于八月十五发榜，这一年考生特别多，总在千名以上，眼看考卷山积，显已来不及如期出榜，遂作《催试官考较戏作》诗说，纵已不及于中秋节前出闱，但也不要错过八月十八看潮，添点蜡烛，赶夜班完成评卷工作，白袍考生都站在试院大门外,焦急等候看榜哩。

经此催促,始于八月十七发榜,外间风评虽然很好,"眼昏烛暗细行斜,考阅精强外已夸"。但是,苏轼心里明白,这样的考试,人才未必出头,悯然道:"秋花不见眼花红,身在孤舟兀兀中。细雨作寒知有意,未教金菊出蒿蓬。"

试事忙完未久,九月初,苏轼突然接到座师欧阳修于今年闰七月薨逝颍州的讣告。欧阳修于熙宁四年(1071)六月致仕,回到颍州家居,不过一年,灯尽油干,倏忽谢世。苏轼为官守所牵掣,不能亲往吊唁,只好在孤山借惠勤僧舍,设位祭奠,依门生服座主丧之礼成服,恸哭失声,作祭文略曰:

呜呼哀哉!公之生于世,六十有六年。民有父母,国有蓍龟。斯文有传,学者有师。君子有所恃而不恐,小人有所畏而不为。譬如大川乔岳,不见其运动,而功利之及于物者,盖不可以数计而周知。

今公之没也,赤子无所仰庇,朝廷无所稽疑,斯文化为异端,而学者至于用夷。君子以为无为为善,而小人沛然自以为得时。譬如深渊大泽,龙亡而虎逝,则变怪杂出,舞鳅鳝而号狐狸。……

昔我先君,怀宝遁世,非公则莫能致。而不肖无状,因缘出入,受教于门下者,十有六年。于兹闻公之丧,义当匍匐往救,而怀禄不去,愧古人以忸怩。缄词千里,以寓一哀而已矣。盖上以为天下恸,而下以哭其私。呜呼哀哉!

这篇祭文,应是苏集中的大文章之一,尤其第二节论及时世这一段,充分写出"哲人云亡,邦国殄瘁"之痛。苏轼之哭欧阳者,亦所以哭国家的阽危和生民的困苦。

十月十日，太守陈襄宴该科乡荐贡士于中和堂，亲赋《登彼公堂》四章以勉中式的举人，嘱苏轼为序，遂撰《送杭州进士诗叙》。文中说："熙宁五年钱塘之士贡于礼部者九人。"显有刊误。盖以杭州文风之盛及应试者千人以上，中式的举人决不止于九人，想是刊刻落字之故。

## 四　相度堤岸工程

熙宁四五年间，荆公制订新法，陆续颁行天下。浙西各地，除青苗、免役、市易等外，更须兼行水利和盐法。

盐是任何人生活中不可或缺的必需品，愈是穷人，盐在消费比率中的地位愈高，向来是政府重要的税源。宋代，盐和茶且因是政府专卖的物资，在国家财政收入上，占有非常重要的地位。

江南是食盐的主要产地之一，政府在各地遍设榷场，统一购销。由于公定的收购价格偏低，不但使盐民的生活困苦不堪，而盐法尤为峻刻，小民偶犯盐例，立即流配（充军），于是强者常常结合为一支数百人的盐枭集团，多带刀杖，公然武装贩运。地方政府兵力不足，无力制止，又因他们除了贩运私盐外，不做其他坏事，所以也就睁一只眼闭一只眼地不管他们了。但是私盐在总产量内占了相当大的数量时，便明显影响国家收入，中央政府就不得不管了。

熙宁五年（1072），据两浙发运使的报告，杭、越、湖三州，不行新法，盐的公卖收益不足。于是，中央派遣卢秉提举两浙盐事。

王安石初设制置条例司,第一次派赴各路考察农田水利的八个特使,卢秉是其中的一人,根据卢秉调查地方盐业所制订的改革方案,就叫"卢秉盐法",名义上虽说是要振兴盐业,改善盐民生活,实际上则是欲以酷烈的刑罚,杜绝私盐的贩卖而已。

卢秉奉派前来督导两浙盐务,一方面调派北方的军队一千人到杭、越、湖来,加强缉私的力量;一方面厉行盐法,计算历年来盐户的亏课,不如期清偿者,一律用刑狱追索。沿海制盐的灶户,被迫得走投无路,家破人亡者,比比皆是。有人奏劾他任事以后,盐课虽然增加了,但是刑狱累累,甚至有母亲手刃亲生儿子的惨事发生。据苏轼所见:"两浙之民,以犯盐得罪者,一岁至万七千人而莫能止。"(《上文侍中论榷盐书》)但是,王安石强辩道:"捕盐法急,可以止刑。"

杭州仁和县的汤村,有赭山、岩门盐场,卢秉主于该村开凿一条运盐河,征召农民千余人为开河的夫役,转运使檄请苏轼前往工地,督导工程进行。

这一千多名被征服役的老百姓,丢弃了自家繁忙的田事,却来开凿河道,只为运盐之用,生活的忧虑不说,而其时天又久雨不歇,一路皆是泥淖,人人被雨淋得浑身湿透,简直就像猪鸭一样,在泥浆中打滚。河道中段,有一处地下涌沙,长达数里,开凿更是困苦。苏轼要察看实际施工的情形,也必须在这上淋下淖、窄不容足的工程线道上与牛羊争路,心里愤郁不平,作《汤村开运盐河雨中督役》诗,为老百姓叫屈道:"盐事星火急,谁能恤农耕。薨薨晓鼓动,万指罗沟坑。天雨助官政,泫然淋衣缨。人如鸭与猪,投泥相溅惊。"说他自己:"下马荒堤上,四顾但湖泓。线路不容足,又与牛羊争。"心里着实抱怨,即使回家种田去,顶苦也不过像这样在泥浆中打滚而已:"归田虽贱辱,岂失泥中行。"

晚上,寄宿在当地的水陆寺里,则曰:"乞食绕村真为饱,无言对客本非禅。披榛觅路冲泥入,洗足关门听雨眠。"他就这样辛苦地做他不愿做的差事,只为一饱而已。

其后,他又公差到有盐场十所的盐官县去,天寒地冻里,奔走乡野,夙兴夜寐,疲惫不堪,作诗寄州衙同僚说:"新月照水水欲冰,夜霜穿屋衣生棱。野庐半与牛羊共,晓鼓却随鸦鹊兴。夜来履破袭穿缝,红颊曲眉应入梦。……"奔波得一身狼狈,皮袍断裂了缝线,靴子走穿了洞,他真不知所为何来。

从盐官回杭不久,漕司又请苏轼赴湖州视察新筑的堤岸工程。

荆公实施新政,首先调查全国农田水利的情况,制定农田水利条约,以这个条约,作为后来开发农村的指导原则。

为"天下谷仓"之江南地方,当然是开发工作的中心地区,朝廷多次所派专使和监督财政的两浙路转运使,也都特别选任通晓地方情况的农业专家来担任工作。

江南平原内,有一太湖,古称震泽,跨越现代的江浙两省,面积号称三万六千顷,湖水东溢,为浏河、黄埔、吴淞诸水,分注长江。太湖之水,像个大网,网脉向四方流布,泽润沃野,江浙的富饶,赖有此湖。但在宋代,太湖流域几乎年年发生湖水泛滥的灾害,使这一片肥沃的田原,归于荒败。政府为挽救财政的困乏,自仁宗朝就开始研究江南水利问题,讲求对策。名臣范仲淹首创治水的议论,依照传统方法提出了有关疏导海口的几个方针,未能触及湖水泛滥的实际成因。不过因他提倡,引起世人注意,续有各种不同的水利学说发表,其中以苏州人郏亶(正夫,嘉祐进士)的"治田说",最有力量。

郑亶认为湖水泛滥的最大原因，是大地主、官僚和寺观等社会上的特权分子，用尽方法将沼泽地围起堤墙来，占为私有，称为水田（又称湖田、园田或圩田），人人如此筑堤围田，必然将自然的水道堵塞，使太湖的水，失掉了出口，使一向担任排泄湖水的吴淞江，完全失却了功能。

所以郑亶认为传统的治水说，不足以消灭泛滥，要尽水之利，必须以治田为先。治田成功，可以化水患为水利，达到增强生产的效果。

王安石的农田水利政策，其精神在于抑制富豪的土地兼并，所以郑亶的治田说，极受王安石的赞同，就派他担任办理江南水利的职务，俾便实行他的计划。计划中，对于大地主们各为自家田地所挖设的引水道，必须先加整顿，而整顿沟洫，又必先改编私地。郑亶一经着手，立即遭到地主们强力的反对，造成民间极大的骚乱与动荡，连王安石的左右手吕惠卿也反对郑亶的做法。不得罪于巨室，是官僚们的金科玉律，郑亶的水利事业；做了不到半年，就完全失败了。

郑亶遭遇反对做不下去时，中央派赴江南善后其事者，是中国历史上屈指可数的大科学家沈括。王安石对正为江南水利问题发愁的神宗举荐沈括时说道：

"沈括是江南人，熟知该地的土地利弊，其为人谨密，决不会轻举妄动。"

神宗沉吟道："事须慎重计划，不能再有第二个郑亶，留下大害。"

沈括实地考察后，制定计划，奏报朝廷许可，并也得到当地人民的一致支持。

湖州的改修堤岸工程，即是沈括计划中的一部分。

湖州位于太湖南岸，距杭州八十公里。知州孙觉，字莘老，高邮人，相貌奇丑，曾问学于陈襄，登进士第，嘉祐中擢右正言，熙宁初知谏院，因与王安石异议，出知广德军，现任知湖州事。他就沈括的计划，将太湖南岸原有的木造堤防，全部改用大石块重筑，堤高一寻（八尺）有奇，长达百余里。这个堤岸，目的即在防御松江的溢水为患。

其实改造堤岸，仍然只是权宜之计，如遇长期霪雨，真的发起大水来，水位涨过堤岸的高度，必然仍将溢水为患，木造石造都是一样。

两浙转运使檄请苏轼前往湖州实地考察，苏轼之注意江南水利问题，此行是其发端。

苏轼与孙莘老是在京师时的老朋友，行前先寄以诗，历数湖州的名产，如湖岛上的橘子、顾渚山的紫笋茶、梅溪的带蒂木瓜和吴兴厨子脍鱼的手艺等，要他请客，而曰："未去先说馋涎垂。"

孙觉举行盛大的宴会招待苏轼，轼行酒令，莫谈时事，违令者罚酒一大盏。《赠孙莘老七绝》中的第一首即是：

嗟予与子久离群，耳冷心灰百不闻。
若对青山谈世事，当须举白便浮君。

不料此事在后来"诗狱"中亦成罪案之一，真是"没有不说话的自由"。

苏轼认为改筑石堤的工程，实在不是解决问题的方法，而自己又不是办水利事务的人，却被转运使派了这个差事，所以赠诗第二首，流露了心里的不平，诗曰：

天目山前绿浸裾，碧澜堂上看衔舻。

作堤捍水非吾事，闲送苕溪入太湖。

现代的心理学家说，人在失意的时候，常常会寻求美食，用放纵食欲来补偿心理上的缺憾。赠诗中又一首就说他坐在船上，看人家网鱼，那地方的刀鱼，腴美非凡，他就想望糟鱼的滋味：

三年京国厌藜蒿，长羡淮鱼压楚糟。
今日骆驼桥下泊，悠看修网出银刀。

苏轼在湖州结识了几个不得志的穷朋友，气味相投，倒是十分愉悦。一是进士同年邵迎（茂诚），本不相识，如今方才初见。十五年来，邵氏官仅止于州县，后又穷死无嗣，苏轼为作《邵茂诚诗集叙》者。一是秀才贾收（耘老），乌程人，自此订交，诗筒往返甚密。

最重要的是，苏轼此时，始知世有黄庭坚其人。

孙莘老是庭坚的岳父，取出他的诗文稿来请苏轼鉴评，苏轼读后"耸然惊异"，赞叹不绝。莘老说："庭坚诗文之好，人人皆知，但少一个像你这样的人物，为之称扬。"

其时，黄庭坚在北京（大名府）国子监当教授，未能识面，一个滞留北方，一个徘徊江南，一直没有接触的机会。改元元丰后，苏黄间才有诗书往还，开始文字之交。

苏轼自来杭州，几乎席不暇暖地奔走于辖属各县之间，使他有机会深入民间，体味穷乡僻壤里老百姓真实的生活内容。他们被政府横征暴敛，被胥吏压迫，被豪强侵凌，种种苦难，口不能言，只好咬紧牙关，忍受饥饿与贫困。一幅一幅悲惨的景象，呈现在苏轼的眼前。

古往今来，知识分子本于良知，都自觉有为民代言的责任，何况亲眼看到人民的苦难，已经如此深刻和普遍。除非本是没有心肝的人，何忍默不作声？然而，苏轼现在是外官，在严格的官僚体制下，没有说话的地位，他不能说，也不敢说，于是，如其弟苏辙为作墓志铭中所代申述者：

> 初，公既补外，见事有不便于民者，不敢言亦不敢默视也。缘诗人之义，托事以讽，庶几有补于国，言者从而媒孽之。……

如此次湖州之行，道中作《画鱼歌》，乃因三吴水乡，吴人惯于杖头钉上长钉，用这钉杖划水取鱼，俗称"画鱼"。苏轼初看觉得非常新鲜，但忽又联想到法网诛求中整个社会的惊惶和混乱，与钉杖搅乱的水底泥中的鳅鲵一样可怜。诗曰：

> 天寒水落鱼在泥，短钩画水如耕犁。
> 渚蒲披折藻荇乱，此意岂复遗鳅鲵。
> 偶然信手皆虚击，本不辞劳几万一。
> 一鱼中刃百鱼惊，虾蟹奔忙误跳掷。
> 渔人养鱼如养雏，插竿冠笠惊鹈鹕。
> 岂知白梃闹如雨，搅水觅鱼嗟已疏。

这一年（熙宁五年，1072）秋冬间，久雨不晴，稻谷都遭水淹。好不容易等到天晴收割，而市场上的粮价已被压得很低。农民缴税，本来法律规定纳米交钱，任从民便。但自新法实行后，到处都钱荒米贱，于是官吏就一定要钱不要米。农民将米换钱，只剩得一半的价值，也等于加倍纳税，这是法外的剥削。

苏轼一腔悲愤，作《吴中田妇叹》，前一段写水患，后一段写虐政，是一首颜色鲜明的政治社会诗，诗曰：

> 今年粳稻熟苦迟，庶见霜风来几时。
> 霜风来时雨如泻，杷头出菌镰生衣。

> 眼枯泪尽雨不尽，忍见黄穗卧青泥。
> 茅苫一月陇上宿，天晴获稻随车归。
> 汗流肩赪载入市，价贱乞与如糠粃。
> 卖牛纳税拆屋炊，虑浅不及明年饥。
> 官今要钱不要米，西北万里招羌儿。
> 龚黄满朝人更苦，不如却作河伯妇。

"龚黄"者，指汉朝的龚遂与黄霸，二人俱以恤民著称，如今"循吏"满朝，而人民更苦，其意盖有讽焉。"河伯妇"用《史记》西门豹治邺的典故，意谓人民被逼得走投无路，不如效河伯妇之投河。

另一篇《鸦种麦行》，则是指述地方豪强之掠夺农民辛勤的成果，体例甚似西方的寓言诗：

> 霜林老鸦闲无用，畦东拾麦畦西种。
> 畦西种得青猗猗，畦东已作牛毛稀。
> 明年麦熟芒攒槊，农夫未食鸦先啄。
> 徐行俯仰若自矜，鼓翅跳踉上牛角。
> 忆昔舜耕历山鸟为耘，如今老鸦种麦更辛勤。
> 农夫罗拜鸦飞起，劝农使者来行水。

## 五　富春山行

熙宁六年（1073）正月下旬，苏轼巡按属邑富阳和新城两县。先至富阳，独游普照寺，自普照至东西二庵，山行终日，静如太古，不见一人。一路上松吟雨细，梅香入袂，向庵僧盛赞此山景色清绝时,不料庵僧却说:"入山太深,就出不去了。"苏轼突然领悟:"……居僧笑我恋清景,自厌山深出无计。我虽爱山亦自笑,独往神伤后难继。"苏轼是个标准的儒学者,满怀淑世精神,要与众人同歌共哭,怎能忍耐山中的寂寞而离群索居,所以说:"作诗寄谢采薇翁,本不避人那避世。"

二月,早发新城,微雨初霁,策马山行,临流听溪泉汩汩,万虑皆澄,看到西崦农家,正在准备饷田的饭盒,煮芹烧笋,对于一个饱食腴肥的人,自是一种诱惑,《新城道中》二首之一曰:

东风知我欲山行,吹断檐间积雨声。

岭上晴云披絮帽,树头初日挂铜钲。

野桃含笑竹篱短,溪柳自摇沙水清。

西崦人家应最乐,煮芹烧笋饷春耕。

人是大自然中的一分子,万物有情,彼此都是朋友,所以东风知道他将山行,吹去积云,天色赶快放晴,山岭头上像戴了一顶白色的絮帽,树上亦挂着一面金光闪亮的铜锣。

山村人的俗语,说岭上的云是山戴了"絮帽",树间的朝日是挂了一面大"铜锣",虽似鄙俚,则是何等亲切,苏轼将以之入诗。

新城令晁端友,字君成,巨野人,沉静清介,是个无求于人的君子。《新城道中》第二首中有"细雨足时茶户喜,乱山深处长官清"句,即是赞美晁令治道之言。君成工于文辞,诗更是写得好,苏轼与他交往甚熟,但还不知他亦能诗,其不善表现自己也如此。

君成有子补之,字无咎,聪明强记,于文无所不能,其时随父住在任所,初得拜见这位鼎鼎大名的文豪。

后一年，苏轼再至新城，次于陈氏园，晁补之来谒。补之十七岁从父于杭州时，见钱塘风物之美，曾作《七述》一篇，这次带来向苏轼呈教。轼读后叹道："这都是我心里原来想写的东西，却已被你写尽，我只好搁笔了。"又和了他的诗，补之由是为人所知。苏门四学士中，入门最早的就是这位晁无咎，当时，他还只是个二十二岁的惨绿少年。

苏轼经行新城山村，身入"竹篱茅屋趁溪斜，春入山村处处花"的环境里，觉得山野小民，生活简朴，欲望低微，若要使能各安其生，并非难事。眼前所见，"烟雨蒙蒙鸡犬声，有生何处不安生"。倘如盐不公卖，就不会发生卖牛买刀、贩运私盐的勾当，人各自力耕作，也不劳政府派遣使者劝督，故《山村五绝》曰："但令黄犊无人佩，布谷何劳也劝耕。"盐不官卖，山中小民，也不致因为官盐太贵，盐法太凶，而长时期地淡食。苏轼面对这些忍穷无语的山中小民，心生悲悯，故曰："岂是闻韶解忘味，迩来三月食无盐。"

山里的年轻人，贷得了青苗钱，就贪恋城市生活，一年中大半时光都在城中游荡，等到钱被商人以酒食、博务骗光了，只学得一嘴城里口音回来，却背上了无力偿还的官债。苏轼想：政府如不那么滥放青苗钱，山里人就不会惹这个杀人亡家的祸。诗曰（《山村五绝》之四）：

  杖藜裹饭去匆匆，过眼青钱转手空。
  赢得儿童语音好，一年强半在城中。

苏轼生在庶民之家，意识中自认是众民之一，岂因为官作吏，就此脱胎换骨？大家同是"天民"，血肉相连，自有一份同歌共哭的感情。如今眼见新法下老百姓的生活秩序紊乱了，负担越来越重,法网越来越严,到处都是贫困、饥寒、债务,以至胥役的勒索,公堂里的鞭扑,塞满监狱的囚犯,种种惨状,不一而足。这都是庙堂中峨冠博带、坐而论道的贵人们所看不到的景象,却使他热血奔腾,情不自禁地写下了那些呼号疾痛的诗篇,本意不在讥讽什么,但以他那尖锐的性格,所说的话,往往利如匕首,使人流血,苏轼之偏遭时忌,这是原因之一。

自新城坐船回杭,出富春江,经桐庐,过严子陵钓台,在舟中作《行香子》词:

  一叶舟轻,双桨鸿惊。水天清影湛波平。鱼翻藻鉴,鹭点烟汀。过沙溪急,霜溪冷,月溪明。

  重重似画,曲曲如屏。算当年虚老严陵。君臣一梦,今古空名。但远山长,云山乱,晓山青。

归安朱祖谋《东坡乐府》编年,得考见者,苏轼自来杭州,始有词作,此阕亦其初制。

当年的词,多为筵前歌唱而谱,刘攽(贡父)在徐州,初次听人歌唱轼所作词,觉得非常新鲜,寄诗道:

  千里相思无见期,喜闻乐府短长诗。

  灵均此秘未曾睹,郢客探高空自欺。

  不怪少年为狡狯,定应师法授微辞。

  吴娃齐女声如玉,遥想明眸鬒黛时。

刘攽还是初次得见苏轼的词作,非常新奇,就调笑他,定是倚翠偎红中吴娃齐女(是时轼已在密州)传授的师法。苏轼辩解道:"十载飘然未可期,那堪重作看花诗。门前恶语谁传去,醉后狂歌自不知。……"

一回杭州,苏轼急忙赶到吉祥寺去看牡丹花。春已老,花亦

将谢,问寺僧得知,陈太守今年还未来过,苏轼代花不平,作了一首短诗给陈襄:

今岁东风巧剪裁,含情只待使君来。

对花无信花应恨,直恐明年便不开。

陈襄读了这首小诗,立即邀请大家次日上午同往吉祥寺赏花饮酒,苏轼席上再赋一诗,代花致意:

仙衣不用剪刀裁,国色初酣卯酒来。

太守问花花有语,为君零落为君开。

一般人看花,只是片面欣赏花的色香,即使是诗人吧,以花喻美人为已足,苏轼则体会到花亦能言,她与我们一样有灵犀一点相通的感情存在。两诗一写牡丹的幽怨,一写牡丹的深情,谁能不信她就是我们心中那个爱娇的女孩?

回杭州席不暇暖,苏轼又往西距百里的於潜县察看县政,游寂照寺,为寺僧惠觉题《绿筠轩》这首家喻户晓的诗:

可使食无肉,不可居无竹。

无肉令人瘦,无竹令人俗。

人瘦尚可肥,士俗不可医。

傍人笑此言,似高还似痴。

若对此君仍大嚼,世间那有扬州鹤?

八月十五,观钱塘江潮,是杭州人一年一度的盛事。苏轼与太守陈襄同游,有观潮调寄《瑞鹧鸪》词,有看潮五绝,题于江边安济亭上。向例:江边有弄潮健儿,能冲浪搏潮做种种表演,官中设利物(奖品)以奖励之,因年有溺毙者,已经朝旨禁断,轼作五绝中有一首云:

吴儿生长狎涛渊,冒利轻生不自怜。

东海若知明主意,应教斥卤变桑田。

后来"乌台诗案"指是讥讽朝廷水利工程之难成,真是胡言乱语。

又往临安县巡视,县令苏舜举是进士同年,特意远至太平寺迎见,为苏轼说了一个故事:"数日前到州里去,却被训狐押出。"

苏轼问是何故,舜举说:"我计划了一本《人户供通家业役钞规例》,自认相当简要。前日,特意送呈本州诸官,不料大家都不以为然,待呈至转运副使王廷老时,他很不高兴,差人押我出城。"

苏轼看了舜举写的规例,觉得确很有用,不知何以如此,便问舜举所说"训狐"是什么。舜举说:"从前听人讲过一个笑话,说燕子以日出为旦,日入为夕;蝙蝠却相反,以日入为旦,日出为夕,争论不决,同去求凤凰做个判断。路上,遇到一只禽鸟,对燕子说:不必去了,凤凰在假,也有人说在瞌睡,现在都是训狐权摄。"

"训狐"是宋代骂人的俗谚,苏轼将这个故事写入《径山道中次韵答周(邠)长官兼赠苏(舜举)寺丞》诗,本意只在说明世上已无真正的是非,用以安慰这位同年宗兄的不平:"吾宗古遗直,穷达付前定。馎糟醉方熟,洒面呼不醒。奈何效燕蝠,屡欲争晨暝。不如从我游,高论发犀柄。"想不到说说故事,却又惹祸。

在秦汉时代,杭州只是一片汪洋泽国,西湖还在钱塘江底,群山所出之水,皆入江中,东流于海。由于此一地理环境的关系,即使汉魏以后,沧海变为桑田,杭州已成陆地,但它本是江海,所以水泉咸苦，居民也很稀少。直到唐朝的李泌来做杭州刺史，始造六口大井，分布城区内外，将西湖的淡水引到井中，供应全城人民饮用。

唐之长庆年间，刺史白居易又治湖浚井，作石函隔绝江水，刻石湖上，人称"钱塘六井"。

李泌所造六井，最大者在清湖中，为相国井；其西为西井；再西而北为金牛池；又北而西在附城者为方井、为白龟池；钱塘县治之南者为小方井。此六井中，金牛池久已枯废，宋朝嘉祐年间，太守沈遘（文通）在城南美俗坊重开一座南井，人称"沈公井"，补足了六井的数额。

陈襄来杭州莅事之初，问民疾苦，地方父老都说："六井年久失修，居民苦无饮水。"

述古说："好，我陈某在此，怎么可以使人民没有水喝！"于是就命僧人仲文和子圭，他们又约了如正、思坦一共四个和尚，共同来做这件修井的工程。宋朝的寺院，责司社会福利事业，所以受命为此。

这四个和尚带领工匠，发沟易甃，完葺罅漏，很快就将六井中最大的相国井修好了，又在方井附近发现了久已堙没的古方井，一起加以浚治，于是淡水涌至，民足于饮。随后添建水闸，筑墙置钥，严加管护。

陈襄修复六井之明年，发生旱灾，江淮浙右各地都为缺乏饮水叫苦，唯有杭州，井不断水。

苏轼作《钱塘六井记》，详述工程的始末缘由。

## 六　红裙白酒

宋代士大夫间，宴游之风甚盛，筵席间，醇酒之外，还须有歌舞侑酒的妇人。所以政府定下特别的娼伎制度，规定隶身乐籍的伎女，一律由官府派员监督管理，称为官伎或营伎，她们的义务只应官府征召，工作限于歌舞侑酒，不能以官员为营业对象。田汝成《西湖游览志余》说："宋时阃帅郡守等官，虽得以官伎歌舞佐酒，然不得私侍枕席。"若官员与官伎有私，即属违法。如蒋堂知益州，被人检举私官伎而降官；熙宁中，祖无择坐与官伎薛希涛通，为王安石所弹劾皆是。

官伎之外，达官贵人之家，自设家伎之风甚盛。以致京师中下等的家户，不重生男重生女，生女则爱若拱璧掌珠，待得稍稍长大，就随其资质，教以各种艺业，以备士大夫家采拾娱侍。侍女的名目繁多，有所谓身边人、供过人、针线人、堂前大杂剧人等，就中以厨娘最为下色，然非极富贵之家不可用。①

北宋当年，豪门巨室，竞以家伎的声容出众，夸耀于人，而士大夫亦很少能有不耽声色的，甚至如小宋（祁）者，坦然承认读书即为做官，做官即为享乐。

宋庠，仁宗朝为相。某年上元之夜，独坐书斋读《易》，见隔院弟（宋祁）家灯火通明，管弦嘈杂，喧饮直到天亮。他就叫人传语其弟："相公寄语学士，闻昨夜烧灯夜宴，穷极奢侈，不知还记得某年上元，同在州学内吃腌菜煮饭时否？"宋祁笑道："却须寄语相公，不知某年某月某日同吃腌菜煮饭，是为甚底？"

---

① 〔宋〕洪巽：《旸谷漫录》。

这是当时上流社会的风气，贤者不免。

苏轼在杭，为一州的副首长，亦不能没有家伎。他家向来俭约，但只数人而已，而且将她们看成侍卫、副官之类。苏轼惯常向客人介绍道："有几个搽粉的虞候，出来祇应。"①

熙宁七年（1074），十二岁的朝云进入苏家，即扮演这个角色。

宋自开国百年来，天下承平，社会安定，人人有生逢熙和盛世之感，朝廷重文轻武，士大夫们更是扬眉吐气，一朝通显，立即竞事奢华，度其靡丽的享乐生活，尤其在女色方面，极其放浪，极其沉湎地尽情恣纵。苏轼即曾感叹过，就他所目睹的三朝人物中，不沾声色之好的"完人"，他还一个也不曾见过。

譬如高龄八十五岁的词家张先（子野），那么一大把年纪，还要买妾，苏轼作诗戏他道："诗人老去莺莺在，公子归来燕燕忙。"全篇皆用张姓典故，人以为难，但他心里并不认为应该。

苏轼在京，官虽不大，但是文名甚盛，为名公巨卿所推重，自是政治社会里的名流，才望出众的人物。所以自来杭州，凡是中央派驻在杭的官员，都纷纷邀他参与宴会，以有他在座为荣。朝夕饮宴，几无虚日，最先提出抗议的，当然是他的肠胃，苏轼对亲近的朋友诉苦道："到杭州来做通判，真是入了酒食地狱。"②

一般通例，士人不得志于仕途时，往往逃入醇酒妇人的圈子里去，麻醉自己，但是苏轼却只乐与朋友群居，"性不昵妇人"③。俞正燮《癸巳存稿》有一条记古之不昵妇人者，以为苏轼之所以

---

① 〔宋〕吕本中：《轩渠录》。
② 〔宋〕朱彧：《萍洲可谈》。
③ 〔宋〕袁文：《瓮牖闲评》。

如此，"或由勤于人事，或历忧患，亦或由天性"。就他所提出的这三个原因中，到底还是最后这个理由比较接近。苏轼性情豪爽，口没遮拦，凡事缺少耐力，非但不善与女人缱绻，甚至家里的妇人，包括他夫人在内，也不常见面说话。他只喜欢和朋友在一起高谈阔论，没有耐心跟妇人孺子厮磨。所以他虽常日参加饮宴，置身众香国里，却永远站在腻热氛围圈外，默默欣赏少女的风情，享受衣袂间散发出来的香气，而很能克制感情，决不在这方面形成泛滥。

这种心情，表现在他诗里，如《湖上夜归》，说他酒已喝得半酣，坐在轿子里直打瞌睡，梦中"尚记梨花村，依依闻暗香"。如《与述古自有美堂乘月夜归》，他说："鱼钥未收清夜永，凤箫犹在翠微间。凄风瑟缩经弦柱，香雾凄迷着髻鬟。……"都说明他这种局外旁观的欣赏态度。

苏轼当时还不到四十岁，但头发早白，自以为已老了，不宜唐突美人。如陈襄邀他去城外寻春，诗说："老来厌伴红裙醉，病起空惊白发新。"游径山回来，陈襄邀他饮酒介亭，他诗说："惯眠处士云庵里，倦醉佳人锦瑟旁。"他认为只有年轻人才有与少女们尽情厮混的权利，所以邀周邠同游径山，便说："少年饮红裙，酒尽推不去。……肯将红尘脚，暂着白云履。"

一日，苏轼在西湖船上望见杭州另一通判鲁有开（元翰）在有美堂上做酒会，投诗道："指点云间数点红，笙歌正拥紫髯翁。谁知爱酒龙山客，却在渔舟一叶中。"次章却劝他道："遥知通德凄凉甚，拥髻无言怨未归。"意思是你自有美妾在家里等你回去，你这一大把年纪的髯翁，却在外面与女孩子胡闹。

宴饮太多，苏轼实已非常厌倦，时亦托病逃席，但是喜欢热

闹的陈襄不肯放过他,写诗来责备他屡不赴会,苏轼只好勉强举个理由,请他原谅:

  我生孤僻本无邻,老病年来益自珍。
  肯对红裙辞白酒,但愁新进笑陈人。
  …………

  苏轼欣赏有气质的女孩,而极不喜欢"妖艳的女人",这可从他创下的一个"名判"中看得出来。

  当他来杭未久,陈襄公出,苏轼权摄州事,有一官伎,因其性善媚人,人称"九尾野狐"者,陈状请求出籍,苏轼判曰:"五日京兆,判断自由。九尾野狐,从良任便。"

  杭州有三个颇负诗名的官伎,那是周韶、胡楚和龙靓。周韶色艺更为一州之冠,她的嗜好也与众不同,喜欢茗饮,曾与蔡襄斗茶,而且胜了,因此名望更重。她听说这个代理太守那么宽大,马上援例陈状乞嫁。苏轼知道此姝是陈襄所嬖,提笔判道:"慕《周南》之化,此意诚可嘉。空冀北之群,所请宜不允。"周韶无奈。①

  稍后,苏颂来杭,陈襄设宴接待,召韶侑酒,她就托这位贵宾向陈太守关说,苏颂指着檐间白鹦鹉道:"可作一绝。"她略一思索,援笔写呈。

  陇上巢空岁月惊,忍看回首自梳翎。
  开笼若放雪衣女,长念观音般若经。

  其时,周韶有服,穿得一身缟素,楚楚可怜。一座嗟叹,陈襄动了不忍人之心,便准了她的请求。周韶再拜泣谢,其同辈胡

---

① 〔宋〕王辟之:《渑水燕谈录》。

楚、龙靓都有诗送她。①

事后,陈襄很是懊悔。翌年,苏轼于常润道中作《有怀钱塘寄述古》五首之一,还代陈襄惋惜:

> 草长江南莺乱飞,年来事事与心违。
> 花开后院还空落,燕入华堂怪未归。
> 世上功名何日是,樽前点检几人非。
> 去年柳絮飞时节,记得金笼放雪衣。

最后一句,苏轼自注"杭人以放鸽为太守寿"九字,实亦聊为掩饰而已,果是放鸽,则第二联两句又作何解?

陈襄和作之第三、第四两联,更是怀念这个女孩子的深情不解,也是一首好诗:

> 春阴漠漠燕飞飞,可惜春光与子违。
> 半岭烟霞红簇入,满湖风月画船归。
> 缑笙一曲人何在,辽鹤重来事已非。
> 犹忆去年题别处,鸟啼花落客沾衣。

苏轼年未四十,但借口"老了",声色场中,他只当作过眼云烟,竭力不让自己留滞。然而,感情这东西,有时并不完全能用理智控制,尤其本来热情的人。所以在杭州最繁华的沙河塘闹区,似有一个他所默默向往的女孩,惜乎不知道她的名字,集有《戏赠》一诗道:

> 惆怅沙河十里春,一番花老一番新。
> 小桥依旧斜阳里,不见楼中垂手人。

也有他喜欢的女孩要离开时,作《赠别》诗,也会一往情深

---

① 〔宋〕赵令畤:《侯鲭录》。

起来。如言：

> 青鸟衔巾久欲飞，黄莺别主更悲啼。
> 殷勤莫忘分携处，湖水东边凤岭西。

这期间，苏轼有《薄命佳人》之作，这是他对那些沦落风尘的女孩子，所付与的诚挚同情：

> 双颊凝酥发抹漆，眼光入帘珠的皪。
> 故将白练作仙衣，不许红膏污天质。
> 吴音娇软带儿痴，无限闲愁总未知。
> 自古佳人多命薄，闭门春尽杨花落。

《东坡乐府》有"乳燕飞华屋"那阕《贺新郎》词，杨湜《古今词话》造作杭伎秀兰为府僚所责，苏轼为作此因以解其困云云的故事，言皆鄙陋，极不可信，而毛本竟据以为苏轼自注的题语，尤其可笑。因为这个假故事传说甚广，所以附记一笔。

## 七　常润道中

苏轼一行作吏，百不自在，眼前所见，十九是浮沉利禄的无知下士，沐猴而冠，俨然作态，心里塞满了无比的厌憎。老者章传道劝他，稍稍自己贬抑一点，才能适应这个现实，苏轼昂然道："如尔自贬，终不谐俗，故不为也！"

既不能自贬以和光同尘，做这"违志"的工作，更是精神折磨，痛苦万分。苏轼就念兹在兹地希望挣脱现在这个官职，认为即使回家去种田，也比现在好。物质生活好坏，苏轼本不在乎，至少可以保持身心的自由与快乐。

行在新城山路上，眼见三月不知盐味的七十老翁，还挂着镰刀在田间劳作，眼见村中少年，游手好闲，再也不能安分守己地做个好农夫，一腔悲愤，使他热血沸腾，觉得自己这个形同帮凶的工作，再也做不下去了，但是如要弃官回乡，则先得试探一下在陈州的老弟的意思，于是他引述后汉马援的故事，续作《山村五绝》中的最后一首。

《后汉书》说，马援征伐交趾国时，行军中上雾下潦，毒气熏蒸，天上的飞鸢，都跕跕堕水而死。身在这样的绝境中，使他想起堂弟马少游，从前曾经劝他为人何必胸怀大志，徒然自苦。马少游道："士生一世，但取衣食裁足，乘下泽车，御款段马，为郡掾吏，守坟墓，乡里称善人，斯可矣。致求盈余，但自苦耳。"所以，苏诗曰：

窃禄忘归我自羞，丰年底事汝忧愁。
不须更待飞鸢坠，方念平生马少游。

苏氏兄弟，虽然那么友好，但两人天赋气质，全不相同。苏辙才气不如老兄，但没有他那种任性的毛病，也没有他那种浪漫的想头，为人处世，非常踏实，苏辙《栾城集》中《次韵子瞻山村五绝》之一说：

贫贱终身未要羞，山林难处便堪愁。
近来南海波尤恶，未许乘桴自在游。

被老弟浇了一头冷水，苏轼在写给故乡王庆源叔丈信中，记其进退无据的悲哀曰：

某此粗遣，虽有江山风物之美，而新法严密，风波险恶，况味殊不佳。退之所谓"居闲食不足，从官力难任。两事皆害性，一生常苦心"。正此谓矣。

苏辙于熙宁三年（1070）春，从张方平去陈州为学官，至本（六）年春，已届三年任满。时适文彦博罢枢密使，以司徒兼侍中，出判河阳，原拟征辟苏辙为河阳学官，辙亦有谢启愿就，尚未赴任，却为齐州太守李师中邀去济南，为齐州之掌书记。

李师中，原任知秦州军州事，因为屡次上章攻击王韶的西征军，且于调查苏轼贩卖私盐、苏木、瓷器的诬案中，师中拒作伪证，为当道所忌，将他调知登州，现在则自登州移守齐州。

九月，苏辙将赴济南，有《自陈适楚戏题》诗：

库斋三岁最无功，羞愧宣王禄万钟。
犹欲谈经谁复信，相招执箠便须从。
陈风清净眠真足，齐俗强梁懒不容。
久尔安闲长自怪，此行磨折信天工。

他很谦虚地说：陈州三年无功，不配再做学官，到齐州去做总揽一切的幕僚长，就没有在陈州那么清闲了，但这是天道的报还，不该诧怪。他之所以自待者如此。

熙宁六年（1073）秋，言官罗拯上言，两浙淮南东路灾伤，乞行贷恤。诏赐两路粮三万石。

十月，沈括奉派察访两浙，奏言常润二州，岁旱民饥，欲令本路计合修水利钱粮，募阙食人兴工，从之。赐两浙淮南东路常平米各五万石，付转运使以赈饥民。

漕司奉诏后，即檄杭州通判苏轼赴常润一带放粮，十一月启程，与柳瑾同行。

瑾字子玉，丹徒人，与王安石为进士同年，其子仲远是苏轼族妹小十二娘的夫婿，论辈分，柳子玉是苏轼的姻丈。柳家住在金山，子玉此行，将往监安徽舒州的灵仙观，顺道附载同行。

严冬酷寒，大雪纷飞中，两人至临平镇一个僧舍里，同访隐士陈烈，诗曰："僧房有宿火，手足渐柔和。"对于一个冲风冒雪的行旅之人，最重要的到底还是一炉炭火。经秀州（嘉兴）而至无锡，登惠山，钱道人以天下第二泉的惠山水烹小龙团茶，来招待这两位远道而至的诗人，然后攀登惠山绝顶，瞭望太湖，"石路萦回九龙脊，水光翻动五湖天"。非常羡慕孙登还能登山长啸，一吐胸中浊气，而苏轼不能。

忙于处理繁杂的赈务，忙于奔波道路，时光过得真快，忽已年尽岁除。这年除夜，苏轼舣舟城外，竟至野宿度岁，非常念家。独自一人睡在船舱里，衾冷如冰，通宵不寐。回想自来杭州，大部分时间，都耗费在道路奔波上，是不是他一生的命运，都将如此漂泊？行歌的哀伤，野哭的凄凉，苏轼今夜，兼而有之，舱中一灯如豆，冻被无温，既然辗转难眠，索性挑灯起坐，成《除夜野宿常州城外》二首：

　　行歌野哭两堪悲，远火低星渐向微。
　　病眼不眠非守岁，乡音无伴苦思归。
　　重衾脚冷知霜重，新沐头轻感发稀。
　　多谢残灯不嫌客，孤舟一夜许相依。

　　南来三见岁云徂，直恐终身走道途。
　　老去怕看新历日，退归拟学旧桃符。
　　烟花已作青春意，霜雪偏寻病客须。
　　但把穷愁博长健，不辞最后饮屠苏。

熙宁七年（1074）春，过丹阳，公毕，续赴润州（今镇江），特往藏春坞拜访老名士刁约（景纯），诗酒流连，互相唱酬。面对世情淡薄的老人，轼作赠诗，亦仍不免流露其一腔漂泊无归的感

伤,如言:

>人间膏火正争光,每到藏春得暂凉。
>多事始知田舍好,凶年偏觉野蔬香。
>溪山胜画徒能说,来往如梭为底忙。
>老去此身无处着,为翁栽插万松冈。

又陪柳瑾同回金山,子玉在家设宴招待这位晚辈。柳家三个外甥,长名闳,字展如;次名辟,都是妹婿仲远之子,面求舅舅的法书,苏轼为他们写了一纸行书,告诉他们道:"字要写得好,单单勤于练习不够,还须读书多。"所谓:"退笔如山未足珍,读书万卷始通神。"这两句话,常被后世论书法艺术者,引为圭臬。

苏轼在金山寺里,与柳瑾共饮,喝得酩酊大醉,睡倒在宝觉法师的禅榻上,半夜醒来,题诗壁上,不说自己酒量不好,却运用俗语骂酒道:"恶酒如恶人,相攻剧刀箭。……我醉都不知,但觉红绿眩。……"将大醉时的感受,写得淋漓尽致。

柳瑾雅兴不浅,要邀八十一岁的刁约来同游金山,同访金山寺的宝觉、圆通二长老,苏轼很羡慕他们养生有术,老而弥健,打趣柳瑾道:"你还算不得老,且看刁丈。"

>君年甲子未相逢,难向人前说老翁。
>更有方瞳八十一,奋衣矍铄走山中。

苏轼在润州逗留,时已四月,回想去年十一月离杭,时方大雪,今则春光已老,忽忽已过半年,陈襄诗来催他早点回去:"锦袍公子归何晚,独念沟中菜色民。"苏轼何尝不想家,尤其挂念吉祥寺的牡丹,深恐错过花期,《常润道中有怀钱塘寄述古五首》中说:"……谷雨共惊无几日,蜜蜂未许辄先甜。应须火急回征棹,一片辞枝可得粘?"

任务未了，还有许多地方要去，对于这样无休无尽的行役，实在厌倦极了，心里又念着家，托名"代人寄远"，作《少年游》词：

去年相送，余杭门外，飞雪似杨花。今年春尽，杨花似雪，犹不见还家。

对酒卷帘邀明月，风露透窗纱。恰似姮娥怜双燕，分明照、画梁斜。

钱塘令周邠（开祖），是苏轼在杭州同僚中唱和最得的诗友，他将任满赴京，也寄诗来催归一别，轼赠诗曰："羞归应为负花期，已见成阴结子时。与物寡情怜我老，遣春无恨赖君诗。……"又送其赴京曰："十年且就三都赋，万户终轻千首诗。天静伤鸿犹戢翼，月明惊鹊未安枝。"写尽诗人的寂寞，行者和送行者，一样是飘泊天涯，身无归着的可怜。

就因为心里充满了许多奔波道路、漂泊无归的感伤，所以一旦身临久已向往的荆溪，这可怜的诗人，就情不自禁地做起梦来了。

至宜兴，苏轼往访同年单锡，同泛荆溪。

宜兴，古称阳羡，本是江南鱼米之乡，境内有三湖九溪，而以荆溪最负盛名。这条溪水源自芜湖，流入海圻，所以又称圻溪。除此以外，它还有个极美的俗名，叫"罨画溪"，据杨慎《丹铅总录》说，画家称杂色的图画叫"罨画"，荆溪两岸风景的多彩多姿，可从这个绝美的溪名中想象得见。

苏轼泛舟溪上，顿觉头脑清明，心情开朗，情不自禁地赞叹道："一入荆溪，便觉意思豁然！"

十七年前，苏轼登进士第，参与琼林宴时，与同年蒋之奇共席。蒋是宜兴人，对蜀人苏轼盛称他家乡的风土之美，相约将来服官退休后,同到宜兴去卜邻而居,共乐荆溪。苏轼今日始得亲履其地,之奇之言,果然不虚。

荆溪两岸,林木翳茂,溪光山色,明媚照人,都是诗人最好的供养。惠山细腻的黏土,常州晶莹的大米,皆是江南第一的特产。尤其民风纯朴,物价低廉,适合一个寒士于此度其宁静的农庄生活。苏轼距离退休的年龄还很远,但他实在太爱这座江南小城了,遂骋其遥远的想象,预约陈襄将来如到宜兴来访,他一定杀鸡饷客。一刹间,心里充满了一片罨画溪上的田园美梦,诗曰:

惠泉山下土如濡,阳羡溪头米胜珠。
卖剑买牛吾欲老,杀鸡为黍子来无?
地偏不信容高盖,俗俭真堪着腐儒。
莫怪江南苦留滞,经营身计一生迂。

五月始至常州,然后到无锡,到苏州,与曾任御史,为疏劾王安石被排出京,现在提举官观①的刘述(孝叔)相会,同游虎丘,至炎夏六月,才回到杭州交差。这次常润赈饥一役,道路奔波,足足七个多月。

这时候,执政五年多的王安石,已经罢相。

安石专政,使持重的先朝旧臣一个一个消极求去,这样重大的政治变化,即使禁中,也不免震动。而实施新法所发生的不良反应,陆续传入深宫,使皇室中人大为不安。有一天,光献太皇太后曾劝神宗道:

"祖宗法度不宜轻改。吾闻民间甚苦青苗、助役,宜罢之。"

"此以利民,并非苦之。"皇上答道。

---

① 提举官观:为安置罢退大臣而设,有俸无职。

"安石确有才学,但是结怨太多,要保全他,不如暂时外放的好。"

"群臣中只有安石能为国家做事。"

其时,神宗之弟岐王颢在侧,进曰:"太后之言,不可不思。"

神宗怒曰:"是我败坏天下吗?你来做好了。"

颢泣曰:"何至于如此呢!"

这次谈话,不欢而散。

外面有许多不好的消息,传到宫里来,光献太皇太后再也忍耐不住。一日,对神宗流涕道:"安石乱天下。"

这次,神宗心里本已动摇,听到劝说,默不作声,却流下泪了。

熙宁六七年间,河东、河北、陕西大饥荒,流亡到京西来的难民,无虑数万。监安上门的小官郑侠(介夫,治平进士),每日见这大批难民逃到京里来,老幼杂沓,拥塞道途,多数人扶病带伤,形容憔悴,身上穿的衣服,鹑衣百结,没有一件完整的,甚至有人以树皮草根为粮,其中更有身披锁械、押解入京的犯人,他们身上还背着家里拆下来的屋瓦和木材,这是他们唯一的财物。悲惨的景况,简直令人不能相信此乃人间光景。

郑侠心生悲悯,就按逐日所见,绘成一幅《流民图》,附以疏状,亲诣阁门,请求代奏。阁门官吏不肯接受,郑侠就谎称是秘急文件,发马递上,奏疏里面说:"陛下征伐外夷,别人所上的都是国家胜强的图录,而没有人画出天下流离失所、饥寒交迫之状进献御前的。此图百不及一,但经圣览,亦可流涕。陛下观臣之图,行臣之言,天如不雨,即乞斩臣宣德门外,以正欺君之罪。"

神宗再三地细看郑侠这张《流民图》,长嘘短叹,郁郁不乐,晚上又把它带进寝宫去,以致整夜都不能成眠。

其时各地久旱成灾，尤以国家财经中心的两浙和淮南东路被灾最为严重。神宗忧形于色，以为新法病民，天已示警，心理开始动摇。安石说："水旱常数，尧汤所不免。陛下即位以来，累年丰稔，今旱暵（干）虽久，但当益修人事以应之。"

神宗奋然道："此岂细事，朕所以恐惧者，正为人事有所未修耳。今取免行钱太重，人情咨怨，自近臣以至后族，无不言其害者。"

待看了郑侠的《流民图》，一夜不眠后，神宗下了决心，也不和安石商量，径自下令开封府体放（停收）免行钱，命司农发常平仓救济灾民，命三司查察市易的弊害，停止青苗免役的追索，并罢方田等，一共十有八项。

于是，王安石坐不住相位了，上章乞解机务。神宗虽还挽留，而安石去意已坚，章凡六上，乃以观文殿大学士出知江宁府，并从安石之请，以韩绛代安石为同平章事，吕惠卿为参知政事，时在熙宁七年四月。五月以翰林学士三司使曾布提举市易司。

吕惠卿是个阴狠险毒的真小人，知道神宗对王安石敬信未衰，而韩绛则是个出身世家的标准官僚，乡愿作风。二人登台后，墨守安石成规，不敢少失。当时的人称韩绛为传法沙门，吕惠卿为护法善神。

其实，吕惠卿心里最怕的是王安石东山再起，不久，就挑起安石之弟王安国与李士宁之狱。凡可以陷安石者，无所不用其极。即使是同时并起的老搭档曾布，也因市易发生争执，被他设计排出中枢，落职出知饶州。

苏轼有咏史（王莽、董卓）二诗，周必大《二老堂诗话》曰：陆放翁听王性之说，东坡作《王莽》诗"汉家殊未识经纶，入手功名事事新",是讥讽安石事事欲求变革的作风;《董卓》诗"只言天下无健者,岂信车中有布乎",讥安石终遭惠卿、曾布内叛。刺董卓者是其义子吕布,吕合惠卿姓,布合曾子宣之名。

## 八　别西湖

苏轼自常润归来,太守陈襄已届瓜代之期,诏与知应天府的杨绘对调。

陈襄设宴有美堂,告别僚佐,苏轼受嘱赋《虞美人》:

> 湖山信是东南美,一望弥千里。使君能得几回来?便使樽前醉倒更徘徊。
>
> 沙河塘里灯初上,水调谁家唱?夜阑风静欲归时,惟有一江明月碧琉璃。

此后送旧迎新,自有许多宴会,粉白黛绿,檀板金樽,需要新词供伎乐歌唱,所以苏轼写了许多词,如送述古迓元素的《诉衷情》,孤山竹阁送述古的《江城子》,西湖送述古的《菩萨蛮》等,西湖这一阕是:

> 秋风湖上萧萧雨,使君欲去还留住。今日漫留君,明朝愁杀人。
>
> 佳人千点泪,洒向长河水。不用敛双蛾,路人啼更多。

陈襄启程离杭,苏轼一直追送到临平舟上,别绪离情,心里无限的空虚落寞,作《南乡子》别词,道归家路上所感:"……归路晚风清。一枕初寒梦不成。今夜残灯斜照处,荧荧。秋雨晴时泪不晴。"

这年秋天,京东、河北两路,又发生蝗灾。蔽天的飞蝗,蔓延及于淮浙,苏轼又被派赴临安、於潜、新城一带,督导各县捕蝗。他眼见蝗害的严重,说:

> 轼近在钱塘见飞蝗自西北来,声乱浙江之涛,上翳日月,下掩草木,遇其所落,弥望萧然。

群飞的蝗虫发出来的声音,竟能盖过如千军万马奔腾而至的潮声,天上一片乌黑,遮得日月无光,一下来,千顷绿稻,立刻卷光,声势之大,令人不寒而栗。

苏轼连日尽在田野间察看飞蝗的来势,检查受灾的情况;晚上又须与有关人员研讨捕蝗的方法,劳累不堪。一处事定,又须再去一地,这种单调的胥吏工作,更使他心里充满委屈的感觉。当他在临平和於潜两县间的山上,行至浮云岭上时,体力更是疲惫难支,慨然有被人当作厮役差遣之耻,气起来就想毁车杀马,扯碎衣冠,逃归乡里去读书。但是,这个秘密的心事,除了弟辙,没处可说,乃作《捕蝗至浮云岭,山行疲苶,有怀子由弟二首》之一云:

> 霜风渐欲作重阳,熠熠溪边野菊黄。
> 久废山行疲荦确,尚能村醉舞淋浪。
> 独眠林下梦魂好,回首人间忧患长。
> 杀马毁车从此逝,子来何处问行藏。

苏轼后来回忆在杭州所受的委屈,寄同事周邠诗说:"西湖三载与君同,马入尘埃鹤入笼。"心里的挣扎之苦,情见于辞。

幸而任期即将届满,苏轼因弟在济南,所以上章朝廷,请求派个山东的差使,图个近便。熙宁七年九月,告下:"苏轼以太常博士直史馆权知密州军州事。"苏轼如愿以偿,到任谢表中,有

"携孥上国，请郡东方。自惟何幸，动获所求"的感激之辞。

苏轼在杭三年，他的幼子过（叔党）是熙宁五年（1072）在杭州出生的，这时候，他已有三个儿子了。后来与他同度患难的爱妾朝云，则于今年进入苏家之门，她还只是个十二岁的垂髫少女。

从应天府任上调来杭州的杨绘，字元素，四川绵竹人。神宗朝为御史中丞，极得皇上眷顾，将有大用，与滕元发二人联合攻击宰相曾公亮，事机不密，公亮上章先辩，神宗自此不悦，后又极论新法，被曾布责难，遂遭外放。他是一个聪明活泼，极好醇酒妇人，才子型的人物。七月到任，九月朝廷告下，苏轼又将从杭州赴密，相处的时间很短，但是即在这个短短的时间内，游宴不绝。至苏轼新职发表，杨太守更一再饯别于中和堂和湖上。《东坡乐府》中有一连串和杨元素的歌词，皆是筵边的迭唱，如"和杨元素时移守密州"的《南乡子》：

东武望余杭，云海天涯两渺茫。何日功成名遂了，还乡。醉笑陪公三万场。

不用诉离觞，痛饮从来别有肠。今夜送归灯火冷，河塘。堕泪羊公却姓杨。

又如重阳节日作《浣溪纱》词说："可恨相逢能几日，不知重会是何年。"两人的交好，与一片索寞的离情，处处可见。

苏轼将行，于九月二十日往别西湖南北二山中的道友，其实亦是与西湖告别的最后一游。苏轼自己说，他有一种神秘的感觉，自来西湖，每到之处，常常觉得这个地方，从前都曾来过，印象犹很清晰，他归之为前生旧游的记忆。《和张子野见寄三绝句》中，特有一首《过旧游》诗说：

前生我已到杭州，到处长如到旧游。

更欲洞霄为隐吏，一庵闲地且相留。

又在密州时有《答钱塘主簿陈师仲书》云：

一岁率常四五梦至西湖上，此殆世俗所谓前缘者。在杭州尝游寿星寺，入门便悟曾到，能言其院后堂殿山石处。……

何薳《春渚纪闻》有一则曰：西湖寿星寺老僧则廉说，苏轼做杭州通判时，始与参寥同登方丈，就对他说："某平生未尝到此，而眼前所见，都如素所经历的一样，自此上至忏堂，当有九十二级。"派人去数，果如其言，轼便语参寥道："某前生，此山僧也。今日寺僧，皆吾法属。"

后来苏轼每至该寺，就解衣般礴，久而始去。其时，则廉还是一个沙弥，常常在旁伺候，炎夏天热，苏轼来时，就脱光上衣，在竹荫下袒露乘凉，看见背上，有七粒黑痣，如星斗状，世人都不得见。

《咸淳临安志》：寿星院在葛岭下，智果寺侧，后晋天福八年（943）所建，有寒碧轩、此君轩等建筑，苏轼皆有诗。与陈襄书中称之为"寿圣"，也许是旧名，不足深考。不过苏轼第一次在杭州时，还未与於潜诗僧参寥相识，其同行相语者，必是另一和尚，传闻小误而已。

杨绘有事于湖州，与苏轼同舟离杭。张先、陈舜俞约苏轼同访湖州太守李常，亦与偕行。

常字公择，建昌人，少时读书于庐山白石僧舍，手自抄书，几至两目尽盲，既登进士第，将他手抄书九千卷，皮藏老家，苏轼为作《李氏山房记》。熙宁初，任秘阁校理，出知地方，不脱学人从政的本色。

他们一大堆毫无政治意味的朋友，相聚湖州，欢宴几无虚日。李常好酒，又适逢生子做三朝，大会宾客，分赠洗儿钱和玉果，苏轼开他玩笑道："……犀钱玉果，利市平分沾四座；多谢无功，此事如何到得侬。"(《减字木兰花》) 又与周开祖 (邠) 书云：

  ……寻自杭至吴兴见公择 (李常)，而元素 (杨绘)、子野 (张先)、孝叔 (刘述)、令举 (陈舜俞) 皆在湖，燕集甚盛，深以开祖不在坐为恨。

这六个朋友连日欢聚，以歌词名满天下的张先，时已八五高龄，兴致甚好，赋《定风波》令，有"见说贤人聚吴分，试问。也应傍有老人星"句，谓之曰"六客词"。

苏轼离湖州时，刘述、张先与他同至松江，夜半月出，置酒垂虹亭上，赏月欢饮，兴致淋漓。想起湖州之会，张先率先自唱"六客词"，觉得这是人生中难得的欢娱，大家都很兴奋。

苏轼在京口将与杨绘相别，席上作《醉落魄》词以赠，这阕词，不是抒写一般的离情别绪，而别有一番"同是天涯沦落人"的感伤。一则是苏轼与元素同为蜀人，都是从那块万山环抱中、温暖而富饶的盆地里跑出来的人，现在一样流落在东海之滨，归乡无期；二则自己固然是初出茅庐，主知未深，所以一中小人的谗言，立即得罪外放，固其所宜，不料以元素之久膺帝眷，位在要津，亦因反对新法而被弃，蓬梗飘零，错在出处。不太轻易伤感的苏轼，此词却充满了哀戚，充满了怜悯，难怪日后两人同以罪贬，相遇于黄州时，杨绘要说从前有"天涯同是伤沦落"一句，恰是今日的"诗谶"，相与唏嘘感叹不置。原词：

  分携如昨，人生到处萍飘泊。偶然相聚还离索，多病多愁，须信从来错。

尊前一笑休辞却,天涯同是伤沦落。故山犹负平生约,西望峨眉,长羡归飞鹤。

十月,苏轼这一年中,第三次又到苏州,再为苏守王诲(规父)席上的嘉宾,坐中有与之相熟的歌伎,颜色凄然地一再问他:"这回去了,还再来不来?"苏轼深为感动,作《阮郎归》:

一年三度过苏台,清尊长是开。佳人相问苦相猜,这回来不来?

情未尽,老先催,人生真可咍。他年桃李阿谁栽?刘郎双鬓衰。

离苏时,又有苏州闾门留别的一阕《醉落魄》,疑亦为此姝所作,为了安慰伊人,似乎也留有后约。一个在事业世界里失意的人,极容易掉进儿女情长的温柔乡去,逃避现实中的寂寞,苏轼甚少风流韵事,此词宜再引录:

苍颜华发,故山归计何时决!旧交新贵音书绝,惟有佳人,犹作殷勤别。

离亭欲去歌声咽,潇潇细雨凉吹颊。泪珠不用罗巾浥,弹在罗衫,图得见时说。

过京口,与同年胡宗愈(完夫)、王存(正仲)、孙洙(巨源)剧饮,与李常书说:"此行天幸!既得李端叔与老兄,又途中与完夫、正仲、巨源相会,所至辄作数剧饮笑乐。人生如此有几,未知他日能复继此否?"

孙洙欲往海州,遂与同行。

苏轼本来计划乘此调差的机会,可以从海州绕道前往济南探望老弟,看看新生的侄子虎儿。兄弟俩自从熙宁四年九月同谒欧阳修后,颍州一别,至今又已三年不见了。无奈在湖州耽搁的时间太多,现在必须赶往密州到任,而且时入严冬,从海州到济南去必走的青河,已经冰冻停航,苏轼只得徒呼奈何。

自海州冲风冒寒,径趋密州,世传有"野店鸡号"的一阕《沁园春》,为苏轼《赴密州早行,马上寄子由》之作,元遗山认为"此篇极害义理,不知谁所作,世人误为东坡。……如'当时共客长安,似二陆初来俱少年。有胸中万卷,笔头千字,致君尧舜,此事何难。用舍由时,行藏在我,袖手何妨闲处看'等句,其鄙俚浅近,叫呼炫鬻,殆市驵之雄,醉饱而后发之,虽鲁直家婢仆且羞道!而谓东坡作者,误矣"[①]。

苏轼从来没有觉得"致君尧舜"是那么容易的事情,他也不会是一个"袖手旁观"说风凉大话的人,遗山确有真识,故录其说。

## 九　密州利病

熙宁七年(1074)十二月初三,苏轼到密州任。

密州位于山东半岛之西南,即今山东诸城,居潍河上游的东岸,本为汉之东武县,隋改诸城,兼置密州。此地开发虽早,但自经济中心移转江南后,其重要性就大为降低,文明程度也就远落在江南之后了,苏轼称之为"桑麻之野",但有一个好处,公务比较清闲。

苏轼一入州境,沿路看见农民忙着用蒿蔓杂草将死掉的蝗虫

---

① 〔金〕元好问:《遗山先生集》。

包裹起来，挖地深埋，累累相望者二百余里，捕杀的总数，报官的就几有三万斛之多，飞蝗来势之大，不难想见。

苏轼一下车，立即查问蝗灾，哪知当地的官吏却讳言道："蝗不为灾。"甚至睁着眼睛说瞎话："蝗虫来，为田地除草。"苏轼近在杭州亲眼见过，飞蝗自西北来，上蔽天日，声如海浪，如碰到它们飞下来，则顷刻之间，一望无际的绿野，都成了赤地，这还不过是京东的蝗虫，部分飞入淮浙的余波而已，而京东的官吏却说："蝗不为灾。"苏轼愤然道："将谁欺乎！"

他于到任后的第二十天，上奏朝廷，报告京东蝗灾的严重情形，请求朝廷豁免秋税，或与倚阁青苗钱，以资救济。

同日，上书宰相韩绛，除蝗灾外，还说到"手实法"的流弊，方田均税之患，役法的分等，并且竭力反对拟议中将在京东榷盐的打算。

这年秋天，朝廷实施吕惠卿制订的"手实法"。先由政府规定标准物价，令各户主自行填报家产，除职业上必需工具及食料外，所有一切财物都须列报，登入官方簿籍，从其总值，课以五分之一的财产税，其间派人挨家逐户逐项检点调查，如有隐匿，一律没收，并且奖励民间告发，告发者可得没收物三分之一的奖金。这个制度固然使政府收入大增，而中上之户，多被仇人检举，弄得家家破产，人人不安。苏轼函中说：

> 手实之法，独恃告讦。昔之为天下者，恶告讦之乱俗也，故有不干己之法。而今公开告讦之门，揭厚赏以求人过。岂吾君教化，相公行道之本意？

论方田均税之患，以为路人皆知其非，"税之不均也久矣，而民安其旧。今乃夺甲与乙，其不均又甚于昔日，而民怨兴矣"。

苏轼在杭州，亲见食盐专卖的弊害，亲自断过违犯盐法的小民，破家亡命。自来京东，见官不卖盐，狱中没有盐囚，路上没有被流配的盐犯，正自欣喜，不料漕司移来文书说：有个王伯瑜的建议，计划变更京东河北盐法，置市易盐务，收归官卖。苏轼慨然太息道："密州盐税，岁收钱二千八百余万，为盐一百九十余万秤，这还不过是一郡之数而已，官办市易盐务，有能力全部收买吗？假使不能全部收买，盐民又怎肯就此舍弃不煎？官不买的余盐还不照样都成了私盐，即使用严刑峻法使老百姓个个不敢私卖，则存盐亦岂不等于粪土？"苏轼向韩丞相呼吁道："愿公救之于未行。"

但是，韩子华官僚世家，他这时候，谨守王安石遗规以取相位，此函并无多大作用。不久，即见三司使章惇的主张，认为河北与陕西，皆为边防，河北独不榷盐，是为不公，力主河北京东之盐，皆应官卖。朝廷已派专使实地考察，并召密州监司周革入觐。苏轼虽再上书文彦博，力辩河北与陕西不同，东北民风强悍，榷盐祸不可测，但是事已成议，没有办法追究了。

熙宁政风，已经非常败坏，非常紊乱，地方官吏以蒙骗为能，而中央机关则各自弄权行势，甚至擅造单行法来欺压地方。当时，初行"手实法"，司农寺行文各路说，如不按时施行，将以违制论罪。苏轼大怒，对提举常平官说："违制之坐，若自朝廷，谁敢不从。今出于司农，是擅自造律（立法）。"

提举官知道这位太守刚强不屈的脾气，大惊，婉解道："公且从缓。"怕苏轼出奏。

宋设九寺，属尚书省，分别办理各项业务，司农寺职掌仓储、苑囿、库务之类，对付郡县，态度蛮横。苏轼上书元老文彦博，揭发其擅自造令，欺压郡县道：

比来士大夫好轻议旧法，皆未习事之人，知其一不知其二者也。常窃怪司农寺所行文书，措置郡县事，多出于本寺官吏一时之意，遂与制敕并行。

近者，令诸郡守根究衙前重难，应缘此毁弃官文书者，皆科违制，且不用赦降原免，考其前后，初不被旨。谨按律文，毁弃官文书重害者，徒一年。今科违制，即是增损旧律令也，不用赦降原免，即是冲改新制书也。岂有增损旧律令，冲改新制书，而天子不知，三公不与，有司得专之者！今监司郡县，皆恬然受而行之，莫敢辨，此轼之所深不识也。

苏轼指司农寺之"增损律令""冲改制书"，完全依据法律而言，宋律、刑统（杂律弃毁制书官文书条）："诸弃毁……官文书者，准盗论。"而贼盗、盗制书条："诸盗官文书者杖一百，重害文书加一等。"杖一百加一等，才徒刑一年，而今司农寺擅以违制论罪，刑统（职制、被制书施行违者）条："诸被制书，有所施行，而违者，徒二年。"显然是增损律令，变用法条，目的是擅自加重刑罚，以建立权威。

至于罪刑之能否获得赦降原免，只有法律条文内或皇帝的"敕"才能规定可用或不可。现在司农寺普通行政文书里，擅自作了"不用赦降原免"的规定，岂非"冲改制书"？

京东民风强悍，盗贼纵横，《水浒传》里晁盖、宋江等人替天行道、劫富济贫的大寨梁山泊，就在山东寿张、郓城、东平三县境内。苏轼上文彦博书说："密州民俗武悍，恃（特）好强劫，加以比岁荐饥，椎剽之奸，殆无虚日。"那个时代，人祸多因天灾而起，天灾使老百姓饥寒无食，弱者辗转死于沟壑，而强者就只好铤而走险，恃强行劫了。苏轼有《论京东河北盗贼状》，略曰：

比年来蝗旱相仍，盗贼渐炽。今又不雨，自秋至冬，方数千里，麦不入土。明年春夏之际，必生饥荒，寇攘为患。……而近年以来，公私匮乏，民不堪命，今流离饥馑，议者不过欲散卖常平之粟，劝诱蓄积之家。盗贼纵横，议者不过欲增开告赏之门，申严缉捕之法。皆未见其益也。

常平之粟，累经赈发，所存无几矣。而饥寒之民，所在皆是。人得升合，官费丘山。蓄积之家，例皆困乏。贫者未蒙其利，富者先被其灾。……乃知上不尽利，则民有以为生，苟有以为生，亦何苦而为盗。其间凶残之党，乐祸不悛，则须敕法以峻刑，诛一以儆百。今中民以下，举皆缺食，冒法而为盗则死，畏法而不盗则饥。饥寒之与弃市，均是死亡，而赊死之与忍饥，祸有迟速。相率为盗，正理之常。虽日杀百人，势必不止。

状末，苏轼鼓勇对亟欲富国强兵，湔雪国耻，因而坚持"府库不可不盈"的神宗皇帝，进其逆耳忠言曰：

……苟非陛下较得丧之孰多，权祸福之孰重，特于财利少有所捐。衣食之门一开，骨髓之恩皆遍。……如此而人心不革，盗贼不衰者，未之有也。

苏轼到任后，详研盗案，立即悬赏缉盗，随获随给赏金，因此人人奋力协助官府，供给线索，合力缉捕，颇收一时之效。

依照法律规定，获强盗一人，判死刑者，给赏五十千文；判流以下刑者，给半，即二十五千文。不料近忽有旨，灾伤之岁，都降一等计奖，即降一等，只有半数。如获流刑以下，仅得十二千五百文，告官者和捕盗者，通常有四五个人，假使敌不过强盗，就会被盗所杀，舍弃了生命，幸而胜了，亦已与盗帮结了仇，其难如此，而四五人平分十二千五百钱，要他们用性命来拼，怎么办得到？

苏轼给文彦博信上说："灾伤之岁，尤宜急于盗贼，……若又纵盗而不捕，则郡县之忧，非不肖所能任也。"

苏轼自从被排出京以来，已经很久不敢公然论政，于忍无可忍之时，只能写下几首"托事以讽"的诗篇，希望引起有力者的注意，婉转达到为民请命的目的。现在则为主持一郡的疆臣，面对老百姓的饥寒疾苦，岂能心无所念？何况牧养生民，本是地方官的责任，他又何能恝置事外？故一再上书当国的宰相韩绛，三朝元老的侍中文彦博，希望得到救助，心里则还惴惴自惧，函尾说："故不自揆，复发其狂言，可行则行之，否则置之。愿无闻于人，使孤危衰废之踪，重得罪于世也。"

苏轼治事，有他非常机警的特长，为一般能吏所不及，史本传和墓志都记载了他在密州的一个故事。有一帮强盗，秘密准备劫掠，安抚转运使派遣三班使率领悍卒数十人，到密州境内来追捕逃犯，当地政府必然要与之协作，苏轼诗所谓"磨刀入谷追穷寇"者，即是指此。不料这批外来的悍卒，横暴凶残，几又甚于强盗，甚至以禁物设赃，诬陷居民，为居民所斗杀，惊溃为乱。老百姓到太守衙门来奔诉，苏轼投其书于地，不看，说："必不至于有这样的事情。"那些作乱的散兵，听到这个消息，心定了，逐渐集合拢来，苏轼这才传集人证事证，使他们不能抵赖，一一招认，他就分别予以明正典刑。

密州滨海多风，又不如江南那样，四处都分布湖沼和沟渎之水，所以常常苦旱。当地人民，相信常山的山神，祷雨最灵。苏轼莅任之明年四月，旱蝗相继为害，他便斋戒蔬食，往东武县南二十里之常山,祷于山神。祷后,果然下了一阵足够的雨。

不料一雨之后,五月复旱,苏轼再祷常山,许下重新庙宇的祈愿。

庙之西南,有一股流泉,折旋如车轮,余流溢于山下。苏轼叫人琢石为阑,构亭泉畔,曰"雩泉亭"。

十月常山庙成,苏轼往祭。回程,与梅户曹在铁沟地方会猎,习射放鹰,豪兴十足,作诗并《江城子》词,词曰:

老夫聊发少年狂,左牵黄,右擎苍。锦帽貂裘,千骑卷平冈。为报倾城随太守,亲射虎,看孙郎。

酒酣胸胆尚开张,鬓微霜,又何妨!持节云中,何日遣冯唐?会挽雕弓如满月,西北望,射天狼。

词成,写寄鲜于子骏(侁)曰:"近作小词,虽无柳七郎(永)风味,亦自是一家,呵呵!数日前猎于郊外,所获颇多,作得一阕,令东州壮士,抵掌顿足而歌之,吹笛击鼓以为节,颇壮观也。写呈取笑。"


## 十　超然台与盖公堂

苏轼之所以求为东州郡守,只为能与济南的弟弟苏辙较为近便,密州风土之不能与江南比论,他心里非常明白,未去之前,先有诗说:

胶西未到吾能说,桑柘禾麻不见春。

不羡京尘骑马客,羡他淮月弄舟人。

既到密州之后,则满眼尽是天灾人祸,纠结一团,互为因果,而郡守的能力有限,他除了尽心尽力做一切措施外,只好分别奏闻朝廷,上书相国和元老,请求救援。整整忙了两个月,倏忽已是除夕,眼前没有谈得来的朋友,忽又害起病来,卧床好几天了,情绪非常低落,《除夜病中赠段屯田》诗说:"……欲起强持酒,故交云雨散。惟有病相寻,空斋为老伴。萧条灯火冷,寒夜何时旦。倦仆触屏风,饥鼯嗅空案。数朝闭阁卧,霜发秋蓬乱。……此生何所似,暗尽灰中炭。"一个满怀抱负的志士,竟将自己生平,比作埋在寒灰下的炽炭,暗随年月,默默销熔,心情之苦,可以想象,而最不堪的则是自亦不解何以至此,精神上彷徨无主,次韵答乔太博诗,所谓"颠倒不自知,直为神所玩"。即有生命荏弱而浮脆,直被命运播弄的一腔恚恨。

刘攽、李常寄诗来问他密州近况,次韵答诗曰:

何人劝我此间来,弦管生衣甑有埃。

绿蚁濡唇无百斛,蝗虫扑面已三回。

磨刀入谷追穷寇,洒涕循城拾弃孩。

为郡鲜欢君莫叹,犹胜尘土走章台。

除了蝗虫、盗贼之外,密州更多弃婴,都丢在城外荒野。苏轼一路巡行,亲目所见,心实不忍。

他就筹出一笔经费来,凡是养不起婴儿的父母,由政府每月给米六斗,劝令不要抛弃,一年以后,骨肉之爱已生,就不会再被弃了。

在密州,不但再也没有弦歌侑酒的热闹场面,新法管制下,造公使酒都有限制,岁不得超过百石,酿造逾额,为法甚重。他曾要座客乔太博"莫笑银杯小",诗说:"……我今号为二千石,岁酿百石何以醉宾客。请君莫笑银杯小,尔来岁旱东海窄。"赵明叔

（杲卿）教授家贫好酒,而苏轼则苦于无酒请客,次韵诗说:"几回无酒欲沽君,却畏有司书簿帐。"王驸马（诜）送他家酿碧香酒,苏轼本于"宝剑赠与烈士"之意,也拿来送与这位酒友。

过了年后的上元（正月十五）,客逢佳节,苏轼不禁怀念此日的杭州。两地光景,完全不同,作《蝶恋花》词:

  灯火钱塘三五夜,明月如霜,照见人如画。帐底吹笙香吐麝,更无一点尘随马。

  寂寞山城人老也,击鼓吹箫,却入农桑社。火冷灯稀霜露下,昏昏雪意云垂野。

论这两个不同的世界,《超然台记》里也说:

  余自钱塘移守胶西,释舟楫之安,而服车马之劳;去雕墙之美,而庇采椽之居;背湖山之观,而行桑麻之野。

行、住、游、观的差异如此,而饮食风味,南北更自不同,《和蒋夔寄茶》诗说:

  扁舟渡江适吴越,三年饮食穷芳鲜。
  金齑玉脍饭炊雪,海螯江柱初脱泉。
  临风饱食甘寝罢,一瓯花乳浮轻圆。
  自从舍舟入东武,沃野便到桑麻川。
  剪毛胡羊大如马,谁记鹿角（小鱼）腥盘筵。
  厨中蒸粟埋饭瓮（山东人埋肉饭下而食之,谓之饭瓮）,
  大杓更取酸生涎（山东喜食粟饭,饮酸浆）。
  柘罗铜碾弃不用,脂麻白土须盆研。
  故人犹作旧眼看,谓我好尚如当年。

幸而苏轼不论南北,都能随遇而安,适应这些生活小节,并无很大困难。只是新法实行后,公使库钱减少了很多,使得州郡长官，无以应付宾客，这才使他大为叹苦。

宋太祖当年废藩镇，命士人典全国州郡，设置公使库，除正供之外，地方余利，概归该库，州郡长官有权支配，供过客吏卒批支口食，官员赴朝，亦不必自行赍粮，用以厚养士大夫的廉耻。新法实行后，地方余利既被搜括一空，公使钱暴减，苏轼因此常常叹穷。他与通判刘廷式二人日常沿城寻觅废圃中野生的枸杞和菊花来吃。这一行动，也是有典故的：

唐朝诗人陆龟蒙，自号"天随子"，在书斋前的空地上手植杞菊为食，至夏五月，枝叶老硬，气味苦涩，他还照样嚼食，且作《杞菊赋》一篇以广其意。苏轼本来还不大相信这话，以为士人不遇，守穷节约就可以，何至于因饥饿而嚼啮草木。但自遭逢了今日景况，始信天随子的话不是没有可能，作《后杞菊赋》，叙曰：

……而余仕宦十有九年，家日益贫，衣食之奉，殆不如昔者。及移守胶西，意且一饱，而斋厨索然，不堪其忧。日与通守刘君廷式，循古城废圃，求杞菊食之，扪腹而笑。

苏轼自嘲道，日坐堂上，俨然是个太守，前有宾客来造访，后有掾属的趋走，早衙忙到中午，午后忙到酉时（下午六时），连一杯酒都没得喝，只好摘点草木来骗骗嘴巴，对着餐桌直皱眉头，举起箸来真是不堪下咽，只想呕吐。……其实这都是夫子自嘲之语，实际情况是公使库钱短绌，没有能力设酒会客，寂寞不堪而已。赋中有一段解语，充分流露庄子的齐物思想，人生途程中，层出不穷的苦难，迫人自寻疏解：

怪先生之眷眷，岂故山之无有？先生听然而笑曰："人生一世，如屈伸肘。何者为贫，何者为富？何者为美，何者为陋？或糠覈而瓠肥，或粱肉而墨瘦。何侯方丈，庾郎三九。较丰约于梦寐,卒同归于一朽。吾方以杞为粮,以菊为糗。……庶几乎西河、南阳之寿。"

这是实话,枸杞和野菊,都是药草,枸杞属于茄科,是生长原野路边的落叶灌木,其果实为枸杞子,皮为地骨皮,有增强精力、返老还童之功。苏轼服用一年后,获得显著的药效,颜面加丰,气色旺盛,他最担心的白发也日渐转黑起来;野菊有明目之效,对于时患目疾的苏轼,当然有益。所以,说嚼啮杞菊疗饥,固是诗人的夸张之辞,以此养生,则是事实,但以堂堂太守之尊,亲自采药原野,也算得上是穷境了。

住过一年,对于当地的风土人情,慢慢习惯起来,精神也渐次安定。苏轼便差人到安丘、高密的山上去采伐木材,来修理破败的官舍、荒芜的庭园。动工后,发现园北有一废旧城台,台上视野很好,顺便稍加葺治,就成了一座高而安、深而明、冬暖夏凉、可以登临眺望的休闲之地。南望是若隐若现的马耳山、常山;其东则为庐山;西望穆陵,隐然如城;北为浩淼的潍河,风景甚是壮阔。苏轼要老弟给它取个台名,苏辙建议叫它为"超然台",理由是:

天下之士,奔走于是非之场,浮沉于荣辱之海,嚣然尽力而忘返,亦莫自知也。而达者哀之,二者非以其超然不累于物耶!

熙宁八年(1075)十一月,台成,苏辙作《超然台赋》,苏轼作记曰:

……雨雪之朝,风月之夕,余未尝不在,客未尝不从。撷园蔬,取池鱼,酿秫酒,瀹脱粟而食之,曰:"乐哉,游乎!"方是时,余弟子由适在济南,闻而赋之,且名其台曰超然，以见余之无所往而不乐者，盖游于物之外也。

苏轼"游于物之外也"的智慧，在《宝绘堂记》（熙宁十年作）中发挥得更透彻。文曰："君子可以寓意于物，不可以留意于物。""寓意于物"，则人为主体，人居"物外"，来欣赏物，则天下没有不可欣赏之物；"留意于物"，则物为主体，人陷"物内"，而随物之得失而流转。所以"游于物外"，乃是"无往而不乐"的条件。东坡少时读《庄子》有"深得我心"之叹，这种喟叹在后来现实政治的诡谲诈变之中，在争权夺利之中，在自己横遭诬陷之中，转化成透彻的智慧。这种智慧使他痛切地感到只有庄子的超越现象世界，"审乎无假，不与物迁"的哲学，才能打开一条精神上的出路，以齐得失、忘祸福、混贵贱，而与万物齐一。

苏轼从庄子哲学中体会出生命之最高价值，在于精神之独立与自由。一个人要达到这种境界，则必先排除无穷的物欲及放纵的激情，这两者都是使人不能超然物外的最大桎梏。

酒友赵杲卿（明叔）家贫好饮，不论酒好酒坏，只要能醉的都好。他嘴里常常挂着一句胶东俗谚："薄薄酒，胜茶汤；丑丑妇，胜空房。"苏轼认为这句俗语"其言虽俚而近乎达"，就扩充其意，作《薄薄酒二首》，兹录其一：

薄薄酒，胜茶汤；粗粗布，胜无裳；丑妻恶妾胜空房。
五更待漏靴满霜，不如三伏日高睡足北窗凉。
珠襦玉柙万人相送归北邙，不如悬鹑百结独坐负朝阳。
生前富贵，死后文章，百年瞬息万世忙。
夷齐盗跖俱亡羊，不如眼前一醉，是非忧乐两都忘。

密州为汉代盖公的故里，但年代湮远，已无子孙故迹可寻。苏轼于黄堂之北，修建了一座聚会所，名之曰"盖公堂"。

秦自孝公至于始皇，立法更制，对老百姓施以严酷的统治，曹参亲见战乱之余民不聊生的痛苦，初为齐相，以如何安集百姓的方法，遍问齐国的长老和儒生，但言人人殊，无从定策，访得胶西有个盖公，善治黄老之术，派人请他来商讨。盖公说："治道清净，而民自定。"推类尽言，皆是与民休息之道。曹参非常钦佩他的见解，将正堂让出来给盖公住，用其言而齐大治，后来又以其所以治齐者来统治天下，天下至今称贤。

熙宁变法，实施新政，只为急求有功，不惜以严刑峻法来实施聚敛之政，实与暴秦无异。老百姓的脂膏，已被剥削殆尽。苏轼自恨不在其位，无可挽救，更感叹近三年来，执政人物的此起彼落，但都不是医国之手，长此以往，后果不堪设想。苏轼此时向往盖公黄老之治，盖深感此时"与民休息"的重要而已。

熙宁七年（1074）四月，神宗为一连串的天灾人祸所刺激，决然权罢新法，而准了王安石的辞位。

安石既去，神宗诏以韩绛、吕惠卿、曾布三人共同执政。吕、曾二人最先发生内讧，不久曾布即被惠卿排出中枢，韩绛虽然职掌中书，而碌碌无所作为，于是大权就落入吕惠卿一人之手。

吕惠卿以迎合安石建立新法，为安石竭力援引而骤至执政，既已得志，一面防止安石东山再起，一面排挤韩绛。韩绛没有能力制伏这匹政治上的劣马，密请神宗复用安石，帝从其请，惠卿图穷匕见，列数安石兄弟的缺点，上奏神宗，哪知神宗对安石的信赖，岂是惠卿所能摇撼。帝将这一封事寄示安石，安石上表，痛切言道："忠不足以取信，故事事欲须自明；义不足以胜奸，故人人与之立敌。"即是指此。

安石奉诏，于熙宁八年（1075）二月倍道入京，以同中书门下平章事,再度秉政。秋冬间,韩绛、吕惠卿两皆罢出。

像这个样子朝三暮四的人事变易,苏轼作《盖公堂记》,喻之为"三易医而病愈甚"。这段托讽时事的寓言,比喻固然巧妙,而役使文字的经济手段,洪迈《容斋五笔》更认为可以做作文立说者的典范,而叹为"东坡文章不可学"。故录该段原文曰:

> 始吾居乡,有病寒而咳者,问诸医,医以为蛊,不治且杀人。取其百金而治之,饮以蛊药,攻伐其肾肠,烧灼其体肤,禁切其饮食之美者。期月而百疾作,内热恶寒,而咳不已,累然真蛊者也。
>
> 又求于医,医以为热,授之以寒药,旦夕吐之,暮夜下之,于是始不能食。惧而反之,则钟乳、乌喙,杂然并进,而漂疽、痈疥、眩瞀之状,无所不至。三易医而病愈甚。
>
> 里老父教之曰:"是医之罪,药之过也。子何疾之有?人之生也,以气为主,食为辅。今子终日药不释口,臭味乱于外,而百毒战于内,劳其主,隔其辅,是以病也。子退而休之,谢医却药,而进所嗜,气全而食美矣。则夫药之良者,可以一饮而效。"从之期月,而病良已。
>
> 昔之为国者亦然。

苏轼痛感朝廷如此用人,已经完全失掉原则,只被争权夺位的政客们所摆布,"三易医而病愈甚"。假如再不持之以慎重,杂药乱投,国家的危亡,可以立待。当今之时,盖公所说的"治道清净,而民自定"的话,值得三思,于是借题发挥他那一片忧时的怀抱,作《盖公堂记》。

熙宁九年(1076)八月十五,与僚友饮于超然台上,非常高兴。这个中秋夜,虽然大家一起欢饮达旦,为自来密州最快乐的一次盛会，但是客逢佳节，又不免苦念起在济南的老弟来了，大醉，作《水调歌头》词：

> 明月几时有，把酒问青天。不知天上宫阙，今夕是何年？我欲乘风归去，惟恐琼楼玉宇，高处不胜寒。起舞弄清影，何似在人间？
>
> 转朱阁，低绮户，照无眠。不应有恨，何事长向别时圆？人有悲欢离合，月有阴晴圆缺，此事古难全。但愿人长久，千里共婵娟。

此词从自然的流变说及人事的无常，从一种孤高的气氛中，透露出作者旷远的胸襟，历来被认为是中秋词中的绝唱。

十一月，告下，苏轼以祠部员外郎直史馆移知河中府。其时，天降大雪，与客饮于山堂，《与周开祖（邠）书》说："某已被旨移河中府，候替人，十二月上旬中行，想去益远矣。往日相从湖山之景，何缘复有。……"

十二月上旬，孔宗翰来代，先自荆林马上寄诗相告，苏轼答诗说："秋禾不满眼，宿麦种亦稀。永愧此邦人，芒刺在肤肌。……朱轮未及郊，清风已先驰。何以累君子，十万贫与羸。……"

苏轼此篇移交致词，尽是对密州老百姓的恫恻之情，唯此民胞物与的人道主义精神，足以成就一个人的伟大。

# 第四章　黄楼

## 一　作客东园

熙宁十年（1077）正月，朔风凛冽，大雪纷飞，苏轼一家冒着寒风大雪行路，将至济南，知齐州的李常，先派急足来迎，苏轼次韵答诗，有"敝裘羸马古河滨，野阔天低糁玉尘。自笑餐毡典属国，来看换酒谪仙人"句。苏轼常尊公择为太白，而自比为北海牧羊的苏武，可能是酒间的玩笑话，成了惯称。

三个侄子，迟、适、远都在雪中迎候，带领他们回家，虽然苏辙去冬赴京，还没有回来，但兄弟两家，阔别多年，一朝团聚，"酒食淋漓浑舍喜"，真是无比欢庆。

苏辙去冬匆匆赴京，是因朝局发生了重大变化，有意去作一番观察，寻找活动的机会。

熙宁八年（1075）二月，王安石复相，吕惠卿堵塞安石再起的阴谋既完全失败,同年十月,就被出知陈州。

神宗凛于水旱失常,灾祸频仍,这时候,又有彗星出轸的异象发生,帝权虽是至上,但是不能不怕天怒,所以避殿减膳,诏求直言。安石进曰:"天道茫远,未免妄诞。先王虽有官占,所言者,却还都是人事。"

神宗就盯着他道:"闻民间殊苦新法。"

"祁寒暑雨,民犹咨怨,此毋宁恤。"安石对答。

皇上显然有被蒙蔽的愤怒,诘曰:"老百姓莫非连祁寒暑雨之怨也都没有吗?"

安石碰了这个钉子,郁郁不乐,就此称病不出。但是,神宗没有其他办法,还是再三慰勉,促令复起视事。殊不知安石此时,曾、吕皆去,无人为助,只可依赖他的儿子王雱,而王雱虽有才干,到底是个狂率少年,他要彻底打击吕惠卿,却被惠卿反告一状。安石知道了,非常责怪他的莽撞,雱恚嗔不平,患发背疽而死。

安石再相后,眼前情况,已与从前大不相同,皇上的信心也已不如往昔,无可作为,屡次称病求去。到这个独子忽尔病亡,老人悲伤不堪,万念灰灭,力请解职,神宗知道留他无益,才命以使相判江宁府,归居金陵(今江苏南京),时在熙宁九年(1076)之十月。

新政派的大头既皆罢出,帝以吴充、王珪并同中书门下平章事。

吴充,字冲卿,与王安石进士同年,年亦相同,又是儿女亲家,私人关系非常密切。由于安石的提拔,熙宁间得越两制三十余辈旧人,擢为三司使、枢密副使等要职;但在政治上,吴充却并不赞同安石的作为,屡次向皇上陈说新法种种不便,神宗也因为他一向中立无与,所以用以为相。

他一上台,处处要显示与安石不同。他请帝召还司马光、吕公著等,力荐因与安石论事不协而遭贬斥的李常、程颢诸人,又稍变新法,多所修正,甚至将安石家兄弟间不睦的私事,也在皇帝面前讲了。

无论从皇帝的意向上,还是吴充的作为上来看,这都是政治上一个转变的关键。其时,苏辙适罢齐州掌书记的职务,他想捕捉这个变局开始的机会,就匆匆上京,上书皇帝,力言青苗、保甲、免役、市易四事的弊害,以为"上则官吏劳苦,患其难行;下则众庶愁叹,愿其速改。今者皇天悔祸,启导圣意,易置辅相,中外踊跃,思睹宽政",所以请求朝廷即行罢免前述四大弊事,不要太多顾虑,迟迟不决,以失天下民心云云。

苏轼不大现实,对于王安石之再度罢相,认为是一个迷信古书、不达世务的学者,出来操持实际政治,不自量力,终告失败,借《赠钱道人》诗,致其无限的悲悯:

书生苦信书,世事仍臆度。
不量力所负,轻出千钧诺。
当时一快意,事过有余怍。
不知几州铁,铸此一大错。
我生涉忧患,常恐长罪恶。
静观殊可喜,脚浅犹容却。
而况钱夫子,万事初不作。
相逢更何言,无病亦无药。

政治波浪中,难得出现一个机会,在这个时机中,苏氏兄弟表现不同,苏辙是个行动者,而苏轼只是个言论家而已。

苏辙在京,寄寓郊外范镇的东园,蜀公与苏家是乡里世旧,留辙在京度岁,所以至今未回。李常邀苏轼游济南名胜——大明湖,临水设宴,举行折花盛会,公择又取出他的外甥黄庭坚一束诗文稿来,请轼指教。其时,庭坚仍在北京国子监当教授,虽然还是无缘相见,但对苏轼这位学养深厚的人,自有更深一层的印象。

苏轼在济南弟弟家住了个把月,日与李常纵谈剧饮,他说喝得几乎把头都浸到酒里去了。二月上旬,才离济南,苏辙出京来迎,相遇于澶濮之间的道上,自苏轼赴杭,后又移知密州,兄弟二人不相见者,已经七年了。

苏轼约他老弟同往河中,不料行至陈桥驿,奉到诏告,又被改知徐州军州事。相将至京师的陈桥门,却为门官所阻,当时有旨,外官非奉诏,一律不许入国门,于是,只好同回东园,《栾城集》诗《自南京寄范景仁》,有云:

敝裘瘦马不知路,独向城西寻隐君。

…………

欣然为我解东阁,明窗净几舒华茵。

…………

我兄东来自东武(密州),走马出见黄河滨。
及门却遣不得入,回顾欲去行无人。
东园桃李正欲发,开门借与停车轮。

…………

留连四月听鹍鸠,扁舟一去浮奔浑。

…………

苏氏兄弟在东园一住两个多月，说是为苏轼长子迈娶妇于京师，恐亦不尽为此。其时迈年十九，娶的是同乡王宜甫的女儿。当时通行早婚，苏轼也是十九岁结婚的，苏辙更早，只有十七岁。

苏轼到后不久，东园主人范镇忽有嵩洛之游，苏轼作诗送行，有"小人真暗事，闲退岂公难。道大吾何病，言深听者寒"句，盖从前新政派逼迫范镇退休，王安石又剥夺一切应与的恩礼，苏轼心颇不平，此时才敢一吐。

范镇行前，设宴东园道别，似有不少叮咛，所以苏轼作《次韵景仁留别》诗，有"临行一杯酒，此意重山岳"的话，其间蛛丝马迹，都可看出他们三人正在进行一个计划，蜀公此行就是为鼓励那位在洛阳闭户纂书的司马光，出山来匡救时弊，抚慰苍生。

这些元老们，虽然身在江湖，心当仍存社稷，今则更有"安石已矣，其如帝何"的关切。范镇与司马光交谊非常深切，在朝时议论如出一口，司马光信为笃诚君子，所以，要说动君实出山，范镇是第一人选。

范镇到洛阳后与司马光的讨论如何，虽不清楚，但司马光曾自洛阳贻书吴充，书曰：

> 自新法之行，中外汹汹。民困于烦苛，迫于诛敛，愁怨流离，转死沟壑，日夜引领，冀朝廷觉悟，一变斯法。今日救天下之急，当罢青苗、免役、保甲、市易，而息征伐之谋。欲去此五者，必先别利害，开言路，以悟人主之心。
>
> ……今病虽已深，犹未至膏肓。失今不治，遂为痼疾矣。

司马此函，与苏辙上神宗皇帝书里的建议，如出一辙。

当此"曙光一现"的转变期中，苏轼回到别已七年的京城，心里却另有一番特别的感受。检点变法之初，在京时所作言论，大都出于狂热的意气,缺乏冷静思考,也有很多不尽合理之处,至安石已去,反而觉得今日朝堂中,就缺乏像他这么一个敢作敢为的勇者,痛自检点,颇有悔意。

宋至熙宁年间,国家处境,非有一番彻底变革,无以救危图存。荆公变法,原是适应时势要求的产物,并世诸贤,亦莫不抱有求新求变的意图,即使苏轼,努力揭发陈弊,亦未始不是力主变革的人,而且部分意见,也有与荆公不谋而合之处。如朱熹论曰:

> 熙宁变法,亦是势当如此,凡荆公所变者,东坡亦欲为之。及见荆公做得狼狈,遂不复言,却去攻他。①

朱熹论苏,不免门户之见,并不公平,如苏轼评骘新法,早在变法之初,岂是看他狼狈,才落井下石的。不过争论当时,出言落笔,太过意气用事,却是事实。苏轼今自回顾,当年如有一方面能不那么偏执,依神宗目前之能从善如流,情形绝不会如现在这样糟糕。这次离京后,在与老友滕达道(元发)书中,痛自悔咎道:

> 某欲面见一言者,盖为吾侪新法之初,辄守偏见,至有同异之论。虽此心耿耿,归于忧国,而所言差谬,少有中理者。
>
> 今圣德日新,众化大成。回视向之所执,益觉疏矣。若变志易守,以求进取,固所不敢,若哓哓不已,则忧患愈深。

欧阳修次子欧阳奕来访,亦曾劝他。

奕字仲纯,时官光禄寺丞,听说苏轼住在东园,他就襆被来

---

① 〔宋〕朱熹:《朱子语类》。

访，对床夜话，直到天光大白。他们有说不尽的话题，谋道忧时，无所不谈，而仲纯所关切的，是政治场中，人情险恶，劝苏轼必须保身远祸。苏轼十分感动，他说："仲纯说这话时，那副恳挚的神情，完全和文忠公一模一样。"

二苏住在东园，等待主人归来，这期间，苏轼忙于为长子完婚，为次子医病。

苏迨先天不足，幼不能行，后来虽然会走，但身子依然单薄，常常生病。苏辙少时也是一样，夏则病脾，食欲不振，秋则病肺，畏寒，后在陈州做学官时，得道士李若之传授服气法，行之一年，所有病痛，不药自愈。苏轼认为学道养气，至足有余者，便能以气与人，气足，即百病不侵。其时，李道士适在京师，就将他请来，与苏迨对面坐了，为他"布气"。苏迨觉得脐腹间如被初日所照，温暖舒服，以后，他果然日渐健壮起来了。

苏轼忽接驸马都尉王诜折柬邀约，定期于北城外之四照亭中相见。

王诜，字晋卿，太原人，开国元勋王全斌的后裔，尚英宗之女贤惠公主，而公主与今上神宗，是出于宣仁高后的同胞兄妹，他是金枝玉叶的皇亲国戚。

王诜是当代山水画的名家，继承李营丘（成）后的松石寒林一派的大师，他与苏轼在绘画艺术上交好。

三月初二寒食节，苏轼应约前往，只见四照亭前，金鞍玉勒的骏马，排列成行，仆从无数，往来祗应，行帐间香雾蒙蒙，一派豪华气象。

晋卿设酒待客，带来六七个侍姬，招呼席面，斟酒下食，个个长得像画中美人一样艳丽,苏轼觉得周昉①画的美人还嫌太肥一点,而眼前这几个侍姬,却都娇小玲珑,光彩照人,苏轼自认从来不曾见过如此的绝色。酒过三巡,管弦随作,清歌曼度,如闻仙乐。

两年后,苏轼还怀念此日的北城之游,走笔为诗寄晋卿云:

> 北城寒食烟火微,落花蝴蝶作团飞。
> 王孙出游乐忘归,门前骢马紫金鞯。
> 吹笙帐底烟霏霏,行人举头谁敢睎。
> 扣门狂客君不麾,更遣倾城出翠帷。
> 书生老眼省见稀,画图但觉周昉肥。
> …………

酒酣,倩奴求轼作曲,便为当筵歌唱,苏轼作《洞仙歌》一首、《喜长春》一首与之。但今存元本、毛本《东坡乐府》,皆无此二词,疑《喜长春》即是《殢人娇》的别名。《殢人娇》题作《小王都尉席上赠侍人》:

> 满院桃花,尽是刘郎未见。于中更、一枝纤软。仙家日月,笑人间春晚。浓睡起,惊飞乱红千片。
> 
> 蜜意难传,羞容易变。平白地、为伊肠断。问君终日,怎安排心眼。须信道,司空自来见惯。

苏轼自认穷书生少见多怪,要如贵族们司空见惯,任她国色天香,也不会神魂颠倒。

翌日,王诜送来韩幹画马十二匹,共六轴,求轼题跋。苏轼论马(画)之作甚多,他总坚持一个信念,"生命,只能存在于自

---

① 周昉:唐代仕女画名家,唐人以妇女丰肥为美,如杨贵妃即是。

由生活之中"。养尊处优的厩马,金羁玉勒,尽失本性,养得太肥了,就显不出马的俊骨来。韩幹这幅牧马图上,十二匹马,在平沙细草上,争先恐后地争驰,才有人马相得之趣。诗略曰:

> 众工舐笔和朱铅,先生曹霸弟子韩。
> 厩马多肉尻脽圆,肉中画骨夸尤难。
> 金羁玉勒绣罗鞍,鞭箠刻烙伤天全,不如此图近自然。
> 平沙细草荒芊绵,惊鸿脱兔争后先。
> 王良挟策飞上天,何必俯首服短辕。

"何必俯首服短辕",苏轼哀马,亦所以自哀。

范镇去洛阳打了一个来回,费时不过一月,可谓来去匆匆,然而他们三人的想望,都落了空。

吴充拜相之初,曾请朝廷召还司马光、吕公著等,而帝不答,神宗不认为习故安常的老臣,能够匡救时艰。司马光贻书吴充,所说各点,吴充亦不能用,盖皇上用兵复耻之念未息,而用兵需财,凡是含有财政目的的新法,也就不能停罢。

东园主人一回来,二苏立刻告辞,他们在京逗留已经过久,苏轼要赶往徐州到任。范镇从洛阳带来司马光写寄苏轼的《题超然台诗》,苏也不及作复,到徐州后才写《与司马温公书》曰:

> 春末,景仁丈自洛还,伏辱赐教,副以《超然》雄篇,喜怍累日。寻以出京无暇,比到官,随分纷冗,久稽裁谢,悚怍无已。某强颜苟禄忝窃,所愧于左右者多矣。未涯瞻奉,惟冀为国自重,谨启。

五月初,司马光又将所作《独乐园记》写寄徐州,苏轼报书曰:

> 某再启:《超然》之作,不惟不肖托附以为宠,遂使东方

陋州,以为不朽之盛事,然所以奖与则过矣。久不见公新文,忽领《独乐园记》,诵味不已,辄不自揆,作一诗,聊发一笑耳。

彭城(徐州)嘉山水,鱼蟹侔江湖,争讼寂然,盗贼衰少,聊可藏拙。但朋友阔绝,舍弟非久赴任,益岑寂矣。

司马温公洛阳所筑独乐园,规模不大,难与洛阳其他名园相比,只在尊贤坊国子监旁,买了一块二十亩大的土地,辟以为园。李格非《洛阳名园记》里说:"独乐园极卑小,不可与他园班。其曰读书堂者,数十椽屋。浇花亭、弄水种竹轩尤小。公自撰《独乐园记》,略云:中有堂,曰读书堂,堂北为沼,沼上有庐曰钓鱼庵,沼北曰种竹斋,沼东曰采药圃,圃南为六栏,栏北曰浇花亭,又于园中筑台作屋,曰见山台,合而命之曰独乐园。"

所以,苏轼作诗,题曰《司马君实独乐园》,意不在园,而以霖雨苍生,寄望温公。诗曰:

青山在屋上,流水在屋下。
中有五亩园,花竹秀而野。
花香袭杖屦,竹色侵盏斝。
樽酒乐余春,棋局消长夏。
洛阳古多士,风俗犹尔雅。
先生卧不出,冠盖倾洛社。
虽云与众乐,中有独乐者。
才全德不形,所贵知我寡。
先生独何事,四海望陶冶。
儿童诵君实,走卒知司马。
持此欲安归,造物不我舍。

名声逐吾辈,此病天所赭。

抚掌笑先生,年来效喑哑。

司马温公退居洛阳,"绝口不言事"(王称《东都事略》);而东坡诗言其"年来效喑哑",可见温公之老练与东坡之天真。

## 二 谏用兵书

熙宁中,张方平以宣徽北院使召京陛见,其时群臣殿议,都说:"天子以修贡为辱,岂能永远岁输大量币帛与辽夏,而凋丧国力。陛下神武,可以一战而胜。"方平知道这班官僚,只会迎合皇上用兵的意愿,而不顾国家安危,实在按捺不住,进曰:"陛下谓宋与契丹战,凡几战,胜负若何?"

西府八公,一时间都回答不出来。神宗回头问方平,方平说:"宋与契丹大小八十一战,只有张齐贤太原之战这一次胜利而已,陛下视和与战孰便?"

神宗与盈廷朝士,霎时间被说得喑默无言。

但是,神宗此志不移,熙宁三年(1070),已接受了建昌军司理王韶所上的平戎策。王韶建议:"西夏可取,不过欲取西夏,当先收复河湟;而收复河湟,又必先招抚诏边各色种族,孤立夏人。"王安石对于此策,大为赞许,神宗就任命王韶为管干秦凤经略,筑渭泾上下两城,屯兵招抚洮河诸部落。

五年八月,王韶引兵进击吐番,大胜,置熙河路,继谋进取河州、洮州和岷州。不料此后战事,就像捉迷藏一样,在这三州之间打转,旋得旋失,并无收获。

熙宁九年（1076），西夏骁将青宜结鬼章又聚兵洮、岷二州，胁迫已经归附宋朝的羌人，结合一起，将谋大举，情势可虑。十二月，神宗派遣内侍押班李宪，乘驿往秦凤洮河，措置边事，下诏沿边诸将，皆须服从李宪的节制。言官以为用宦官领兵挂帅，后患甚大，竭力反对，帝皆不听。

就在此后不久，熙宁十年的四月，苏氏兄弟，行过南都，来谒方平。

其后，张方平刚奉旨任为宣徽南院使（即南京留守），兼判应天府。苏辙尚无出处，在京时，虽得人荐举，改官著作郎，但无实职，尚在候补中。方平一见大喜，就辟举苏辙为签书应天府判官。

方平深恨朝臣以逢迎为能，边将启衅为功，大家儿戏国家命运，务虚名而忽实祸，这情形实在十分危险。他们三个局外忧时的人，反复讨论，认为佳兵不祥，自古以来，因为人主好战，致令国家灭亡者，指不胜屈，假使听任这年轻的皇帝这样做下去，将来如何得了。

当此时也，神宗临御已久，群臣畏其威严，即使有见识的也不敢规劝，方平慨然道："总得有人肯说逆耳之言，我已七十一岁，老且将死，祸福在所不计。死后，见先帝于地下，也有话说。"

就此决定，由张方平出面，苏轼主稿，撰《谏用兵书》，略曰：

臣闻好兵犹好色也。伤生之事非一，而好色者必死。贼民之事非一，而好兵者必亡，此理之必然者也。

兴师十万，日费千金。内则府库空虚，外则百姓穷匮。饥寒逼迫，其后必有盗贼之忧；死伤愁怨，其终必致水旱之报。上则将帅拥众,有跋扈之心;下则士众久役,有溃叛之志。变故百出,皆由用兵。是以圣人畏之重之,非不得已,不敢用也。

中间说到,历史上好动干戈的人主,因兵败而亡国的,固不必说。即使每战必胜,如秦始皇、汉武帝、隋文帝、唐太宗等,虽然扩大了版图,但是兵连祸结,国力凋残,战争所导致的后果,也都历历可数。

今陛下天锡勇智,意在富强。即位以来,缮甲治兵,伺候邻国。群臣百僚,窥见此指,多言用兵。薛向为横山之谋,韩绛效深入之计,师徒丧败,财用耗屈。用兵之端,陛下作之。是以吏士无怒敌之意,而不直陛下也。

浅见之士,方且以败为耻,力欲求胜,以称上心。于是王韶构祸于熙河,章惇造衅于横山,熊本发难于渝泸。然此等皆戎贼已降,俘累老弱,困弊腹心,而取空虚无用之地,以为武功。使陛下受此虚名,而忽于实祸,勉强砥砺,奋于功名。故沈起、刘彝复发于安南,而李宪之师,复出于洮州矣。今师徒克捷,锐气方盛,陛下喜于一胜,必有轻视四夷、凌侮敌国之意。天意难测,臣实畏之。……

他说:战胜之后,皇帝只见奏凯朝贺,远方人民肝脑屠于白刃,筋骨绝于馈饷,流离破产,目盲臂折的惨状,陛下必不得见,孤儿寡妇的哭声,陛下必不得闻。……既胜之后,祸乱方兴,内府储积扫地无余,州郡征税上供殆尽,公私交困,无以善后。

结尾说:

凡有血气之伦,皆有好胜之意。今陛下盛气于用武,势不可回。臣非不知而献言不已者,且意陛下他日亲见用兵之害，必将哀痛悔恨，而追咎左右大臣未尝一言。臣亦将老且死，见先帝于地下，亦有以藉口矣。惟陛下哀而察之。

这篇犯颜极谏的大文字，奏上之后，立即传布宇内，万人争诵。据说神宗读后，亦极感动，但也并不因此就改变他的决策。至永乐兵败后，果然"哀痛悔恨"时，即使念及此文，亦已无可挽回了。

熙宁十年（1077）四月二十一日，苏轼到达徐州，进谢上表。

徐州城东，有条泗水，今呼为清河，出城二里，有百步洪。这段水中，如有石块随水下奔，乱石激流，白浪迅飞，过此则又恢复平静，澄碧可爱，为徐州一大名胜。

苏轼第一次与老弟和朋友颜复同游，出城沿着河边漫步，觉得这条河岸边极适于筑亭种柳，跃马于河滨柳荫下，应是一桩非常快意的事情。但他立即转念，这种少年时代的狂兴，已经不该有了，日夜都望还乡，怎么又想在徐州筑室种柳，矛盾得自个儿想笑。

苏辙须赴南京新任，住不了几日，而苏轼下车伊始，公事繁忙，又不能陪他，心里很难过。心想只要能退休，这种烦恼就都没有了，退休也应该不是难事，朝廷里人才济济，绝不缺少我们兄弟两个：

> 君虽为我此迟留，别后凄凉我已忧。
> 不见便同千里远，退归终作十年游。
> 恨无扬子一区宅，懒卧元龙百尺楼。
> 闻道鹓鸿满台阁，网罗应不到沙鸥。

七月，已是早秋时节，一个风雨之夜，兄弟二人同宿逍遥堂，苏辙想起在怀远驿准备应试时的旧事，回头一看忽已过去十六七年了，至今四顾苍茫，还是一事无成，禁不住也有漂泊无归的感怆，作《逍遥堂会宿二首》，诗前有引言曰：

> 辙幼从子瞻读书，未尝一日相舍。既壮，将游宦四方，读韦苏州诗，至"那知风雨夜，复此对床眠"，恻然感之，乃相约早退，为闲居之乐。故子瞻始为凤翔幕府，留诗为别曰："夜雨何时听萧瑟？"其后，子瞻通守余杭，复移守胶西，而辙滞留于淮阳、济南，不见者七年。熙宁十年二月，始复会于澶濮之间，相从来徐，留百余日，时宿于逍遥堂，追感前约，为二小诗记之。

苏辙为人，心不异口，口不异心，是个朴实厚重的君子，凡事随遇而安，不大自寻烦恼，这次却是例外，所作二诗，流露了无限的凄凉。如曰：

> 逍遥堂后千寻木，长送中宵风雨声。
> 误喜对床寻旧约，不知漂泊在彭城。

> 秋来东阁冷如水，客去山公醉似泥。
> 困卧北窗呼不起，风吹松竹雨凄凄。

苏轼读了这两首诗，心里很是难过，想对老弟解慰一番，他说："余观子由，自少旷达，天资近道。又得至人养生长年之诀，而余亦窃闻其一二，以为今者，宦游相别之日浅，而异时退休相从之日长，既以自解，且以慰子由云。"因和其诗（录一）曰：

> 别期渐近不堪闻，风雨萧萧已断魂。
> 犹胜相逢不相识，形容变尽语音存。

怀远驿读书当时，兄弟都还是二十出头的惨绿少年，如今则皆步入中年，历经忧患，鬓发早都白了。

坚留老弟在徐州同度中秋，苏轼特地邀了许多朋友，设乐置酒，同游吕梁和百步洪，以当送别。苏辙作《水调歌头》词：

　　离别一何久，七度过中秋。去年东武今夕，明月不胜愁。岂意彭城山下，同泛清河古汴，船上载凉州。鼓吹助清赏，鸿雁起汀洲。

　　坐中客，翠羽帔，紫绮裘。素娥无赖西去，曾不为人留。今夜清樽对客，明夜孤帆水驿，依旧照离忧。但恐同王粲，相对永登楼。

夜已很深，兄弟二人兀是同坐观月，不愿就寝，苏轼作《阳关词》送别：

　　暮云收尽溢清寒，银汉无声转玉盘。
　　此生此夜不长好，明月明年何处看。

游宦生涯，真是萍踪浪迹，漂浮无定，明年今日，连自己将到哪里去都不知道，遑论兄弟对床的旧梦。

八月十六日，苏辙买舟别去，赴南京留守签判任。

苏轼送弟归来，逍遥堂里突然变得空洞可怖，进门就吃了一惊。老弟一向沉默寡言，不见面时，总只担心坦率的老兄，说话不小心会惹祸；得在一起，他也不大说话，但是，即使相对无言，也令人心里有种踏实满足的感觉。

苏辙有六个女儿，三个儿子，幸亏夫人贤慧，荆布裙钗，藜藿自甘。开不出伙时，苏辙还能倒头大睡。苏轼赞叹道：一个人能够这样过日子，"使子得行意，青衫陋公卿"。

不过，南都是个潜龙卧虎的大都会，人事之争，一定很激烈，要他闭阁静坐，装聋作哑。老弟在身边时，这些话，都顾不得说，人走了，却又心潮起伏，拉拉杂杂想起一大堆叮咛，作《初别子由》诗，寄往南都。

徐州在往古，即为九州之一，包括现在江苏省之西北部，山东省的南部以及安徽省的东北部。自汉以来，虽治所屡迁，疆土日狭，但上则控制山东南部的沂蒙山区，下则贯穿淮泗之水，向来是兵家必争之地。就是由于地位居此冲要，所以这地方，经常遭受战争的祸害，民生非常困苦。

徐州出产花岗石和铁，冶金技术已很发达，徐州打造的刀剑，闻名全国。冶铁需要强大的火力，而"彭城旧无石炭"，烧木炭炼铁，常苦火力不足。苏轼听说徐州地下蕴藏石炭，就开始遣人各处勘寻，于元丰元年十二月访获煤矿于徐州西南白土镇之北，从此有铁有煤，打造出来的兵器，犀利更胜往常，苏轼作《石炭》诗曰：

岂料山中有遗宝，磊落如磬万车炭。
流膏迸液无人知，阵阵腥风自吹散。
根苗一发浩无际，万人鼓舞千人看。
投泥泼水愈光明，烁玉流金见精悍。

............

煤的火力当然非木炭可比，苏轼高兴得预期道："南山栗林渐可息，北山顽矿何劳锻。为君铸作百炼刀，要斩长鲸为万段。"

徐州为京东屏障，自古为用武之地，民风非常强悍，盗贼纵横。距州七十里的利国监，土豪百余家，金帛山积。当地三十六个冶场，是生产兵器的地方，而驻军微薄，万一发生盗警，吏兵弃地而逃，则强盗既得财帛，足以啸召无赖，壮大人力，更有精良的兵器，不啻如虎添翼。苏轼心所谓危，一面状奏朝廷，请求开放利国监铁团冶户组团自卫的禁令，并请命令南京新招骑射指挥,兼领沂州兵甲巡检公事,以充实地方的军力。又说,京东恶盗,多出于逃兵,所以政府若能加恤部送配军的军士,使不逃亡,便可清盗源而肃军政。拜发奏疏后,终不获得朝廷的重视,苏轼认为事须当为,应有勇气担待,即下令三十六冶,每户点集冶夫数十人,各人配给刀枪,组成自卫队,练习枪刃,统于官署,每月两衙于知监庭前,以示有备,使悍盗猾贼,不敢轻起觊觎之心。权力有限的知州,能做的只有如此。

苏轼又尝关怀到在狱中患病的囚犯常因不得医治而死,觉得非常不忍。上医疗病囚状,请求军巡院及各州司理院,各选差衙前一名,医生一名;每县各选差曹司一名,医生一名,专责医疗病囚,任期以一年为限。

医疗经费各按州县囚犯人数,专立佣钱,可从免役宽剩钱或坊场钱中拨充。治疗病囚每十人中死一人者为上等,死二人者为中等,失三者为下等,失四以上为下下等。上等全支,中等支二分,下等不支,下下等科罪,自杖六十至杖百止。

苏轼说,如此则人人用心,治囚病如疗其家人,全活者不可胜数。但他这个建议,依然不被政府重视。

## 三 徐州大水

苏轼到任不过两个半月,忽传七月十七日黄河决口于澶州之曹村。澶州地在河南濮阳市西,距离黄河只有三十五里,决口之水,一泻千里,流入山东巨野,首灌东平。

黄河决口,大水奔腾而至,一倏时可以吞没整个城市。这个巨大的灾变,其恐怖的程度,与无法抗御的强势,宛如末日到临人世。水至东平,当地的吏民群情惶急,不知怎么办好。幸有一个叫应言的僧人,建议凿开清泠口,引导大水流入已废的旧河道,使由东北入海。

官吏们还不立刻相信他的建议,应言竭力申述有效,他所说黄河决水的情形,也非常明白,姑且照他的建议做了。这浩瀚东来的大水,果然有了去处,东平赖以无事。

河决澶州,历时月余,汴河还一直保持着秋季干旱的常态,所以大家都没想到水会涨到徐州来。不料八月间梁山忽然泛滥起来,二十一日南清河水暴涨,时又大雨,水急涨到徐州城下,"水穿城下作雷鸣,泥满城头飞雨滑",情势非常可怕。

徐州城南,两山环绕,又有吕梁和百步洪抵挡于下,所以水就汇集在东、西、北三面,触山而上,满眼是一片汪洋,大水无处宣泄,便一直往上高涨,俯视城下,忽尔就比城中平地,涨出一丈九寸的大水,水漫城壁,若是城墙一倒,则整个徐州城就淹在水底了。

情势这样危急,城中富民争出避难,苏轼当机立断曰:"富有者都出城,民心立刻动摇,我跟谁来守这个城?有我在,决不任水败城!"下令劝阻逃离的富户,回到城里来。苏轼穿上雨靴,带了手杖,亲入武卫营,对该营的首领说:"河将坏城,事情已很急迫,你们虽是禁军,也应该帮我们出一份力量。"

那首领慨然道:"太守也不避水,这正是我们效命之秋。"

苏轼立刻到队伍里去,派出奉化、牢城的兵卒,短衣赤脚,各持畚锸之类的工具,会合民夫,一同抢救。

徐州父老说:"天禧年间,徐州曾筑两条防水的堤岸:一条从小市门外沿城壕而南,接到戏马台的山麓;一条自新墙门外,沿濠西折,接到城下南京门之北,防水有效。"苏轼认为父老们的经验可贵,事实上也只有抢建防水堤,是目前唯一可行的办法。

苏轼便紧急征召民夫五千余人,会同武卫军的兵丁,日夜不停地赶工,从戏马台起,至城而止,筑造一道长堤,全长九百八十四丈,高一丈,阔两丈。几百艘的公私船只,因有风浪,本不能行,下令集中系缆城下,以减轻冲击城壁的水力。

至九月二十一日,测量水高已达两丈八尺九寸,幸而堤工已成,水自东南隅来,都被这道长堤挡住了,害不及城,民心始定。但是大雨还是日夜不停地下,河水之势更强,城墙不浸水者,只剩三版。

苏轼自堤工开始,日夜在城上巡视,随时派遣官吏,分头堵守,夜晚他就宿在城上,并不回家。

这次大水,经历七十余日,至十月初五,水才渐见消退。十三日澶州发生一场大风,吹啸整日,风止,黄河一支流却已复入故道,水患就此得止。苏轼高兴极了,写了《河复》一诗,叙曰:"乃作河复诗,歌之道路,以致民愿,而迎神庥,盖守土者之志也。"

有人建议,可在荆山下筑沟容水,苏轼便与同僚二人前往实地勘察,发觉这个地方全是乱石,无法施工而罢。苏轼认为在城外加造外小城,创建石堤,确有御水之功。议定,就上奏朝廷,请准兴建,并乞于十二月内下旨。

但至明年(元丰元年)正月,尚无消息,苏轼猜想也许因为经费太大之故,所以再紧缩预算,请求改筑"木岸",同时致函时任国史院编修官的刘攽,托他就近协力通过这项计划,书曰:

某曾擘划作石岸，于十月内申诏使，仍乞于十二月已前画旨。今已涉春，杳未闻耗。又闻有旨下淮南、京东，起夫往澶州，其势必无邻郡人夫可以见及，以此知石岸文字，必不遂矣。

　　今相度作木岸，工费仅减一半，用夫六千七百余人，粮四千三百余石，钱一万四千余贯，虽非经久必安之策，亦足支持岁月。若此策又不行，则吾州之忧，未可量矣。今寄奏检一本，奉呈告贡父力言之，此事决不可缓，若下所属相度，往返取旨，则无及矣。某岂晓土功水利者乎？职事所迫，念此一城生聚，必不忍弃为鱼鳖也。

元丰元年（1078）二月初四，皇帝降敕奖谕，敕曰：

敕苏轼：

　　省京东路安抚使司、转运司奏：昨黄河水至徐州城下，汝亲率官吏，驱督兵夫，救护城壁，一城生齿并仓库庐舍，得免漂没之害，遂得完固事。

　　河之为中国患久矣，乃者堤溃东注，衍及徐方，而民人保居，城郭增固，徒得汝以安也。使者屡以言，朕甚嘉之。

同时诏赐钱二千四百一十万，犒奖夫役四千零二十三人。

　　又发常平钱六百三十四万，米一千八百余斛，准予募夫三千零二十人，改筑外小城，创建木岸四条，大坑十五处，尽加堵塞。

　　工程中，发现子城的东门，当水之冲，而府库即在是处，地甚狭窄，不能作城。苏轼就将城门扩大，护以砖石，城门上建一大楼。

　　徐州府廨内，旧有一座厅堂，俗传是项籍所造，称"霸王厅"，没有人敢去里面坐，据说谁敢冒犯使用，必有祸害，所以久成废置。苏轼恶其淫名非实,下令将这霸王厅一举拆毁,拆下来的材料,用在东门上建造大楼。这件事,不禁使人想起他的祖父率领健仆,拆毁茅将军庙的故事,到底是苏序的孙儿,有他一样豪迈而正直的勇气。

东门上新建大楼,垩以黄土,名之曰"黄楼",取五行中土能克水之意。

苏轼将这次抢救水灾的经过,记其大略为《奖谕敕记》,连同皇上诏书,刻石志于黄楼,其详细情形,别卷藏于有司,谓之《熙宁防河录》,备为后人参考。

## 四　秦七黄九

李常齐州任满,徙官淮南西路提点刑狱,趁这机会,于元丰元年三月寒食节,从济南到徐州来访。至则苏轼还在城外督工,公择作三绝句派人招他回家。苏轼急急慌慌赶来,身上还穿着布衫,满身尘土,执手相见,分不出谁是主人,谁是风尘仆仆的远客。

李常是个非常严肃的学者,但却好酒又好伎乐,苏轼要一洗书生酸气,设非常豪华的寒食宴,召伶演剧,亲撰"宴提刑学士致语"来欢迎这位老友。苏轼座上作诗自谓"醉吟不耐攲纱帽,起舞从教落酒船。结习渐消留不住,却须还与散花天"。一日,听说李常在傅国博家大醉,因为傅家声伎出众,公择抵挡不住红袖劝酒的殷勤。苏轼笑他说:"不肯惺惺骑马回,玉山知为玉人颓。紫云有语君知否,莫唤分司御史来。"

李常将去，苏轼送他笋和芍药花，作《送李公择》诗，深感故人虽多，而出处不尽相同，真正志同道合的朋友，只有数得出的几个，而又天各一方，"有如长庚月，到晓烂不收"。十日欢聚，每天都聊到深夜，侍仆们瞌睡得倒下来了，他们还在痛饮高谈不倦。

李常去后不久，就有两位与公择有关的杰出后辈，到苏轼门下来投贽请益，一是秦观，一是黄庭坚。

当时，苏轼文名满天下，欧阳文忠既逝，学者间几已公认苏轼传承了宗师的地位，士人有一登龙门，身价十倍的仰赞。

秦观，初字太虚，后改少游，扬州高邮人。生于仁宗皇祐元年（1049），时年三十，不得意于场屋，尚未得解。是时，他将赴京应举，途遇李常，公择便为他作书介绍，往见苏轼，秦观投诗为贽：

> 人生异趣各有求，系风捕影只怀忧。
> 我独不愿万户侯，惟愿一识苏徐州。
> ⋯⋯⋯⋯⋯⋯
> 故人（李常）持节过乡县，教以东来偿所愿。
> 天上麒麟昔漫闻，河东鸑鷟今才见。
> 不将俗物碍天真，北斗以南能几人。

苏轼先在济南李常座上，已经看过秦观的文字，称赞他的文章，有珠圆玉润之美。如今看到他这个人，外表虽然不修边幅，而为人方正不苟，风神俶傥，语言婉转，印象很好。

不过，那个时代，读书人只有科举一条出路，无论如何必须先通过这段狭窄的瓶颈，否则就一辈子陷于泥涂了，所以苏轼当时最大的关切，是他的考试，赠诗说：

夜光明月非所投，逢年遇合百无忧。
将军百战竟不侯，伯郎一斗得凉州。
翘关负重君无力，十年不入纷华域。
故人坐上见君文，谓是古人吁莫测。
新诗说尽万物情，硬黄小字临黄庭。
故人已去君未到，空吟河畔草青青。
谁谓他乡各异县，天遣君来破吾愿。
一闻君语识君心，短李（常）髯孙（觉）眼中见。
江湖放浪久全真，忽然一鸣惊倒人。
纵横所值无不可，知君不怕新书新。
千金敝帚那堪换，我亦淹留岂长算。
山中既未决同归，我聊尔耳君其漫。

所谓"不怕新书"，是指王安石的《三经新义》，当时考试的国定标准本。

秦观也因考期迫近，不能久留，苏轼约他考后再来徐州。是年重九，黄楼落成，秦观写了一篇《黄楼赋》来，苏轼作诗为谢，称其清新婉丽，有屈宋之才，如南山之石一样清润柔滑，又如摹刻朱蜡，细腻得不失毫末。

不料榜发，秦观又再落第，百无聊赖，径回高邮去了，苏轼大为不平，愤然道："回看世上无伯乐，却道盐车胜月题。"

不久，接到黄庭坚从北京（今河北大名）寄来《古风二首》，道其倾慕。

黄庭坚，字鲁直，晚号山谷道人，原籍浙江金华，上溯五代的先祖宦游分宁（今江西修水），子孙就落籍于此。庭坚生于庆历五年（1045），时年三十四岁，比苏轼只小九岁。

庭坚的父亲黄庶，庆历朝的进士，诗学韩愈，在康州（今广东德庆）任上逝世时，庭坚还只十四岁。家贫，他曾开个草药铺来维持生活。稍长，从母舅李常为学，尽读李常的藏书，初娶谢师厚的女儿为室。黄庶和谢师厚的诗，皆宗老杜，庭坚得其传承，学杜为主，兼得韩愈和孟郊的长处。

苏轼是从孙觉那儿，初知世有庭坚其人，孙觉是庭坚继室的父亲。后来又经李常推荐，在他那里读过庭坚更多的诗文旧稿，对他印象很深，只因山河暌隔，无缘识面。这次也许仍是舅父李公择的鼓励，庭坚遵后辈礼，投诗请益。诗是《古风二首》，兹录其一：

江梅有佳实，托根桃李场。
桃李终不言，朝露借恩光。
孤芳忌皎洁，冰雪空自香。
古来和鼎实，此物升庙廊。
岁月坐成晚，烟雨青已黄。
得升桃李盘，以远初见尝。
终然不可口，掷弃官道傍。
但使本根在，弃捐果何伤。

庭坚此诗，托物引喻，认为像苏轼这样冰雪高超的人，应是国家宰辅的人选，现在却被厕于众人之中，但是，士人立身，自有根本，即使终被捐弃，而风骨仍在。第二首诗则以小草欲依青松为喻，他很坦诚地表白："小大才则殊，气味固相似。"

苏轼也和作两首回赠，诗说现在是嘉谷倒卧风雨中，而稂莠登场的时代，但是宇宙运行不息，才德君子总有出头的一天，希望他是三千岁一结实的蟠桃，苏轼自喻是全生路旁的苦李，"纷纷不足愠,悄悄徒自伤"。

除报诗外,苏轼更有一函给庭坚,书云:

> 轼始见足下诗文于孙莘老之座上,耸然异之,以为非今世之人也。莘老言:"此人知之者少,子可为称扬其名。"轼曰:"此人如精金美玉,不即人而人即之,将逃名而不可得。然观其文以求其为人,必轻外物而自重者,今之君子莫能用也。"
>
> 其后过李公择于济南,则见足下之诗文愈多,而得其为人益详,意其超逸绝尘,独立万物之表,驭风骑气以与造物者游,非独今世之君子所不能用,虽如轼之放浪自弃,与世阔疏者,亦莫得而友也。
>
> 今者,辱书词累幅,执礼恭甚,如见所畏者,何哉?轼方以此求交于足下,而惧不可得,岂意得此于足下乎?
>
> 《古风二首》,托物引类,真得古诗人之风。而轼非其人也,聊复次韵,以为一笑。

其时,苏轼之访识人才,也确是声应气求,以交朋友的态度为主,如答黄庭坚和其密州旧作诗,说:

> 我今独何幸,文字厌奇玩。
> 又得天下才,相从百忧散。
> 阴求我辈人,规作林泉伴。
> 宁当待垂老,仓卒收一旦。

苏轼在徐州所赏识的青年朋友,还有王迥、王适兄弟。王迥,字子高,有个神秘的传说,说他曾有与仙女周瑶英同游芙蓉城的艳遇,故事情节完全与唐人传奇相似。苏轼好奇,一见就问他果有此事否,子高娓娓陈述经过,苏轼为作《芙蓉城》长诗。其弟王适,字子立,为徐州的州学生,贤而有文,朴实厚重,喜怒不见辞色,与苏辙很相像。苏轼就看中他这一点,后来出面介绍,将苏辙的一个女儿嫁给了他。

这王氏兄弟,从此就被苏轼照顾,住在官舍里。明年二月,苏轼有个同乡张师厚赴京赶考,顺道先过徐州来谒,其时庭中杏花盛开,月下置酒共饮,二王在花间吹洞箫助兴,苏轼作《月夜与客饮杏花下》诗:

> 杏花飞帘散余春,明月入户寻幽人。
> 褰衣步月踏花影,炯如流水涵青蘋。
> 花间置酒清香发,争挽长条落香雪。
> 山城酒薄不堪饮,劝君且吸杯中月。
> 洞箫声断月明中,惟忧月落酒杯空。
> 明朝卷地春风恶,但见绿叶栖残红。

苏轼与三个青年后辈,饮酒花下,其乐融融,何以忽然会有最后这两句诗语,当时不大容易索解。但是后来,距此不过四个多月,就发生乌台诗狱这场横祸,"明朝卷地春风恶,但见绿叶栖残红",莫非这就是所谓"诗谶"?

## 五 黄楼之会

黄楼将成,苏轼原想将起建黄楼的始末,自撰一篇记文,后来看到苏辙撰寄的《黄楼赋》,已尽其大略,就不再写,决定亲自书写此赋刻石,弟作兄书,亦是很好的纪念。

苏轼写此碑时,官伎马盼盼侍侧。盼甚慧丽,为苏轼所钟爱,她平常学苏的书法，颇能得其仿佛，她在一旁看着苏轼落笔挥毫，颇有会心的样子。苏轼书写中间，有事走开，盼盼一时兴起，就代他接下去写了"山川开合"四字，苏轼回来看了，哈哈大笑，替她略为润色，不再更写，所以后来流传的《黄楼赋》碑帖中，"山川开合"这四个字是马盼盼写的。①

党祸发生时，诏毁天下苏轼碑文，当时的郡守，不忍下手破坏，将这碑石沉入城濠水底，易楼名为"观风"，报销公事。到了宣和末年，这个禁令已经渐渐松弛，而豪门富户，不惜千金，争购苏轼墨迹，即使碑石拓片，也很卖钱。不过碑石尚存者，拓取无穷，价总不高。时有苗仲先者，为徐州太守，他派人将这《黄楼赋》碑石从水底捞了起来，雇工日夜拓印，既得拓片数千本，忽然一本正经地对僚属道："苏氏之学，法禁尚在，此石奈何独存。"立命捶碎。人们知道此石已毁，则拓本的价格就扶摇直上了。仲先任满回京，将这批墨拓以高价卖出，发了财。②

黄楼于元丰元年（1078）八月十一日草成，这几日，苏家接连有两桩喜事：十一日苏辙嫁女与文同的次子文逸民，苏轼派长子迈前往帮忙，而十二日，他的长孙箪出生，苏轼《与李公择书》曰：

某辄有一孙，体甚硕重，决可以扶犁荷锄，想公亦为我喜也。八月十二日生，名楚老。

迈往南京，为舍弟此月十一日嫁一女与文与可子，呼去干事。

客中又逢中秋，就更怀念离去的亲人。想起最近这六年来，

---

① 〔宋〕张邦基：《墨庄漫录》。
② 〔宋〕徐度：《却扫编》。

只有去年中秋，得与老弟会合于此，其余五年，都分在两地别离之中，作《中秋月寄子由三首》中说："六年逢此月，五年照离别。歌君别时曲，满座为凄咽。"何况今年中秋，苏轼身体又不好，患病咳嗽，诗说："殷勤去年月，潋滟古城东。憔悴去年人，卧病破窗中。……白露入肺肝，夜吟如秋虫。坐令太白豪，化为东野穷。"他再细数去年今日一同饮酒赏月的朋友，现在都已散如浮萍，仰头看月，月光如水一样清寒，穿越房栊，抚枕叹息，心里非常寂寞。

约了好友王巩（定国）于今年重九到徐州来晤，苏轼一直盼望他来，作诗催他道："我虽作郡古云乐，山川信美非吾庐。愿君不废重九约，念此衰冷勤呵嘘。"

王巩，字定国，名相王旦的孙子。他的父亲王素知成都时，曾将这个儿子托付苏轼，教导他做学问，后来他又做了乐全老人张方平的女婿，两人的关系，在亦师亦友之间。

定国为人，好为夸诞的议论，不脱贵介公子的习气。在两三年前赵世居谋为不轨的政治案子里，王巩牵涉在内，被追两官、勒停（降官两级，勒令停职）。苏轼非常记挂这个失意的朋友，一再托人邀他到徐州一游，散散心。定国情绪不好，去年没有来成，今年则约在重九，会于黄楼。

王巩将来，先有诗至。他故意刁难苏轼，声言向来不饮外酒，并且自称"恶客"。苏轼答他道：你既不饮外酒，不妨自载家酿来，"子有千瓶酒，我有万株菊"。随便你高兴要插多少就插多少，菊花的重量会压断你的车轴——他们开着这样的玩笑。

苏轼尽量要使定国高兴，定国果然带了家酿美酒。主人却怪他为何不带侍妾同来，诗曰："但恨不携桃叶女，尚能来趁菊花时。"

重阳节那一天，苏太守在新落成的黄楼上举行盛大酒会，当然以远来的王巩为主宾。是日，宾客杂沓，红粉成行，衣香鬓影之间，笙歌不绝，笑语声喧，苏轼非常高兴，定国兴致更好，闹酒不休，苏轼喝得酩酊大醉，说他酒已满至脐下，次王巩韵作诗曰：

> 我醉欲眠君罢休，已教从事（酒）到青州（脐）。
> 鬓霜饶我三千丈，诗律输君一百筹。
> 闻道郎君闭东阁，且容老子上南楼。
> 相逢不用忙归去，明日黄花蝶也愁。

定国文思敏捷，任何题材皆可入诗，苏轼称其诗"清平丰融，蔼然有治世之音"。这次到徐州来，留住不过十日，往返之间，成诗几达百篇，可以算得是个多产作家了。

苏轼不一定有时间可以陪客游山玩水，就请颜复自代，看他们一瘦一胖，泛舟河上，觉得非常有趣。王巩是个颜面丰润，身材短小，体形清癯的诗人[①]，而颜复则是个腰腹便便的大胖子，载酒船中，仍有红袖侍饮，不禁使苏轼追怀起昔日西湖旧游来，《次韵王巩颜复同泛舟》诗说：

> 沈郎清瘦不胜衣，边老便便带十围。
> 躞蹀身轻山上走，欢呼船重醉中归。
> 舞腰似雪金钗落，谈辩如云玉麈挥。
> 忆在钱塘正如此，回头四十二年非。

又一日，定国和颜复带了马盼盼、张英英和卿卿三位丽人，棹一小船，往游泗水，北上圣女山，南下百步洪，吹笛饮酒，玩

---

[①] 本集：《王定国真赞》。

到夜分才乘月而归。这一日,苏轼还是不能同游,置酒黄楼,等他们回来。他穿了一件羽衣(仿古人以鸟羽为衣,满足神仙飞翔的幻想),伫立在黄楼上,遥望一舟容与,冉冉而来,月照水上,而笛声响彻山谷,舟行渐近,隐隐可见各拥丽人,相视而笑,苏轼欣然道:"自李太白死,间无此乐事,已三百余年矣。"

按《新唐书·李白传》:"白浮游四方,尝乘月与崔宗之自采石矶至金陵,着宫锦袍,坐舟中,旁若无人。"轼言当即指此。

苏轼后来回忆此日情事,作《百步洪二首》之一,寄王巩云:"佳人未肯回秋波,幼舆欲语防飞梭。轻舟弄水买一笑,醉中荡桨肩相摩。……不知诗中道何语,但觉两颊生微涡。我时羽服黄楼上,坐见织女初斜河。归来笛声满山谷,明月正照金叵罗(酒器)。……"

终于找到一天空闲,苏轼陪王巩同登城东云龙山之黄茅冈,从游者还有颜复和云龙山的道士张天骥,玩得非常痛快,《登云龙山》诗:

> 醉中走上黄茅冈,满冈乱石如群羊。
> 冈头醉倒石作床,仰看白云天茫茫。
> 歌声落谷秋风长,路人举首东南望,拍手大笑使君狂。

王巩因家中有事,不能久留,苏轼很感激他不远千里地跑来访晤。可惜定国此行,似乎有所钟情,却未成功,苏轼觉得很是遗憾,《次韵王巩留别》有句曰:"蛾眉亦可怜,无奈思饼师。无人伴客寝,惟有支床龟。"

## 六　诗僧参寥

王巩既去，於潜诗僧参寥，又自杭州来谒。

苏轼在杭三年，数往於潜，游径山诸寺，从未言及参寥，当时似尚未能相识，参寥与秦观交好，这次，似为秦所引见。

参寥曾有《临平道中》一首，苏轼十分欣赏，诗为：

风蒲猎猎弄清柔，欲立蜻蜓不自由。
五月临平山下路，藕花无数满汀洲。

二人一见如故，馆于虚白堂，苏轼次韵僧潜见赠诗，对他高洁的风标，非常倾倒，如言：

道人胸中水镜清，万象起灭无逃形。
独依古寺种秋菊，要伴骚人餐落英。
…………
云衲新磨山水出，霜髭不剪儿童惊。
公侯欲识不可得，故知倚市无倾城。

参寥，原名昙潜，苏轼为改道潜，字参寥，浙江於潜浮溪村人。俗家姓何，幼不茹荤，父母听其出家，以童子诵《法华经》，度为比丘，受具足戒，于内外典无所不窥，能文章，尤喜为诗。既为苏轼之客，每于座上赋诗，援笔立就，一座嗟服。

一日，苏轼宴郡僚，酒罢，他对座客道："参寥虽不与此集，但不可不给他一点麻烦。"遂与众客同往虚白堂去看他，红妆多人，簇拥甚至。苏轼叫马盼盼持纸笔向他索诗，参寥笑作一绝句：

寄语巫山窈窕娘，好将幽梦恼襄王。
禅心已作沾泥絮，不逐春风上下狂。

苏轼大讶道："我亦尝见柳絮落泥中，心想可以入诗，偶未收参寥虽然自幼出家，但性情偏执尚气，多与人迕，看不顺眼时，常常面折人过，给人难堪。他哥哥的儿子，不大长进，参寥嫉视如仇，许多人对他不大谅解。[2]

参寥诗最大的长处，一点不带僧诗常有的"蔬笋气"，但有时候，却就不免犯起"绮语戒"来，如：

去岁东风上苑行，烂窥红紫厌平生。
如今眼底无姚魏，浪蕊浮花懒问名。

士论以为参寥好作诗，是其一病，而好骂人，尤不应该，但是苏轼为他辩道："参寥是性情中人，骂人并无心机，如虚舟触物，未尝真怒。"

苏轼与参寥坐在虚白堂里闲话，有人送活鱼来，苏轼不喜杀生，就命人放到百步洪去，参寥赋《放鱼》诗：

嘉鱼满盘初出水，尚有青萍点红尾。
银鳃戢戢畏烹煎，崛强有时俄自起。
彼客殷勤赠使君，愿向中厨荐醪醴。
使君事道不事腹，杞菊终年食甘美。
传呼慎勿付庖人，百步洪边放清泚。
回首无欺子产淳，谩道悠然泳波底。

苏轼和作，从鱼想到水灾后老百姓的困苦，身为民牧，不觉额头上出汗，句有"疲民尚作鱼尾赤，数罟未除吾颡泚"，不料后来这也算是反对新法的证据。

王巩去已一月，苏轼怀念定国当日此游之乐，再与参寥放舟

---

① 〔宋〕朱弁：《风月堂诗话》。
② 〔宋〕释惠洪：《冷斋夜话》。

洪下,小舟一叶,投入南下的急流中,像飞梭一般擦过乱石,随流而下,疾如兔走,势若鹰落,如骏马下注千丈高坡,如断柱之箭离弦飞逝,苏轼说:"四山眩转风掠耳,但见流沫生千涡。"如此险中得乐,虽然痛快,但他立刻联想到我们的生命,也像这百步洪的河水一样,不舍昼夜地流逝,这样虚浮的人生,又何必纷纷争夺。他指着岸边石上像蜂巢一样密密麻麻的篙眼,对参寥道:"人生千灾百劫,总要过去,只要此心无所执着,造物也奈何我们不了。"

十月将尽,参寥欲去,与苏轼散步园中,苏轼看到老楮树上生着黄耳蕈,觉得一向没有美味的素斋请他这位方外朋友,很是歉疚,这黄耳蕈本来甚合待客,只可惜参寥即将"萧然放箸东南去,又入春山笋蕨乡"。他将不在乎这点木耳了。

参寥和诗曰:

　　铃阁追随半月强,葵心菊脑厌甘凉。
　　身行异地老多病,路忆故山秋易荒。
　　西去想难陪蜀芋,南来应得共吴姜。
　　白云出处原无定,只恐从风入帝乡。

苏轼作诗送参寥行,照一般人的见解,以为诗人骋其忧愁不平之气,发而为诗,如上人者,求空寂灭,百念灰灭,颓然淡泊,该已失掉了发动诗意的气势,胡为乎作诗不倦?苏轼认为"不然",诗与禅可以结为一体,演成妙谛。他说:

　　细思乃不然,真巧非幻影。
　　欲令诗语妙,无厌空且静。
　　静故了群动,空故纳万境。
　　阅世走人间,观身卧云岭。

咸酸杂众好,中有至味永。

诗法不相妨,此语更当请。

苏轼此一见解,扩大了诗学的领域,用禅的意境来丰富诗的内容,为一重大的创意。

得参寥为友,苏轼十分得意,书告文同说:"其诗句清绝,与林逋(和靖)上下,而通了道义,见之令人肃然。"后来与秦观书中也说:"参寥真可人,太虚所与之,不妄矣。"

十月十五之夜,苏轼梦登徐州名迹燕子楼。

唐徐州尚书张愔,有妾关盼盼,色艺冠绝于时,初纳时,设乐宴客,三日不绝,宠爱逾常。白居易为校书郎时,游淮泗间,曾经参与张尚书家宴,亲见盼盼,称她能歌善舞,丰姿娴雅,赠诗落句有"醉娇胜不得,风嫋牡丹花"语。

张愔逝世,盼盼感激深恩,誓不再嫁,还居徐州尚书旧第内之燕子楼,凡十余年。白居易非常称赏,作感旧游二绝句,末章云:"今春有客洛阳回,曾到尚书墓上来。见说白杨堪作柱,争教红粉不成灰。"又作《感故张仆射诸伎》诗:"黄金不惜买蛾眉,拣得如花三四枝。歌舞教成心力尽,一朝身去不相随。"

闭门燕子楼中的关盼盼,读到白诗,知道他在讽刺自己,答诗曰:"自守空房恨敛眉,形同春后牡丹枝。舍人不会人深意,讶道泉台不去随。"遂绝食而死。

苏轼梦登燕子楼后的次日,迷惘于这个凄艳的故事,亲自往寻其地,在园中徘徊甚久,作《永遇乐》词:

明月如霜,好风如水,清景无限。曲港跳鱼,圆荷泻露,寂寞无人见。紞如三鼓,铿然一叶,黯黯梦云惊断。夜茫茫,重寻无处,觉来小园行遍。

天涯倦客，山中归路，望断故园心眼。燕子楼空，佳人何在，空锁楼中燕。古今如梦，何曾梦觉，但有旧欢新怨。异时对，黄楼夜景，为余浩叹。

苏轼说梦，常为有所避忌的托辞，如此词前半阕，固是凭吊燕子楼中的唐朝美人关盼盼，而后半阕则明白说出自己的心境，"古今如梦，何曾梦觉"，他虽不必如张愔那样做"空锁楼中燕"的傻事，但亦不能真个忘情，天涯倦客归去后，还希望有人能对黄楼夜景，为他一叹。苏轼胸中这一片缱绻柔情，恐怕只为怜取眼前的"新怨"马盼盼而发。

## 七　文同

元丰二年（1079）正月，文同（与可）殁于陈州。

苏轼在密州时，熙宁八年秋冬间，文同自京徙知洋州，即今汉中市洋县。文同将洋州园林池湖之胜，一一歌咏，得诗三十首，寄与苏轼，苏轼乃次韵唱和，恍若同游。文同是画竹名家，所以这三十个胜迹中，有竹者为多，如竹坞、霜筠亭、笃筜谷、此君庵等皆是。

文同在洋州，因论茶事，与提举、转运使意见不合，被迫罢任，次于陈州待命，非常贫困。上年正月，苏轼还写信去劝慰他，有道：

与可抱才不试，遁道弥久，尚未闻大用。公议不厌，计当在即。然廊庙间谁为恤公议者乎！老兄既不计较，但乍失为郡之乐，而有桂玉（米珠薪桂）之困，又却不见使者嘴面，得失相乘除，亦略相当也。

苏轼论文同四绝：诗一、楚辞二、草书三、画四。与可引为知己，尝曰："世无知我者。惟子瞻一见，识吾妙处。"

文同在洋州，于筼筜谷上，筑一亭子，朝夕在亭中观赏漫谷的翠竹，所以虽是文人水墨作画，以抒写性灵为主，但却仍是非常认真地下过写实功夫，潜观默悟，"胸有成竹"，写出其潇洒的风貌。

苏轼亦好画竹，从凤翔开元寺王维的壁画得到启示，从文同的教导得到技法，《筼筜谷偃竹记》说：

> 竹之始生，一寸之萌耳，而节叶具焉。自蜩蝮蛇蚹以至于剑拔十寻者，生而有之也。今画者乃节节而为之，叶叶而累之，岂复有竹乎？故画竹必先得成竹于胸中，执笔熟视，乃见其所欲画者，急起从之，振笔直遂，以追其所见，如兔起鹘落，少纵即逝矣。与可之教予如此。

文同画竹，以淡墨为叶青，以深墨为叶面，此一技法，不但苏轼、米芾（初名黻，元祐六年改名芾，下文径称米芾），都遵为宗范，即使元代那么多的画竹名家，也都执此不变，称文湖州派，而文同则说："吾墨竹一派在徐州。"固已心许苏轼得其真传，而苏轼也坦然道："吾墨竹尽得与可法。"不过后代的画评家却说："笔酣墨饱，飞舞跌宕，虽派出湖州（文同）而神韵魄力过之。"（孙承泽《庚子消夏记》）又有论两人画竹之不同者，如"东坡墨竹，写叶皆肥厚，用墨最精。兴酣之作，如风雨骤至，笔歌墨舞，窃恐文与可不能及也"。（方薰《山静居画论》）此盖由于两人天生的性情不同，所表现于画面的精神，遂各有不同的境界。不过，文同筼筜谷上筑亭看竹，是实物写生，苏轼则独创新法，于月下取韵画竹,文同为之大惊。明清之际的画家恽南田在画跋中赞叹道:"盖得其意者,全乎天矣,不能复过矣!"

文同画竹,初不自重,然而声名日盛,四方之人,捧了白绢登门求画者,户限为穿,与可应接不暇,厌烦极时,将素绢扔在地上,骂道:"吾将以为袜!"士大夫间将这句话传说开来,引为口实。

与可致书苏轼说:"近语士大夫,吾墨竹一派,近在彭城,可往求之。袜材当萃于子矣。"书尾复书一诗,有句曰:"拟将一段鹅溪绢,扫取寒梢万尺长。"

苏轼抓他毛病道:"竹长万尺,当用绢二百五十匹。知公倦于笔砚,愿得此绢而已。"与可老实认错,复道:"吾言妄焉,世岂有万尺竹者。"哪知苏轼此时,却又说"有的",答诗曰:

为爱鹅溪白茧光,扫残鸡距紫毫芒。

世间那有千寻竹,月落庭空影许长。

与可得诗,大叹苏轼之辩,但他说:"如真有二百五十匹绢,我将买田归老,再也不在这里等派官了。"随将得意作双钩着色的《筼筜谷偃竹》一幅,寄赠苏轼。而苏轼也作了首《筼筜谷》回赠他:

汉川修竹贱如蓬,斤斧何曾赦箨龙。

料得清贫馋太守,渭滨千亩在胸中。

事情就有这么凑巧,文同得书时,正在晚餐。这一日,恰与他的夫人同游谷中,烧笋佐餐,发函读得上诗,竟被苏轼料到,失声大笑,喷饭满桌。

苏轼得"偃竹图"后,并不满足,还写信去向与可讹索,致书曰:

近屡于相识处，见与可近作墨竹，惟劣弟只得一竿，未说（题）字，说润笔，只到处作记作赞，备员火下，亦合剩得几纸。专令此人去请，幸毋久秘。不尔，不惟到处乱画，题云与可笔，亦当执所惠绝句过状，索二百五十匹也。呵呵！

宋以前绘画，没有题诗画上的风尚，有则始自文同。文同不但自己题诗，还常常留下空白，嘱求画者道："勿使他人书字，须待苏子瞻来，令作诗其侧。"

如为京师道师王执中画墨竹一幅，即是如此。艺术真赏不易，知音难得。

不料可以如此放诞笑乐的朋友，音容笑貌都在眼前，忽尔讣告一到，突然人天永隔了，叫人怎能相信这是事实？苏轼说他整整三日三夜，不能睡觉，只是默坐，后来实在倦极了，偶然睡去，也没有一次不是梦醒，醒来，枕席上皆是泪痕。他想：人生百年，总有死亡的一日，但有文传世为不朽，有子嗣后为不死，世上富贵寿考的人，未必能二者兼有，所以文同是不死不朽的，而文同曾说："身如浮云，无去无来，无亡无存。"那么，不死不朽，也都渺不足道了。

他们两人的情谊，不但是文学绘画等艺术上的知音，更重要的则是人格和为人风度的共鸣，如《祭文与可文》说：

……呜呼哀哉！余尚忍言之，气噎悒而填胸，泪疾下而淋衣。忽收泪以自问，非夫人之为恸而谁为乎？呜呼哀哉，孰能纯德秉义如与可之和而正乎？孰能养民厚俗如与可之宽而明乎？孰能为诗与楚辞如与可之婉而清乎？孰能齐宠辱忘得丧如与可之安而轻乎？呜呼哀哉！

苏轼每一回想文同生平，常常心为不平，他是那么一个宽厚平和的人，却到处受人打击，遭人排挤，诗赋造诣那么高超，而世人短见，只看重他画的墨竹，生前被人嫌弃，百般委屈，死了，忽又人人惋惜起来。说到他自己，更是凄怆："自闻与可亡，胸臆生堆阜。悬知临绝意，要我一执手。相望五百里，安得自其牖。遗文付来哲，后事待诸友。……"文同身后萧条，全家侨寓陈州，无力归丧还蜀，苏轼致函在舒州的李常，因他也是文同的生前好友。略曰：

与可之亡，不惟痛其令德不寿，又哀其极贫，后事索然。而子由婿其少子，颇有及我之累。所幸其子贤而有文，久远却不复忧，惟目下不可不助他尔。

## 八　重游江南

元丰二年（1079）三月，朝廷告下：

"苏轼以祠部员外郎、直史馆知湖州军州事。"

苏轼将行，徐州吏民依照俗例，举行一套"攀辕"挽留的表演，如将他座骑的鞭镫割破，发动一批老百姓来挡在马前，表示不肯让这位贤太守离去。也许有人会因此而沾沾自喜，苏轼则认为真是"儿戏"，自知无恩于民，老百姓涕从何来？大道旁的石人，看见过多少次太守的来来去去。

但是，父老们说："前年，没有太守，我们都做了水里的鱼鳖了。"苏轼举鞭道谢，说："正因为我命穷，到处都遭凶灾，水来非吾过，去亦非吾功。"

苏轼有《别徐州》词,调寄《江城子》,语意十分萧索:

天涯流落思无穷。既相逢,却匆匆。携手佳人,和泪折残红。为问东风余几许,春纵在,与谁同?

隋堤三月水溶溶。背归鸿,去吴中。回首彭城,清泗与淮通。欲寄相思千点泪,流不到,楚江东。

苏轼别去徐州,走马南都,往访弟苏辙。

在马上,想了许多要对老弟说的话:"前年到南都来时,麦老樱桃熟,今年重来,樱麦已半黄绿。岁月如旧,而人事则已几次反复,你那里已经换过三个太守,送往迎来,像车轮一般盘旋的生活,实在毫无意思。要到什么时候,才能还乡,我不知道,但我已经想好,决定住到眉山县南的石佛镇去,过田农生活,岂不很好。"

又是这番旧梦,说过无数遍了,依然是个梦想。

三月十日,抵南都,兄弟相晤,过乐全堂谒张方平。因病,在苏辙家住了半个月,二十四日离去,舟行至灵璧镇,徇张硕之请,为作《张氏园亭记》。

张氏历世显宦,造此园,费时五十余年,不但有花木池台之美,兼有畜牧、纺织之类的设备。大凡生事所需,百物咸备于一园之中,它不是一个普通但供游赏的花园。苏轼称羡张家先人治园之意,论曰:

古之君子不必仕,不必不仕。必仕则忘其身,必不仕则忘其君。譬如饮食,适于饥饱而已。然士罕能蹈其义,赴其节。处者安于故而难出,出者狃于利而忘返。于是有违亲绝俗之讥,怀禄苟安之弊。

张氏为其子孙,筑室艺园,使其出可以仕,退可以隐,得从容进退,无适而不可之乐云云。

这是归乡无计的苏轼,触景所生的感慨与歆羡。他如要回眉山去,连住到哪里去,都还要大费一番周章,遑论生计所需的取给。所以他要赞佩张氏先人为子孙设计的周到,如此而已。

过扬州,老友鲜于子骏(侁)在做知州,设盛宴于平山堂,招待苏轼。平山堂是欧阳修知扬州时所修造的名建筑,苏轼身临其地,不免怀念先师,作《西江月》词:

三过平山堂下,半生弹指声中。十年不见老仙翁,壁上龙蛇飞动。

欲吊文章太守,仍歌杨柳春风。休言万事转头空,未转头时皆梦。

这次宴会,湖州张大亨(嘉父)亦在座,僧德洪《石门题跋》记嘉父言:"东坡登平山堂,怀醉翁,作此词。时红妆成轮,名士堵立,看其落笔置笔,目送万里,殆欲仙去耳。"此是苏轼当年的丰采。

四月渡淮,至高邮,秦观、参寥俱在,就坐上苏轼的船,一路同行。过金山,遇大风,访宝觉禅师。至无锡,同游惠山,惠山的水有"天下第二泉"之誉,他们就在山上汲泉生火,煎茶共饮,苏轼有咏曰:"敲火发山泉,烹茶避林樾。明窗倾紫盏,色味两奇绝。吾生眠食耳,一饱万想灭。……"

这几日相伴,苏轼益发觉得参寥这个人,坦率天真得可人。秦观发现苏轼已经有点重听,又以为他在装聋。苏轼说:"色、受、想、行、识,这五蕴都是人生的贼病。现在一病先去,只怕此心未了,即使不见不闻,还是障碍。"

五年之前,在此一带,结伴同游的刁约(景纯)和张先(子野）两老，皆已先后物故，人琴俱亡，只剩得一抔黄土，空帏鹤唳而已。苏轼追怀昔游，无恨怅惘，都一一前去祭奠。

至秀州（今浙江嘉兴），往白牛村哭祭陈舜俞之殡。

仁宗一朝四十一年，中制科者仅十五人，苏氏兄弟亦在这十五人中，舜俞比他们早，且是那次科考中的第一名。苏轼在祭文中说：以令举学术的深厚，更得科甲的发扬，声名远播，天下莫不期之以大器；但是同辈中有不少人飞黄腾达的，他却一生困于仕途，不得大用。熙宁三年，他还不过是个山阴知县，为了拒绝施行青苗法，上疏抗论，被贬为监南康酒税，一斥再斥，终于放归田里，郁郁病死于白牛村。

苏轼想不透这是什么道理，令他十分惶惑。他在天道与人事之间，想来想去，不出三种情况：一是天所赋予令举的才能，只是一个无意中的偶然，所以并不安排他的用与不用；二是天确有意作成这个人才，而人事不足以辅成其大；三是天生斯才而人不用，所以天又夺回去了。苏轼惶然道：三者必居其一。否则，以令举之贤，何为不立？何又立而不得其用？

苏轼的惶惑，实是知识分子的穷途之恸；哭令举，亦苏轼之要搔首问天的自伤。所以陆放翁题跋说：

> 东坡前后集祭文，凡四十首。惟祭贤良陈公，辞指最哀。读之使人感叹流涕。其言天人予夺之际，虽若出愤激，然士抱奇材异识，沉压摈废，不得少出一二，则其肝心凝为金石，精气去为神明，亦乌足怪，彼愦愦者固不知也。绍熙甲寅十二月二十九日笠泽陆某谨书。

元丰二年（1079）四月二十日，苏轼抵湖州任。

# 第五章　乌台诗狱

## 一　始作俑者——沈括

沈括，字存中，浙江钱塘人，博学善文词，于天文、方志、律历、音乐、医药、卜算，无不通晓，在中国历史上，自汉有张衡后，他是第二个正史有传的科学家。

虽然是科学史上成就极大的学者，但在那个时代，士非从政，即无其他出路，而他在现实政治里所表现的角色，却是个反复无常的小人。

这与他才能卓越而早年甚不得意有极大的关系。沈括家贫，迟至三十一岁才中进士，自入仕途，即被冠盖荣华所眩惑，使他热衷利禄，竭力营谋进用。

熙宁之初，王安石变法，沈括也曾参与过三司条例司的工作。当时，王安石权势正盛，沈括有心依附，竭力拥护新法，安石初亦相当器重他的才能，但是不久就看穿了他的人品。保甲法将行时，神宗有意委任沈括专主其事，而安石对曰："沈括壬（小）人，不可亲近。"熙宁六年（1073），沈括才开始得意起来，先是入馆阁，为集贤校理，奉诏详定三司令敕，继复被派为两浙路察访使，口衔天宪，出为钦差大臣了。

陛辞请训时，神宗面谕中，有道："苏轼通判杭州，卿其善遇之。"

沈括到了杭州，与苏轼交往论旧，非常热络。将去，要求苏轼手录近作诗一通，留为纪念，这也是朋友间的常事，苏轼也不疑有他，就写了送他。

其实，沈括心里非常嫉妒苏轼，神宗的殿论，对他是一个强烈的刺激，而他又知道安石甚恶苏轼，所以回京后，除了极口赞扬青苗、助役诸法，绝无不便于民之外，随即将苏轼的近诗，逐首加以笺注，附在察访报告里，签贴进呈，告他"词皆讪怼"。[①]

神宗置之不问，但是满朝的人，都已知道有此一事，自然有人告诉苏轼。苏轼认为这种捕风捉影的忌谤之言，英明的皇上不会信他，并不放在心上，倒在写给刘恕的信上，自嘲道："不忧进了也。"意思是不愁没有人把我的作品进呈御览了。

这出把戏，经过五六年，一直没事。不料元丰二年，李定、舒亶等人媒孽诬害，所用的手段，就完全是从沈括学的。苏辙为兄下狱所上书中提到："向者曾经臣僚缴进，陛下置而不问。"指的就是他，所以说，乌台诗狱案的始作俑者，实是沈括。

王安石二次罢相，举吴充自代。这时候，沈括官已升至掌理

---

[①] 王文诰《苏诗编注集成》引王铚《元祐补录》。

全国财政的三司使,他要走新相国的门路,又看出吴充的作风,事事欲与荆公为异,就秘密条陈常平役法不便诸端,献与吴充,吴便袖在衣筒里,密呈神宗。

事为御史知杂事的蔡确所闻,上疏言:

> 新法始行,朝廷恐有未便,故诸路各出察访,以视民愿否。是时,沈括实为两浙路察访使。还,盛言新法可行,百姓悦从,朝廷以其言为可信。今王安石出,吴充为相,乃徇时好恶,诋毁良法。其前后之言,自相背戾如此。

疏入,神宗甚恶沈括的反复无常,落翰林学士,以本官贬宣州。①

所以,乌台诗狱发生时,沈括已不在京师。

苏轼于元丰二年四月二十日到湖州任,按例,进谢上表。

> ……伏念臣性资顽鄙,名迹堙微。荷先帝之误恩,擢置三馆;蒙陛下之过听,付以两州。非不欲痛自激昂,少酬恩造。而才分所局,有过无功。伏遇皇帝陛下天覆群生,海涵万族。用人不求其备,嘉善而矜不能。知其愚不适时,难以追陪新进;察其老不生事,或能牧养小民。而臣顷在钱塘,乐其风土。鱼鸟之性,既自得于江湖;吴越之人,亦安臣之教令。敢不奉法勤职,息讼平刑,上以广朝廷之仁,下以慰父老之望。

不料这篇表文,也会惹祸。

---

① 〔宋〕魏泰:《东轩笔录》。

## 二　被台谏围剿

宋朝的谏官制度,与唐代不同。唐代的谏官,隶于门下省,辖属宰相,所以常为宰相执言,谏诤的对象是皇帝。宋初,为防大臣专擅,产生侵主的权臣,所以定制谏官皆由皇帝亲自选擢,不得由宰相荐举,于是台谏的地位,就超然独立,越出执政之外,同时畀以重权,不但有权纠绳大臣,并且可以随时弹劾执政。

朝廷更许谏臣"风闻言事",说错话可以不负言责,这固然是皇帝欲依谏官为耳目口舌,鼓励言论的方法,但使台谏的权势,变成毫无统驭的野马。苏轼从前上皇帝书中,就曾说过:"言及乘舆,则天子改容;事关廊庙,则宰相待罪。"不料今日,竟然身被其祸。

在这样的制度之下,台谏官的人选,就非常重要,必须个个都是公忠体国之士,否则,如轻付小人以凌驾执政的地位和权力,他如滥用权力,则后果就不堪设想了。

神宗确然是个勇于有为的英王,后世史家批评他尚义而好名,本来这也不是大缺点,问题出在他只知要维护尊重舆论的立场,而不深察言事官党争的私心和奔竞利禄的私欲。他接受了台谏们的"控"状,还以为不过找苏轼来问个明白而已,并不觉得事情有那么严重,后来才觉察到台谏们是有计划的结伙陷害,而苏轼实陷冤诬,再图救赎,但这场出死入生的文字狱,却已如火如荼地烧了起来。

以李定为首的这些台谏官,他们之所以要兴起这场诗狱,目的在打击保守派的潜在势力,摧毁他们重登政坛的机会,借以巩固王安石去位后，力量已显薄弱的新政派的既得政权，是非常明白的事情。

当时的情况是，专政十余年的王安石已经黯然离京，吕惠卿阴谋败露，一时决难再起；帝以吴充为相，不过地位中立；王珪是个乡愿式的老官僚，虽然竭诚拥护新政，依附安石，但其政治上的声望地位，实不足以领导群伦，能力上也不太能够配合急求事功的皇帝。他们虽然接下了荆公所遗的重担，但却显得十分吃力。

另一方面，天下所瞩目的"真相"，却在洛阳，受苦受难的老百姓所仰望的及时雨，是妇孺皆知的司马光。

万一有一天，神宗觉得无人能为国家做事，念头一转，真让司马复出的话，以他那种只一不二的脾气，这批由王安石选拔出来的"新进"，连现有的禄位都不保了，还有什么政治前途可言？

何况王珪侥幸登上相位，急需干部，所以李定等人就攘臂而起，愿为打手。

但是司马光远居洛阳，闭户著书，绝口不谈国事，没有办法议论他；而王安石公开指责过苏轼是司马光反对新政的幕后智囊人物，更有沈括那道"讥讪朝政"的老药方，可以故技重演，退求其次，杀鸡儆猴。于是，倒霉的苏轼，祸从天降，就做了新旧政争中的"代罪羔羊"。

他们又以集体围剿的方式，使尚义而好名的神宗无法回护。

元丰二年（1079）六月二十七日，由权监察御史里行的何正臣首先发难，上札论苏轼到湖州任谢上表中，有"知其愚不适时，难以追陪新进；察其老不生事，或能牧养小民"，指为"愚弄朝廷，妄自尊大"。又说："一有水旱之灾，盗贼之变，轼必倡言归咎新法,喜动颜色。轼所为讥讽文字,传于人者甚众。今独取镂版而鬻于市者进呈。"

继起者,亦为监察御史里行的舒亶,进札子说:"臣伏见知湖州苏轼进谢上表,有讥切时事之言。流俗翕然,争相传诵,忠义之士,无不愤惋。"

这一段冒头,显与何正臣互为呼应,其下正文,则独选可以附会为"谤讪君上"的文字,以激怒神宗,陷苏轼于"大不敬"的杀头之罪,用心非常狠毒,文略曰:

陛下发钱以本业贫民,则曰"赢得儿童语音好,一年强半在城中";陛下明法以课试郡吏,则曰"读书万卷不读律,致君尧舜知无术";陛下兴水利,则曰"东海若知明主意,应教斥卤变桑田";陛下谨盐禁,则曰"岂是闻韶忘解味,尔来三月食无盐"。其他触物即事,应口所言,无一不以讥讽为主。小则镂版,大则刻石,传布中外,自以为能。其尤甚者,至远引衰汉梁窦专朝之士,杂取小说燕蝠争晨昏之语,旁属大臣,而缘以指斥乘舆,盖可谓大不恭矣。

伏望付轼有司,论如大不恭,以戒天下之为人臣子者,不胜忠愤恳切之至。

以上两件,神宗批交中书复议。

舒亶,字信道,慈溪人,治平二年进士,初为县尉,坐手杀人罪,已被停废多年。张商英为御史,言其才可用,始得改官。[1]

舒亶得张商英的推荐,始从废籍中钻出头来,重入仕途,办了苏轼诗狱案后,他就得意起来,接了张璪知谏院的后任。其时,

---

[1] 〔宋〕周煇:《清波杂志》。

商英为中书检正，给他写了一封信，并将他的女婿王沨之的课业，送请察看，总不外是私人之间请托的小事。谁知他翻脸无情，立即上章举发，曰："商英官居宰属，而臣职在言路，事涉干请，不敢隐默，将各件缴进。"商英因此降为馆阁校勘，监江宁酒。

舒亶之为不折不扣的小人，其为士大夫所不齿，非仅苏轼一案。

其间，有个国子博士李宜之，初得提举淮东常平，他也来插上一手。无他，一个默默无闻的小官，若能参加一件扳倒名人的大事，足使自己增重。奏状说：

> 昨任提举淮东常平，过宿州灵壁镇，有张硕秀才称：苏轼与本家撰《灵壁张氏园亭记》，内称"古之君子，不必仕，不必不仕。必仕则忘其身，必不仕则忘其君"。是教天下之人，必无进之心，以乱取士之法。无尊君之义，亏大忠之节，显涉讥讽，乞赐根勘。

紧接着是权御史中丞李定的压轴戏，七月二日上札言苏轼有可废之罪四，略曰：

> 知湖州苏轼，初无学术，滥得时名，偶中异科，遂叨儒馆，有可废之罪四：轼先腾沮毁之论，陛下稍置之不问，容其改过，轼怙终不悔，其恶已著，此一可废也。古人教而不从，然后诛之，盖吾之所以俟之者尽，然后戮辱随焉，陛下所以俟轼者可谓尽矣，而傲悖之语，日闻中外，此二可废也。轼所为文辞，虽不中理，亦足以鼓动流俗，所谓言伪而辨，当官侮慢，不循陛下之法，操心顽愎，不服陛下之化，所谓行伪而坚，先王之法当诛，此三可废也。轼读史传，岂不知事君有礼，讪上有诛，肆其愤心，公为诋訾，而又应制举，

对策即已有厌弊更法之意,陛下修明政事,怨不用己,遂一切毁之以为非是,此四可废也。而尚容于职位,伤教乱俗,莫甚于此。伏望断自天衷,特行典宪,取进止。

李定这件札子,句句紧扣着苏轼怨望和谤讪的对象都是皇帝陛下,极富挑拨性,神宗当时也不免被激怒了,要勘问一个明白,遂下旨道:"送御史台根勘闻奏。"

李定,是王安石一手提拔出来的新政派,初欲引为谏官,被中书舍人封还词头,后又被人检举不服生母仇氏之丧,台谏给舍,纷纷论其不孝,司马光诋之为"禽兽不如"。此事原不重大,但竟掀起政海风波,无他,借李定以攻击王安石,他做了党争的箭靶而已。①

苏轼与李定初无个人嫌怨,有人以为轼作贺朱寿昌得母诗,有"感君离合我酸心,此事今无古或闻"句,是暗讽李定,今为报复。其实,以当时朝士作诗称美寿昌者之多,岂仅苏轼一人,即此一言,亦非"必欲置之死地"的深仇,而今李定如此狠毒,无他,以苏轼为党争的箭靶,意在司马光而已。

御史台奉到圣旨后,请求皇上选官参治,诏派"知谏院张璪、御史中丞李定推治以闻"。

这张璪,原名张琥,与苏轼是进士同年。轼任凤翔签判时,张已先在凤翔为法曹,曾为同事,当他离职时,苏轼还作过一篇《稼说》赠行,与共勖勉。

谁知这位同年,素性奸邪,往往以危机陷人。这些年来,在京城十分活跃,初奉王安石,旋附吕惠卿,又与舒亶深交,数兴

---

① 〔宋〕魏泰:《东轩笔录》。又见《邵氏闻见录》。

大狱。轼案发生时,他已位居知谏院兼侍御史知杂事,甚得右相王珪的倚重。奉派这个差使,正是他表功的机会,遂与李定联手,杂治狱案,必欲置苏轼于死地了。

他因王珪的竭力援引,元丰四五年间,就当上了参知政事、中书侍郎,俨然执政矣,其后跟着朝局转变,党章惇,谄蔡确,无往不利。王文诰说:"数人之性不同,而璪能探情变节,左右从顺,各得其欢心。"以这样一个奇才,掌握典宪大权,苏轼的性命,岂不危乎殆哉!

李定奏请先罢苏轼知湖州的现职,并请差员"追摄"(追捕),神宗批令:"御史台选牒朝臣一员,乘驿马追摄。"又责不管别致疏虞状。罢湖州的朝旨,令差去官赍往。

于是,就派了太常博士皇甫僎(遵)驰驿赶往湖州,逮捕苏轼到案。

## 三 追捕

苏轼到湖州任,是五月二十日,至七月二十八日,即被御史台所派的吏卒,逮捕解往京师,在任不过两个月又八天。

七月初七那一天,秋阳杲杲,天朗气清,苏轼趁此大太阳,在家曝晒书画,无意间看到亡友文同送他的那幅双钩着色的"偃竹图",追念昔游,忽尔人天永隔,不禁悲从中来,废卷而失声痛哭。殊不知这两个月间,京中群小已经编织好一重天罗地网,即将迎头罩来,此日之悲,也许就是一种神秘的心灵感应,灾祸的先谶。

御史台将要派人赴湖州逮捕苏轼,在京的王诜最先得到这个消息,立刻派一干仆赴南都通知苏辙,苏辙即派人往湖州告知老兄,让他有个准备。不料皇甫僎带了一个儿子,两个台卒,倍道疾驰,其行如飞,追赶不及。幸而到润州时,他的儿子病了,求医诊治,耽搁了半天,苏辙派的人才能比他先到一步。但只为此,王诜在本案中落了一个"泄漏密命"的罪名,成了仅次于苏轼的第二号人犯,他若不是驸马,恐亦难免牢狱之灾了。

七月二十八日,皇甫僎带了两个台卒,突然闯进州衙来了。是日,苏轼先已在告(假),通判祖无颇权代州事。皇甫僎径入州厅,穿着靴袍,秉笏立于庭下,两个台卒左右夹侍,白衣青巾,顾盼狞恶。全衙人心惶恐,以为将有不测的大祸,立刻就要爆发。

苏轼是个书生,从未见过这等阵仗,惶恐不敢出见,与祖无颇商量,该怎么办。无颇说:"事已至此,无可奈何,须出见之。"

苏轼问:"该当穿什么衣服出见?"自以为既已得罪,不可再穿朝服。无颇说:"现在还未知是什么罪名,当然仍穿官服出见。"

于是,苏轼也穿了靴袍,秉笏与皇甫僎对立庭下,祖无颇及职官都戴小帻,列于苏轼身后。

看到这两个台卒的衣服里面,有物隆起,像是藏有匕首,皇甫僎又装模作样,许久,都不开口说话,人心更加疑惧,逼得苏轼只好开口问道:

"轼自来惹恼朝廷甚多,今日必是赐死。死固不辞,乞归与家人诀别。"

至此,皇甫僎才说:"不至如此。"

无颇走上一步,揖道:"太博必有被受文字(指逮捕状)?"

皇甫僎问:"你是什么人?"

"无颇是权州。"

皇甫乃命台卒从怀中取出,原来只是"台牒",交给了祖无颇。

打开台牒来看,不过是寻常的追摄行遣而已,只是皇甫僎故意那样威吓他们。

随即催促苏轼速行,两个台卒走过来,将苏轼扎了绳子,即时出门。①

一说:"吏部差朝士皇甫朝光(疑是僎字)管押,东坡方视事,数吏直入厅事,摔其袂曰:'御史中丞召。'东坡错愕而起,即步出郡署门,家人号泣出随之,郡人为涕泣。"②

不论哪一说对,祖无颇所目击的,是"顷刻之间,拉一太守,如驱犬鸡"。

王夫人得讯,急忙追赶出来,家人号泣相随,苏轼无话可说,突然想起前在洛阳,听李简夫讲过一个故事:

从前真宗东封还都,沿途访寻天下隐士,知有杞人杨朴,就请他来朝相见。上问曰:"卿临行,有人赠诗否?"朴对曰:"只有臣妻一首:且休落拓贪杯酒,更莫猖狂爱咏诗。今日捉将官里去,这回断送老头皮。"

皇上大笑,放他还山。

这故事,王夫人是听说过的,所以轼就顾谓老妻道:"你独不能如杨处士妻,作一诗送我吗?"

王夫人凄然失笑,苏轼就此快步出门,只有长子苏迈一人,

---

① 〔宋〕孔平仲:《孔氏谈苑》。
② 〔宋〕朱彧:《萍洲可谈》。

徒步相随。①

这时候，州衙内外，都被皇甫僎所故意营造的恐怖气氛所笼罩，权州事祖无颇都畏避一边，不敢相送，亲戚朋友都惊吓得傃时星散，只有王适、王遹两兄弟不去，一直送出郊外，劝慰苏轼道："死生祸福，天也。公其如天何！"

他们回去后，就帮忙苏家整顿行李，将苏轼一家二十余口，送往南都苏辙家寄寓。

同僚中，只有掌书记（相当于现在的秘书主任）陈师锡，赶来饯别，并且帮忙安辑苏轼的家眷。师锡字伯修，建安人，少游太学，颇有文名。元祐朝，苏轼三上章荐其学术、德行、文章。李之仪论其为人曰："特表见于东坡老人赴狱之际，天下识与不识，已想见其人。"即指此日之事。

皇甫僎奉命追取苏轼，曾以安全理由，请于途中每夜所至之处，将人犯送往当地官署寄监，竟如押解江洋大盗一样。此议，神宗不许，以为只是根究吟诗的事情，不消如此。②

苏轼被置舟中，船行至太湖鲈乡亭下，停舟修舵。这一晚，风涛倾倒，月明如昼，苏轼独自沉思，如此仓卒间被拉而去，祸不可测，将来发下审理，一定会连累很多亲朋好友，不如现在闭上眼睛，纵身入水，顷刻之间，可以一了百了。心里这样暗自打算，但是前后左右，吏卒监守严密，苦无脱身机会。至扬子江边，苏轼趁渡江上落的机会，便欲投江自杀，但是仍被监守的吏卒拉住，从此将这钦犯，看守得更紧，苏轼求死亦已不能。

鲜于侁，时为扬州太守，苏轼这件案子发生时，就有人劝他

---

① 〔宋〕苏轼：《东坡志林》。又郑景望《蒙斋笔谈》。
② 〔宋〕孔平仲：《孔氏谈苑》。

将与苏轼往来文字，即速烧掉，以免后患，子骏说："欺君负友，吾不忍为。"八月初，苏轼解至扬州，俅独求见一面，但为台吏所拒，惘惘而归。

由天长过平山堂下，隔墙见友人杜介家纸窗竹屋，清静萧散，自己则已成了罪犯，真有天上地下之别，不禁生出无限的羡慕。后在黄州，《与杜几先》云：

> 八月初，就逮过扬，路由天长，过平山堂下，隔墙见君家纸窗竹屋依然。想见君黄冠草履于药墟棋局间，而鄙夫方在缧绁，未知死生。慨然羡慕，何止霄汉。

行至宿州，得御史台的命令，要所在州郡，搜索苏家。其时他家眷口，已在赴南都的船上，州郡官望风承旨，居然派遣大批吏卒坐船追赶，中途将王夫人等的船只拦截之后，团团围住，细细搜索。苏轼于黄州《上文潞公书》中说：

> 轼始就逮赴狱，有一子稍长，徒步相随，其余守舍皆妇女幼稚。至宿州，御史符下，就家取文书，州郡望风，遣吏发卒，围船搜取，老幼几怖死。既去，妇女皆恚骂曰："是好著书，书成何所得，而怖我如此！"悉取烧之。比事定，重复寻理，十亡其七八矣。

元丰二年（1079）八月十八日，始入台狱。

## 四　勘问

苏轼在御史台狱，被关在"知杂南庑"一个独居的囚房里。这囚房，非常狭窄而且阴暗，据他自己记述（《晓至巴河口迎子由》诗），住在里面，一举手，一投足，就会碰上阴湿粗硬的墙壁，仰起头来，屋顶上开的一个天窗，还不到一片席子大，整个囚房，就像一口百尺深井。这个名满天下的诗人，就蜷缩在这个不见天日的井底，死生莫卜，"人为刀俎，我为鱼肉"，等待别人宰割。

要人坐罪，需有证据，要兴大狱，需先掌握丰富的资料，所以御史台人，在这方面，做了甚多努力。何正臣随状缴进了坊间出售的木版印本，舒亶所缴进的是"印行四册"，另又检会送到题名"元丰续添苏子瞻学士钱塘集全册"，这三种都是市上的通行刊本。其余，散落在有关人士手上，尚未刊印的，一定还有很多，不能遗漏，所以御史台复行文州郡，收取境内苏轼所遗诗文，如诗集自注说："仆顷以诗得罪，有司移（文）杭取境内所留诗，杭州供数百首，谓之诗帐。"即是一例。

如此大力搜索，然后一条一条取来勘问，堂下的罪人，自然有避讳的，也有遗忘的，就三番四覆地寻根究底，逼得你非承认他们的曲解，否则就没个完结。

苏轼八月十八入狱，二十日开始问案，苏轼初供："除《山村五绝》外，其余文字，并无干涉时事。"

勘状指责他"虚称别无讥讽嘲咏诗赋"。于是御史台就移文有关地方的政府机构，向各关系人问证。在如此严厉的情况下，还有何人敢于隐讳，即使片言只纸，也都一一缴纳。兹就勘状中所说的，举二事为例。

关于王诜部分，据说苏轼曾将"开运盐河诗"寄与王诜，起初隐讳不答，于是他们就委任其他人员向王诜问证，王诜不敢隐瞒，就将此诗缴出，为此一诗，苏轼于九月二十三至二十七日间，被足足问了五天,"方具实招"。

如寄黄庭坚诗、书信及祭文同文,问官根据目录查询,认为苏轼口供,"其间有隐讳未尽",就行文北京留守司向黄庭坚取问、根验,弄到苏轼手书原件,当堂叫苏轼自认,然后轼方"尽行供认"。诗中苏轼自比为道旁苦李,以无用自全。祭文中"道之难行,哀我无徒。岂无友朋,逝莫告予"。都被勘证是谤讪朝政的证据。

苏轼在杭州时,八月十五观钱塘潮,在安济亭上题有一诗:"吴儿生长狎涛渊,冒利轻生不自怜。东海若知明主意,应教斥卤变桑田。"他们取到了,苏轼在台供称是说盐法为害,而他们则判认为讥讽皇上好兴水利,而事不可成。唯有指他"谤讪君上",才能将他陷入"大逆不道"的死罪中去。状称"逐次隐讳不说情实",足足问了两天,"再勘方招"。

勘查"司马光独乐园"诗,指苏轼前供,"不合虚称无有讥讽,再勘方招"。而御史老爷认定:四海苍生希望司马执政、陶冶天下,即是讥讽现在执政者,不得其人;又说司马光反对新法,与苏轼意思相合,所以他说新法不便,朝廷终当起用司马,希望不要如此喑哑不言,要如以前一样起来攻击。这段解释,煞费苦心,充满强烈的挑拨性,不但要使苏轼坐罪,且欲激怒皇上和宰辅,把司马光也拉扯出来。

如"送范镇往西京"诗"小人真暗事,闲退岂公难",说苏轼意在讽刺今时小人,以小才而享大位,暗于事理,以进为荣,以退为辱。又说"言深听者寒"是赞扬范镇昔日反对新法的激烈言论,使听者恐惧,蓄意鼓励反动,这也是想把范镇一起拉出来的一个伏笔。

像这样一条一条的勘问笔录,都辑录在南宋人编印的《乌台诗案》一书中,其第一部分举名条录者,有王诜、王巩、李清臣、章传、周邠、苏辙六人,共六项,其余杂举三十余条,多不胜举,详见《施注苏诗》每诗的注中。

以苏轼写作的丰富,像这样一字一句、追根究底地勘问,为日不足,继以夜审,只差当时还没有的探照灯外,简直就是"疲劳审问",任你铜筋铁骨,到头来只有一概招认,苏轼能不精神崩溃,还幸是天赋独厚!

而且,这批忠贞无比的台官们,技不止此,你若不认,他们还要大声辱骂,甚至扑打,用来逼供。这是苏颂传说下来的。其时,苏子容为开封府尹,治陈世儒狱,言官们诬为宽纵,是年秋,亦自濠州逮赴台狱,尝自赋诗十四篇,诗前有序曰:

> 子瞻先已被系,予昼居三院东阁,而子瞻在知杂南庑,才隔一垣。

所以声息尽闻,整夜听到隔墙拷问逼供的吵闹,诗曰:"遥怜北户吴兴(湖州)守,诟辱通宵不忍闻。"①

硬的不肯就范,还有软的"诱供",同时人的孙升传说:

> 子瞻得罪时,有朝士卖一诗策,内有使墨君事者,遂下狱。李定、何正臣劾其事,以指斥论,谓苏曰:"学士素有名节,何不与他招了。"轼曰:"轼为人臣,不敢萌此心,却未知何人造此意。"②

在此酷虐的勘问阶段,李定是奉诏的主审之一,以为像苏轼这样的人物,今也落入我手,不禁气焰万丈,飞扬跋扈起来,盈廷朝士,都不敢问及此案,也没有人敢和他说话。李奉世告诉王

---

① 〔宋〕周必大:《二老堂诗话》。
② 〔宋〕刘延世:《孙公谈圃》。

巩道：有一天，李定在崇政殿的殿门外，大伙儿一起等候早朝，李定忽然跟同列的官员道："苏轼确是奇才！"

别人不知其意何在，不敢搭腔，他自言自语道："一二十年前所作诗文，引经援史，随问随答，无一字差错，此非奇才而何？"[①]

语毕，他独自叹息久之，空气非常凝重，众皆默不作声。

## 五　审理

御史台根勘所就其两个月间酷烈的勘问后，作成"勘状"，性质类似现在司法检察机关的起诉书。首先记录苏轼的五代和仕历，历官的举主。再记述苏轼任凤翔签判日，为中元节不过知府厅，罚铜八斤；任杭州通判日，不举驳王文敏盗官钱，官员公按，罚铜八斤等两次过失记录外，别无前科。

宋制，一般罪犯，只问三代，而苏轼一进台狱，首即讯问五代，并问有无誓书铁券[②]，只有死囚才如此问法，他们显然是故意恐吓。被捕前，皇甫僎的态度也是如此，可见是有计划这样做的。

论苏轼的犯罪动机与目的，则曰："登科后，入馆多年，未甚进擢，兼朝廷用人，多是少年，所见与轼不同，以此撰作诗赋文字讥讽，意图众人传看，以轼所言为当。"（《乌台诗案》）换句现代话来说，则是替他安上了一个"写作并传播反国谋叛的语言文字"的罪名，其责不轻。

---

[①]〔宋〕王巩：《甲申杂记》。又王称《东都事略》同。
[②]〔宋〕朱彧：《萍洲可谈》。"誓书铁券"乃皇帝颁与功臣享受某种特权之铁契，左颁功臣，右藏内府，取券合之，推其功而赦减其罪。

其次，列举与苏轼相识的张方平、王诜、司马光、范镇等二十四人，认为"其人等与轼意相同，是与朝廷新法时事不合，及多是朝廷不甚进用之人，轼所以将讥讽文字寄与"。而这些人收受苏轼的讥讽文字，又不申缴有司官署，也该一并问罪。

最有趣的是状内详细叙述王诜与苏轼往来的事实，如王诜累次送酒食茶果与苏轼，又送弓一张、箭十支、包指十个，苏轼托王诜令人褙背画幅三十六轴，没有付钱；苏轼赴杭州通判任，王诜送他茶、药、纸、笔、墨、砚、鲨鱼皮、紫茸毡、翠藤簟等；如赴徐州任时，送他羊羔儿酒四瓶、乳糖狮子四枚、龙脑面花象板、裙带系头子、锦缎之类，都一一详列如清账，都是罪状。苏轼为嫁甥女，向王诜借钱二百贯，后又续借一百贯，自后未曾归还；又苏轼代相知僧人，托王诜代求师号、紫衣、祠部度牒等，也全列入罪状之内。

其实，他们预定王诜为仅次于苏轼的第二号打击目标，只因没有可以罗织的材料，就堆砌了一车废话，说明一点：与苏轼交往亲密，即是"罪行"。

如勘状引王巩言："真宗时，朝里尊礼杨大年，时人称之。今王诜尊礼子瞻，亦同大年。"这也是苏轼遭人嫉视的原因之一。

王诜从前因赵世居谋叛案被牵涉案内，也曾登殿应讯，问完话，他向神宗抱怨道："今后不敢与人往还了。"皇上谕曰："如温良之士大夫，往还亦自无害。"

苏轼后来听说，曾取笑王诜道："次第自家是不温良的也。"原来他又误交了不温良的苏轼。

与王巩关涉的，乌台诗案只能举出王巩至徐州访苏时，带来张方平诗稿一卷，封面题作《乐全堂杂咏》，苏轼题诗卷末被指为以荒林废沼比朝廷新法,致有人物衰谢,风俗虚浮之叹,皆是胡牵乱扯。本来亦不关巩事,但后来处分,王巩得罪独重,远贬广南,盖因他们原想打击张方平,而方平三朝元老,敢做敢说,不是一个好惹的人,所以就将他的女婿王巩,做了代罪的羔羊。北宋政事的混乱与腐败,至熙丰之世,处处暴露无遗。

李清臣奉差编修国史,苏轼赋诗赠行,有"付君此事宁论晋,载我当时旧过秦",谓苏轼于仁宗时,曾进史论二十五首,指他妄以贾谊自比,意欲清臣于史中著载其事。

与苏辙诗,举"至今天下事,去莫如子猛",称其辞卸制置条例司职务之勇决;又"眼看时事力难胜,贪恋君恩退未能",说自己才力不胜,也都是"谤讪"或"讥讽"。

赠孙觉诗"若对青山谈世事,直须举白便浮君",指苏轼叫人莫谈国事,亦成罪状,竟是"没有不说话的自由",诛心曲解,何所不至。

他如与章传、刘述、周邠、刘攽、李常、僧道潜(参寥)、陈襄、刘恕、曾巩诸人唱和之作,送钱藻、蔡冠卿,扬州赠刘挚、孙洙诗,为僧居则作《大悲阁记》,为王巩作《三槐堂记》,为王安上作《公堂记》,作《灵壁张氏园记》《后杞菊赋》等,说苏轼俱已招认,"有此罪愆,甘服朝典",云云。

苏轼在狱中,日被群小肆意虐侮,又遭那么残酷的勘问,自问决不能堪。一说,他曾将常服的青金丹,埋藏土内,以备有一天必须死时,则一次服下,足可自杀。

有一狱卒,叫梁成,极富仁心,苏轼日常生活,他都非常帮忙。苏轼有寝前洗脚的习惯,梁成每天夜里都为苏轼烧壶热水。苏轼看他诚恳,托他道:"轼必死,有老弟在外,我写成两诗,托你送给他,以当诀别。"梁成安慰他道:"学士必不致如此。"轼说:"假使我万一获免,则无所恨。如其不免,而此诗不能送到,则死不瞑目矣。"

梁成就慨然接了下来。[①]

那两首诗,冠以长题曰:"予以事系御史台狱,狱吏稍见侵,自度不能堪,死狱中,不得一别子由,故作二诗,授狱卒梁成,以遗子由。"二首:

> 圣主如天万物春,小臣愚暗自亡身。
> 百年未满先偿债,十口无归更累人。
> 是处青山可埋骨,他时夜雨独伤神。
> 与君世世为兄弟,又结来生未了因。

> 柏台霜气夜凄凄,风动琅珰月向低。
> 梦绕云山心似鹿,魂飞汤火命如鸡。
> 眼中犀角真吾子,身后牛衣愧老妻。
> 百岁神游定何处,桐乡知葬浙江西。

苏轼入狱后,杭州父老感念这个好官,为作解厄道场,祈祷神灵保佑他平安无事。苏轼深受感动,自以为生不能再至杭州,希望死后能够葬在西湖山上。

梁成将此二诗,秘藏枕内,到苏轼出狱时,送还说:"还学士此诗。"苏辙抱头伏案,自不忍读。

苏轼在台狱,受尽折磨,熬过两个月,总算勘问审理完毕,御史台于十月上旬,撰成勘状,奏请皇帝批示。

---

① 〔宋〕孔平仲:《孔氏谈苑》。

## 六　论救

　　苏轼被逮赴狱，苏辙即上书皇帝，乞纳在身官以赎兄罪，通篇文字，非常谨慎，但情实融会，很能使人感动，真是《栾城集》中上乘之作。其大要曰：

　　……臣窃思念，轼居家在官，无大过恶。惟是赋性愚直，好谈古今得失，前后上章论事，其言不一。陛下圣德广大，不加谴责。轼狂狷寡虑，窃恃天地包含之恩，不自抑畏。顷年通判杭州及知密州日，每遇物托兴，作为歌诗，语或轻发，向者曾经臣僚缴进，陛下置而不问。轼感荷恩贷，自此深自悔咎，不敢复有所为，但其旧诗，已自传播，不可救止。

　　轼之将就逮也，使谓臣曰：轼早衰多病，必死于牢狱，死固分也。然所恨者，少抱有为之志，而遇不世出之主，虽龃龉于当年，终欲效尺寸于晚节。今遇此祸，虽欲改过自新，洗心以事明主，其道无由。况立朝最孤，左右亲近，必无为言者。惟兄弟之亲，试求哀于陛下而已。

　　臣不胜手足之情，欲乞纳在身官，以赎兄轼，但得免下狱死，为幸。

　　在京的朋友，以吏部侍郎致仕的范镇，得讯最早，御史台也知道他和苏轼之间关系非常亲密，以为必可从他那里得到许多资料，首先向他索取往来文字。来势汹汹，急如星火，景仁不顾一切，上书皇帝论救，他家子弟怕这老人会被连累，竭力劝止，他都不肯，可惜书稿没有留传。

　　以太子少师致仕的张方平，于苏轼被解送过南都后，也立即上疏皇帝，虽"僭越上言，自甘鼎钺"，也要老不忘国，论救苏

轼,其辞略曰:

> ……早尝识其为人,起自远方孤生,遭遇圣明之世。然其文学,实天下之奇才。向举制策高等,而犹碌碌无以异于流辈。陛下振拔,特加眷奖,由是材誉益著。轼自谓见知明主,亦慨然有报上之心。但其性资疏率,缺于审重,出位多言,以速尤悔。顷年以来,闻轼屡有封章,特为陛下优容,四方闻之,莫不感叹圣明宽大之德。而尤轼狂易轻发之性,今其得罪,必缘故态。但陛下于天下生灵,如天覆地载,无不化育,于一苏轼,岂所好恶。……

> 今轼但以文辞为罪,非大过恶,臣恐付之狴牢,罪有不测。惟陛下圣度,免其禁系,以全始终之赐。虽重加谴谪,敢不甘心。……

方平撰写此疏,原欲附在京递的公文中一并进呈,而府官不敢承受,就叫他的儿子张恕亲赴京城向登闻鼓院投进。不料这位相公,愚而且懦,到得鼓院门前,徘徊瞻顾,畏缩不前,终于未曾呈进。后来,马永卿传其事曰:

> 子弟固欲其佳,然不佳者亦未必无用处。元丰二年东坡下御史狱,天下之士痛之,环视而不敢救。张安道在南京,愤然上疏,欲附南京递,府官不敢受,乃遣其子恕持至登闻鼓院投进。恕素愚懦,徘徊不敢投。东坡出狱,见其副本,因吐舌色动久之。问其故,东坡不答。后子由亦见之云:宜吾兄之吐舌也,此事正得张恕力。或问其故,子由曰:独不见郑崇之救盖宽饶乎?其疏有云:上无许史之属,下无金张之托,此语正是激宣帝怒耳,且宽饶正以犯许史辈有此祸,今乃再讦之,是益其怒也。且东坡何罪,独以名太高,与朝

廷争胜耳。今安道之疏乃云：其文学实天下之奇才也，独不激人主之怒乎？但一时急欲救之，故为此言耳。

仆（永卿）曰：然则，是时救东坡，宜为何说？先生（安世）曰：但言本朝未尝杀士大夫，今乃开端，则是杀士大夫自陛下始。神宗好名而畏义，疑可以止之。①

当时的情势是言官代表舆论，媒孽于下，皇上要做个尊重舆论的明主，不敢置之不理，只好诏令勘问。案狱既兴，就险不可测，凡与苏轼平日交好的朋友，个个都怀着"株连入案"的恐惧。除了退休的范镇、张方平外，谁还敢出头讲话？但是，公道自在人心，士大夫中到底还有"仗义执言"的少数，当朝的左相吴充，即是其一。

据传，有一天，吴充问皇上说："魏武帝何如人？"

皇上曰："何足道。"

"陛下动以尧舜为法，薄魏武，固其宜也。然魏武猜忌如此，犹能容祢衡，陛下以尧舜为法，而不能容一苏轼，何也？"

神宗惊曰："朕无他意，止欲召他对狱，考核是非而已，行将放出也。"②

吴充这番话，说得非常有技巧。名士，代表一个国家知识文化的巅峰，倘如皇帝连一个高级知识分子的放言高论也不能容忍，竟至滥使政治权力而杀士的话，则后世的批评将是如何，不言可喻。这顶帽子比"尊重舆论"还要大，难怪神宗要大吃一惊了。

王安石的几个弟弟，都是很有学问的。安礼，字和甫，为人非常豪爽，也稍有点玩世不恭，从来不怕什么。苏轼祸作时，他

---

① 〔宋〕马永卿：《元城语录》。
② 〔宋〕吕本中：《杂说》。

为值舍人院同修起居注官，日与皇上接近，李定就怕他说话，先曾警告他道："苏轼那么锐利地讥议新法，反对的是你家大哥，你可别说话。"安礼根本不理睬他，一日，对神宗非常率直地进谏道：

"自古大度之君，不以言语罪人。苏轼以才自奋，以为爵禄可以立取，但自来碌碌如此，心里不免觖望。今一旦致于理，恐后世谓陛下不能容才。"

帝曰："朕本来不欲深谴，将为卿赦之。但去，勿泄漏此言，轼方贾怨于众，恐言官们要为此加害于你。"[1]

此外，苏轼的最大救星，是神宗的祖母——光献太皇太后曹氏。

苏轼陷狱之初，太皇太后已在病中，接连几日，看到皇上神色颇不愉快的样子，便问："官家何事数日不怿？"

"更张数事，皆未能就绪。有苏轼者辄加谤讪，甚至形于文字。"

"莫非就是轼、辙兄弟？吾尝记仁宗皇帝当年策试完毕后，回到宫来，喜道：朕今日为子孙得太平宰相二人，虽我老矣，已不及用，朕将留遗后人。"[2]

太皇太后问这二人现在何处，皇上对以苏轼现方系狱，曹太后说："以作诗系狱，得非受了小人中伤。擦至于诗，其过甚微，吾已病矣，不可再有冤滥，致伤中和。"说着，这病中的老太太流下泪来。

---

[1]〔明〕商辂：《续资治通鉴纲目》。
[2]〔宋〕方勺：《泊宅篇》。《贵耳集》同。

神宗天性纯孝，事两宫，晨昏定省，必恭必谨。听了太皇太后的话，心中一震，一边恭答道："谨受教。"一边也流下泪来。

十月间，太皇太后的病势已很沉重，神宗要大赦天下为太皇太后求寿，太后说："不须赦天下凶恶，但放了苏轼就够了。"[①]

十月十五日，皇上以太皇太后"服药"，降诏："死罪囚流以下，一律开释。"

在狱中的苏轼听得这个消息，恍如黑室中透进一线曙光，作诗曰："汉宫自种三生福，楚客还招九死魂。"但是，即使真能生出狱门，"纵有锄犁及田亩，已无面目见丘园"，仍是不知如何是好。

十月二十日，太皇太后光献曹氏崩逝，苏轼以罪人不许服丧，"欲哭则不敢，欲泣则不可"，故作挽词两首，其第二章自维身世，非常沉痛。如曰：

　　未报山陵国士知，绕林松柏已猗猗。
　　一声恸哭犹无所，万世酬恩更有时。
　　梦里天衢临云仗，人间雨泪变彤帷。
　　关雎卷耳平生事，白首累臣正坐诗。

勘问已毕，苏轼在狱中，日对四壁枯坐，偶得望见铁窗外杂植的榆树、槐树和竹、柏，默默苦吟，以遣时日。咏榆曰："谁言霜雪苦，生意殊未足。坐待春风至，飞英覆空屋。"咏竹曰："萧然风雪意，百折不可辱。风霁竹已回，猗猗散青玉。"诗中对于身受的冤酷，毫无怨怒之意，认为只要立身坚强正直，任何摧残打击，都会过去，他是那么坚忍不拔地坐待春风之至。唯有高槐树上哀鸣的寒鸦，不免给他带来惊心的凄楚，咏槐诗曰："栖鸦寒不

---

[①]〔宋〕陈鹄:《耆旧续闻》。

去,哀叫饥啄雪。破巢带空枝,疏影挂残月。岂无两翅羽,伴我此愁绝。"

牢狱,固然有生命被强制停滞的悲哀,但是贫穷本身却是更大的罪恶,破巢之下,一家老幼的饥寒,茫茫来日,不堪设想。夜间,听着树上的饥鸦,声声聒噪,心寒的苏轼,不禁毛骨悚然起来。


## 七 定谳

御史台勘状奏上后,十月十五日奉御批:"见勘治苏轼公事,应内外文武官曾与苏轼交往,以文字讥讪政事者,该取会问验看若干人,闻奏。"

但是,在此同一日,因太皇太后患病,肆赦天下的诏令也发表了,假如不问死罪,苏轼至少已无生命之忧,大家松了一口气。而中书省复奏:该案内收受苏轼有讥讽文字,不申缴入司者,计有王巩等二十九人;承受无讥讽文字者,计有章传、苏舜举等四十七人。

十一月三十日结案,御史台具状申奏,神宗派遣发运三司度支副使陈睦赴狱录问。

杭州有王复秀才,世代业医,家在候潮门外,大门前有两棵桧木,枝叶繁茂,数百年的古树,苏轼在杭时,为王复赋此诗。群小于勘状外后又搜获得此,先于台狱里,问过苏轼:"蛰龙有无讥讽?"

轼回答得非常巧妙:"王安石诗:天下苍生待霖雨,不知龙向此中蟠。此龙是也。"

狱吏就不敢往下再问。①

这时候，李定、舒亶辈功败垂成，非常着急，只有再想办法激怒神宗，要把他搞到大逆不道的死罪，就不入赦免之列。于是就想用双桧诗这条新证据，由右相王珪（禹玉）于进见皇上时，忽言："苏轼于陛下确有不臣之意。"

神宗改容道："卿何以知之？"

王珪就举出轼作双桧诗内，有"根到九泉无曲处，此心惟有蛰龙知"句为证，对曰："陛下飞龙在天，轼以为不知己，而求知于地下之蛰龙，非不臣而何？"

神宗道："诗人之词，安可如此论。彼自咏桧，何预朕事。"

章惇在旁，接口疏解道："龙者，非独人君，人臣俱可以言龙也。"

神宗也说："自古称龙者多矣，如荀氏八龙，孔明卧龙，岂人君也。"

王珪语塞，退朝后，章惇诘问王珪道："相公乃欲覆人家族吗？"

珪曰："这是舒亶说的。"

章惇气愤得大嚷道："舒亶的口水也可以吃的吗！"②

即此之故，苏轼非常感激章惇，后在黄州致章子厚书，有曰："一旦有患难，无复相哀者，子厚平居遗我药石。及困急，又有以救恤之，真与世俗异矣。"即是指此。

————————

① 〔宋〕叶梦得：《石林诗话》。
② 〔宋〕胡仔：《苕溪渔隐丛话》。

王珪，字禹玉，四川华阳人，一向盘踞在翰林院里，受知于英宗，掌内外制者十五年，为诗文好用金玉锦绣字样，时人讥之为"至宝丹"①，而他自以为文章独步天下，不料后起的苏轼，文名掩盖了他的光彩，非常嫉视，一定不能让他出头。

政治上，他只是一个庸俗的官僚，只要高官厚禄。王安石势盛时，他就竭力逢迎他，传说有这样一个笑话：

一日，珪与安石同侍朝，有一只大虱子从安石的襦头上，爬到须上去了，皇上看到，笑了一笑，安石并不知道。

退朝后，王珪指以告安石，安石命侍从来捉它，珪说："不可轻去，辄献一言，以颂虱之功。"

"如何？"安石问，珪应声曰："屡游相须，曾经御览。"②

现在，安石退休了，他所推荐自代的吴充却事事要与他为异，所以依附王安石的这一辈丧家之犬，就群归王相国之门，他也利用他们，增进自己的政治地位，原是非常自然的情势。

诏派陈睦复审，录问无异，罪名是以文字谤讪朝政及中外臣僚，该处徒刑二年，案在大赦期中，应蒙恩赦。

这个结论，使李定、舒亶等大为着慌，于是李定再进言道：

> 轼起于草野，垢贱之余，朝廷待以郎官、馆职，不为不厚。所宜忠信正直，思所以报上之恩。而乃怨未显用，肆意纵言，讥讽时政。自熙宁以来，陛下所造法度，悉以为非。古之议令者，犹有死而无赦。况轼所著文字，讪上惑众，岂徒议令之比？轼之奸慝，今已具服，不屏之远方则乱俗，再使之从政则坏法。乞特行废绝，以释天下之惑。

---

① 〔宋〕王直方：《王直方诗话》。
② 〔宋〕彭乘：《墨客挥犀》。

御史舒亶则已迹近疯狂，不但认为牵连入案的王诜、王巩都罪不容诛，甚至因收受讥讽文字，不申入司的张方平、司马光、范镇等也都该杀头，其言曰：

　　驸马都尉王诜，收受轼讥讽朝政文字及遗轼钱物，并与王巩往还，漏泄禁中语。窃以轼之怨望，诋讪君父，盖虽行路，犹所讳闻。而诜恬闻轼言，不以上报，既乃阴通货赂，密与燕游。至若巩者，向连逆党，已坐废停（定国曾被牵入赵世居谋叛案，被追两官勒停）。诜于此时，同軰论议，而不自省惧，尚相关通。按诜受国厚恩，列在近戚，而朋比匪人，志趣如此，原情议罪，实不容诛，乞不以赦论。

又言：

　　收受轼讥讽朝政文字人，除王诜、王巩、李清臣外，张方平而下凡二十二人，如盛侨、周邠辈，固无足论。乃若方平、司马光、范镇、钱藻、陈襄、曾巩、孙觉、李常、刘攽、刘挚等，盖皆略能诵说先王之言，辱在公卿士大夫之列，而陛下所当以君臣之义望之者，所怀如此，顾可置而不诛乎？

神宗不失为一个颇有理性的人主，对于舒亶这番狂言，极抱反感，置之不理。不过，他自来听多了毁谤苏轼的话，心中不能无疑，但他相信凡人做了错事，心里总有愧疚，不免恐惧，这种内心的罪恶感，亦必将有焦躁不安、言行失常的形迹流露于外，若能一切坦然，即是问心无愧之人。他又想，一个喜欢谤讪他人的人，身陷狱中，必多怨言，所以到了这件案狱必须决定处分时，神宗就秘密派遣一个小黄门去狱中察看苏轼的动静。

这件事太戏剧化了，不容易使人相信，但《春渚纪闻》的作者何薳是根据他的父亲何去非亲耳闻于苏轼的记述，而去非又是宋代杰出的兵学家，是苏轼谈兵的好朋友，去非撰《备论》一书，也由苏轼具状进呈朝廷，这父子二人都不是编造故事的人，似乎可以信有其事。

据何去非说，元祐中苏轼出知杭州，邀去非与刘景文（景文也是武官）同游西湖，亲聆苏轼对景文道："某今日余生，皆裕陵（神宗）之赐。"景文问其故，轼续言道："某被逮系御史狱，审理毕，案已奏上。这一晚上，夜鼓打后，某方就寝，忽见一人排闼而入，投箧于地，就席地枕箧而卧，到了四更时分，某熟睡中，被人摇醒，他连声道：'贺喜学士，贺喜学士！'我转侧间，问是怎么，他说：'安心熟寝就好。'此人即匆匆挈箧而出。后来我才知道，狱案结奏后，舒亶这帮人还在皇上面前竭力攻讦，非欲置之死地不可，而皇上却并无深罪之意，秘密派遣一个小黄门来，察看某起居情状，适某熟睡，鼻息如雷，他就以所见驰报皇上，皇上顾谓左右道：'朕知苏轼胸中无事者。'"①

于是，神宗就自禁中特遣冯宗道赴御史台覆按本案，归报后，即行定谳。所为处分是：

一、苏轼责授检校尚书、水部员外郎充黄州团练副使，本州安置，不得签书公事。令御史台差人转押前去。

二、绛州团练使、驸马都尉王诜，追两官，勒停（勒令停职）。

三、著作佐郎、签书应天府判官苏辙，监筠州盐酒税务。

四、正字王巩监宾州盐酒务，令开封府差人押出京城，督促赴任。

---

① 〔宋〕何薳：《春渚纪闻》。

五、收受有讥讽文字而不申缴官司者，二十二人，各罚铜有差（宋制，犯罪官员可纳铜赎罪）；计张方平、李清臣各罚铜三十斤；司马光、范镇、钱藻、陈襄、刘攽、李常、孙觉、曾巩、王汾、刘挚、黄庭坚、戚秉道、吴琯、盛侨、王安上、周邠、杜子方、颜复、陈珪、钱世雄，各罚铜二十斤。

六、收受无讥讽文字者，不罪。

苏轼于八月十八日入狱，至十二月二十九日出狱，历时四个月又十二日。

据南宋诗人周必大说：元丰己未东坡所供诗案，南宋时已经有印本行世，题为《乌台诗案》。原供真迹，在靖康之变时台吏随驾携至扬州，张全真时为御史中丞，南渡后，取而藏之于家。

全真死，其子乞张丞相德远撰写墓志，割其半赠与德远为润笔。全真家余存的一半，周必大曾借来观看，全部都是苏轼亲笔所写，凡有涂改，皆一一画押于下，而每页纸幅上端，都盖有御史台的大印，是正式的公文档卷。[①]

历时千年，此一档卷真迹，当然早已泯灭，即印本的《乌台诗案》，亦不易得见[②]，而施（元之）注苏诗，逐一系于诗下注中，可以寻绎，但是宋人喜欢穿凿附会，其间杂说甚多，不见得都是真实。

不过，此案本身，原是基于曲解和罗织，故入人罪，所以如何取证，如何判断等，也就并不重要了。

元祐时，苏轼为避谤乞外，状奏平生，溯述此事的前因后果，

---

① 〔宋〕周必大：《二老堂诗话》。
② 《乌台诗案》有"函海本"（宋朋九万撰）及"学海类编本"（宋周紫芝撰）。

则非常鲜明平实，引以为结。

>　　……昔先帝召臣上殿，访问古今，敕臣今后遇事即言。其后臣屡议事，未蒙施行，乃复作为诗文，寓物托讽，庶几流传上达，感悟圣意。而李定、舒亶、何正臣三人，因此言臣诽谤，然犹有近似者，以讽谏为诽谤也。
>
>　　臣得罪下狱，定等选差悍吏皇甫遵（遵通僎）如捕寇贼。即与妻子诀别，留书与弟辙，处置后事，自期必死。过扬子江，便欲自投江中，而吏卒监守不果。到狱即欲不食求死，而先帝遣使就狱，有所约敕，故狱吏不敢别加非横。臣知先帝无意杀臣，故复留残喘，得至今日。

# 第六章　黄州五年

## 一　出狱赴黄

苏轼自元丰二年（1079）八月十八日在湖州任上被捕，囚禁于御史台狱，直至同年十二月二十九日才获开释，历时一百余天。出狱之日，已经年尽岁除，迎头碰上了元丰三年的新岁。

虽说已经出狱，然而他所获得的自由，也极有限。贬谪黄州，诏令规定"本州安置"，恰如现行法上的限制居住，不得擅离州境。这且不说，即以出狱当时而言，按照规定，被贬谪的罪官，必须奉诏即行，不得逗留京城，而苏轼更被裁定："令御史台差人转押前去。"此身更不自由。然而人经苛酷的锻炼之后，但得生出狱门，不啻重见天日，像是在陷阱边缘，挣扎得了自己的性命，其他一切都可完全抛开，禁不住内心充满这一阵子的兴奋，一口气做了两首诗。其一曰：

百日归期恰及春，余年乐事最关身。
出门便旋风吹面，走马联翩鹊啅人。
却对酒杯浑似梦，试拈诗笔已如神。
此灾何必深追咎，窃禄从来岂有因？

苏轼此行，以谪官被"责授"为检校水部员外郎，尚书省六部内，郎中之下置员外郎，那是十九品官阶中最低的一级。职名虽是黄州团练副使，应该是佐理该州兵役事务的小官，然而附有规定，"不得签书公事"，所以也只是一个空衔而已。虎口余生的苏轼，对于这些，满不在乎，自誓将来如完全恢复自由的一天，再也不能矜才使气了。这时候，心里最大的疙瘩，一是如何安顿寄住在苏辙那里的家眷，二是苏辙为他赎罪，被贬江西筠州监酒的遗憾。所以次章诗说：

平生文字为吾累，此去声名不厌低。
塞上纵归他日马，城东不斗少年鸡。
休官彭泽贫无酒，隐几维摩病有妻。
堪笑睢阳老从事，为余投檄向江西。

写完后，念了一遍，然后掷笔叹道："怎还不改？"

出狱后忽忽过了一天，元丰三年（1080）的新正元旦，汴梁城中，家家都在欢度新年，繁华满眼，苏轼却必须检点行囊，只有长子迈陪从，被御史台的差役押着，匆匆忙忙离开京城，踏上了严寒的征途。

兄弟两家，同时面临播迁的动乱。发难当时，苏轼家小二十余口都送到南都老弟家去寄住了。小苏家庭负担一向很重，欠了很多债，现在又须贬官筠州，做老哥的是决不能再将眷口继续拖累他的了。第二件心事是他们的亲戚又是好友的文同，上年正月在陈州任所病故,至此已将周年,只因没有盘费,无法运柩回蜀,一家人流寓陈州,停灵在堂,束手无策,苏轼认为这是他们的责任。

眼前这几桩心事,必须与他的弟弟当面商处。苏轼倩人通知,约他赶来陈州文家相会。陈州即今河南淮阳,距离京城约有三四天的路程,是去黄州的中途站。苏轼于正月初四到达文家,一进门,只见素帷穗帐,一片凄凉,苏轼拜祭了灵堂,对文同的遗孤——包括娶了苏辙女儿的文家老四务光(逸民)一一加以抚慰。虽然生死存亡的悲哀在咬啮着他的胸膛,但总不忍在痛苦的人前,轻易把自己的眼泪流出来,他和文逸民携手河堤,赠诗作别时说:"……君已思归梦巴峡,我能未到说黄州。此生聚散何穷已,未忍悲歌学楚囚。"在这细微处,都可体会一个饱经忧患者的用心深处。

他在文家等了六天,初十日苏辙从南都赶两百里路来到,兄弟祸后重见,自然有说不尽的感慨。他们共同商量了家计的安排,筹定了文同归丧的办法……除了这些辛苦的计议外,做哥哥的很高兴看到老弟面色清润,两目炯炯有光,健康情形显然非常良好。夜间同卧一室,听见他在行气,腹间隆隆作雷声,知他养生有得,欣然道:"子由必先我得道!"

苏辙推究这场祸患的来由,不得不竭力劝说他的老哥,今后务须力戒口舌,慎重笔墨,以免再惹是非。赢得他老哥自责道:

至言难服久,放心不自收。

悟彼善知识,妙药应所投。

贬谪去处当然是个荒僻落后的地区,苏辙更为他老哥今后的生活起居担忧,但是苏轼却有他的奇想,以为"我们兄弟两人,一个住在长江的西头,一个住在长江的东头,同在一水之上,倒也没有什么不便。"他又安慰他的弟弟说:今后一定"畏蛇不下榻,睡足吾无求",从此安分守己,做个黄州老百姓,并无不好。

他们兄弟叔侄在文家聚晤三日,各人身上有事,不能再耽延了,遂于正月十四日与苏辙等人别了,父子二人被解差押着,策马径向黄州进发。十八日到了蔡州(今河南汝南),碰上一场大雪,朔风怒号,道途泥泞,这一路上的辛苦,自不待言。过新息(今河南息县东),顺道往访曾任黄州通守的世交前辈任师中(伋),未遇,就一马来到分界豫鄂边境的淮水,渡过淮河,才进入湖北境内。

渡淮,至加禄镇,天色已经向晚,苏轼父子就到镇上的驿所去歇马投宿。

在这样雪后阴寒的天气里,残破昏暗的驿所,到处发散着霉蒸的臭味,纵使是最能随遇而安的苏轼,也禁不住脊梁上一阵阵凛冽的寒意,而更使他冷彻骨髓的,是淮河一水相隔,从此与他所熟悉的中原和在中原的一切人事完全隔绝了。"麏麑号古戍,雾雨暗破驿。回头梁楚郊,永与中原隔。"一种千里投荒的悲哀,不禁油然而起。不过,偶一回顾随行的儿子,那个二十四岁的年轻人,神情非常坚定,似乎有一副铁石心肠足以面对任何残酷的现实,使这做父亲的人,心里安顿不少。

次日,继续旅程,行至光山县,听说县南四十里,有座唐神龙年间建造的净居寺,为光黄之间有名的胜迹,苏轼不免芒鞋竹杖,登山一游。竹影溪声里,顿觉四肢百脉,一身都是轻快,回顾狱中恐怖,想不到此生还有重游名山的今日,心里还很轻松。然而一到进入净居寺的大殿,向世尊菩萨低头下拜时,他的两眼却又毫没来由地流出泪来。

二十日度关山，山上有座春风岭，清溪回绕，梅花夹岸，这时候花开正盛，但半被东风吹落溪水中，冉冉流去。苏轼在这凄凉的旅路中，从来不言寂寞，但作《春风岭梅花诗》却说：

何人把酒慰深幽，开自无聊落更愁。
幸有清溪三百曲，不辞相送到黄州。

当他们过麻城，转入岐亭以北二十五里地方时，远远望见山上有人骑匹白马，张着青盖，奔驰而下，待到近前，只见此人头戴方耸高帽，在马上频频招呼，却是他的老朋友陈慥季常。

陈慥是苏轼任凤翔签判时的老长官陈希亮的幼子。陈氏有四个儿子，唯陈慥生性豪迈，自少就只歆羡朱家、郭解的侠行，挥金如土，不愿读书出仕，他是父亲心目中的浪子，却和苏轼最好。苏轼与他订交于岐山，其时他正与朋友骑马射猎，出入长林丰草之间。马上慷慨谈兵，意气如虹，自谓是一世的豪士。苏轼还记得一桩他的故事：某年，陈慥从洛阳回到家乡眉州青神县，携来一双艳丽如花的侍姬，让她们穿上戎装，青巾玉带红靴，各跨骏马，招摇过市，青神县是个非常保守的小城，没有见过这种场面，惹得乡人啧啧称奇。阔别多年，岂料在此穷途中，会与他不期而遇，难怪要惊喜得大叫起来："啊，这是我的老友陈季常，怎么会在此地呢？"[①]

陈慥也是一脸的诧异之色，转问苏轼为何来此。苏轼把遭遇情形，简略地告诉了他。陈慥听了，低头不作一声，然后仰天一笑，就此不提这事，但只邀请苏氏父子到他家去盘桓几日——时

---

[①] 本集：《方山子传》。

间变更一个人,可以使他脱胎换骨,今日的陈慥,已经不复是当年饮酒击剑的游侠儿,更不是当年携伎浪游的花花公子。他就住在这岐亭山上,学道求长生,过着"十年不见紫云车,龙丘新洞府,铅鼎养丹砂"的隐士生涯。

陈家只是山上一栋简陋的木屋,自号静庵。室内环堵萧然,绝对不能相信这是陈四公子的家宅。陈家原很有钱,河北有田,年可收帛千匹,洛阳的园林邸第,富丽不亚于王侯所居,现在何以忽然一寒至此,苏轼实在不解。然而陈慥本是奇士,一切不能以常理推度,且不说它。

陈慥好客有名,何况今天的来客是落难中的苏轼,全家上下,忙着张罗酒食,"抚掌动邻里,绕村捉鹅鸭。房栊锵器声,蔬果照巾幂"。如此热情招待,苏轼永远记得。①

苏轼好酒,然而酒量并不好,何况本是一个旅途劳顿的人,饱食薄醉后,就坐在椅子上沉沉睡去,连头上的巾帻跌落了都浑然未觉,一直睡到天已向晚,才蓦然惊醒,醒来第一个烦恼是:"黄州并不算远,可惜就是没有朋友!"

苏氏父子在陈家休息了五天,不得不别了陈慥,继续上路。

自岐亭至黄州城,计程二日,必须在中途过宿一晚,他们寻到一座荒庙——禅智寺里去投宿。这座庙里的和尚都不知到哪里去了,阒无人迹。夜半,空洞而昏暗的佛殿中,老鼠到处吱吱地叫,殿外又萧萧瑟瑟地下起雨来。苏轼脑子里胡思乱想,辗转不能成眠,记起少年时,曾在一家村院壁上,见过一联断句:"夜凉

---

① 本集:《岐亭五首之一》。

疑有雨,院静似无僧。"①觉得深合此时此地的情景,便在铺上自作一绝:

> 佛灯渐暗饥鼠出,山雨忽来修竹鸣。
> 知是何人旧诗句,已应知我此时情。

## 二 初到黄州

苏轼父子于元丰三年(1080)二月初一日到达目的地,走在路上的时间,足足有半个月。

黄州在大江之湄,北附黄冈,地形高高下下,颇不平坦,公府居民,极其萧条。不过既为贬谪之所,自然是"大不胜处",所以也毫不诧异。②

一路来时,看见黄州城外江浒群山上,连绵不断的尽是竹林,俯望绕郭长江,风平浪静,心里便在盘算:这地方竹林那么多,竹笋一定很香很嫩,长江里活活泼泼的鱼鲜,不愁吃不到。吃的既然有了,其他都好办。至于做官呢?既已身为"逐客",但还拥有一个水部员外郎的虚衔,他想到梁朝的何逊,唐朝的张籍,这两位前代诗人都曾做过此官,我又何尝辱没,作《初到黄州》诗,感觉非常满足,只有开头两句,可以解释为他平生只为"口食"奔忙,但也不妨解读为一生皆因"口舌"遭殃。原诗:

---

① 据明都穆《南濠诗话》,此是唐人潘阆《夏日宿西禅院》诗,全文为:"此地绝炎蒸,深疑到不能。夜凉如有雨,院静若无僧。枕润连云石,窗明照佛灯。浮生多贱骨,时日恐难胜。"苏轼记忆中,略有一二字不同。
②〔宋〕张舜民:《画墁录》。作者曾于元丰五年往访黄州,见知州杨寀、通判孟震及苏轼,所见黄州,荒凉如此。

> 自笑平生为口忙,老来事业转荒唐。
> 长江绕郭知鱼美,好竹连山觉笋香。
> 逐客不妨员外置,诗人例作水曹郎。
> 只惭无补丝毫事,尚费官家压酒囊。①

苏轼新来乍到,没有落脚处,只得仍求寺院暂住——黄州的定惠院。定惠院坐落城中,不像禅智寺那样破落荒凉,院中薄有花木修竹的栽植,住持和尚颛师也很看重这位住客,给予种种方便。因为住在庙里,苏氏父子即在寺内搭伙,跟着和尚们一同用斋。

被贬谪的罪官,到达贬所,有两件正事要做:一是立即去向当地的长官"谒告",有如现在的所谓"报到",当时的黄州知州是东海人徐大受,字君猷,对他非常礼遇,一点没有遭受奚落;第二件事是要进上谢表,苏轼写得小心翼翼,但能将他自己的立身本末,不亢不卑地说得一清二楚,毫不沮丧。如言:

> 伏念臣早缘科第,误忝缙绅。亲逢睿哲之兴,遂有功名之意。亦尝召对便殿,考其所学之言;试守三州,观其所行之实。而臣用意过当,日趋于迷。赋命衰穷,天夺其魄,虽至仁屡赦而众议不容。……岂谓尚玷散员,更叨善地。投畀麋鹿之野,保全樗栎之生,臣虽至愚,岂不知幸。……

苏轼见过徐太守后,黄州无一熟人,没有地方要去,他在定惠院里,竟自实行陈州对苏辙说的那句话:"畏蛇不下榻,睡足吾无求。"关起门来,大睡其觉。人逢喜事精神爽,闷倒头来瞌睡

---

① 宋官吏俸禄,有一部分是以实物折价抵算,称折支。此诗作者自注:"折支多得退酒袋。""退酒袋"者,朝廷造酒后废弃的酒袋。末二句诗自讽贬官至此,无补于朝廷,反而浪费俸禄。

多，大家都有过同样的经验，"昏昏觉还卧，辗转无由足"①。纵然勉强起来，出门走走，头脑还是昏沉沉的，醒不过来。

起初，他是白天睡觉，到了晚上，才一个人悄悄跑到寺外去散散步，有时也买杯淡而无味的村酿来润润喉咙。他竭力不使自己喝醉，只怕醉后乱说话。看似平静的生活，心里隐藏着恐怖的创伤，还在那里隐隐作痛。

"先生食饱无一事"，总不能整天整夜都睡在床上，就不免常到城中随处闲逛，但他的出入，不过如《与王定国书》所说：

> 某寓一僧舍，随僧蔬食，感恩念咎之外，灰心杜口，不曾看谒人。所云出入，盖往村寺沐浴及寻溪傍谷，钓鱼采药以自娱耳。

沐浴是苏轼日常生活中的癖好之一，此来黄州，常去城南安国寺洗澡，他在《安国寺浴》中别有感触："尘垢能几何，翛然脱羁梏。披衣坐小阁，散发临修竹。心困万缘空，身安一床足。岂惟忘净秽，兼以洗荣辱。默归毋多谈，此理观要熟。"甚至像这样淡泊的感慨也不敢"多谈"，苏轼当时的精神生活，还一直在被禁制的状况中，是可以想象得到的。

除此以外，他只得毫无目的地到处闲逛，不问是私家花园或是寺庙，他都"拄杖敲门"，要求进去看看。其中有两座私家园林，他最欣赏：一是尚氏园，园中竹林花木，修治得最好，蘽枳花尤其出色，苏轼曾亲为此花图写；一为柯姓林园，倚山辟园，山上有一片老枳树林，开白花，香味清淡，颜色绝俗，常常使他徘徊树下，为之忘情。

---

① 本集：《二月二十六日雨中熟睡诗》。

更有一天，他漫步走到定惠院东的土山边，在某家杂花满开的篱落间，忽然发现花丛中竟有一株海棠，在春风中嫣然含笑，使他非常诧异。苏轼当年，海棠是西蜀濯锦江独有的名卉，成都燕王宫碧鸡坊的海棠尤为繁盛，范石湖词所谓"碧鸡坊里花如屋，只为海棠，也合来西蜀"，别地向无此花，像黄州这样偏僻的地方，土人又不知此花的名贵，怎么会有呢？这样想看，不知不觉就从海棠花的涸落黄州，移情到自己的身世上来了。他好像做梦一样，以为一定是天上的鸿鹄把海棠花的种子从西蜀衔到了黄州，遂使这空谷佳人，落入江城瘴地里，自苦幽独了。不轻易伤感的苏轼，"忽逢绝艳照衰朽，叹息无言揩病目"。海棠的艳影，一一化作自己的身形，对此不免流露了天涯流落的悲哀。据说，日后苏轼常常书写这首"海棠"诗来送人，先后不下数十本之多，可见这首诗中蕴藏着他深邃的感情。

从陈州回去后的苏辙，立即依照兄弟商定的办法，赶忙结束南都的工作，办完交代，然后携同两房眷口，自南都登舟，泛汴泗，出淮扬，过金陵，溯皖江，然后泊舟九江，叫自家眷口就在九江等待，他则亲自护送嫂氏、侄子以及哥哥家其他眷属人等，仍循水路前往黄州。

苏轼计算着他们的行程，也忙着准备接眷。虽说家眷来了，可以不再寄寓庙宇，但他却担心偌大一份家口的生活负担，所以心里实在也很怕他们到来，与章惇书中，坦白说道：

> 黄州鱼稻薪炭颇贱，甚与穷者相宜。然轼平生未尝作活计，俸入所得，随手辄尽。而子由有七女，债负山积，贱累皆在渠处，未知何日到此。现寓僧舍，布衣蔬食，随僧一餐，差为简便，以此畏其到也。

穷达得丧，粗了其理，但廪禄相绝，恐年载间，遂有饥寒之忧，不能不少念。……

转眼已是榴花照眼的季节，消息传来，苏辙率领的一家人都已到了磁湖（今湖北大冶），但为巨风大浪所阻，只得停船稍待。苏轼追怀陈州之别，几已半年，兄弟俩又将在黄州重见，一切恍恍惚惚，如在梦中，作诗代简，倩人往迎：

惊尘急雪满貂裘，泪洒东风别宛丘。

又向邯郸枕中见，却来云梦泽南州。

暌离动作三年计，牵挽当为十日留。

早晚青山映黄发，相看万事一时休。

苏辙答诗说："黄州不到六十里，白浪俄生百万重。自笑一生浑类此，可怜万事不由侬。"一番被命运播弄的感慨。两天后，听说风浪过去了，苏轼即于五月二十七日黎明，坐船到离黄州二十里地的市集巴河口去接他们。

坐在船上，细细欣赏晨光曦微中的江水，浩淼的水面上笼罩着蒙蒙烟雾，显出一片宁静，小舟轻盈前进，犹如划破千顷碧绿色的玻璃。置身在这样自由美好的天地里，禁不住想起去年在御史台狱囚房里的生活，"去年御史府，举动触四壁。幽幽百尺井，仰天无一席"。他就在这井底，战战兢兢过了一百多天——"余生复何幸，乐事有今日"。他可以和家人团聚了，他几乎愿意在这江城终老了。①

他曾有一个不切实际的空想，假使苏辙也愿意住到黄州来，

---

① 本集《晓至巴河口迎子由诗》："去年御史府，举动触四壁。幽幽百尺井，仰天无一席。隔墙闻歌呼，自恨计之失。留诗不忍写，苦泪渍纸笔。余生复何幸，乐事有今日。……"

他将设法筹点钱,把柯氏园买下来兄弟共居,这个构想虽然美好,但不是现在的能力所做得到的。家眷来了,他不得不弄个住处,遂于二十九日搬进临皋亭去住。

临皋亭在回车院中。回车院是公家建筑,为三司按临黄州时所居的官邸,本来不是一个被谴谪的罪官可以住得的。据苏轼于迁住临皋亭后与鄂守朱寿昌书:

> 已迁居江上临皋亭,酌江水饮之,皆公恩庇之余波。

似是寿昌向有关方面代他关说,才弄到手的。但这房屋并不宽大,他又家口众多,住得非常拥挤。如同年夏,陈慥要到黄州来看他,他就曾为招待客人住宿,大伤脑筋,写信告陈说:"临皋虽有一室可憩从者,但西日可畏。承天(寺)极相近,或门前一大舸亦可居,到后相度。"要借僧舍,甚至是门前停泊的旧船来接待宾客,苏家房屋的迫促,实已到了捉襟见肘的地步。

临皋亭住屋虽然狭小,但是门外的风景却非常美。亭在江边水驿上,亭下八十余步便是大江,滔滔江水,自上游乱流西下,浪击江岸,涛声昼夜不绝。对岸就是樊口,景色幽美如画,苏轼闲常策杖江边,独自一人眺望天空渺渺的流云和江上起伏的浪涛,不能不使他感到天地何等寥廓,而人却这样的渺小与无助。

苏轼《与范子丰书》说:

> 临皋亭下,八十余步,便是大江,其半是峨嵋雪水,吾饮食沐浴皆取焉,何必归乡哉。江山风月,本无常主,闲者便是主人。问子丰新第园池,与此孰胜?所以不如君者,上无两税及助役钱耳。

粗看他对于这种闲散的隐居生活,似已非常满足,其实那只是生活之艺术精神的一面。作为一个儒学者,淑世是其生命的本分,"虽云走仁义,未免违寒饿",他可以毫不怨悔。但是"丈夫重出处,不退要当前",满怀用世的热情又怎能轻易放下?所以当他的好友李常寄诗来慰问他的不幸时,他却大不以为然,复书直道儒者的责任时,又另是一副铁石心肠。如言:

> 示及新诗,皆有远别惘然之意,虽兄之爱我厚,然仆本以铁石心肠待公,何乃尔耶?吾侪虽老且穷,而道理贯心肝,忠义填骨髓,直须谈笑于死生之际,若见仆困穷,便相于邑,则与不学道者,大不相远矣。兄造道深,中必不尔,出于相好之笃而已。然朋友之义,专务规谏,辄以狂言广兄之意尔。虽怀坎壈于时,遇事有可尊主泽民者,便忘躯为之,祸福得丧,付与造物。
>
> 非兄,仆岂发此!看讫便火之,不知者以为诟病也。

身在冤诬谪废中,而犹有如此生气凛然的言语,这是苏轼道德勇气之所在,亦是其性格中坚忍不拔之一面。

苏辙将嫂氏一行送到黄州,顺从老兄的心愿,在黄州住了十天。在此短短十日中,兄弟俩去武昌游玩了寒溪西山寺,武昌县令招待了他们酒食。苏辙全家老小还在九江等他,不得不于六月初九,匆匆告别,苏轼相送至刘郎洑,饮别于王齐愈家。苏辙既行,空洞与寂寞又如浓雾一样,向苏轼重重包围过来,黄州又变成一片荒茫的沙漠了。

### 三 孤立于风雨沙洲

缺月挂疏桐,漏断人初静。谁见幽人独往来,缥缈孤鸿影。

惊起却回头，有恨无人省。拣尽寒枝不肯栖，寂寞沙洲冷。

前举这阕《卜算子》，为苏轼初到黄州，寓居定惠院时所作。黄山谷论为："语意高妙，似非吃烟火食人语，非胸中有万卷书，笔上无一点尘俗气，孰能至此。"推美虽然绝至，但非真正知音，此作实是苏轼的"忧患之词"。当他寄居定惠院时，心理状态尚未恢复平静，每天必须等到夜晚，才独自溜出寺门，到附近走走，心如惊弓之鸟一样的惶惑和孤独。

人须有所不为而后才能有为，这是一个自由人所必须具有的品格。与一个过度世俗化的人不同，他不追求利禄，不在意世俗的荣辱，他只坚持他的价值观念和精神的自由。

忠于自己观念的人，不肯苟与人同，才能"拣尽寒枝不肯栖"，在一片诺诺声中，有"虽千万人，吾往矣"的勇气，遭遇排斥和放逐，几乎是必然的命运，这命运，就是"寂寞沙洲冷"。

残酷的政治迫害，使苏轼的心灵流血不止。这些时间里，他有意把自己封闭起来，宁愿忍受孤寒与寂寞的惩罚。

初到黄州寄居寺院那段时间，他是如此，后来虽然全家团聚，安居临皋亭了，而他那劫后余生的紧张心理，并不能够马上有所改善，依然在惶惧的情绪压迫下，自愿孤立于一切人事之外。《答李端叔书》说：

得罪以来，深自闭塞，扁舟草履，放浪山水间，与樵渔杂处，往往为醉人所推骂，辄自喜渐不为人识。平生亲友，无一字见及，有书与之亦不答，自幸庶几免矣。

亲友不与他通问，是因为他的罪名太大，怕惹是非。即使他自己，亦何尝不怕"文字为累"。如此信之尾，他还再三叮嘱端叔："自得罪后，不敢作文字。此书虽非文，然信笔书意，不觉累幅，亦不须示人，必喻此意。"

不敢作文字，也是一种"孤立"的刑罚。如当时曾有某人请他写篇燕子楼记，徐州为苏轼旧游之地，燕子楼又是那么凄艳的名迹，若在平时，苏轼如何能不援笔而起？现在毕竟无可奈何，只得很诚恳地辞了他的朋友，向他诉苦道：只要出口落笔，便被憎恶他的人们，拿来做"笺注"的依据，所以不能不"牢闭口，莫把笔"了。充分显示了在这种张眼便是荆天棘地的处境里，一个被迫害者的战栗与惶恐。

苏轼庆幸自己能够混迹渔樵，不被别人认识，每于酒后，则独自一人，布衣芒屩，出入阡陌，到各处漫游，正如他自己所说的得"旷然天真"之乐（《答言上人》）。有时，他会在袖筒里笼着许多石弹子，到江边与人比赛投击江水，看谁能使石弹滑出水面最远。①有时在路边凉亭里歇脚，也会要求别人讲个鬼故事听听，假使那人说，没有鬼故事可讲，苏轼就求他："姑妄言之也好。"旁人听他此言，无不哄然大笑。②

距黄州知州官邸数百步，少西山麓有一片壁立的断崖，传说是周瑜大破曹军的古战场——赤壁，断石堆云，惊涛裂岸，风景最是优胜。是年八月六日夜间，天朗气清，他兴致特别好，便带了苏迈，划只小船，第一次夜游赤壁，其时适有杭州的辩才、参寥两位僧人所派的使者来黄州向他问候。游罢归来，他即乘兴写

---

① 〔清〕潘永因：《宋稗类钞》。
② 〔宋〕叶梦得：《避暑录话》。

了一篇非常美的短记,当作复书,寄与参寥:

> 予谪居黄州,辩才、参寥遣人致问。时去中秋不十日,秋潦方涨,水面千里,月出房、心间,风露浩然。所居去江无十步,独与儿子迈棹小舟至赤壁,西望武昌山谷,乔木苍然,云涛际天,因录以寄参寥。使以示辩才,有便至高邮,亦可录以寄太虚(秦观)也。

自此,每遇风日晴和、江面浪静的日子,他就常常独自划船到那儿去捡沙滩的细石子。这地方的细石,往往温莹如玉,有深浅红黄各色,或有细纹如人指纹者,非常可爱。自己捡拾不足,又用饼饵换取这一带孩子们所拾来的,一共搜集了二百九十又八枚,大者如枣栗,小者如芡实,用古铜盆盛起来,注入清水,色彩缤纷,苏轼称之为"怪石供",赠予在庐山归宗寺的了元禅师,这了元即是后来的佛印和尚,他们间的缔交似即在此时期。

苏轼在黄州最爱这个地方,数游之后,曾作《赤壁记》一篇,此为后来名作前后赤壁二赋的滥觞。

当一个人在行为上或意识里,一点也没有罪过的自觉,而忽然遭逢横祸时,就无法拒绝"命运弄人"的观念。命运这个观念,可以做受难者的精神避难所,相信命运就能相信宇宙确有一个超人的力量存在,这种力量具体而微的表征,即是世俗所说的"鬼神",苏轼此时此际,乐于谈狐说鬼,并非是不可理解的迷信。

梁宗懔《荆楚岁时记》:

> 正月望日,作豆糜以祀门户。先以柳枝插门,随枝所指,以酒脯饮食及豆粥,插箸而祭。其夕,迎子姑神以卜。

这不但是荆楚地方的迷信,而且已经成了当地的节令行事。苏轼有个黄州新识的朋友潘丙来告诉他:本地有家郭姓侨户,扶乩降神最称灵验，苏轼还在来黄途中的这年正月十五，神已透露消息说："苏公将至。"到了次年正月十五，苏轼便约潘丙陪他同去郭家参观。降坛的乩神，名叫何媚，字丽卿，莱阳人，生为寿阳李景之妾，被大妇于正月十五夜暗杀于厕所，天帝悯怜她，命为厕神。有问必答，如响斯应。她居然知道苏轼已经在座，乩言：请苏公稍留，她将赋诗作舞娱公。一霎时作诗数十篇，不但敏捷立成，而且皆有妙思，杂以笑谑。苏轼问："某欲做一黄州百姓，可乎？"

神在粉盘上写出一首绝句："朝廷方欲强搜罗，肯使贤侯此地歌？只待修成云路稳，皇书一纸下天河。"

再问："予欲置一庄子，不知如何？"

神答："学士功名立身，何患置一庄不得。"

子姑神也很好名，在应歌作舞后，再拜以请道："公文名于天下，何惜方寸之纸，不使世人知有妾乎？"

苏轼果然为她作了《子姑神记》。

另有一次，他去汪若谷家，看箕帚穿上衣服的子姑，自称天神李全，以箸为笔，置笔口中，书写篆字。字虽不可识，但苏轼还是赞他"笔势奇妙"，为作《天篆记》。

郭家观乩后数日，苏轼到岐亭去看望陈慥，须在途中过夜，乃宿于团风镇，梦见一个和尚，破面流血而来，好像有话要讲，但又不说。醒来，不明何兆。到了岐亭，将这夜梦告诉了陈慥，次日与他相将入山，半路上见一庙宇，中有古塑阿罗汉一尊，仪状甚伟，但面目为人弄坏。苏轼还不曾联想到昨夜的梦兆，陈慥已先悟到："这莫非就是你所梦见的和尚吗？"苏轼后来就将这尊罗汉运回黄州，嘱托安国寺的住持僧继莲雇工重新装修，左龙右虎，赫然是第五尊者的造像,就供奉在安国寺中,苏轼并出资"斋僧",作《应梦罗汉记》。

此外如梦中采食古井上的石芝,还记得味如鸡酥,却比鸡酥甜;梦黑肥吏请他作《祭春牛文》;梦一美人给他雪水烹的团茶喝,为作回文诗;梦到西湖等,各各付诸吟咏,低徊不已。

梦和迷信,以现代人的理解,都是精神反射作用所产生的潜意识活动。梦是现实生活中缺憾的补偿,而迷信行为,则有填充心灵内部空虚的妙用。每个人暗中都有自己的梦,梦有不可思议的力量,人在游离现实内外的梦境中,获得一切意愿的满足。迷信神异,不但使彷徨无主的心神,得所寄托。人所遭遇的神异,往往只是自己痛苦的经验混合热烈的想象,在精神恍惚下所产生的情景。苏轼离群孤立,彷徨失措中,独多神异梦幻的奇遇,正是他心灵空虚,热情无所归着的反映。

然而,他到底受过严格的儒家训练,静定下来,反求诸己,检讨祸患所生,只归咎于自己的鲁莽与无知,不怨天,不尤人。《答李端叔书》云:

> 轼少年时,读书作文,专为应举而已。既及进士第,贪得不已,又举制策,其实何所有?而其科号为直言极谏,故每纷然诵说古今,考论是非,以应其名耳。人苦不自知,既以此得,因以为实能之,故诐诐至今,坐此得罪几死,所谓齐虏以口舌得官,真可笑也。

此函最后一段,苏轼痛切指述:"才华外露"是做人的一种毛病。这是他从前虑所不及,而现在非常后悔的经验。他说:

> 木有瘿,石有晕,犀有通,以取妍于人,皆物之病也。谪居无事,默自观省,回视卅年以来,所为多其病者。足下

所见皆故我,非今我也。

人须经历忧患,才能成熟。诗狱的锻炼,黄州的贬谪,在苏轼的人生历程中,非常关键。

然而,孤立的生活,无法填补精神空虚的症状,一个人颠三倒四的反省功夫,也只能增加自咎的痛苦,无助于心理创伤的疗治。他只觉得胸腔里这颗心,空荡荡地没处安放,彷徨、恐惧,甚至怔忡,怎么样的譬解和排遣,都归无用时,他想到用禅门静坐的方法,来求取解脱。

黄州城南五里那座安国寺,就是他一到黄州就经常去洗澡的那个庙宇,前后茂林修竹,郁郁苍苍,院内陂池亭榭,也都错落有致,景物幽静。苏轼每隔一两天,就到这寺里去辟室焚香静坐。静坐是禅门中从达摩祖师面壁以来,一项传统的功夫,禅的意义本来就是"静虑",是在沉思默想中,获取"出神静观"的方法。坐禅这种训练,并非单是造成一种自我催眠状态去忘记痛苦,而是训练你学会如何清楚而明确地界定对一切事物的观念,从完全不同寻常的观点来作性行的自省,来看待外在的事物。坐禅的方法,是先使心灵集中于所观想的对象,使头脑冷静,心灵休息,排除任何现实世界中情感的混杂,以精神上的直觉主宰意志和情意,使于静定澄澈中,获得心灵的平衡,获得较高层次的意志,获得佛家所言"戒、定、慧"三学中的"定"和"慧"。

苏轼自言他实行静坐,为了"收召魂魄","求所以自新之方",正与禅门静坐的目的相符合。据他实行的经验,确然很有效验,可以达到"物我相忘,身心皆空"的境界。苏轼说过:人如真能一念清净,则世俗的污染就如身上沾染的尘埃一样,纷纷自落,使你"表里翛然",得垢秽尽去之乐。

苏轼好与僧侣做朋友,也很喜欢佛家思想,自到黄州,别的事物容易导生痛苦的联想,不能不竭力规避,所以一意只看释典。既然只读佛书,偶尔动笔,就自然流露些不会惹祸的佛家言语。如《与程彝仲推官书》云:

> 某与幼累皆安,子由频得书无恙。元修(巢谷)去已久矣,今必还家。所要亭记,岂敢于吾兄有所惜。但多难畏人,不复作文字,惟时作僧佛话耳。千万体察,非推辞也。……

苏轼勤读佛书,目的只求实用,用佛家的道理来排除一些心灵上的障碍,超脱黑白混淆的现实世界,自求解脱而已。他这种态度,在《答毕仲举书》里,说得非常坦白:

> 佛书旧亦尝看,但暗塞不能通其妙。独时取其粗浅假说以自洗濯,若农夫之去草,旋去旋生,虽若无益,然终愈于不去也。若世之君子,所谓超然玄悟者,仆不识也。往时陈述古(襄)好论禅,自以为至矣,而鄙仆所言为浅陋。仆尝语述古:公之所谈,譬之饮食,龙肉也;而仆之所学,猪肉也。猪之与龙,则有间矣,然公终日说龙肉,不如仆之食猪肉,实美而真饱也。

是年八月间,哺养苏轼和他亡姊八娘,在苏家服务三十余年的乳母任氏,时已七十二的高龄,大约是舟行跋涉之后,水土不服,忽然一病身故,苏轼为她营办丧葬,着实忙了一阵;同时得讯,苏辙回到九江,转赴高安任所未久,也殇掉了一个女儿;十月间又接到他的堂兄(苏涣的长子)子正(不欺)于九月间病逝成都任上的讣告。这一连串死亡的变故,使他对于生命的无常感触甚深。因此这年冬至时,他又向黄州天庆观的道士借得道堂三间,谢客燕坐四十九日,致王巩书说:"虽不能如张(方平)公之不语,然亦常阖户反视,想当有深益处。"仍是希望用静坐的方法来澄澈心里激荡起伏的痛苦。

像这样忽从佛寺,忽入道观,营营不倦的行动里,充分表示劫后余生的苏轼精神耗弱的痛苦。

## 四 朋友

苏轼未到黄州前,最大的心事是"黄州岂云远,但恐朋友缺"。幸而他有泛爱世人的性分,自言:"上可以陪玉皇大帝,下可以陪卑田院乞儿。"[①]无贤不肖,都能欢然相处。所以到黄州未久,他就逐渐有了新交,有了重逢的故友。在他寄住定惠院之初,首与著作佐郎、新任监黄州酒税的乐京相识,吟诗饮酒,这是苏轼在黄州的第二个游伴。乐京于熙宁初年,为了反对助役法被撤了县令职,潦倒十年,这次到黄州来也还不久,两人都是因政治观念遭逢时忌的失意人,很快产生了友谊。

不久,有侨寓武昌车湖的同乡犍为王齐愈(文甫)、齐万(子辩)兄弟来访,危难中得见乡人,苏轼非常感动,后来自记其会晤情形,却是一篇绝妙的小品[②]:

> 仆以元丰三年二月一日至黄州,时家在南都,独与儿子迈来,郡中无一人旧识者,时时策杖在江上望云涛渺然,亦不知有文甫兄弟在江南也。
>
> 居十余日,有长髯者惠然见过,乃文甫之弟子辩,留语

---

① 〔宋〕高文虎:《蓼花洲闲录》。
② 〔宋〕苏轼:《东坡志林》。

> 半日，云：迫寒食，且归东湖。仆送之江上，微风细雨，叶舟横江而去。仆登夏陾尾高丘以望之，仿佛见舟及武昌，步乃还。尔后遂相往来，及今四周岁，相过殆百数。……

王家原是蜀中大地主，富有且慷慨，先世不知何故，远戍黄州，于是齐愈兄弟便落籍于此，把家中部分藏书都带了出来。苏轼每次过江去，都以王家为居停，他们杀鸡置酒地款待他，谈得迟了，不便过江，就在他家寄宿。

第一个从外地到黄州来看望他的老朋友是杜沂（道源），杜的儿子孟坚在武昌做官，他来探亲，不避时忌，带了特产酴醿花菩萨泉来黄求见，苏轼有如身在空谷而闻跫音，心里感到分外温暖。《致道源秘校书》中，特别强调这一点。如言：

> 谪寄穷陋，首见故人，释然无复有流落之叹。衰病迂拙，所向累人，自非卓然独见，不以进退为意者，谁肯辱与往还？每惟此意，何时可忘。

最重要的是他结识了三个本地朋友，虽说是市井中人，但比一般士大夫更讲义气，肯为朋友卖力，苏轼在黄州五年，得到他们的照顾不少。三人中最先认识的是潘丙，字彦明，在对江樊口开个酒坊，虽然本是考不上进士的举人，但已绝意功名，卖酒为业，几乎无日不和苏轼相见，他哥哥潘鲠、弟弟潘原也都与苏轼成了朋友。鲠子大临（邠老）、大观，都是后来江西诗派的大将。

由潘丙介绍，所结识的另两个市井朋友：一个古耕道，新平人，苏轼虽然说他椎鲁无文，但却真诚纯朴，喜欢揽些地方公益事情来跑跑腿儿，人头很熟；还有一个叫郭遘，字兴宗，原籍汾阳，自称是唐朝名将郭子仪的后裔，现在西市卖药。酒和药草都是苏轼平生喜欢的东西，很自然地和他们做了好朋友。苏轼后来

开辟东坡时,得到这几位本地朋友的帮助很大,有诗记之(《东坡八首之一》)曰:

> 潘子久不调,沽酒江南村。
> 郭生本将种,卖药西市垣。
> 古生亦好事,恐是押牙孙。
> 家有十亩竹,无时容叩门。
> 我穷交旧绝,三子独见存。
> 从我于东坡,劳饷同一餐。
> 可怜杜拾遗,事与朱阮论。
> 吾师卜子夏,四海皆弟昆。

在士大夫中,苏轼最敬爱的那位刺血写经、毕生寻母的大孝子朱寿昌,当时恰在大江对面的武昌任鄂州太守,苏轼得住临皋亭,就是寿昌的帮助,尔后他更时致包馈遗,信使不绝。苏轼闲居无事,乘船到武昌去玩,访王齐愈兄弟外,经常做这位鄂守的座上嘉宾。

苏轼因寿昌联想起那个杂治诗狱的李定来,《东坡志林》有一则云:

> 蔡延庆所生母亡,不为服久矣。闻李定不服所生母,为台所弹,乃乞追服,乃知蟹匡蝉緌,不独成人之弟也。是时有朱寿昌,其所生母三岁舍去,长大刺血写经,誓毕生寻访,凡五十年乃得之,奉养三年而母亡,寿昌至毁焉。善人恶人,相去尔远耶!余谪居于黄,而寿昌为鄂守,与余往还甚熟,余为撰梁武忏引者也。

苏轼来时,寿昌托岐亭监酒胡定之送来羊面酒果一大堆,因此就与这位藏书甚丰的胡掾结识了。那个时代,借书很难,逐客求读不易。这也是生活中的一件大事。

苏轼是个好动的人,朋友往还,在他生活中居非常重要的地位。他又不大喜欢和家里的妇人们说话。还有一个与苏轼同时代人的记录说,自古功名之士,大都好动,不但勤于事业活动,就是平居无事,也一样静不下来。举例说,王安石、苏轼都是如此:安石平生,不喜欢坐,不是睡觉,就往外跑;苏轼也是这样,每天早晨起来,假使没有朋友来看他,就自己出门去寻访别人,倘或这一天没有客人来,自己亦无人可访时,就整日怏怏如病,毫无精神了。①

苏轼住定临皋后,很希望岐亭邂逅的陈慥能够到黄州来看看他的新居,致书说:"何日决可一游郡城,企望日深矣。"陈慥隐居岐亭,距离黄州不远,但他以前似乎从未来过。但自苏轼谪居的四年里面,却遄程到黄州来七次之多,每次盘桓十日左右。苏轼从黄州往岐亭陈家做客,四年之内也有三次,如《岐亭五首》诗引言:"凡余在黄四年,三往见季常,季常七来见余,盖相从百余日也。"二人往还的密切可见。

陈慥第一次到黄州来,引起当地的游侠儿们一番意想不到的轰动。陈季常曾是江湖人物,在地方豪侠心目中,是个偶像,虽然他已入山隐居,不问世事久矣,但是英名仍在江湖,不能磨灭。他到黄州的消息一传出去,那些地方豪侠便纷纷前来邀请,有的要邀他饮宴,有的要招待他住宿,而陈慥则一概婉言辞谢,宁愿挤在临皋亭的西晒房间里,与老友相盘桓,这使原本豪情万丈的

---

① 〔宋〕郑景望:《蒙斋笔谈》。据考,景望,名伯熊,永嘉人,官宗正少卿。所作《蒙斋笔谈》,实即叶梦得《岩下放言》,景望仅颠倒其次序而窃为己有者。

苏轼大为得意，作诗把陈慥比作汉朝投辖留客的陈遵（孟公），大言道：

"汝家安得客孟公，从来只识陈惊坐。"[①]

且说谪官与当地首长之间的关系，不同寻常，照宋朝的制度，谪所当地的首长对于罪官的言行活动，具有监管的责任与权力，罪官有定期谒告的义务。最仁厚的长官，视罪官如部属，也有不知深浅、俨然作态的人，便故施折辱，你也奈何他不得。据此，则苏轼遭遇黄州知州东海徐大受（君猷），却是非常的幸运。君猷，是个进士出身、个性非常通达的人，对待这位文名满天下的谪官知道如何敬重，一见之下，礼遇周至，自后交往亲睦，完全摆脱长官与谪官之间任何形式的隔阂，使他毫无身在迁谪的感觉。诚如后来与其弟徐得之（大正）书言：

某始谪黄州，举目无亲，君猷一见，相待如骨肉。

宋人在一年节令中，最重寒食和重九。每年重阳，徐知州必在黄州名胜涵辉楼或栖霞楼设宴，邀约这位失意的朋友来共度佳节。

徐大受是位风雅人物，非常好客，自己虽然不会喝酒，却以传杯递盏为乐，家里蓄养着五六个美丽的侍姬，檀板金樽，常有盛会，所谓"秀惠列屋，杯觞流行"，是这位太守的乐事。苏轼不久就成了知州邸中的常客。徐家侍儿中，有妩卿、胜之、庆姬、阎姬等人，歌姬度曲，需要新词，苏轼与徐交往，为赋乐府特多，即是此故。对于他的侍姬，苏轼也各有题赠，其中特别喜欢胜之。

---

[①]《汉书·游侠传》："陈遵所到，衣冠怀之，惟恐在后。时列侯有与遵同姓字者，每至人门，曰陈孟公，坐中莫不震动。既至而非，因号其人曰陈惊坐。"

胜之是个香扇坠型的美人,娇小玲珑,且又聪明绝顶。苏轼陪她掷过骰子,也送过她建溪双井茶和谷帘泉,认为只有她才配享用这两样清高的饮料,作《减字木兰花》词,描写她舞后的娇姿:

双鬟绿坠,娇眼横波眉黛翠。妙舞蹁跹,掌上身轻意态妍。

曲穷力困,笑倚人旁香喘喷。老大逢欢,昏眼犹能仔细看。

想当时胜之姑娘舞罢一曲,向这位贵宾身旁娇慵一靠时,这落寞中年人的胸中,总也不免有些绮念。人在患难中,对于物质世界的美好,反而会特敏感,失意者追逐醇酒美人,用官能的享受来弥补心灵的空虚,本是人情之常,苏轼固亦不免。

徐大受时常听他抱怨黄州市上所酤酒味的恶劣,所以后来每得好酒,不但招他来喝,且更"携酒见过"。如元丰四年十二月二日,雨后微雪,徐大受便带了酒到临皋亭来看他,天寒酒热,人情更加温暖,苏轼喝了个酩酊大醉。座上作《浣溪纱》三阕。次日酒醒,雪已下得更大,再和前词作两阕。今录其一:

醉梦昏昏晓未苏,门前辘辘使君车。扶头一盏怎生无?

废圃寒蔬挑翠羽,小槽春酒滴真珠。清香细细嚼梅须。

一年垂尽,苏轼对于黄州的生活,渐能适应,自少养成寒士生活的习惯,使他毫无不足的感觉。试看他三年十一月间《答秦观(少游)书》所言:

……所居对岸武昌,山水佳绝。有蜀人王生(指齐愈、齐万)在邑中,往往为风涛所隔,不能即归,则王生能为杀鸡炊黍,至数日不厌。又有潘生(丙)者,作酒店樊口,棹小舟径至店下，村酒亦是醇酽。柑橘棫柿极多，大芋长尺余，不减蜀中。外县米，斗二十，有水路可致。羊肉如北方，猪牛麞鹿如土，鱼蟹不论钱。岐亭监酒胡定之，载书万卷随行，喜借人看。黄州曹官数人，皆家善庖馔，喜作会。太虚视此数事，吾事岂不既济矣乎！展读至此，想见掀髯一笑也。

## 五 东坡

苏轼自二十六岁任官凤翔府签判起，至元丰二年（1079）在湖州任所被逮为止，扬历中外一十九年，但因不善居积，依然书生故我，和王巩诗自谓：

若问我贫天所赋，不因迁谪始囊空。

然而，做官的人一经谪放，便只有一份微薄的实物配给可领，正常的俸禄都没有了。苏轼初来黄州时，曾就手上仅有的一点现款，照最节俭的生活估计，约可支撑一年。预算得一点不错，只恨日子过得太快，忽已到了元丰四年，手头就渐渐感到拮据起来。大江风月，岂可疗饥？何况贬谪这种惩罚，是没有期限的，茫茫前途，真不知如何是好。

苏轼面对生活压迫，希望能够自有一块土地，不辞劳作，就在黄州做个躬耕自给的农夫也好。

心里这个计划，幸得二十年前在京城熟识的穷朋友——杞人马梦得，到黄州来看他时帮忙实现了。

梦得原来在太学里做"太学正"的官，只因苏轼在他书斋壁上题了一首杜甫的《秋雨叹》诗,深受冲击,决心辞官[1],跟着苏轼到凤翔去做过一段时间的幕僚,以后浪迹江淮,却仍一无遇合,白首穷饿,而骨气依然铮铮如昔。

这次遄程到黄州来探望失意中的老朋友,却为他做了一件大事,向当地政府请领到一片废弃的营地,可以辟作农场。

苏轼说马髦之穷,有曰:

> 马梦得与仆同岁月生,少仆八日。是岁生者,无富贵人,而仆与梦得为穷之冠。即吾二人而观之,当推梦得为首。(《东坡志林》)

对马髦这个朋友,苏轼总觉抱愧,因他跟从苏轼二十年,日夜盼望轼能显贵,就可分点钱给他去"买山终老",而今,苏轼反要借重他请领的土地来耕作谋生。

这块土地,坐落于州治之东一百余步的山麓,先前做过营地,面积约有五十余亩。范成大《吴船录》记其亲访该地,所见形势:

> 郡东山垄重复,中有平地,四向皆有小冈环之。

陆游《入蜀记》所见东坡,更为详细,如云:

> 早游东坡,自州门而东,冈垄高下,至东坡则地势平旷开豁,东起一垄颇高,有屋三间,一龟头曰居士亭。亭下面南一堂颇雄,四壁皆画雪,是为雪堂。……又有四望亭,正与雪堂相直,在高阜上,览观江山,为一郡之最。

从这两家实地观察所记,地在黄冈东城门外,是个四周冈峦起伏中间一方五十亩大的平地。久是茨棘瓦砾之场,何况山地本来贫瘠,少有农作价值,除了自认为无所逃于天罚的苏轼,谁还

---

[1]〔宋〕苏轼:《东坡志林》。

愿意花那么大的开垦工夫,做十分耕耘、一分收获的傻事。这年夏天又逢干旱成灾,苏轼面对这一片颓垣草棘、满目瓦砾的荒地,不禁释耒而叹。

苏轼周览全境,先按地势高下,在心里画好了一个蓝图。较低的湿地,种植粳稻;东面平地上种枣树和栗树。住在对江的同乡,已经应允送他桑树和果苗。本来还想种片竹林,但恐竹鞭在地下横生漫长,会妨碍别的作物,只好作罢。

他要预留一角眼界最佳的空地,等有余力时造幢安家的宅子。目前,第一件事是叫家僮先将地上的枯草烧掉,才能垦地。

不料枯草烧尽处,发现有口暗井。水在农作上是个非常重要的资源,这真是喜从天降,苏轼兴奋得嚷道:"一饱未敢期,瓢饮已可必!"

苏轼在那块荒地上亲拾瓦砾,自种黄桑,虽然辛苦,但他心里则甚为满足,"腐儒粗粝支百年,力耕不受众目怜"。他要独立生活,果然老天也帮他。久旱之后,一夜忽尔大雨,次日早晨便发现岭背有道微泉,穿城直达柯氏坡,循着旧渎流经苏轼那块园地,到柯氏林园附近,汇为十亩方圆的池塘,池里盛产鱼虾。他寻视水路,发现沿着沟边长满水芹菜的宿根,大为高兴,因为他已想起一道家乡风味的菜式来了——芹芽脍斑鸠,不禁食指大动,朗吟道:"泥芹有宿根,一寸嗟独在。雪芽何时动,春鸠行可脍。"

这种辛苦的垦殖工作,能够帮苏轼忙的,除了马梦得外,也只不过潘丙、郭遘和古耕道这三个黄州新知。等到垦成田地,可以开始种植,则时入深秋,种稻已经来不及了,只好先种麦子。却喜不到一个月工夫,地上已经长出一片绿油油的麦苗,当地的老农忠告他道:"麦子的苗叶,不能发得太茂盛,你要收获好,必须时常放放牛羊。"他回答说:"再拜谢苦言,得饱不敢忘。"

麦子种成功了,于是他便从记忆里搜索从家乡得来的农家知识,想象明年春天如何插秧种稻,以及秋收冬藏的快乐,"我久食官仓,红腐等泥土。行当知此味,口腹吾已许"。其后,于稻麦之外,并种黄桑三百棵,枣栗树各若干棵。他的老友李常任淮南西路提刑,居官安徽霍山,闻说苏轼在黄州经营农场,特地送他一批柑橘树苗,他便遐想《橘颂》中"青黄杂糅,文章烂兮"的美景,要将它种在屋畔篱落。又作诗向大冶长老乞讨桃花茶的种子来种,茶能消食,所以自嘲道:"饥寒未知免,已作太饱计。"

一般的士大夫如欲学作老农,问题实在太多。幸而苏轼夫妇都是农家出身,除了因是南人,不大懂得种麦之外,其他田地上的常识,还是很丰富的。牛是农家主要的劳动力,也是最贵重的财产,但有一次,苏家的耕牛害了重病,几乎要死了,幸而苏轼的夫人倒识得这种病,且有一味单方,居然治好了牛病,苏轼大喜,作书告诉章惇:

……昨日一牛病,几死。牛医不识其状,而老妻识之,曰:"此牛发豆斑疮也,法当以青蒿粥啖之。"用其言而效。勿谓仆谪居之后,一向便作田舍翁,老妻犹解接黑牡丹也。言此,发公千里一笑。

这块荒地所在,本无地名,因在黄州城东门外,而且白乐天做忠州刺史时,有《东坡种花二首》,又有《步东坡》诗:"朝上东坡步,夕上东坡步。东坡何所爱,爱此新成树。"苏轼向来爱好乐天,忠州、黄州,都是谪地,更巧的是皆在城东,因此,苏轼就给这个乡野之地,命名为"东坡",自称"东坡居士",亦自此始。①

同年冬季,苏轼又在东坡附近,距州门南向四百三十步地方,寻得一块旧作养鹿场的高地,视野非常宽旷,极合他的造屋理想,就此张罗建材,鸠工构筑起来,自己也参加劳动,所以诗说:"今年刈草盖雪堂,日炙风吹面如墨。"经过这场辛苦,陆游所见"亭下面南一堂颇雄"的五个房间的建筑,终于元丰五年二月,大雪纷飞中落成了。

苏轼于堂屋四壁,满画雪景,取名"雪堂",自以为"起居偃仰,颇得其所"。后来凡是远道朋友来访,都招待他们住在此处。李元直(通叔)为作"雪堂"二篆字匾额,苏轼自书"东坡雪堂"四字,榜于门上。

雪堂南挹四望亭,西控北山那股微泉,游目纵览,江山如画,尽收眼底。苏轼认为风光之美,实不下于陶渊明所盛赞的"斜川",作《江城子》词:

> 梦中了了醉中醒,只渊明,是前生。走遍人间,依旧却躬耕。昨夜东坡春雨足,乌鹊喜,报新晴。
>
> 雪堂西畔暗泉鸣,北山倾,小溪横。南望亭丘,孤秀耸曾城。都是斜川当日境,吾老矣,寄余龄。

同年十月,与苏轼同榜及第的进士同年临川蔡承禧受任淮南转运副使,恰好黄州在他辖属境内,按临属邑,特地到临皋亭来看望苏轼,见他居处狭隘,所以发起在临皋亭附近水驿高坡上,为他造了三间新屋,于翌(六)年五月筑成,命名"南堂"。这三间屋子,面对大江,最宜消夏,苏轼有此,不啻贫儿暴富,虽然

---

① 〔宋〕周必大:《益公杂志》。

只是瓦屋三楹,却派了许多用场,如曰:"故作明窗书小字,更开幽室养丹砂。""更有南堂堪著客,不忧门外故人车。""客来梦觉知何处,挂起西窗浪接天。"这南堂,作了书斋、丹室、客室和卧房。他在无限感激中,作函给蔡承禧道:"某病咳,逾月不已,虽无可忧之状,而无聊甚矣。临皋南畔,竟添却屋三间,极虚敞便夏,蒙赐不浅。"[1]

正当初辟东坡的这年冬天,苏轼堂兄不疑(子明)的儿子安节,赴京应举报罢,转道到黄州来探望他的叔父。人在失意的景况里,最怕遇见亲人,而且所面对的又是远从家乡来的亲属,免不掉激起一片沉落在心底的乡心,感念平生,怅触万端起来,作《侄安节远来,夜坐三首》,写他的萧条情境,读来令人忽有遍体寒栗之感:

南来不觉岁峥嵘,坐拨寒灰听雨声。

遮眼文书原不读,伴人灯火亦多情。

嗟余潦倒无归日,今汝蹉跎已半生。

免使韩公悲世事,白头还对短灯檠。(其一)

苏轼当时,每日都在田间劳作,日晒雨淋,既瘦且黑,怕久别的侄子认不得他了,但想一个人的面貌会改,声音总不变的,所以说:"心衰面改瘦峥嵘,相见惟应识旧声。"平日,他已不大愿意说话了,问起乡中故旧,半已死亡,生命的短促,令人危疑失措:"畏人默坐成痴钝,问旧惊呼半死生。"怀乡感旧的悲哀与眼前

---

[1] 蔡承禧,字景繁,临川人,欧阳修门生,与轼进士同年。灵州战役前,因反对以太监李宪主兵柄,被出为淮南转运副使,置司楚州。黄州适属承禧辖区,苏轼得其照顾者甚多。元丰七年十二月,轼在泗州得承禧在任病逝的噩耗,祭文曰:"我迁于黄,众所远摈。惟子之故,不我簪揗。孰云此来,乃拊其椟。……"皆实录也。

的萧瑟,织成一团浓重的寒雾,包围着失意中的叔侄二人。对着那盏半明不灭的油灯,门外则是临皋亭有名的风涛呼啸声,一阵一阵打断他们的夜谈,屋内老少二人,不觉完全沉浸到无话可说的凄然气氛里去了。

不过,苏轼毕竟还有克服颓唐的豪气,最后一诗的尾联,却很洒脱地歌道:"梦断酒醒山雨绝,笑看饥鼠上灯檠。"

安节在叔婶家里住过了年,即将回乡。苏轼在眉州虽然已无近亲,但有祖先和王弗夫人的坟墓,堂房兄弟子侄和若干亲戚都在,面对这行将别去的风雪归人,乡思潮涌,不能自已。记起父亲(苏洵)从前下第还蜀时,伯父(苏涣)作诗送行,其中有两句是:"人稀野店休安枕,路入灵关稳跨驴。"便将这十四字,一字一韵,作了十四首小诗赠与安节,最后一首是想象这侄儿去后,孤寂老人的景况将是:

> 万里却来日,一庵仍独居。应笑谋生拙,团团如磨驴。

像牵磨驴子团团走的生活,已是可悲,何况还那么贫穷,那么寂寞,茫茫不知前路。

## 六 书斋生活

苏轼流放黄州,廪禄皆绝,生活非常艰苦,虽然躬耕东坡,一时也无多少实际帮助,所幸原是寒士出身,居家向来俭朴,倒还经受得了清贫的景况,心里唯一不能坦然的,是这废弃生涯,使珍贵的生命平白归于浪费。

初贬黄州,苏轼尚在盛年——四十五岁,正是一生中的黄金时间,却被放逐到这个文化落后的江城蛮瘴之地来,并无实际官守,每天三餐一宿,余无一事可为。而时间恰如大江之水,滔滔东流,不舍昼夜,不啻是对自己生命的存在,肆意无情的摧残。这种打击,落在热爱生命、满怀抱负的苏轼身上,必然构成最无救助的压迫和痛苦。

初到黄州时,即已感喟:"万事如花不可期,余年似酒那禁泻。"

酒,不是取用不尽的江水,人的寿命,也是有限的,一样禁不得白白流泻。然而,一自平白掉入这个茫茫的虚空,只能眼睁睁数着每天的日升日落,恍如看着自己的生命被一把无形的利剪,一节一节地剪落。他慨叹头上的白发越来越多,时间观念的困扰,成为他最难解脱的悲哀。

第二年(元丰四年,1081)中秋之夜,苏轼对月独酌,节序带来时间消逝的警觉,使他深感胁迫,作《西江月》词:

世事一场大梦,人生几度秋凉。夜来风叶已鸣廊,看取眉头鬓上。

酒贱常愁客少,月明多被云妨。中秋谁与共孤光,把盏凄然北望。

这首词,前半阕哀时间过得太快;"月明多被云妨",则是悲自己的遭遇。虽然注家说此词是怀念弟弟苏辙之作,然而苏辙在江西,从黄州来说,怎么会凄然北望呢?显然指的是可以发挥他的抱负,可以遂行他理想的"中原"。

唐宋人在一年节令中,最重寒食与重九,这与我们现在特重端午、中秋者不同。苏轼在元丰五年作《寒食雨》二首:

自我来黄州,已过三寒食。

>　年年欲惜春，春去不容惜。
>　今年又苦雨，两月秋萧瑟。
>　卧闻海棠花，泥污燕脂雪。
>　暗中偷负去，夜半真有力。
>　何殊病少年，病起头已白。

这首诗，全篇都是生命在时间压迫下的宛转沉吟，一个流落荒城的知识分子，面对节序所产生的无可奈何的伤感。但如我们还记得他曾将蜀卉海棠当作影子来隐喻自己的身世与遭遇，则第四联"卧闻海棠花，泥污燕脂雪"句，就是苏轼身世的穷途之哭了。

贬谪是没有一定期限的惩罚，有人终生不得起复。苏轼惶恐不安，用庄子语比作沉滞痼疾的少年，待到病愈，头都白了，莫非竟一样是如此无可奈何的宿命？

《寒食雨》的次章，更加萧索。如曰：

>　春江欲入户，雨势来不已。
>　小屋如渔舟，濛濛水云里。
>　空庖煮寒菜，破灶烧湿苇。
>　那知是寒食，但见乌衔纸。
>　君门深九重，坟墓在万里。
>　也拟哭途穷，死灰吹不起。

儒家的人生观，以奉事君父为最大的责任，然而苏轼的现况是被摒弃荒远，君主的宫门，深远九重，已经高不可攀，父母的坟墓则又远在万里以外的故乡。

日本汉学家吉川幸次郎非常讶异于苏轼身处这样困厄的境况，而所作《寒食雨》一诗，却表现得如此冲和平静，非常激赏，还引以证明中国文学思想史上,变唐诗之悲观色彩,创出淡泊自然的宋诗风格,应推苏轼为居此乐观思想之主流人物。苏轼乐天知命,心襟超脱,确然不错,然而此诗则十足是穷途的哀鸣,读之令人流泪。①

话虽如此,苏轼并不完全沮丧,仍有足够的勇气面对现实,依从他的兴趣,把时间消磨在读书、著作、写字、作画和黄州近郊各处漫无目的的闲游上。

读书是他自幼养成的习惯,不过好动的他,大抵只在一天中的晚间,才能静下心来,挑灯夜读。据说每夜必要读到鼓打三更方肯就寝,纵然从外面喝得醺醺大醉归家,也仍然要取书来读,读到倦极才睡。

初到黄州,照他自己所说,"专读佛书",这很明显是为了纾解心理上的压迫,原是一时的现象。佛书不能满足一个淑世精神未死的人,所以后来则以读史为多。历史记述过去的人和事,读来不免印证眼前的现实;印证眼前的现实,就不免"有感";有感则书生积习难除,他又不免悄悄写下了许多篇短俊的史论。

如王安石有《商鞅诗》:

自古驱民在信诚,一言为重百金轻。

今人未可非商鞅,商鞅能令政必行。

而苏轼却持绝对相反的看法,反对一切用刑赏货利的权术来治理百姓。元丰三年九月读《战国策》,遂有《商君说》之作:

商君之法,使民务本力农,勇于公战,怯于私斗,食足兵强,以成帝业。然其民见刑而不见德,知利而不知义,卒

---

① 〔日〕吉川幸次郎:《宋诗概说》。

以此亡。

　　故帝秦者，商君也；亡秦者，亦商君也。其生有南面之福，既足以报其帝秦之功矣；而死有车裂之祸，盖仅足以偿其亡秦之罚。理势自然，无足怪者。

　　后之君子，有商君之罪而无商君之功，享商君之福而未受其祸者，吾为之惧矣。

这篇犀利的短文，是儒学者的苏轼对法家治术所投出的匕首，有人指为系针对王安石变法失败而发。

现代的历史学者，如陈寅恪、姚从吾等，都认为苏轼是个最具史识的历史哲学者，而最难得的是苏轼即使身陷患难，却仍坚持儒家的政治理想，决不妥协。

苏轼读史，确曾下过坚实的苦功。杨慎（升庵）说，昔人问苏公曰："公之博学可学乎？"

曰："可。吾尝读《汉书》矣，盖数过而始尽之，如治道、人物、地理、官制、兵法、货财之类，每一过，专求一事，不待数过，而事事精核。"

古人读书，主要的方法是背诵和抄写。苏轼不但翻来覆去地诵读，且更两遍三遍地抄写。在黄州，他已是年将半百的少老人了，但仍手自抄书不倦。

有个本地朋友（疑是何圣可）介绍黄冈教官朱载上所作诗文，请苏阅评，苏轼对他所写"官闲无一事，蝴蝶飞上阶"这一联句子，非常称赏，于是这朱教官就常常来看他。

一天访苏，门上传帖进去，好久好久不见主人出来，朱载上等得不耐，几乎想要走了，才见苏轼一路走来，一路连声道歉，赧然道："适才了些日课，失于探知驾到。"朱君就问："先生适来所谓日课者是什么?"

"抄《汉书》。"

"以先生大才,开卷一览,自可终生不忘,何用手抄?"

"不然,"轼答,"我读《汉书》,至今已经抄过三遍。第一次每段事抄三字为题,第二次两字为题,现在只用一字。"

朱载上肃然离席,向主人请求道:"不知先生所抄的书,肯让我见识见识否?"

苏轼便命老兵去内室取来。朱君翻看,茫然不解其意。苏轼便说:"足下试举题上一字。"

朱载上如言举某段题上一字,苏轼即应声背诵数百言,无一字差误。朱君为之惊叹不已。[1]

读书写作,既是自幼养成的习惯,一朝被迫非得焚笔弃砚不可,这所产生的痛苦,与不准音乐家演奏,禁止辩士讲话,一样难堪。苏轼在万不得已的自我约束之下,"封笔"了一段时期,渐渐觉得虽然人在闲废,也不能不做些有益于世的事情,拣现在能做的——"穷则著书",是学人的通例,于是考虑到自己来写一部讲解《论语》的书,实现他父亲未完成的遗志,编写一部《易传》的集稿——超现实的解经工作,应是不会惹是非的,他定然这样着想。

宋人有解说《论语》的风气,见于《文献通考》的书目,即有三十余种之多。王安石也作过《论语解》,他的儿子王雱口义,苏轼似乎读过,一向不大佩服他们的释义。又记得苏辙少时,曾经写过一些疏解《论语》的摘记稿,便托人去向他取来,加以取

---

[1] 〔宋〕陈鹄:《耆旧续闻》。

舍，写成了《论语说》，自述为五卷（《上文潞公书》），但《宋志》作四卷，《文献通考》作十卷，书已失传，不知孰是。《通考》将它与苏辙所著《颍滨论语拾遗》并列。颍滨书自序，记述他后作《拾遗》的始末缘由，有言：

> 余少为《论语略解》，子瞻谪居黄州，为《论语说》，尽取以往，今见于书十二三也。大观丁亥（宋徽宗大观元年，1107），闲居颍川，为孙籀、简、筠讲《论语》，子瞻之说意有未安，时为籀等言，凡二十七章，谓之《论语拾遗》，恨不得质之子瞻也。

据此，苏轼的《论语说》，采用苏辙少作者居十之二三，十之七八还是他自己的见解，但是兄弟所见，并不尽同，可惜此书今已失传，只能从苏辙的《颍滨论语拾遗》中，约略窥见一二。

《四库全书总目》说：眉山之学，杂出二氏，如说"思无邪"为"无思"，"不逾距"为"无心"，颇涉禅理；解释"苟志于仁矣，无恶也"，认为是"有爱而无恶"，亦即佛家冤亲平等之意；以"朝闻道，夕死可矣"，解为"虽死而不乱"，去来自如之意。虽然这些解释均是苏辙《拾遗》书中所见，但我们如想到苏轼著《论语说》时，正在他寝馈佛书、欲穷禅理的热狂时期，则不难明白苏辙书中保留着苏轼所说的成分或兄弟共同见解的地方，一定很多。

《论语说》脱稿于元丰四年（1081）的冬季，真正写作的时间，不会超过一年。苏轼的写作态度非常认真，而且有点自负，如见于其时《致滕达道书》中者可见：

> 专治经书，一二年间恐了得《论语》《书》《易》。……颇正古今之误，粗有益于世，瞑目无憾也。

苏轼诗狱案内，元老文彦博也被牵累在内，遭到罚铜处分。苏轼于事平到达谪所后，曾经上书潞公致意，难得文潞公不避时忌，立刻回了信，对他劝慰有加，空谷跫音，使苏轼非常感激。《论语说》写成后，由于过去那场痛苦的经验，觉得此身漂泊，不见得能够善自保存这份原稿，特地装订成册，寄请潞公代为保藏，时在元丰五年（1082）四月：

……轼始得罪，仓皇出狱，死生未分，六亲不相保。然私心所念，不暇及他。但顾平生所存，名义至重，不知今日所犯，为已见绝于圣贤，不得复为君子乎？抑虽有罪不可赦，而犹可改也。伏念五六日，至于旬余，终莫能决，辄得强颜忍耻，饰鄙陋之词，道畴昔之眷，以卜于左右。遽辱还答，恩礼有加。岂非察其无他，而怨其不及，亦如圣天子所以贷而不杀之意乎？

到黄州无所用心，辄复覃思于《易》《论语》，端居深念，若有所得，遂因先子之学，作《易传》九卷，又以自意作《论语说》五卷。穷苦多难，寿命不可期。恐此书一旦复沦没不传，意欲写数本留人间。念新以文字得罪，人必以为凶衰不祥之书，莫肯收藏。又自非一代伟人，不足托以必传者，莫若献之明公。而《易传》文多，未有力装写。独致《论语说》五卷，公退闲暇，一为读之。就使无取，亦足见其穷不忘道，老而能学也。

苏轼续写的第二部书是《易传》九卷。《易》，是苏氏家学。老苏（洵）晚年专心治《易》，研究爻象，用力甚勤，对于爻象中刚柔远近、喜怒顺逆之情，其中互相牵连、影响的道理，颇有心得。苏轼早年赴官凤翔，苏辙因为制科考试中所作策论引起朝廷争论，留在京师侍父，苏轼寄诗中，已有"策曾忤世人嫌汝，易可忘忧家有师"那样的句子，其时老苏正要起手作《易传》，可惜没来得及成书，便已病重，遗命轼、辙二人继承遗志，续成这部著作。当年，两兄弟分在异地做官，无暇著述，直到苏轼贬谪黄州，有空来重理父亲的旧业时，苏辙才把早年所作的一些摘记资料送过来，由苏轼总其大成，重新编写，据苏籀的《栾城遗言》说，轼书中蒙卦部分，完全采用苏辙的解说。所以这部《易传》，名为苏轼所撰，实乃父子兄弟集体之作。

这部《易传》，在黄州未曾完稿，成书迟至十八年后谪迁海南时方始写定。苏轼说"易可忘忧"，但以他写《易传》的时地而论，却地地道道地是一部忧患之书。

此书《四库全书》据明焦竑本收入经部易类二，提要谓：

> 推阐理势，言简意明，往往足以达难显之情，而深得曲譬之旨。盖大体近于王弼，而弼之说惟畅玄风，轼之说多切人事。其文辞博辩，足资启发。

在任何方面，苏轼从不蹈袭窠臼，必欲突破前人，表现自己的创意，即使说经之作，与古来经生之言，也完全不同面目。苏轼决不道貌岸然，故作神秘，所作《易传》，遂能不拘泥于陈言，不假借于玄说，杂用禅理、诸子之意，加上诗人丰富的想象力，以绝顶的文字技巧和快如流水的辩才，如他诗文中常见的譬喻能力，作成这部文学的经传，清新明朗，别具一格。虽被坚守门户成见的朱熹讥为杂学，但如以现代眼光来看，打开易学研究境界，使易学丰富起来的是他；突破玄说，将易学切近人事的也是他。古人治学最不易见之创新的学术勇气，于苏轼此书，可以见得。

他唯一遗憾的是"自恨不懂数学",担心所言不免肤浅。①

苏轼在黄州的书斋生活中,除了读书、写作外,对于写字、作画,更有浓厚的兴趣。谪居多暇,时寻临池之乐。这期间不但远近朋友求他法书的,比较容易得到,而且常常以自己得意的习作主动送给要好的朋友。现在留传于世的东坡书法,也以黄州所作为多。

苏轼喜欢作画绘画,以前苦于没有充裕的时间,所作不多。初写寒竹丛篠,如文同一样,题材局限于竹,现在,也许是受了当时寒林画风行的影响,他在单调的竹画里,参合怪石、枯木等等,独成竹木、竹石这个创新的画境,在中国画史上,别成一个门类。

黄州附近的朋友,"近水楼台先得月",求取最易。第一个令人羡慕的,是王齐愈的儿子禹锡,苏轼称他为王十六秀才者,酷爱苏书,年轻人没有顾忌,可以随时乞取,三年间居然蓄藏苏书帙高"两牛腰"之多。他要到京师进太学读书时,重得无法带走。只好牢固锁藏在家,真是极大的幸运。②

苏轼与王巩书说:"君数书,笔法渐逼近晋人,吾笔法亦少进耶!画不能皆好,醉后画得一二十纸中,时有一纸可观,然多为人持去,于君岂复有爱?但率急画不成也。今后当有醉笔嘉者,聚之,以须的信寄去。"苏轼偶有得意之作,自己也非常高兴,立即寄给他的好朋友。

如与章质夫(楶)书:"近者百事废懒,惟作墨木颇精。奉寄

---

① 邵博《闻见后录》:"晁以道为余言。尝亲问东坡曰:'先生《易传》,当传万世。'曰:'尚恨某不知数学耳。'"
② 本集:《书赠王十六秀才》。

一纸，思我当一展观也。"又云："本只作墨木，余兴未已，更作竹石一纸同往，前者未有此体也。"又鄂州朱寿昌与苏轼交谊甚深，致书有"数日前饮醉后作顽石乱篠一纸，私甚惜之。念公笃好，故以奉献"，这又是一张创格的竹石图。

有一天，苏轼渡刘郎洑，在王齐愈家的达轩，喝醉了酒，画了几张竹，有人评说："何以竹身都那么清瘦？"他作《定风波》词代答："人画竹身肥拥肿。何用？先生落笔胜萧郎。记得小轩岑寂夜。廊下，月和疏影上东墙。"原来苏轼对着月下竹影写生，故得修竹挺拔的精神。

正当苏轼非常热衷于写字作画时，有一年轻的书画天才到黄州来专诚访他，那是襄阳米芾。

米芾，字元章，眉宇轩昂，英迈不群，当时还只三十二岁，但在翰墨场中，却已崭露头角。平生傲骨天成，不能随人俯仰，人格上也颇有"洁癖"。元丰五年他从湖南到金陵去见过王安石后，又经马梦得介绍，三月间到黄州来见苏轼。虽然当时还是个默默无闻的后辈，但他面对一个退职的宰相，一个名满天下的文宗，却"皆不执弟子礼，特敬前辈而已"。自视之高，于此可见。

苏轼和他一见如故，不但晤言欢洽，尤其欣赏这位青年人不凡的才调，立即招待他在雪堂住了下来。

他们两个一老一少的同道，在雪堂热烈讨论书画艺术和诗道。苏轼将家藏吴道子画释迦佛真迹也拿出来给他的客人鉴赏。这幅画，苏轼初见于长安陈汉卿家，至出守徐州时，才得之于鲜于子骏，现在什袭珍藏，是他家少有的长物之一。元章晚年作《画史》，还从回忆中记述他的观后印象：

苏轼子瞻家收吴道子画佛及侍者、志公十余人，破碎甚，而当面一手,精彩动人,点不加墨,口浅深晕成,故最如活。行家读画,精鉴独到,值得一记。

苏轼和他喝酒,酒酣,特地检出一张"观音纸"来叫米芾贴在壁上,自己则濡笔弄墨,然后面壁而立,悬肘作画。画了两枝竹,一株枯树,一块怪石,赠与元章,是为订交之始。

米芾看苏轼画竹,一笔从地起直至竹杪,似与常法自顶至地,先竿后节的画法不同,忍不住,便问道:"何不逐节分?"

"竹生时,何尝逐节生!"轼答。

米芾钦佩他"运思清拔",实也就是"外师造化,内发心源"的具体说明。元章更欣赏苏轼的枯木、怪石。认为"子瞻作枯木,枝干虬屈无端,石皴硬,亦怪怪奇奇无端,如其胸中盘郁也"。

重叠两个"无端",点出苏轼胸中纵横磅礴的郁勃之气,真是极顶聪明人的好眼光、好言语。[1]

## 七 饮食生活

苏轼一向讲究饮馔,甚至不辞以老饕自居。黄州生活空虚,独多闲暇,因此于饮食之道,就更有兴趣起来。

自元丰三年正月,策马来黄州城的途中,俯瞰浩浩江水,仰视群山上的竹林,他所算计的就是将来的口食:"长江绕郭知鱼美,好竹连山觉笋香。"

后来果然常常运用这两种最便宜的材料来做菜,不但自吃,

---

[1] 〔宋〕米芾:《画史》。

还自己下厨，亲执枪匕，煮出鱼羹来请客。他这鱼羹，自己写下很详细的做法，以新鲜鲫鱼或鲤鱼活斫，冷水下，入盐，以菘菜心芼之。扔入荤葱白数茎，不能搅动，俟半熟时，入生姜、萝卜汁及酒各少许，临熟，入橘皮线乃食之——橘皮线或即橘皮切丝。此菜极似现在江浙菜中的奶汁鲫鱼汤，却是苏轼的拿手杰作，至元祐间已在京师做了大官，他还邀集好友来品尝鱼羹，一显手段。

黄州土产的食物，据他给秦观的信上说："柑橘椑柿极多，大芋长尺余，不减蜀中。羊肉如北方，猪牛麋鹿如土，鱼蟹不论钱。"然而，苏轼，西南人也，似乎不很欣赏牛羊肉，却盛赞黄州的猪肉最美。作《猪肉颂》曰：

  净洗铛，少著水，柴头罨烟焰不起。待他自熟莫催他，火候足时他自美。黄州好猪肉，价贱如泥土。贵者不肯吃，贫者不解煮。早晨起来打两碗，饱得自家君莫管。

这红烧猪肉，后来也成为一道名菜，至今餐馆里还有一个菜式曰"东坡肉"。

苏轼虽然不能没有肉食，但他从小受母亲程太夫人的影响，自己决不在家里宰杀生物，以前只能做到不杀猪羊这类大动物，现在则连鸡鸭蟹蛤，也都在禁杀之列。

自言作此禁制的缘由，因为在御史台狱里，亲身经验过，如"待宰之鸡"一样的恐怖和痛苦。《狱中寄子由》诗："梦绕云山心似鹿，魂飞汤火命如鸡。"所以，出狱之后，立即下定决心，不杀生物，甚至有人送他螃蟹蛤蜊之类，他也拿来投还江中，自己说：虽然明知蛤在江中，没有再活的可能，但总希望万一能活；即使不活，也总比放在锅子里煎烹为好。自述其由曰：

  ……非有所求觊，但以亲经患难，不异鸡鸭之在庖厨，不复以口腹之故,使有生之类,受无量怖苦耳。

苏轼居黄,将已一年,元丰四年新正,决定去岐亭看望陈慥。当地的新朋友潘丙、古耕道和郭遘一直伴送他走到城外十五里的女王城东禅庄院。

路上想起去年陈家杀鸡捉鸭,盛罗酒食来招待他的情形,不禁感到为口腹之欲而杀戮生命的残忍,所以一见面便先声明,千万不要为他"杀生",后来又作了一首《我哀篮中蛤》的泣字韵诗,寄往岐亭,劝说季常戒杀。

自此以后,苏轼每年作诗一首寄赠季常,均用"泣"字作韵,汇为岐亭五首。那首戒杀诗是这样写的:

我哀篮中蛤,闭口护残汁。
又哀网中鱼,开口吐微湿。
刳肠彼交病,过分我何得。
相逢未寒温,相劝此最急。
不见卢怀慎,蒸壶似蒸鸭。
坐客皆忍笑,髡然发其幂。
不见王武子,每食刀几赤。
琉璃载蒸豚,中有人乳白。
卢公信寒陋,衰发得满帻。
武子虽豪华,未死神已泣。
先生万金璧,护此一蚁缺。
一年如一梦,百岁真过客。
君无废此篇,严诗编杜集。

不但陈慥接受了他的劝告,二人相聚,再不杀生,甚至岐亭陈家的邻里,读了这首诗,都说"未死神已泣"太可悲了,受此感化，有人不再吃肉，而苏轼自己是有名的老饕，"犹恨未能忘味"，不能完全素食，不过他只吃"自死物"，不为口腹杀害生命。

他还写过一篇《书王翊救鹿》的短文，今载集中，也是将鹿"拟人化"了，劝人不要杀生的故事。

苏轼讲究饮馔，却努力提倡"戒杀"，此因苏轼一生，苦难深重，使他真切体验生命的意义，对生命存在的这个事实，抱着执着的感情，认为宇宙间一切有生之伦，都有权利维护自己的生命，人类无权杀害别的生物，何况只为口腹之奉。

这种人道主义思想，形成苏轼"民胞物与"的精神，表现于政治作为上，则为忘却一切利害，反对病民的新法，不顾任何打击，要替哀哀无告的老百姓说话，兴水利，救灾荒，恤病赈饥，孜孜不倦；表现于个人生活上，遇事同情弱者，几乎成了他的基本观念，饮食生活中"戒杀生物"，只是最最微末的一端而已。

至于黄州的酒，却实在差劲，一直叫他抱怨不休。诗曰："酸酒如齑汤，甜酒如蜜汁。三年黄州城，饮酒但饮湿。"酒味虽然如此，但是别无他途，所以说："我如更拣择，一醉岂易得。"又作《饮酒说》，态度却超脱得多，如言：

> 予虽饮酒不多，而日欲把盏为乐，殆不可一日无此君。州酿既少，官酤又恶而贵，自酝则苦硬不可向口，慨然而叹，知穷人之所为，无一成者。然甜酸甘苦，忽然过口，何足追计，取能醉人，则吾酒何以佳为？但客不喜尔，然客之喜怒亦何与吾事哉。

话虽如此，他在樽边席上，仍然禁不住要抱怨，知道的朋友，都会送酒给他，徐太守会送他最佳的州酿，黄州邻近四五个郡县送来的酒，一时喝不完的，将它混合置在一个酒器中，有如现在不经调配的鸡尾酒，苏轼称之为"雪堂义樽"。

后来他从道士杨世昌处求得一个秘方，自己来私酿蜜酒。每次用蜜四斤，炼熟，入热汤搅成一斗，加好面曲二两，南方白酒饼仔米曲一两半，捣细，用生绢袋子盛了，与蜜水共置一器内密封，等它发酵，三数日沸定，酒即清澄可饮。酒成，苏轼大为快活，作《蜜酒歌》曰："真珠为浆玉为醴，六月田夫汗流沺。不如春瓮自生香，蜂为耕耘花作米。……君不见南园采花蜂似雨，天教酿酒醉先生。先生年来穷到骨，问人乞米何曾得。世间万事真悠悠，蜜蜂大胜监河侯。"

苏轼虽然非常感谢蜜蜂，得蜜酿酒，但真会喝酒的人，却认为味道太甜，并不像酒。叶梦得说，如遇蜜水腐败时，喝了就会泻肚子。所以苏轼似乎也只酿造了一次，后不复做。

苏轼好酒复爱茶。黄州并不产茶，不过安国寺的竹间亭下，种有几株茶树，却是名物。每年春天，徐太守必邀苏轼同游安国寺，饮酒亭上。酒后，撷亭下之茶烹而饮之，甘芳沁于心脾。大受病殁，郡人请苏轼改此亭名为"遗爱"，用以纪念这个好官。[①]

饮茶以促进健康，苏轼有个秘诀，《漱茶说》曰：

除烦去腻，世不可缺茶，然暗中损人殆不少。昔人云：自茗饮盛后，人多患气，不复病黄。虽损益相半，而消阳助阴，益不偿损也。……

他的方法是食后用粗叶浓茶漱口，使油腻不入肠胃，牙齿也得坚密而虫病不生。上品茶不能常有，只能隔几日喝一盏，也就不足为害了。

他在黄州，是个生活都成问题的罪官，自顾不暇，一朝听到

---

① 本集：《代巢谷作遗爱亭记》。

岳鄂民间流行"溺婴"的恶俗，想到无知的人们竟在亲手扼杀自己的骨肉，不禁芒刺在背，寝食难安。虽然他既无官守，又无财力，但他还是要奋力以赴，呼吁有力量的朋友，循法律的、经济的两个途径，双管齐下，来共同消弭这公然杀人的恶俗。

事情发生在元丰五年（1082）的正月，同乡王天麟从武昌过江来看他，闲话间，说起岳鄂一带民间，有桩沿袭已久的恶俗，即是"溺婴"。

一般平家小户，限于经济能力，最多只能抚养二男一女，当时没有节育方法，超过能力限度而再有生养时，只好等到生下地时，立即将这新生儿，揿入冷水盆里，杀害了事。中国古代社会，重男轻女，所以迟来的女婴，几乎无一幸免。因此造成人口上男多女少的偏差，使社会上娶不着老婆的鳏夫激增，已可看出"溺婴"的普遍。

苏轼听了这话，为之食不下咽，写了一封千字长函给笃重人伦的朱鄂州（寿昌），求他挺身出来改革这桩太不人道的恶俗。他形容溺杀当时的残忍："初生辄以冷水浸杀，其父母亦不忍，率常闭目背面，以手按之水盆中，咿嘤良久乃死。"他说这种行为的法律责任是："准律，故杀子孙徒二年。"指的是刑统（斗讼、殴詈父母祖父母）条："子孙违犯教令，而祖父母、父母殴杀者，徒一年半，……故杀者加一等。"律疏说："非违犯教令而故杀者，徒二年。"

苏轼引用的律条即此，而且特别说明："此长吏所得按举。"即指此非告诉乃论的罪行，不必要有原告，地方长官可以依法检举的公诉罪。他要求朱知州："明告诸邑令佐，使召诸保正，告以法律，谕以祸福，约以必行，使归转以相语，仍录条粉壁晓示，且立赏召人告官。……若依律行遣数人，此风便革。"

除了法律禁止之外，追究形成这种恶俗的根本原因，还是在于"贫穷"。苏轼举述王天麟的经验说："天麟每闻其侧近有此，辄驰救之，量与衣服饮食，全活者非一。既旬日，有无子息人欲乞其子者，辄亦不肯。"

苏轼说："以此知其父子之爱，天性故在。"随后举述自己援救荒年弃儿的经验：

> 轼向在密州遇饥年，民多弃子，因盘量劝诱米，得出剩数百石，别储之，专以收养弃儿。月给六斗，比期年，养者与儿，皆有父母之爱，遂不失所。……

刚刚落地的婴儿，父母对他还没来得及产生感情，才施展得出这样残酷的手段。要度过这一关，"但得初生数日不杀，后虽劝之使杀，亦不肯矣"。

苏轼一面建议朱寿昌以知州的权力，根据法律禁止杀婴；一面则在黄州，怂恿古耕道出面，组织一个私人慈善事业的"育儿会"，向本地富户劝募钱米，每年每户定出钱十千，买米、布、绢、絮，访问贫家力不足以自养者，分别予以实物济助，劝令留养自己的骨肉。

古耕道在本地，人头很熟，访问劝捐，都需要他，而以安国寺的住持继莲管理财务，以昭众信。苏轼是幕后的发起人，不论其时手头已很拮据，但他慨然道：

> 若岁活得百个小儿，亦闲居一乐事也。吾虽贫，亦当出十千。

朱寿昌是孝子，必是仁人，本来，他是一定会接受苏轼的建议而认真去做的，无奈为时不久，朱即罢职他调。后任鄂州太守陈君瀚,与苏并不相识,这件官方不急之事,似乎也就被搁置下来了。

饮馔,是苏轼最大的嗜好,而黄州食物,价钱也不昂贵,但是在黄州住了一两年后,眼看手上那一点微薄的积蓄,已经花得差不多,苏轼便只得硬了头皮,束紧裤带,提倡"节食"。

先是撰就一篇短文——《节饮食说》,写成帖子,粘在壁上,约束自己,昭告朋友,还想出许多好处来为自己譬解。那帖子是这样写的:

> 东坡居士自今日以往,早晚饮食,不过一爵一肉,有尊客盛馔则三之,可损不可增。
>
> 有召我者,预以此告之,主人不从而过是者乃止。一曰安分以养福,二曰宽胃以养气,三曰省费以养财。

这个办法,可以省钱,但却不能止馋,见于《答毕仲举书》里,则他还另有一种心理疗馋的办法。如言:

> 偶读《战国策》,见处士颜蠋之语:晚食以当肉。欣然而笑,若蠋者,可谓巧于居贫者也。菜羹菽黍,差饥而食,其味与八珍等;而既饱之余,刍豢满前,惟恐其不持去也。
>
> 美恶在我,何与于物?

果然,至元丰四五年后,他虽然对于食道一样兴致勃勃,不过做菜的素材却已十分节约了。如他做的东坡羹很有名,甚至有人求他传授做法,因此撰《东坡羹颂》,其实只是一式菜羹,不用鱼肉五味,以菘若蔓菁、若芦菔、若荠等杂煮而已,自谓"有自然之甘"。

元丰六年正月,同乡巢谷(元修)自蜀来,谈起眉州有一种巢菜,味甚香美。两人都有同嗜,惜乎别处不产,这使离蜀十五年的苏轼追思乡味，怀念不已。巢谷说，孔融戏杨修，指杨梅曰："此是君家果。"依其例，此该称"吾家菜"。两人"话"饼充饥，苏轼作了《巢菜》诗（一作《元修菜》）。

巢谷也是烹调好手，他住在雪堂，常常亲自下厨煮猪头灌血䐹，做姜豉菜羹，与苏家父子共餐，苏轼赞道："宛有太安滋味。"

不过苏轼除了家厨之外，还是别有解馋的去处。对江刘郎洑王齐愈非常好客，他每至武昌，必主其家，"王生能为杀鸡炊黍，至数日不厌"，而"黄州曹官数人，皆家善庖馔，喜作会"。大约即系现代人所说的聚餐会，他也是参与的常客（皆见《答秦观书》）。

监仓刘唐年主簿家里，煎米粉作饼，味甚酥美，苏轼吃得好，便问："此饼何名？"

主人也不知道，苏轼便道："就叫'为甚酥'好了。"

潘大临，即以写过一句"满城风雨近重阳"而知名千载的诗人，他家酿造一种逡巡酒，苏轼尝了一口，觉得很酸，便说："莫作醋错著水来否？"

过不多天，苏轼带了家人去郊游，想吃刘家的煎饼，便写了一首短诗代柬，向刘唐年讨："野饮花间百物无，杖头惟挂一葫芦。已倾潘子错著水，更觅君家为甚酥。"[①]

正因为他对饮食有那么深切的嗜好，才会在这些事情上，表现出如此无穷的风趣。

---

① 〔宋〕洪迈:《夷坚志》。

## 八　黄泥坂和赤壁

苏轼是个好动的人,无事便要到各处走动,家里是坐不住的。惜乎黄州附近,够得上称名胜者,只有武昌西山的寒溪一处,余如东门外的青草亭、韩家園这几个地方,去多了也就没甚意思。

唯有门前那一片浩淼的江流和沿江陡立的那一道绛赤色的崖壁,风光明媚,时时吸引苏轼,如遇风平浪静而又没有别处可走时,就弄只小船,沿着江边划水,常常不自觉地划到赤壁那一带江面上去。倦了,就停桨闲眺,让这小舟随波自去,他只在船上欣赏天上的流云、江中的白浪和沿江的山容石色。

自从垦辟东坡后,苏轼每天进出东门,城门的守卒常常带着诧异的眼光看他。苏轼在心里回答他们道:"你们不要笑我,自来贤达之士,谁不走过贬谪这条患难的道路?百年以后,黄州人还会常常说起我哩!"[1]

元丰五年(1082)二月雪堂落成后,苏轼留在那里的时间更多了。白天忙着灌溉耕耘那些农事,晚上则常留在雪堂读书。远道的朋友来时,就以雪堂为客馆,他以与朋友饮酒剧谈为乐,每每要到夜深人静,才曳着手杖回去。走在路上,静听他那响簧铁杖[2],敲击着粗石路面,发出铿锵的声音,清脆悦耳,心里有种万虑皆澄的喜悦。作《东坡》诗:

　　雨洗东坡月色清,市人行尽野人行。
　　莫嫌荦确坡头路,自爱铿然曳杖声。

---

[1] 本集:《日日出东门》。
[2] 盛如梓《庶斋老学丛谈》:"东坡响簧铁杖,长七尺,重三十两,四十五节,嵇康造。"

从东坡到临皋亭，不到一里路，正好让他从容步行，舒松筋骨。说到道路，黄州城瞰江跨谷，到处都是黄泥的田坂路，苏轼朝出暮归，每日都在坂路上走，常人也许会抱怨遇雨泥泞，晴天飞尘之苦，但是苏轼不然，一日大醉，作《黄泥坂词》，却将这条山边村路，说得那么幽美动人：

出临皋而东鹜兮，并丛祠而北转。
走雪堂之陂陀兮，历黄泥之长坂。
大江汹以左缭兮，渺云涛之舒卷。
草木层累而右附兮，蔚柯丘之葱蒨。
余旦往而夕还兮，步徙倚而盘桓。
虽信美而不可居兮，苟娱余于一眄。
┄┄┄┄┄┄
朝嬉黄泥之白云兮，暮宿雪堂之青烟。
喜鱼鸟之莫余惊兮，幸樵苏之我嫚。
初被酒以行歌兮，忽放杖而醉偃。

上苍所造的一丘一壑，一溪一水，无不有它各自的妍美，但须慧眼灵心，随时体味，遇之于目，会之于心，则天地间几乎无处不是美境，如苏轼记黄泥坂词，就是个极好的例子。

又如他于元丰五年三月间，去麻桥看病，病愈后，就和医生庞安常同游蕲水郭门外二里许的清泉寺和王羲之的洗笔池，徜徉于兰溪之上。入夜，到一酒家喝醉了酒，在蕲水道中的溪桥上休息了一会，桥本身只是一座乡野的溪桥，但苏轼眼下，感受却不凡，作《西江月》词，叙（序）曰："春夜蕲水道中，过酒家饮。酒醉，乘月至一溪桥上，解鞍曲肱少休。及觉，乱山葱茏，不谓人世也。书此语桥柱上。"词云：

照野弥弥浅浪，横空暧暧微霄。障泥未解玉骢骄，我欲醉眠芳草。

　　可惜一溪明月，莫教踏破琼瑶。解鞍欹枕绿杨桥，杜宇一声春晓。

五年九月间的夜晚，他与几个朋友在江上饮酒，薄醉归家，一路欣赏江水接天、风露浩然的秋色，忽然兴起"身非己有"的痛苦，生出挣脱尘网、追寻自由的欲望，独自面对着江水幻想起来："倘使趁这好风好水，将这自己作不得主的躯壳，乘上小舟，听凭江上秋风，随便吹到哪里都好。"他把这份渴求解脱的幻想，写成一阕《临江仙》词，与客大歌数过而散。这阕词是这样的：

　　夜饮东坡醒复醉，归来仿佛三更。家童鼻息已雷鸣。敲门都不应，倚杖听江声。

　　长恨此身非我有，何时忘却营营。夜阑风静縠纹平。小舟从此逝，江海寄余生。

苏轼每有所作，即为人传诵，此词一出，立即化为谣言。盛传那天晚上，苏轼写此词后，便将冠服脱下，挂在江边树上，拏舟长啸而去。这谣言传到太守徐大受耳中，则是"州失罪人"，他有监管的责任，如何得了，立即传车往访，到了临皋亭苏家，苏轼还在高卧，鼾息如雷，不觉大笑。①

元丰六年开春后，苏轼的健康状况很不好。正二月间，大约受了寒，感冒了，引起咳嗽，拖了个把月还未痊愈。又碰上牢城失火，延烧市廛，火自西北来，一直烧到雪堂，总算扑灭了。《招巢谷归来书》说：

---

① 〔宋〕叶梦得：《避暑录话》。

> 东坡荒废，春笋渐老，饼馓已入末限，闻此当俟驾耶？
> 某五七日，苦壅嗽殊甚，饮食语言殆废，矧有乐事？……

时入初夏，接着又害起疮疖来，原定要到岐亭去看望陈慥的，也因疮痛作罢。此病拖延甚久，不但没能治愈，至五六月间，这疮疖的风火之毒，忽然上升，侵及右目，炎赤肿痛，几至失明。《与蔡景繁书》云：

> 某卧病半年，终未清快。近复以风毒攻右目，几失明。信是罪重责轻，召灾未已。杜门僧斋，百想灰灭。

就因这个眼病，苏轼困在家里，约有一两个月没有出门。恰巧同年四月，临川曾南丰（巩）在江宁病故。于是，谣言再度发生，说苏轼已与曾巩同日病死，附会其辞地说如李长吉一样，被上帝召往玉楼修文去了。

不多几时，这谣言就传到了京师，甚至传入禁廷，神宗皇帝也听说了这则传闻，立刻召问尚书左丞蒲宗孟，因为宗孟与苏轼不但是小同乡，而且还是姻戚——宗孟的胞姊嫁与苏轼的堂兄，是堂侄千乘的母舅。不料宗孟并不知晓，只是含糊对曰："日来外间似有此语，但亦不知翔实。"其时神宗正在传膳，信其为真，叹息再三，连声惋惜："才难，才难。"辍饭而起。[1]

有人把这谣言告诉了在许昌的范镇，景仁是个至性人，绝不怀疑，举袂大恸起来，即命他家子弟，立刻带笔款项，到黄州去赙唁苏家遗属。子弟们劝慰他道："这个传闻，真假还不知道，不如派人先去黄州看一下，如果确实，再去吊唁不迟。"

于是，就派范家门客李成伯去黄州一探。成伯见到苏轼好好

---

[1] 〔宋〕李焘：《续资治通鉴长编》。并见何薳《春渚纪闻》。

活在那里，不免道出此行缘由，苏轼大笑起来，心里却充满了感激。《答范蜀公书》说：

> 李成伯长官至，辱书，承起居佳胜，甚慰驰仰。……某凡百粗遣，春夏间多疮患及赤目，杜门谢客，而传者遂云物故，以为左右忧。闻李长官说，以为一笑。平生所得毁誉，殆皆此类也。何时获奉几杖？临书惘惘。

苏轼居黄未久，第一次与儿子迈一同漫游江岸，过知州官邸不过百步，就看见一片绛赤色的崖壁，矗立在深碧色的江水中，别有一番挺拔杰出的气象，从此常常划船到这崖下江边来玩，或者捡拾江边彩色的石子，或者攀登崖上的徐公洞，寻视鹘鸟的窝巢。闲看两条大蛇在崖上缓缓蠕行。

苏轼初听人说，这地方即是三国时代吴蜀联军大破曹魏的古战场。凡是怀着满腔淑世的热情而横被现实压制的人，每好追想历史上的英雄人物，以弥补心理的空虚。苏轼亦然，初游赤壁，就写下一阕有名的《念奴娇》词：

> 大江东去，浪淘尽，千古风流人物。故垒西边，人道是，三国周郎赤壁。乱石穿空，惊涛拍岸，卷起千堆雪。江山如画，一时多少豪杰。
>
> 遥想公瑾当年，小乔初嫁了，雄姿英发。羽扇纶巾，谈笑间，樯橹灰飞烟灭。故国神游，多情应笑我，早生华发。人生如梦，一樽还酹江月。

这首"大江东去"（《赤壁怀古》）词，是《东坡乐府》中，家喻户晓，最负盛名的杰作。读来，便觉有万里江涛，奔赴眼底，千年感慨，齐上心头的叹喟。其实是苏轼目前的遭遇，使他觉得不论是羽扇纶巾的周瑜，还是狼狈战败的曹操，他们都已发挥了生命的光辉，照亮了时代，丰盈了历史，谁复像他这样的处境，将有限的生命平白浪费？"故国神游"，哪里还能够不自伤流落，哪里能够不自笑头上早生的白发。

苏轼自始就怀疑这地方并非真是火烧曹营的古战场，因此他下笔即说"人道是，三国周郎赤壁"，表明存疑的态度。据南宋郎晔《经进东坡文集事略》注，苏轼作《赤壁赋》后的次年，还在赋后题一跋语：

> 黄州少西山麓，斗入江中，石色如丹，传云曹公败处，所谓赤壁者。或曰：非也。当时曹公败归由华容路……今赤壁少西对岸即华容镇，庶几是矣。然岳州复有华容县，竟不知孰是？

可见这一疑问存在他心里，历时一年，还未能解。这种一言不苟的态度，足令人叹赏。事实上湖北境内，江汉之间，名叫赤壁的地方，共有三处：一在今嘉鱼县东北江滨，《荆州记》作蒲圻县沿江一百里南岸，与乌林相对之处，这才是周瑜大破曹操的地方，真正历史上的赤壁；二在武昌县东南七十里，又名赤矶；三即苏轼所游之处，在黄冈县城外，土名"赤鼻矶"，亦即沈复《浮生六记》所云："赤鼻矶在黄州汉川门外，屹立江滨，截然如壁，石皆绛色，故名。《水经》所谓赤鼻山是也。"

苏轼《前赤壁赋》所记之游，时在元丰五年（1082）七月十六日，即篇首所说"壬戌之秋，七月既望"那一次。

这次游伴中有一远客，即四川绵竹武都山的道士杨世昌。这年夏天，他云游庐山，转道到黄州来看苏轼。杨世昌，字子京，是个多才多艺的道士，苏轼曾书一帖，盛称他善画山水，能鼓琴，通晓星象、历法与骨色（相），能作轨革卦影，还会黄白药术，赞他:"可谓艺参矣。"①

元丰五年,黄州正闹水灾,大旱之后,霖雨不歇,人人面临"室家之忧"。唯这杨道士,孤身一人,恰如闲云野鹤一样,来去自由,更难得的是他身体强健,即使"泥行露宿",都不在乎。苏轼非常羡慕。

杨道士善吹洞箫,诗言:"杨生自言识音律,洞箫入手清且哀。"《赤壁赋》中说:"于是饮酒乐甚,扣舷而歌之。……客有吹洞箫者,倚歌而和之。"下面着力描写水上箫声之美,这吹箫之客,当然就是这个道人杨世昌了。

苏轼少年得意,一夕之间,名满天下。自入仕途,逞着一腔淑世的热情,追求理想。然而,任何时代的现实,总难符合天才的抱负,则又不免乘其迈往的豪气,痛快淋漓地评骘政事,发泄感情。不料这份热忱,这份豪气,为他带来了几乎是杀身之祸。自从贬谪黄州,物质生活当然大不如前,但这并不重要,苏轼的痛苦,是时间对他的压迫。

本来,人的生命,具有"仓促即逝"的特质。苏轼在黄州,正是人生的盛年,发挥抱负、建功立业的黄金时代,怎经得起在此荒瘴江城里平白浪掷?再就个人的生活范围而言,人的活动空间,受着许多现实世界的牵制,本就不大,现在则被法律限制居住于一州境内,这个六尺之躯,宛如被绳索紧紧捆缚,辗转偷生,岂能容忍?

苏轼每常感慨生命短暂,时有"人生如寄"的喟叹,而现在则被投诸荒城,浪费日月。苏轼是个天性豪放,喜欢活动的人,

---

① 《施注苏诗》引东坡手帖二则。

现在却被拘限于黄州这么一个偏鄙的小天地里，动弹不得，积郁之下，不免有突破空间的冲动，如前举《临江仙》这阕词，所谓"小舟从此逝，江海寄余生"，即是这种苦闷化生的幻想。

然而天下事没有绝对的得失，失之东隅者，未始不能收诸桑榆。苏轼原是生长在农村的一个青年，入仕以来，世俗的繁忙，吏事的压迫，焦劳愁苦，日不暇给，使他久违了素所亲近的大自然，使天赋的一腔艺术气质，几乎全被扼杀了。现在却有充裕的时间，得以从容体会大自然里各种不同的情趣，使他尘封的灵性，渐渐觉醒。

临皋亭外呼啸不停的涛声，赤鼻矶畔郁郁苍苍的山容林相，原来看似没有生命的一山一水，一木一石，只因有时间与他接近，日夕相见，不觉产生了意想不及的感情。有了感情才蓦然发现宇宙所孕育的万物，适其自适，各得其所，不但都具有内在的生命，而且蕴藏着无限的生机。一个在人生旅途中漂泊的灵魂，被大自然慈祥的母性容纳了，则与朝阳夜雨，春花秋月，同为有情天地里的一分子，就如庄子《齐物论》所说的"三籁相应"。天籁与地籁相应，地籁与人籁相应，如此就可以达到"丧我"（去除偏执的我）的境界，则人与自然构成一个和谐的整体世界，即与天地精神合一，使本是局促的生命，即能无限扩大，无限超升，脱出现实世界时空的限制，获得"游于万化"的自由。

在海阔天空的环境里，大自然无穷的生意，与自己的灵感互相呼应时，这世界竟是那么多姿多彩，美不胜收，《赤壁赋》说："江上之清风与山间之明月，耳得之而为声，目遇之而成色。"苏轼不禁欢喜赞叹道："是造物者之无尽藏也。"

大江滔滔东流，然而千年不竭；明月缺而复圆，万古不改。

天地间一切现象，看似都在不断变化，但如以永恒的观点来看这宇宙间的万物万化，则此江水何尝流去，月圆月缺，到底也无所谓消长。所以苏轼与客夜游赤壁时，指着这片江水，这轮明月，慨然道：

  逝者如斯，而未尝往也；盈虚者如彼，而卒莫消长也。

  人，也是大自然中的一分子，人生若不被某些短浅的人，强将表里贯通的一个整体，分割成过去、现在与将来等若干片段，造成狭义的时间观念，就不至于被局限在这个特定的时间框框里，辗转沉吟，无力抗拒。

  苏轼在黄州住了三年后，思想境界，便是不同。从痛苦中体验出生命之实相与妙谛，在对大自然的观照中，悟出万物运行变化的奥秘，从而肯定"天人相类，天人相通"的道理。倘若宇宙间的江水无尽，明月无尽，草木之春荣秋落无尽，则我们的生命亦岂有尽时？巨眼的苏轼于是下了庄严的结论：

  盖将自其变者而观之，则天地曾不能以一瞬；自其不变者而观之，则物与我皆无尽也。

  庄子《大宗师》篇论宇宙与人生的关系，正可作苏轼"自其不变者而观之"这句话的最佳批注。①

  庄子说，把船藏在山壑里，将山藏在大水里，自以为总已非常牢固了，如果半夜里来个大力士将它背起来跑掉，愚昧的人还不曾知道哩！物，按其大小作适当的储藏，仍然不免失落，要是"将天下藏于天下"，就根本无从发生"失落"这么回事了。换句话说，如果我们突破了时空的限制，超越了主体与客体的分别，

---

① 庄子《大宗师》篇"藏舟于壑"那一段。

物我两忘地融合在道的境界,这便是"化"。人到了"化"境,便如郭象注言:"圣人游于变化之途,放于日新之流,万物万化,亦与之万化。化者无极,亦与之无极,谁得遁之哉!"如此,将自己藏于天下,参与大化之流行,则我与天地为一,游心自然,无得无丧,物与我都一样是造物者之"无尽藏"中的一分子。

为物所不及的人的生存,应该有其尊严的存在。大千世界、宇宙人生间,不能单看一刹那中的形象变化,而要以巨眼观彻物我心灵交辉中所妙悟的大道,即是"永恒"。

苏轼在黄州这几年的陶养,使他体会人生,得到妙悟,终能说出这段非道家玄理、佛门禅机所能争执的智者之言。就因为七月这次赤壁之游,玩得很痛快,三个月后,即同年十月十五日之夜,苏轼与客二人[①],从东坡雪堂回临皋亭去,走在黄泥坂路上,仰见明月在天,俯视人影在地,情景清逸,他们三人,一面走路,一面行歌互答,非常高兴。这样走了一段,有人说:今天傍晚,江边举网,得了一条巨口细鳞,状似松江之鲈的鲜鱼[②],只可惜没有酒。这样便把大家的酒兴提了起来,苏轼兴冲冲回家去跟他夫人打个商量,带了酒来。既已有酒有肴,便又想起曾游的赤壁,于是一伙三人,乘上小船,往赤鼻山下去了。

苏轼游山玩水的兴致一向很高,船到山下,他虽年将半百,依然以腰脚矫健自豪,独自摄衣上山,夜登崖顶,仰天长啸,一

---

[①] 后赤壁之游,与客二人,一为道士杨世昌,固无疑矣。其另一人,则当时能从东坡夜游者,不外郭、古、潘三人中的一个,潘丙自营酒肆,不至于有鱼无酒,郭遘采药为业,亦非江畔网鱼者,所以推想为古耕道。

[②] 朱翌《猗觉寮杂记》载:"《后赤壁赋》:举网得鱼,巨口细鳞,状似松江之鲈。多不知为何等鱼,考之,乃鳜也。《唐韵》注:鳜,巨口细鳞。《山海经》云:鳜,巨口细鳞有斑彩。以是知东坡一言一句,无所苟也。"

吐胸中的浊气。

他在《后赤壁赋》中说，时将半夜，忽有一只翅如车轮、玄裳缟衣的孤鹤，横江东来，嘎然长鸣，掠过船边向西飞去。后来又梦见一个羽衣蹁跹的道士，问他："赤壁之游乐乎？"其实说鹤说梦，都是影射杨世昌一人，不过把一个具象，化作"鹤掠舟西"，化作梦中的羽士，便平添扑朔迷离、疑真疑幻的气氛，造成绝美的层次。① 苏轼笔下，瞬息万变，令人目不暇给，时而把人带到永恒的边缘，忽又回到平凡的人世。他的弟弟苏辙尝说："子瞻诸文，皆有奇气。至《赤壁赋》，仿佛屈原、宋玉之作，汉唐诸公皆莫及也。"确然不是阿其所亲的谀词。

元丰五年的七月和十月，前后两次赤壁之游后，其实同年苏轼生日，与他接近的几个朋友如郭遘、古耕道诸人，还曾置酒赤鼻矶下，为他庆生，这是同年第三次的漫游。据胡仔《苕溪渔隐丛话》："元丰五年十二月十九日，东坡生日也，置酒赤壁矶下，……酒酣，笛声起于江上。客有郭、古二生颇知音，谓坡曰：'笛声有新意，非俗工也。'使人问之，则进士李委。闻坡生日，作新曲曰《鹤南飞》以献。呼之使前，则青巾紫裘，腰笛而已。既奏新曲，又快作数弄，嘹然有穿云裂石之声，坐客皆引满，醉倒。委袖出嘉纸一幅，曰：'吾无求于公，得一绝足矣。'坡笑而从之。"

这个故事，写得甚美，但有数处不实。

苏集确有以《李委吹笛》为题的一首七绝：

---

① 赵翼《陔余丛考》记吴匏庵诗："西飞一鹤去何祥，有客吹箫杨世昌。当日赋成谁与注，数行石刻旧曾藏。"即据《施注苏诗》引东坡手帖二则所言石刻拓本，揭破东坡此一玄虚。

山头孤鹤向南飞,载我南游到九嶷。

下界何人也吹笛,可怜时复犯龟兹。

李委亦确有其人,但是秀才而非进士,是苏轼邀与同游而非赤鼻矶邂逅的献曲者。苏轼《与范子丰书》提到这件事:

> 今日李委秀才来相别,因以小舟载酒,饮赤壁下。李善吹笛,酒酣,作数弄。风起水涌,大鱼皆出。山上有栖鹘,坐念孟德公谨如昨日耳。

这第三次赤壁庆生之游,杨道士应该还在黄州,然而没再提起他的箫声,却换了吹笛的李秀才,不知何故。

## 九　临皋·东坡·雪堂

苏轼垦辟东坡的当年（元丰四年辛酉,1081）,即遭逢天旱,幸而所种的麦子,不需要很多的水,到了冬天,已在地面上长出一层春意盎然的新绿来,苏轼高兴他不会挨饿了,作《陈季常见过三首》,有言:"东坡有奇事,已种十亩麦。但得君眼青,不辞奴饭白。"

不料第二年（五年壬戌）夏季,竟又久旱不雨,田地龟裂,禾稻枯槁。幸而盼到天降甘霖,却是大雨成潦,田间根叶烂死,损失惨重。苏轼面对连续的灾荒,不能没有饥饿的恐惧。《次韵孔毅父（平仲）》诗中,写这种无助的景况道:

> 我生无田食破砚,尔来砚枯磨不出。
>
> 去年太岁空在酉,傍舍壶浆不容乞。
>
> 今年旱势复如此,岁晚何以黔吾突。

　　　　……………
　　　　形容虽似丧家狗，未肯弭耳争投骨。
　　　　倒冠落帻谢朋友，独与蚊雷共圭荜。
　　　　故人嘆我不开门，君视我门谁肯屈。
　　　　可怜明月如泼水，夜半清光翻我室。

大约孔平仲原诗，有怪他过分耿介，不求人助的意思，所以他说："我即使洞开大门，你看有谁会来照顾我呢？"人情势利，自古皆然。苏轼的感慨，别见《答陈季常书》：

　　　先生笃于风义，至身割瘦胫以啖我，可谓至矣。……彼不相知，视仆之饥饱如观越人之肥瘠耳，虽象亦未易化也。乡谚有云缺口镊子者，公识之乎？想拊掌绝倒！（缺口镊子，一毛不拔。）

然而，苏轼到底是个硬汉，他相信自己，"力耕不受众目怜"。记大雨成潦，自力筑塘拒水的经过道：

　　　老夫作罢得甘寝，卧听墙东人响屐。
　　　奔流未已坑谷平，折苇枯荷恣漂溺。
　　　腐儒粗粝支百年，力耕不受众目怜。
　　　破陂漏水不耐旱，人力未至求天全。
　　　会当作塘径千步，横断西北遮山泉。
　　　四邻相率助举杵，人人知我囊无钱。
　　　明年共看决渠雨，饥饱在我宁关天。
　　　谁能伴我田间饮，醉倒惟有支头砖。

苏轼虽然贫困，但他生活安闲，一家和睦，正如他作《方山子传》所称道的陈慥家一样："环堵萧然，而妻子奴婢皆有自得之意。"他躬耕东坡，王夫人能医牛病，从无诟谇。三个儿子又都聪明好学。苏轼、苏辙两兄弟都非常关爱子女，对孩子们从无疾言厉色的责备，只要稍微有点表现，便赞不绝口，自言是"誉儿有癖"。元丰四年作《次韵和王巩（宾州）六首》中说到他的家庭，心满意足："子还可责同元亮，妻却差贤胜敬通。"前则因陶潜有责子诗，他很自喜孩子们都能好学；后句说的是后汉冯衍（敬通），有个悍妒出名的夫人，严禁冯衍蓄妾，苏轼自幸王夫人却比冯敬通的夫人贤慧得多，允许他纳朝云。

他写杜甫《屏迹》诗，如"……晚起家何事，无营地转幽。竹光团野色，山影漾江流。废学从儿懒，长贫任妇愁。百年浑得醉，一月不梳头"，自道："此乃东坡居士之诗。"

朋友说："这明明是杜甫《屏迹》诗，居士何得窃据？"

苏轼道："禾麻谷麦，起于神农后稷。现在家有仓廪，不告而取，便成盗贼。其实从初说起，都是神农后稷之物。今考杜甫此诗，字字皆居士实录，是则居士诗也。子美安能禁吾有哉！"[①]

苏轼从不严格督促孩子们读书，所以说："废学从儿懒。"但是孩子们的诗文习作，他都要看的，认为用字必须经济，凡是辞多而意寡的，或者滥用的虚字，一定勾出来，要他们改写——这是苏轼作文的一个要诀，不但这样训练自己的孩子，对他的侄子们也一样用心教导，如赵德麟在苏辙家亲见苏轼寄他侄子的旧札，有曰：

> 二郎侄：得书知安，并议论可喜，书字亦进。文字亦若无难处，止有一事与汝说。凡文字，少小时须令气象峥嵘，采色绚烂，渐老渐熟，乃造平淡。其实不是平淡，绚烂之极

---

① 本集：《书子美屏迹诗》。

也。汝只见爷伯而今平淡，一向只学此样，何不取旧日应举时文字看，高下抑扬，如龙蛇捉不住，当且学此，只书字亦然，善思吾言。①

夜坐无事，尝与长子苏迈联句为乐。苏迈似是一个木讷老实的青年，才华不及他的两个弟弟，少年时作《林檎诗》，有句云：

熟颗无风时自脱，半腮迎日斗鲜红。

老父认是"颇有思致"。联句中，儿子说："乐哉今夕游，获此陪杖履。"做父亲的也鼓励他道："传家诗律细，已自过宗武。"欣见自己的儿子比杜甫的宗武强。

元丰五年（1082）岁将暮时，有个多年未见的乡友突来黄州投奔苏轼，他是巢三。巢三，本名縠，后改为谷，字元修，读书不成，虽曾中过举，却未能通过礼部的进士试，浪迹京师，又想改从武举求个出身，但是武功都须自幼锻炼，所以退而习剑，更无成就。失意之下，他便萧然一身，浪游秦、凤、泾、原之间，后来投身于熙河名将韩存宝军中，做了几年幕僚。四年七月，存宝以逗留不进之罪伏诛，巢谷受存宝生前嘱托，送数百两蓄积银两与他的妻子后，在江淮一带，变更姓名，逃亡了一年多，转到黄州来避祸。苏轼立即留他在家，教迨、过二子读书。与从兄子安信上说："巢三见在东坡安下，依旧似虎，风节愈坚，师授某两小儿极严。……"②

苏轼陪这亡命的朋友到雪堂去住，那个景况，真是凄凉。照他自己的描写，床上只有一条破棉被，破灶里散发着湿柴的潮气，架子上只剩得一樽残酒，自己喝了不够脸红，只好请客人姑且润

---

① 〔宋〕赵令畤：《侯鲭录》。
② 〔宋〕苏轼撰，〔清〕施元之注《施注苏诗》。

润喉咙。

巢三也不嫌清苦,除了教书外,他还煮猪头灌血䐈,做姜豉菜羹,宾主共享。

苏轼说过:"妻却差贤胜敬通。"一点不假。苏轼谪居黄州,家中还留着两三个愿同清苦的侍儿,其中有个朝云,本姓王,字子霞,钱塘人,熙宁七年(1074)苏轼在杭州通判任上时,投入苏家,当时她还只有十二岁。

朝云长大起来,出落得秀外慧中,冠绝侪辈,天生雪白的肤色,不必借重膏沐,小小两片嘴唇,永远鲜红欲滴,风姿绰约,体态轻盈,到三十余岁,苏轼还要赞她:"素面常嫌粉涴,洗妆不褪唇红。"不但天生丽质,而且举止活泼,富有热情,完全是个外向型聪明乐观的女孩子,她这气质,这性格,就最投合苏轼的喜爱。

黄州以前,苏轼似乎先有一妾曰凌翠,没有同来,答朱康叔(寿昌)问,复书说:"所问凌翠,至今虚位,云乃权发遣耳。何足挂齿牙,呵呵!"权发遣者,宋代官制名词,意为"暂代",可见当时,朝云还没有妾的身份,只是侍儿而已。

初到黄州,朝云年才十九,苏轼多时闲暇,苦于寂寞,他俩接近的机会较多,感情自然亲密起来,苏轼的熟朋友们,也都认识了他身边的这个丽人。

元丰六年(1083)九月二十七日,朝云为苏轼生了一个稚子,其时这父亲已经四十八岁了,也可算是暮年得子,非常高兴,写信告诉蔡承禧(景繁)道:

> 凡百如常,至后杜门壁观,虽妻子无几见,况他人也。
> 然云蓝小袖者,近辄生一子,想闻之一拊掌也。

定然是承禧见过朝云,不晓得她的名字,所以照她那天所穿的衣服,称她为"云蓝小袖者"。苏轼不大喜欢与妇人厮混,虽妻子亦不常见,但他乐与朝云为伴,他俩的欢好,可以想见,而王夫人传统的不妒美德,尤其难得,难怪苏轼满意称道。

苏轼为这庶出的稚子,取名遯,乳名幹儿。遯者,遁也,苏轼此时甘心避世之意,已很显然。

这孩子的相貌,很像父亲,尤其额角那一部分最像,苏轼钟爱这患难中所得的少子,也是人之常情。朝云生了儿子,在苏家中也就有了她的地位。从"权发遣"正式擢升为妾,不再是普通的侍儿了。

遯儿生后第三日,俗为"三朝",苏轼作《洗儿》诗,语意悲愤,如云:

人皆养子望聪明,我被聪明误一生。

惟愿孩儿愚且鲁,无灾无难到公卿。

雪堂落成后,苏轼有了招待客人的住处。元丰五六年间,雪堂寓客不断,五年五月绵竹道士杨世昌来,住到六年五月方才离去;而五年年底,同乡巢谷又来了,也住在雪堂;六年二月琴师崔闲自庐山来,幸而雪堂有屋五间,三位客人不妨同住;至六年三月间,与苏轼交契最深的於潜天目山诗僧参寥,又从杭州不远千里到黄州来看他,寓居雪堂整整一年,直至次年(元丰七年,1084)四月,才随苏轼一同离开黄州。

经验显示,一个人有些怎么样的朋友,可了解他是一个怎样的人物。黄州雪堂所招待的宾客,尽是道士(杨世昌)、和尚(参寥)、画家(米芾)、琴师(崔闲)和亡命者(巢谷)等,虽然因是罪官,士大夫们避嫌不敢来,但也足可看出苏轼血管里流着豪侠的热血，本来喜欢那些流浪江湖的朋友，一时都在黄州聚首。

参寥来了，他有了互相唱和的对手，作《再和潜师》诗："吴山道人心似水，眼净尘空无可扫。故将妙语寄多情，横机欲试东坡老。……"竭尽僧俗两诗人穷居斗韵之乐。

参寥的诗境，风流蕴藉，几年来更多进步了，黄州所作，如《秋江》："赤叶枫林落酒旗，白沙洲渚夕阳微。数声柔橹苍茫外，何处江村人夜归。"又如"隔林仿佛闻机杼，知有人家住翠微"句，更是直追渊明风格，苏轼称其清绝，谓不下于林和靖。

他们两人在东坡雪堂拥鼻吟哦，坐忘人世，却使在京师软红尘中的朋友大为涎羡。有人写信给苏轼问道："闻公与诗僧相从，岂非'隔林仿佛闻机杼'者乎？真东山胜游也。"即将此函出示参寥，笑道："此吾师七字法号。"[①]

有一晚，苏轼梦见参寥拿了一卷诗轴来看他，醒后记得饮茶诗两句："寒食清明都过了，石泉槐火一时新。"觉得此语甚美。槐火换新，是宋代风俗，每年清明节，例须将家中"火种"调换新火，可以理解，但不明白泉何故新？

参寥解释道："俗以清明淘井，也许因此说泉水也一时新了。"这种说梦的事，虚无缥渺，说过也就算了。不料七年后，居然在杭州西湖智果精舍里，有了"泉新"的事实应验，使人顿生"知命无求"的感悟。[②]

---

① 〔宋〕胡仔：《苕溪渔隐丛话》。
② 本集：《西湖智果精舍参寥泉铭》。

## 十　老农忧国

知识分子为实现理想而生活,他们可以不在乎现实世界中的得失荣辱,不在乎物质生活的贫乏,但却无法忍受被现实社会排斥、废弃的命运。知识分子怀着一片对国家和生民奉献的热情,具有不可压制的观察与批评的精神,一旦遭逢政治势力的压抑和阻截,无异彻底冲毁了他们赖以安身立命的"道",这种摧残生命意义的打击,使士君子者人生庄严的使命感完全丧失,残存这个苍白的生命,不能不落入自我迷失的彷徨,而造成无可奈何的忧戚。

朋友赵昶(晦之)来信劝苏轼:"处患难,不戚戚。"苏轼大不为然,凛然复书道:

> 示谕"处患难,不戚戚",只是愚人无心肝耳,与鹿豕木石何异!所谓道者,何曾梦见?……

知识分子的淑世精神,是生命中的长明灯,不论发生何等残酷的遭遇,生命存在,此火不灭。苏轼《与李公择(常)书》,正可以作前函的正面注解:

> 兄虽怀坎壈于时,遇事有可尊主泽民者,便忘躯为之,祸福得丧,付与造物。

所以,那几年间,好大喜功的当权者,以国家的命运做赌注,贸然发动对西夏的战争时,苏轼不免忧心忡忡,付与异常的关切。战争失败所造成的耻辱,使苏轼满怀悲愤,无可发泄,只得借用吊唁朋友的形式,作诗写记,隐约吐露这黄州老农的忧国之心。

事起元丰四年(1081),西夏发生政变,西夏王秉常被臣下幽禁了。边臣劝帝乘此机会兴师问罪。神宗便诏熙河经制李宪等五路兵马,大举西征。高遵裕以环庆之师节制泾原刘昌祚的兵马,种谔以鄜延之师分道行兵。李宪只是一个宦官,不懂军事,虽然派驻边疆,也并不深知疆务。军行距灵州百里,虏骑骤至,幸有高遵裕出精骑接仗,未被所乘,斩首千余级,又会合泾原兵马,径围灵州。

围城久久未下,刘昌祚请分兵攻打东关,不许。西夏人决黄河之水灌营,又抄绝大军赖以供给的饷道,士卒冻溺而死者无算,余军断炮为梁逃生,与追兵厮杀,转战累日,终于全军败覆。时在元丰四年(1081)九月,为第一次的灵武兵败。

苏轼身负罪谴,虽然关心国事,却无议论的自由,有如骨鲠在喉,非常痛苦。五年夏日,原在高遵裕帅府中掌管机要文书的张舜民(芸叟),因作诗述及宋兵久屯失利的情形,谪官监郴州酒税,路过黄州,为他详述灵武兵败的经过。使他从这亲身参与者口中,亲闻这场战争所造成的军民大量的伤亡,边疆地方彻底破坏的惨状,不禁痛彻心扉。但他现在的处境,再也不能触碰"现实政治"这个怪兽,心里憋着这份受辱的痛楚,无处发泄,作《书张芸叟诗》,记舜民诗曰:

　　灵州城下千株柳,总被官军斫作薪。
　　他日玉关归去路,将何攀折赠行人。
　　青冈峡里韦州路,十去从军九不回。
　　白骨似沙沙似骨,将军休上望乡台。

又记舜民的话一条:"官军围灵武不下,粮尽而退,西人从城上呼官军:汉人兀撩否?或仰而答曰:兀撩。城上皆大笑,西人谓惭为兀撩也。"——此外不敢再著一字。

同年九月西夏来救米脂寨,鄜延经略使种谔率领七军,方阵而进，攻围敌寨。西夏兵八万余人，自无定河出，种谔挥兵前后夹击，夏兵死伤六万余人，尸横数十里，银水尽赤。掳获马匹五千，孳蓄铠甲万计。

这一胜利的消息，于同月二十二日，苏轼在武昌王齐愈家中得见陈慥书报才知道。当时大家高兴唱乐，各饮一巨觥，互相庆祝。苏轼也作诗志庆：

　　闻说官军取乞囗（即乞银），将军旗鼓捷如神。
　　故知无定河边柳，得共中原雪絮春。

后来又闻洮西捷报，苏轼亦有诗曰：

　　似闻指挥筑上郡，已觉谈笑无西戎。
　　放臣不见天颜喜，但惊草木回春容。

这洮西之役，由宦官王正中所主持，而此诗篇首曰"汉家将军一丈佛"，有人认为苏轼不会用这样的话来称颂一个宦官，所以断为伪作，而陆放翁以为此诗气格那么高，也不是别人假得出来的，所谓"一丈佛"者，不是赞誉，而是讽刺。其实这些都是书生狭隘之见，如果能够扬民族声威而有大贡献于国家者，正不必论其出身，以苏轼胸襟的阔大，宦官果能克敌致果，何尝不能给予赞美。

边臣为报灵州兵败之耻，防备西夏得寸进尺，鄜延大帅沈括，请在永乐（今陕西米脂）筑城，围阻西夏。神宗诏派给事中徐禧（德占）去实地考察。

不久之前，徐禧曾来蕲水，与苏轼见过，给他的印象是粗有胆气，实甚疏狂，不足以担当军国重事；而沈括又是那么一个好大喜功的投机分子，苏轼私下不免忧心忡忡。苏轼怕见这些官场人物，说话容易惹祸，但又不能放开他的关切，只得作书向滕达道探问消息：

> 黄当江路，过往不绝，语言之间，人情难测，不若称病不见为良计，二年不知出此，今始行之耳。

> 西事得其详乎？虽废弃，未忘为国家虑也。此信的可示其略否？书不能尽区区。

徐禧以诏使身份至边，不顾种谔等资深边将的反对，力赞沈括的计划，筑城永乐，上报天子，赐名银川寨。

讵知永乐为夏人必争之地，岂容占领？九月，西夏以三十万大军来攻。

永乐城被西夏兵团团围困，而地则依山无水，军士饥渴欲死。不久，城破，李舜举、徐禧、李稷均陷夏人之手。神宗以手诏给西夏，他们如能保全该城官兵，当尽还已侵之地。诏书未到，李、徐等已告死难，苏轼作《书永洛事》，曰："圣主可谓重一士而轻千里矣。"

灵州、永乐两次战役，宋人死者约六十万，丧弃银钱绢谷，不可胜计。神宗得到永乐败讯时，当廷痛哭，自此不饮不食，绕室彷徨，悔恨不已！因此得病，遂尔崩逝，可以说是赍恨而殁。

徐禧由吕惠卿保荐，上《平戎策》投机成功。以一布衣而致大用，苏轼与他一面之交而已，于其死难后，作《吊徐德占》诗，比之为映门的松柏，背面的意思是当非栋梁之材，如不大用，定可终老岩壑，抱子生孙，政府"小才大用"成此恶果。至作吕惠卿责词时，所谓："力引狂生之谋，驯至永乐之祸，兴言及此，流涕何追。"狂生者，即此徐禧。

苏轼遭难以来，朝廷政局，每下愈况。

国家的老成们，依然退出在政治的权力圈外，默默无闻。如司马光在洛阳独乐园里专心编撰《资治通鉴》，绝口不谈国事；张方平以太子少师致仕后，健康状况很坏，息影南都，无限寂寞；以司徒致仕的韩国公富弼，家居洛阳，悠游泉石，至元丰六年即已薨逝；文彦博虽然拜太尉，判河南，也只能邀同一辈耆老，举行耆年会，流连诗酒，消磨时日而已。① 即使当年那么勇于自用，最有魄力、最有抱负的王安石，现在金陵，也只每日在钟山道上，驴背寻诗。

这些年来，朝廷的实际政事，尽在蔡确、章惇、冯京、王珪、张璪、蒲宗孟这班政客手上，作走马灯式的流转。至元丰五年（1082）四月，实行新官制，以蔡确为尚书右仆射兼中书侍郎，章惇为门下侍郎，王珪为尚书左仆射兼门下侍郎，张璪为中书侍郎，蒲宗孟为尚书左丞，王安礼为尚书右丞。神宗诏自今以后，事无大小，统由中书省取旨，门下省覆奏，尚书省执行。辅臣中有人以为如此做法，中书省的权力未免太重，然而神宗不以为然。于是蔡确、王珪、章惇三人结合的权力中心中，又以蔡确为最高权力者了。完全到了"君子缩手，小人鸱张"的局面。

元丰五年（1082）十一月，奉安祖宗神御于景灵宫，大赦天下，各处都有起废的恩例。六年之春，陈襄的弟弟陈章（朝请）来信，劝苏轼活动一下，颇有希望。复书说："所谕四望起废，固宿志所愿，但多难畏人，切望怜察。"

苏轼非不热望起复，只是目前的政治环境，蔡确当权，怎能包容苏轼？王珪又怎能让苏轼出头，遮掩他的文章光华？更重要的是苏轼虽在谪籍，但是帝眷仍深，他是当权人物嫉忌的目标，

---

① 〔宋〕沈括：《梦溪笔谈》。

岂能让他东山再起？苏轼是个死里逃生的人，不能弄巧成拙，"多难畏人"，早已打消仕进的念头，只想做个黄州农。但是，躬耕东坡并不足以赡养偌大一份家口，所以还须在黄州附近再置一点田地，才能够得全家二十余口的温饱，这才是个"衣食重事"。

元丰五年（1082）三月七日那一天，他到距黄州三十里地的沙湖，土名螺蛳店的地方去看田。田在山谷间，当地人告诉他，这里的田地上，播种一斗种子，可以产稻十斛。苏轼问："何以如此有力？"据解释，此地连山都是野草，可以散水，又向来未曾种过五谷，地气不耗，所以一发便能如此有力——苏轼记住这一段宝贵的经验之谈，特别记下来。①

看完田，归家路上，天气突变，忽然下了大雨。他们一行，本来带有雨具，看看无用，先已叫人带回去了，这时候，除了挨淋，没有别的办法。同行的人，个个淋得非常狼狈，独有苏轼似乎不觉有雨，照样安步徐行。不久，雨止天晴，他很为自己保有这份坦荡的心怀而得意。作《定风波》词：

　　莫听穿林打叶声，何妨吟啸且徐行。竹杖芒鞋轻胜马，谁怕，一蓑烟雨任平生。

　　料峭春风吹酒醒，微冷，山头斜照却相迎。回首向来萧瑟处，归去，也无风雨也无晴。

这阕词，是《东坡乐府》里的名作之一，音调铿锵，节奏恰如潺潺春雨，平和、洒脱而又宁静。

人生，有追求就必有失落，人如不能忘情得失，他的心便永远平衡不了，心理不能平衡，痛苦便如风雨一样，四面八方地包

---

① 〔宋〕苏轼：《东坡志林》。

围了你。惟有这饱经世患的诗人,在雨中举步轻行时,他心中根本没有晴明,所以也就无所谓风雨。人间一切变幻无常,唯有超脱物外,才能一尘不染;唯有安步徐行于大雨中的人,才能"回首向来萧瑟处,也无风雨也无晴"地坦然归去;有这样任天而动的襟怀,才令人望之如神仙。

苏轼的意气固然轩昂洒脱,不过到底是春寒未尽时节,淋了冷雨,终于害了左臂肿痛的毛病,很可能是风湿,但也有人说是食物中毒,即服食丹砂的副作用。

麻桥人庞安常,虽是聋子,却是有名于当地的针灸医生,苏轼病臂便去向他求治。因庞医重听得厉害,两人只能笔谈,写不了几个字,他已完全了解病因。苏轼惊异于此人的绝顶聪明,便和他开玩笑道:"我以手为口,君以眼作耳,都该算是一代异人。"①

两人相与大笑,自此订交。庞医的针灸术确实效应如神,一针便已治愈苏轼的肿痛。疾愈后,他还在庞家住了数日。安常治病,不要诊金,独喜书画文物,因是同好,相谈甚欢,他们还同游了蕲水郭门外的清泉寺,饮王羲之洗笔泉的水,徜徉于兰溪之上,作前揭之《西江月》词,确是一阕明净无尘之作,足见苏轼之善于享受生活。

沙湖的田,没有买成。不久,同是天涯沦落的朋友杨绘派他的弟弟庆基到黄州来与他商议同买一座庄院,以后可以合住,又介绍定襄胡家田,先佃后买,可以少付一些现款。再过若干日子,陈慥来说,郎中任其孚的儿子要卖掉荆南头湖庄子,这庄子去府城五六十里,有田五百来石,时值六百千,只要先付二百来千即

---

① 本集:《书清泉寺词》。事亦见于《东坡志林》。

可……但都只是空忙一阵，没有买成。

苏辙在筠州，本与太守三衢毛国镇相处甚得，国镇主政宽和，又好吟咏，两人之间，颇得唱酬之乐。这年夏天，毛国镇罢官归隐，新任筠守贾蕃，彼此均无渊源，同僚的筠州通判（倅），早先与苏辙在公事上意见不洽，心存芥蒂，至此便处处与他公开作对，要排挤他。苏轼听到这个消息，心里很是不平。其时老友李常还在淮南西路提刑任上，驻舒州，筠州是其辖属，所以写信给他道：

> 舍弟得信，无恙，但因议公事，为一倅所怒，日夜欲倾之，念脱去未能耳。

> 子由拙直之性，想深知之，非公孰能见容者，然实无他耳。而人或不亮。牢落如此，为一农夫而不可得，岂复有意与人争乎？亦不足言，聊可一笑而已。

为了免与人争，他又作了《闻子由为郡僚所捃，恐当去官》诗（这诗题显然是后来加写的），劝苏辙不必徘徊瞻顾，到黄州来同耕东坡的好。

这首诗回溯生平，有很多感慨。他说，我们少小为学，自有远大的志趣，天如给我们机会，应该早已发迹，创出宏大的事业来了。谁知事实大谬不然，我们两人举步尽是荆天棘地，狼狈不堪。我如堕地跌得粉碎的瓦罐，不必再说了，你又何必恋此鸡肋，战战兢兢，只怕得罪，任劳任怨，别人还不谅解，"时哉归去来，共抱东坡耒"。

然而苏辙没有来，他当然了解苏轼在黄州的经济情形，一点收入也没有。而他自己呢，人口众多，生活负担比他老哥还要沉重，单靠东坡五十亩地，怎能养活两家人丁呢？这是一个被生活限制、无法实现的梦想，他只能忍着继续啃这块食之无味的鸡肋。

但是，官僚社会中势力倾轧与人身攻击，是残酷无情的，苏辙本来除监盐酒税的本职外，还兼了筠州州学的教授，不过为多点收入而已，以一个制科出身的人兼任州学教授，不应该有任何问题。不料毛国镇一走，他们便指责苏辙于州学所撰策题三道，乖违经旨，一状告到礼部。

京中的国子司业朱服，跟着落井下石，上奏道：

> 诸州学或不置教授，乞委长吏选现任官兼充。先以名上礼部，从本监体验，可委教授，即依所乞。其余旧补差教授，悉乞放罢。

> 苏辙权筠州教授，所撰策题三道，以乖戾经旨，礼部言现为教授人，候有新官令罢。其苏辙乞令本路别差官兼管勾。

诏可，苏辙便落了兼差。[1]

苏轼没有办法，只好背出廿二年前，兄弟同在怀远驿预备应考制科，埋头苦读时的宿约，希望凭此能够打动老弟的心意。作《初秋寄子由》诗：

> 百川日夜逝，物我相随去。
> 惟有宿昔心，依然守故处。
> 忆在怀远驿，闭门秋暑中。
> 藜羹对书史，挥汗与子同。
> 西风忽凄厉，落叶穿户牖。
> 子起寻袂衣，感叹执我手。
> 朱颜不可恃，此语君莫疑。
> 别离恐不免，功名定难期。
> 当时已凄断，况此两衰老。

---

[1]〔宋〕李焘：《续资治通鉴长编》。

失途既难追,学道恨不早。
买田秋已议,筑室春当成。
雪堂风雨夜,已作对床声。

苏轼向来有"蔑视金钱"的豪气,而苏辙则非常谨慎,仍然不敢造次,依然晨出暮归,两渡江水,忙他的盐和酒。

## 十一 神宗的救赎

放逐苏轼,不是神宗皇帝的本意,神宗渐悟苏轼并没有"讥讪君上"的意思,不过是执政们给异己者扣上去的一顶高帽子而已。然而宋朝传统的台谏制度,皇帝有必须接纳谏言的义务,而新政是国家的既定政策,也不容反对议论肆行流布,基于这两个政治之现实的情势,神宗不得不暂时牺牲苏轼。

苏轼得于百日内从御史台狱释出,完全出自神宗的宸断,责降处分又将他放在黄州,距离中原,并不甚远。从整个事件的发展看,应该不会很久就有逐步起复的后命,然而这个阶段,却一拖四年有余,这中间就必然有许多周折存在。

神宗非常欣赏苏轼的文采,并且记得祖父仁宗皇帝得此英才时的喜悦;祖母光献曹太后病榻上的遗言,更常常在他耳边回荡。苏轼在黄州,神宗没有遗忘过他,要等到一个适当的起复机会,才能按照程序,重新起用这位皇家重视的大臣。他的母亲宣仁太后,于元祐间特地面谕苏轼,将他从谪籍中重新起用,不次升擢的人,不是她,而是先帝(神宗)的遗意。又说:"先帝每诵卿文章,必叹曰:奇才,奇才!但未及进用卿耳。"(《宋史》本传)

苏轼在知徐州任时,有一件"失察妖贼"的旧案,不曾了结,到他已贬黄州,才得圣旨"放罪"(免罪),苏轼照例上《谢失察妖贼放罪表》。本来这种例行公事,日理万机的皇帝可以不必看,大约因是苏轼所写,故亦取来一读,当读到"……况兹沟渎之中,重遇雷霆之谴。无官可削,抚已知危。……"这几句时,不禁笑道:"畏吃棒耶?"[1]

虽是戏言,但也见得苏轼虽被放逐,但是他的文字,仍被皇上所喜爱。

神宗是个英明有为的君王,为增进行政效率,几年来反复研讨,计划改定官制。

宋朝的行政组织,一直沿用五代旧制,以平章事为真宰相,大多是两个席位,别设参知政事,称执政官,则为宰相的副手。

现在,神宗决意改用唐朝的三省制。三省本置侍中、中书令、尚书令,分别统率群僚。但元丰当时,元老耆旧多因反对新法而去,而新政的首领王安石也已退休,剩着一批挂新政招牌,而以招揽政权为实的政客,实在不配当"真相"。所以新定官制,将侍中、中书令、尚书令这三个相位说是官高暂不除人,而以尚书令之副——左右仆射行宰相之事。左仆射兼门下侍郎,行侍中之责;右仆射兼中书侍郎,行中书令之职。废参知政事,置门下、中书二侍郎、尚书左右丞,以代其位。

改定官制这桩大事,于元丰三年九月间定议。神宗自安石去位后,深感继起无人,事事都不成功,非常烦恼,踌躇再三,决意起用司马光,附带起复苏轼。

---

[1]〔宋〕徐度:《却扫编》。

一日，神宗召集宰辅，举行御前会议。皇帝取出一幅先已准备好的"图子"，交给时在相位的蔡确和王珪。

这"图子"中，御史中丞执政位牌上，贴上"司马光"名；中书舍人翰林学士位牌上，贴名"苏轼"。另有几个因议新政不合而离开中枢的旧臣，各有安置。

神宗皇帝随即论曰："这几个人，前此立朝，议论虽有不同，然而都是各本所学，忠于朝廷的人，不可永远废弃。现在新官制将付实施，应该新旧人两用。"

并且手指御史中丞衔位上，以坚决的口气说："这个位置，非司马光不可。"

王珪、蔡确相顾失色，一时无辞可解，只得高声应道："领德音！"

蔡确退下殿来，兀自喃喃自语道："这事如何使得。总要想个办法，死马当活马医才好。"①

蔡确的诡计是，"皇上久欲收复灵武，倘然有办法使西边的军事扩大，深入敌人巢穴，假使这事情成功，则皇上转移注意西事，必不再召君实，君实也不会应诏"。

这是一个非常巧妙的阴谋，却是误国的诡计。神宗久苦西夏诛求无厌，不断的骚扰和掠夺，使宋朝民穷财尽，国力日弱，久欲一振天威，以解救沉重的财政负担，确保国家的疆圉。司马光老成持重，决不会赞成发动边衅，进行冒险的战争。所以说，只要迎合上意，挑起这场大火，神宗便不会召司马光，司马光也不会来了。

---

① 〔宋〕朱弁：《曲洧旧闻》。

后来果然如此，蔡确授意知庆州俞充上了一个"平西夏策"，加上西夏内乱有机可乘的借口，第二年四月，神宗就诏熙河经制李宪等各路军马进讨西夏了。司马光未召，苏轼等人也都被搁下来了。

苏辙《龙川别志》记述此事甚详，所下的结论则是："自是西师入讨，夷夏被害，死者无算，新州之命（蔡确流放新州），则此报也。"①

至元丰四年（1081）十月间，改定官制即将颁布施行，神宗召集执政重臣至天章阁，商议"官制除目"的大事。先由执政进呈三省印，神宗说："从前是由金铸的，现在御宝金铸，这可用镀金的。"继由执政进呈预先拟好的"除目"（任官名单），请求核定。

这次会议中书检正官王震（王巩的六侄）和吴雍均被召与会，担任纪录。神宗看了执政所拟的"除目"，谕曰：

"三省密院官，暂时搁一下。"

于是从吏部以下讨论起，议到太常少卿，帝曰：

"这一职位，必须慎择妥人。"以前执政屡有推荐，都不合上意，所以帝谕如此。续议礼部郎中，神宗说：

"此南宫舍人，非其他曹官可比，可除刘挚。"

论到著作郎，神宗说："此非苏轼不可。"

众人无言，过了一会儿，神宗打破沉默道：

"想到了，太常少卿可除范纯仁。"

议毕，皇帝面色严重地宣谕道：

---

① 〔宋〕苏辙：《龙川别志》。

"朕与高遵裕约定，当于某日下灵武，等他捷报到来，必须大事庆赏，其时官制可行，除目可下。"

同时告诫在场诸人，绝对保密："外人如有知此消息，定是卿等几人所泄漏，都须负责。"又命执政严戒王震、吴雍守秘。①

高遵裕是环庆经略，他在庆州打败了西夏，又与刘昌祚合兵在距灵州百里之地，对来袭的房军，打过一次胜仗，一路所向无敌，直薄灵州，报称指日可下，所以神宗有此期待。

不料高遵裕灵武之师，久围不下，反被西夏人决黄河之水直灌营地，十几万大军生还者不到万人，几乎是全军覆灭，高遵裕与神宗相约的捷报和神宗预备的庆赏，皆成虚愿。

元丰五年（1082），议修国史，神宗谕示："国史大事，可命苏轼主编。"王珪面有难色，神宗只得说："如苏轼不恰当，姑且用曾巩一试。"

曾巩编成《太祖总论》，进呈，不合上意。六年，曾南丰丁忧返籍，不久也去世了。②

派苏轼修国史，既被王珪阻拦了，神宗又降旨要起复苏轼以本官知江州。蔡确和中书侍郎张璪受命，王震当词头。公事送到门下省，尚书左仆射兼门下侍郎的王珪奏以为不可。明日改承议郎，知江州太平观。官僚要反对一件事，先是推，推不掉就拖，一拖再拖，"命格不下"了。

有人很愤慨地说，这都是王禹玉（珪字）出的力。③这样推诿拖托，时间过得很快，苏轼被谪黄州，已经四年了。至元丰七年

---

① 王巩《闻见近录》引用其侄王震口述，震参与当日御前会议，职司记录之人。
② 事见《宋史》本传、李焘《续资治通鉴长编》、邵博《闻见后录》。
③ 同上。

(1084)春，神宗不再与执政的宰辅商量，径以"皇帝手札"，量移苏轼汝州。

用"皇帝手札"是万不得已。这种特殊文件，一曰手诏，常为非常的恩典，如特赦；一曰御札，则为皇帝决意要办的事，一种率直的指示，故不用四六句。这两种特别的文件，一经颁下，臣下只能奉行，不得再议。神宗若不深恶执政的恶意阻挠，也决不轻易打破常制，动用"皇帝手札"。

"量移"为该恩原赦，量移近里州军之意，算不得是起复，这也是神宗顾虑苏轼为当前的执政大臣们所力拒，复官反而容易滋生事端，不如留待到了河南，看情形再说。

起复的第一步，以"皇帝手札"那样特殊的措施，才告成功。元丰七年（1084）四月，告下黄州，特授苏轼检校尚书水部员外郎、汝州团练副使，本州安置。一切都无改变，不过从偏远的黄州移到京畿附近的汝州而已。告词有曰：

> 苏轼黜居思咎，阅岁滋深；人才实难，不忍终弃。……①

这几句话使苏轼低徊雒诵，顿生知遇非常的感激，作《谢量移汝州表》，也竭尽哀慕之意。如曰：

> 旋从册府，出领郡符。既无片善可纪于丝毫，而以重罪当膏于斧钺。虽蒙恩贷，有愧平生。只影自怜，命寄江湖之上；惊魂未定，梦游缧绁之中。憔悴非人，章狂失志。妻孥之所窃笑，亲友至于绝交。疾病连年，人皆相传为已死；饥寒并日，臣亦自厌其余生。……

这份谢表，呈达皇帝御前，神宗读后，顾谓侍臣道："苏轼堪

---

① 王巩《闻见近录》引王安礼（和甫）语。《厚德录》亦载其事。

称奇才！"

但还有人在帝前媒孽道："观轼表中，犹有怨望之语，如说兄弟并列于贤科，以及惊魂未定，梦游缥缈等语，自以为因诗词被谴，实非其罪，毫无悔悟之意。"

神宗愣了一下，径曰："朕已灼知苏轼衷心，实无他肠。"言者语塞。①

上述皇帝告词中有"人才实难，不忍终弃"这一句话，使苏轼非常感动，后来知道此文出于给事中王震（子发）的手笔，而震是好友王巩的六侄。②元祐初，苏轼为翰林学士，与子发做了翰林院里的同僚，次韵赠诗，有"清篇带月来霜夜，妙语先春发病颜"句，即是指此告词，喻为黑漆寒霜之夜里的明月，使枯槁的病人脸上顿时透露了生气，感激之情，溢于言表。

## 十二　别黄州

拜发谢表后，全家忙着收拾行李，准备离黄。苏轼把辛苦经营的东坡农场和雪堂的房屋、乳媪的坟墓，托给了近邻潘丙（彦明）照看。因为苏迈正要到江西德兴去当县尉，所以决定叫他带了全家，稍后至湖口相会，他自己则要先往筠州去探望苏辙和三个多年不见的侄子，诗僧参寥、丐者赵吉③从行。

---

①〔宋〕李焘：《续资治通鉴长编》。
②〔宋〕陈鹄：《耆旧续闻》。
③丐者赵吉，因苏辙的介绍，从东坡于黄州。《栾城集》有《丐者赵生传》，东坡诗中屡称为赵贫子。

苏轼自元丰三年（1080）二月到达黄州，至七年四月离去，在此整整住了四年三个月。离黄之日，他的疮病似乎没有痊愈，所以作《别黄州》诗，用杜甫瘦马行的典故："病疮老马不任鞿，犹向君王得敝帏。"黄州虽是这么穷僻的地方，但是住久了，即使一草一木，看来也不免有情，故诗续曰："桑下岂无三宿恋，樽前聊与一身归。"黄州邻里、朋友，纷纷设馔话别，一个流落天涯的人，对于温暖的人情，更易流连，作《满庭芳》一阕，以当告别：

归去来兮，吾归何处？万里家在岷峨。百年强半，来日苦无多。坐见黄州再闰，儿童尽楚语吴歌。山中友，鸡豚社酒，相劝老东坡。

云何。当此去，人生底事，来往如梭。待闲看秋风，洛水清波。好在堂前细柳，应念我、莫剪柔柯。仍传语，江南父老，时与晒渔蓑。

黄州郡将也设宴欢送苏轼，循例征召官伎侑酒。苏轼名满天下，照当时风气，常被那些女孩子们求诗乞字，当此酒酣耳热之际，他一向兴致很好，醉墨淋漓，来者不拒。于是有一故事，这次侑酒官伎中，有一李琪，长得娇小明艳，而且知书识字，不过胆小腼腆，所以，只有她从未得过苏公的翰墨。这是最后一次机会，再也不能错过，但等酒喝得差不多时，她从身上取下一条白绢领巾，跑到苏轼座前，求赐墨宝。

苏轼仔细瞧了她半响，叫她先去把墨磨好。墨浓了，他便拈起笔来在那幅白绢上大书道：

东坡五载黄州住，何事无言赠李琪？

下面没写下去，他老把笔一搁，又去和别人谈天说地起来，似已完全忘了这事。同席的人，看开头这两句，语意凡易，认为以苏轼的捷才,也决不至于接不落下文,大家不解何故。李琪自然最为焦急,但也不敢催问,只憋得粉面通红,无所措手。苏轼佯若没事,谈笑不绝,直到宴席将散,李琪忍不住只得去他面前,再拜续请,苏轼这才哈哈大笑道:"几乎忘了出场。"提笔续写道:

　　恰似西川杜工部,海棠虽好不题诗。

写毕,大家传观,都为李琪庆贺。苏轼黄州赠伎诸作,以李琪所得的褒扬为最甚。①

苏轼于三月上旬闻移汝之命,随即作书邀王齐愈过江来一叙。这封信写出他此际惶惶不安的心事:

　　……前蒙恩量移汝州,比欲乞依旧黄州住,细思罪大责轻,君恩至厚,不可不奔赴。数日念之,行计决矣。见已射得一舟,不出此月下旬起发,沿流入淮,溯汴,至雍丘、陈留间,出陆至汝,劳费百端,势不得已。本意终老江湖,与公扁舟往来,而事与心违,何胜慨叹。计公闻之,亦凄然也。甚有事欲面话,治行殊未集,冗迫之甚,公能两三日间,特一见访乎?至望,至望。

苏轼行前,武昌的王齐愈、齐万兄弟,岐亭的陈慥都于苏宅会集,伴送离黄。时已四月中旬了,他们一行渡江过武昌,夜行吴王岘时,忽然听到隔江传来黄州鼓角的声音,一声声撩拨起行人苍茫的悲凉,苏轼默诵杜甫的诗:

　　鼓角缘边郡,川原欲夜时。
　　万方声一概,吾道竟何之?

一时感情激动,不能自制,两眼都忽然湿润起来。但他立刻

---

① 〔宋〕何薳:《春渚纪闻》。又陈岩肖《庚溪诗话》作"李宜"。

凛一凛精神，以为鼓角本身是无悲亦无喜的，一切随着听鼓者本身的哀乐而变化，今日多情送我，固然免不掉有点感伤，但望有生之年，还能再来黄州，这江边的枯柳总还认识我，这黄州鼓角还当吹奏此曲，欢迎东坡居士重来。作《过江夜行武昌山闻黄州鼓角》诗：

> 清风弄水月衔山，幽人夜渡吴王岘。
> 黄州鼓角亦多情，送我南来不辞远。
> 江南又闻出塞曲，半杂江声作悲健。
> 谁言万方声一概，鼍愤龙愁为余变。
> 我记江边枯柳树，未死相逢真识面。
> 他年一叶溯江来，还吹此曲相迎饯。

绝意仕路的苏轼，如果不能归乡，他只愿重回黄州来做他的东坡老农。这心意，即使后来元祐时期，他还常常那么怀想，《致潘丙（彦明）书》说："仆暂出苟禄耳，终不久客尘间，东坡不可令荒废，终当作主，与诸君游，如昔日也。愿遍致此意。"

一行同至车湖王齐愈家，因为刮风，留住两日，至四月十四日，坐船到磁湖。①

到磁湖来送行的黄州朋友一大堆：潘氏全家祖孙三代——潘革和他的三个儿子潘鲠、潘丙、潘原，潘鲠的两个儿子，即是后来江西诗派的大将潘大临、大观；古耕道、郭遘，何氏竹园的何胜可也带了他的孙子何颉（斯举）同来；还有武昌的王齐愈、齐万兄弟带了侄子天常以及韩毅甫、宗公颐等。这一大批送客远来

---

① 本集《再书赠王文甫》云："昨日大风欲去而不可，今无风可去而我意欲留。文甫不欲我去者，当使风水与我意会，如此便当作留客过岁准备也。"可见其欲别还难之意。

磁湖,使苏轼深为感动,和他们一一热烈话别。

唯有陈慥,交情更是不同。苏轼住在黄州,季常每次往返四五百里路来看他,前后达七次之多,这回更是坚欲送他直到九江。苏轼途中作诗赠别,回顾他们五年来的交往,感慨道:"枯松强钻膏,槁竹欲沥汁。两穷相值遇,相哀莫相湿。"这几乎就是《庄子·大宗师》中"泉涸,鱼相与处于陆,相呴以湿,相濡以沫,不如相忘于江湖"的意思。最后,更历忧患的苏轼很坦白地劝季常道:

吾非固多矣,君岂无一缺。

各念别时言,闭户谢众客。

苏轼又将五年间往来岐亭所作泣字韵诗,通为《岐亭五首》,前加长叙,留为与陈季常患难交情的纪念。

苏轼从此就再也没能到黄州来,也再没看过他亲手垦辟的东坡。

# 第七章　飘泊江淮

## 一　庐山纪游

　　苏轼在九江别了陈慥，老友刘恕的幼弟刘格（道纯）来做向导，与参寥一同往游庐山。庐山位于江西省九江市南，扬子江环绕山北，鄱阳湖则在山之东南，正是襟江带湖，据三流要会之处，形势绝胜。而庐山本身，又是那么怪伟，七重大岭，连绵起伏，圆基周围达五百里。层峰插天，使天上的云雨反在峰岩之下，峦影山光，应接不暇。

　　他们从山南正面比较幽僻的路上山，远远望见这座名山的气势，先已为此大自然的神奇所慑伏，觉得庐山是造物主的杰作，不是人类的语言文字所能描摹，赞叹顶礼之余，苏轼便和参寥说："此行决不作诗。"

　　不料上得山去，山中僧俗却已纷纷传说：

"苏子瞻来了！苏子瞻来了！"

在黄州寂寞多年的苏轼，不免心动，不知不觉间破戒作了《初入庐山三首》之一：

芒鞋青竹杖，自挂百钱游。
可怪深山里，人人识故侯。

一路行去，迎面群峰，怪石峥嵘，岗峦突兀，中有一片峰峦，活像是个神情兀傲的老人，他是那样的古怪、冷酷和陌生。苏轼觉得这老人，不是见面一两次就能相熟的，叹结识不易曰：

青山若无素，偃蹇不相亲。
要识庐山面，他年是故人。

他走在入山的路上，还不敢相信此身真个已经到了怀想多年的庐山，他不能不把自己的惊喜写下来，又觉得一定不为此行作诗，也实在没有什么道理，索性再续作一首：

自昔怀清赏，神游杳霭间。
如今不是梦，真个在庐山。

山南当面即是五老峰，它的高度虽然不及大汉阳峰，但是气势雄伟，五峰复出，绵延数里，似断还续，峦影山光之间，云雾聚散，瞬息万变，形成庐山有名的"云海奇观"。

这一僧二俗，穿云入雾，相将入山，先到五老峰下的开先寺。

这开先寺为山南五大丛林之冠，原是南唐中主少时的读书堂，在他即位后下诏改建的。寺内寺外，古木参天，楼台掩映，登临远眺，可以望见鄱阳湖那一片浩渺的烟波。寺侧有两大瀑布，一曰马尾泉，一曰飞玉瀑。

这两大瀑布的源头，皆出于庐山群峰中。最高的汉阳峰巅，趵突流播；西向者为康王谷的谷帘泉，陆鸿渐《茶经》中品为天下第一的名泉；东行者即此开先二瀑。

马尾泉是因为汉阳顶上奔注而下的泉水，到了这个地方，崖口突然束紧，怪石嵯峨，森列流道，挡住浩荡而下的水势，使此一道激湍散为数千百缕的喷银飞玉，形如披风的马尾，故有是名。

另外一股西南方向流下来的山泉，自坡顶直注深壑，汇为大龙潭，中间挂流数十百丈晶莹的匹练，直落霄汉，声势浩大，被日光照射时，立刻呈现出灿烂金黄的颜色。这道金黄的泉水，忽被山风吹起，水飞接天，则如飞毯卷雪，在空中迸珠散玉，瞬息万丈。春夏间山泉水大，更为壮观。苏轼初夏入山，来得正是时候。

他在开先寺漱玉亭畔，徘徊瞻望这出自青玉峡的两大瀑流，流连不忍离去，面对如此浩荡的流水，恍如来自天上，直落潭底，发出隆隆的水声，山鸣谷应，令人在此造物的伟大力量之前，感到极度的震眩。苏轼一直待到月出飞桥，看月光照映着的瀑流，益发产生另一种缥缈神秘的光彩，使这耽游的诗人，完全沉浸于迷幻的神仙境界中，不期而然地产生了天地悠悠的出世之想：但愿能够脱离从所自来的尘世，只想手持白芙蕖花一枝，飘然一跃跳进这一片清凉而又迷茫的银色漩涡中去。后来作《开先漱玉亭》，就使用近似李白饶有仙气的笔触，来写他这段浪漫的想象："……我来不忍去，月出飞桥东。荡荡白银阙，沉沉水精宫。愿随琴高生，脚踏赤鲩公。手持白芙蕖，跳下清泠中。"

苏轼遨游山南山北，自言得奇胜之处十五六，认为开先寺漱玉亭的双瀑和栖贤三峡桥的激流为奇中之奇，胜中之胜。其余的写不胜写，所作景物诗，也仅此《庐山二胜》两篇。

栖贤三峡涧在含鄱口南寨，水源发自含鄱岭，与太乙峰之水合流，经两峰对峙，山形险恶的狮子口，形成三峡涧的急湍洪流，涧行栖贤谷中五六里，遂至山南五大丛林之一的栖贤寺。苏辙《庐山栖贤寺新修僧堂记》说：

> 元丰三年，余过庐山，入栖贤谷。谷中多大石，岌嶪相倚。水行石间，其声如雷霆，又如千乘车行者，震掉不能自持，虽三峡之险不过也。

苏辙写成这篇堂记后寄给老兄，请他书写，苏轼欣然命笔，他说："欲与庐山结缘，予他日入山，不为生客也。"[1]至今相距不过三年多，果然到了栖贤僧堂，可以手自摩挲堂上这方弟作兄书的石刻了。

这一路栖贤涧水，汤汤流到寺东数百步处，忽遇巨石，与水相激，惊波喷空，鸣声震天，飞泻而下，是名"玉渊"。涧水南下二里许，宋祥符年间建三峡桥于此。桥身横跨绝壑，高出两崖之上，桥下则百尺深渊，急流澎湃，令人目眩。苏轼作《栖贤三峡桥》诗，说它是："清寒入山骨，草木尽坚瘦。空濛烟霭间，澒洞金石奏。"

四月二十四日晚，苏轼一行到了甘泉口、石耳峰下的圆通禅院。

这座禅院曾因欧阳修来游，与居衲禅师夜坐小亭，论道达旦，赠诗有"五百僧中得一士，始知林下有遗贤"句而闻名天下。这寺院也是老苏的旧游之地，与居衲长老亦曾相识。苏轼来此的翌日（四月二十五日），适逢老苏逝世十八周年忌辰，他特诚斋戒恭书"宝积菩萨献盖"颂佛一偈，捐彩幡一对，赠与现在的住持可

---

[1]〔宋〕苏轼：《东坡志林》。

仙长老,为他父亲祈求冥福。可仙说:"昨夜梦见宝盖飞下,着处出火,岂非今日之兆。"苏轼因此又作一诗留念。

继与刘格同游简寂观,后至归宗寺,黄龙山北麓的温泉院。

苏轼在温泉院随便翻阅游客留题的诗文,看到可遵和尚的题壁诗:

禅庭谁作石龙头,龙口汤泉沸不休。
直待众生尘无垢,我方清冷混常流。

苏轼本有好辩的嗜癖,喜欢做翻案文章,一时兴起,即题一绝于后道:

石龙有口口无根,自在流泉谁吐吞?
若信众生本无垢,此泉何处觅寒温。

其时这可遵和尚住在圆通寺里,听说大名鼎鼎的苏轼续了他的题诗,大大得意起来,立刻追踪前往,要求一见。途中听人传说苏轼作了《三峡桥》诗,所以,待他追到苏轼面前,就急急慌慌说道:"和尚也有一首绝句,要题在尊作三峡诗后,身上没带纸笔,只好读给你听。"接着便高声朗吟起来:

君能识我汤泉句,我却爱君三峡诗。
道得可咽不可漱,几多诗将竖降旗。

苏轼看这和尚,那副硬攀知己的面目,丑俗不堪,自悔落笔轻率,误惹劣僧,便迭口催促轿夫快走,不加理睬。旁观者方大称快,不料可遵却大言遮羞道:"子瞻护短,见我诗好甚,嫉妒而去。"

可遵立刻回到栖贤寺去,要把他那首续三峡诗题上寺壁,不料栖贤寺僧正在忙着盘磨碑石,准备镌刻苏诗,见他那种好名若狂的样子，骂他一顿，撵出寺门，山中传为笑谈。①

随后，苏轼来到朱砂峰下的白石庵，此是好友李常（公择）的读书处。公择出仕后，将他的藏书九千卷庋藏在这庵中，称"李氏山房"，苏轼曾为作记，路经此处，便进去参观了一遍，觉得公择有那么好的读书地方，何苦到外面去做官，作诗寄意，劝他不如重做读书庐山的李白。诗曰：

偶寻流水上崔嵬，五老苍颜一笑开。
若见谪仙烦寄语，匡山头白早归来。

有一天午间，苏轼独自一人，徜徉于五老峰下，随意进入白鹤观去玩，没想到进入观门，但见院子里松荫匝地，观中却闻无一人，只听见偶有棋声叮咚，出于户内。到了这种"静如太古"的境界，才知道司空表圣诗："棋声花院静，幡影石幢高。"确如他所自许有"得味于味外"的功力——这一种诗人才能感受的印象，苏轼心中铭刻很深。十余年后，身已被谪海外，看他儿子与人下棋，他还回忆此日此时的情味，作《观棋》诗。②

他和参寥、刘格自南徂北，一路游赏，来到北香炉峰下的东林寺。

这东林寺原是晋朝慧远法师的弘法道场，远公在此组织佛教史上有名的白莲社，弘扬净土教义。此地有香炉、经台、天池诸山，环列寺南，翠岚照槛，风景如画。寺外有条虎溪，相传当年溪边林薮中，蓄有老虎护卫这座律寺。远公送客，从来不过虎溪

---

① 〔宋〕陆游：《老学庵笔记》。
② 苏轼被谪海南，作《观棋》诗，自叙曰："余素不解棋，尝独游庐山白鹤观，观中人皆阖户昼寝，独闻棋声于古松流水之间，意欣然喜之，自尔欲学，然终不解也。儿子过乃粗能者，儋守张中日从之戏，余亦隅坐，竟日不以为厌也。"

桥，只有陶渊明、陆修静来访那一回，远公送他们走时，一路讲话，不觉过了溪桥，林间伏虎忽然大声鸣啸起来，三人相向大笑。这不过《高贤传》里一段"山林佳话"而已，与史实不合，然而寺有三笑堂，苏轼也题过《三笑图赞》①。

东林本为"律宗"的寺院，甫于元丰三年（1080）诏改"禅席"。南昌太守原要延请宝觉禅师来做住持，宝觉举常总法师自代。常总听到这个消息，连夜走避。王太守传檄属郡，追踪访求，终于在江西新淦深山中找到了他，推避不得，才来庐山。东林老僧说："远公曾留谶记：吾灭七百年后，有肉身大士革吾道场。今符其语。"苏轼来时，常总长老正在大事扩充院宇，修葺一新，当即招待这两位贵宾留宿寺中。②

虎溪，水深石怪，春夏之间，山泉汹涌，湍流甚急。这一晚，苏轼在枕上，就听着虎溪淙淙的水声，山鸣谷应，彻夜不绝。恍惚之间，他觉得庐山这片山色，岂不就是《法华经》上说的，世尊菩萨所现示的清净法身，庄严妙相。若然，则这片彻夜不绝的水声，即便是遍覆三千大千世界的广长舌，日夜不停地在念着佛偈。以溪山见僧之体，以广长舌、清净身见僧之用。苏轼崇敬常总长老的高洁，就将这份"东林夜怀"，作成一首小诗，赠与常总：

  溪声便是广长舌，山色岂非清净身。
  夜来八万四千偈，他日如何举似人。

最后由东林长老陪往西林寺。苏轼一路观察山景，峰峦重叠，

---

① 楼钥《跋东坡〈三笑图赞〉》曰："陆修静始至庐山，已在元嘉年间，时远公亡已三十年，陶渊明亡亦二十年矣。"故所传人物不确，只可视之为山林佳话。
② 〔宋〕释惠洪：《僧宝传》。

不但距离远近，形势向背，各有不同的容色，而高低起伏，姿态互异，更是变化无穷。苏轼这几日来，看山所得，不仅是美感上的享受，更重要的是得到了一重解悟，得到了一重隽妙的见知。《题西林壁》道：

横看成岭侧成峰，远近高低各不同。

不识庐山真面目，只缘身在此山中。

黄山谷读了此诗后，说："此老于般若横说竖说，了无剩语；非其笔端有舌，安能吐此不传之妙？"其实，这首小诗，千余年来，成为家喻户晓的名言，并不因为它于文学上有何特别优异的表现，也算不得是禅门的机锋，苏轼只是拿庐山的变化来印证一个人间的认识，然而，即此认识，便是无上智慧。

人们所见事物，往往只从自我的感觉出发，把自我的心作为衡量世间事物的标准，因此，所见事物，便无可避免地着上了主观的色彩和感情。譬如杜甫诗说"感时花溅泪"，只因他自己在感伤时事，所以觉得花也陪他溅泪，如由另一个登徒子来看这同一朵花，也许他所见的正是"露滴牡丹开"的好景。

所以出于我们感官上所见知觉闻的一切事象物相，并非事物本身的真实，只因人们惯把自己当作宇宙的中心，一切看法想法，都难摆脱自私的成分，即"身在此山中"这一大魔障，造成主观的蔽锢，说是我所见的庐山，事实上只是透过庐山看了他自己。世人都以如此"自我中心"的虚假认识，做"自以为是"的价值判断，因此造成这个现实世界中无穷的冲突与祸患。

世人在这个自我中心的笼罩下，以为万物皆须为我，花须为我娇艳，山亦为我作态。其实，这不是"认识"，只是我的幻觉，一旦这种幻觉破灭的时候，人类的命运，就只剩下一大堆的虚空和痛苦。

苏轼能够离开"身在庐山"的立场,来看庐山,便是他的绝大聪明。他能以平等心来看庐山,使我与山,山与我,一体俱化,共同成就万物与我一体的理想生命,创造有情的世界。王国维《人间词话》说:"诗人对宇宙人生,须入乎其内,又须出乎其外。入乎其内故能写之,出乎其外故能观之。"苏轼此日,真能观山,他所看的,不仅是诗的山,画的山,更重要的是大自然给他的一重解悟,由这虚舟触物的解悟,得到精神生活与大自然圆融一致的享受。

游毕西林寺,一僧二俗,就从岭北云峰,洒然下山了。

## 二 访弟·殇子

苏轼谪至黄州的第三年春四月,他的老友杨绘(元素)因举荐属吏王永年,被台谏纠弹,贬官荆南节度副使,乘这机会曾到黄州来看望过他。当时杨绘还对苏轼提起十年前,他接替陈襄来知杭州时,苏轼赠词《醉落魄》中有"尊前一笑休辞却,天涯同是伤沦落"的句子,不料正应验了今日两人相同的命运,成了"语谶",相与感叹良久。

这次游罢庐山,还至九江,苏轼才得到好消息:上年(元丰六年,1083)十一月皇帝南郊祀天于圜丘,大赦天下,杨绘亦援恩例起知兴国军,已至任所。苏轼感念他们之间的友谊,不惜从九江原路折回到与武昌甚近的兴国去看望杨绘。

然后,苏轼一人再自兴国陆行,径赴筠州去看他的老弟。过瑞昌,自言"溪上青山三百叠,快马轻衫来一抹。……"(《自兴国往筠,宿石田驿南二十五里野人舍》诗),这时候天气尚不太热,旅途还算轻快。五月一日至建昌,途遇苏辙的女婿王适(子立),再至永修,访问了李莘(野夫)、李常(公择)兄弟的故居,因为屋主久已不在,似已十分荒败。当时李常已离开舒州,在京做礼部侍郎,李莘亦官于他处,所以诗说:"何人修水上,种此一双玉。思之不可见,破宅余修竹。"他怀想故人,只是:"我来仲夏初,解箨呈新绿。幽鸟向我鸣,野人留我宿。徘徊不忍去,微月挂乔木。"一种朋友契阔的怀念,更加深了他在流浪中的寂寞。

到了奉新,先派人送信给苏辙说:"已至奉新,旦夕相见。"将至筠州前,又写了《将至筠,先寄迟、适、远三犹子》那篇长诗,说他"露宿风餐六百里",明朝虽然已可走到高安的南(蜀)江了,但是"念汝还须戴星起",充分写出了他当时的兴奋和热望。距高安二十里,苏辙等已在城外建山寺迎候了。

苏辙在筠州,交游寥落,常相往来的,仅有洞山和云庵和尚、黄蘗的道全禅师和圣寿院的蜀僧有聪禅师。在接信之前几天的晚上,云庵和尚梦与苏辙及有聪禅师,三人一同出城去迎接五祖寺的戒禅师,醒后觉得奇怪,一早便来告诉苏辙。话未说完,有聪禅师却也来了。

苏辙迎上去,大声对他说道:"他正与洞山老师说梦,您也是要来说梦吗?"

"夜来,正梦到我们三人同去迎接五戒和尚。"有聪禅师说。

苏辙抚掌大笑,说:"世间果有同梦的事,真是奇怪!"

过不几天,苏轼的送信人到了。苏辙、云庵二人大喜,及期,雇了竹轿,出城二十里至建山寺等他。

苏轼到了寺中坐定，兄弟久别重逢，一时不便说话，苏辙就各将前些日子所做的梦说给他听，不料苏轼听后，说出一段故事来。

"我八九岁的时候，常常梦见自身是个和尚，往来陕右一带。还有先妣孕我时，曾经梦见一个和尚要来我家投宿。还记得这和尚身材瘦长，瞎了一只眼睛。"

云庵大惊道："戒和尚是陕西人，瞎了一眼的。晚年弃五祖寺来游高安，终于大愚。从现在倒数上去，恰恰五十年。"

苏轼这一年是四十九岁，大家相信五戒禅师是他的前身。苏轼自己也很信这话，至元祐中，在京城给云庵和尚写信，还说："戒和尚不识人嫌，强颜复出，真可笑矣。既法契，可痛加磨砺，使还旧规，不胜幸甚。"①

不但如此，自是而后，苏轼常穿衲衣，甚至将朝服套在衲衣外面，穿了就去上朝。那时候，哲宗皇帝还是十几岁的小孩，眼睛尖，好奇心重，他看得很奇怪，便问右珰陈衍道："苏轼衬在朝章里面的是什么衣服？"

"是道衣。"陈衍回答。

哲宗听了一笑。②

苏轼来了，被款待住在苏辙家厅堂前厢的东轩里。

说到苏辙的住处，比黄州的临皋亭还不如。他刚到高安时，就住在盐酒税局里，屋在江边，常遭水淹，而且敝旧不堪。后来乞得郡守的许可，才借到部使者的府邸暂住，仍然是一所东倒西

---

①〔宋〕释惠洪：《冷斋夜话》。《栾城集》有《全禅师塔铭》，即黄檗之有全亦称道全禅师。洞山之云庵，曰有文，即克文禅师，苏辙有《洞山文长老语录叙》。
② 同上。

歪的破宅，他自己用木头来支撑欹斜，土补圮缺，才勉强可住。只有厅堂外那间东轩是自己新造的，还在轩前手种了两株松树，百来株绿竹，算是最富情调的一间居室，现在用来招待老兄。

苏辙在高安的生活，远不如苏轼在黄州那样闲适。这盐酒税的差事，原来有三个人在做，苏辙来后，另外两个人适皆罢去，从此不再补人，一切琐事都压在苏辙一个人肩上了。早晚上下班，中间隔着一条江水，都须坐船摆渡，自作诗说："朝来榷酒江南市，日暮归为江北人。"已够奔波劳苦了，何况他还必须整天坐在市场中，鬻盐、沽酒、秤量猪肉和鱼鲜，与那些市侩贩夫争论斤两，计较锱铢，一点休息时间都没有。直要等到天黑了，才能收拾税场，关门渡江回家。回到家里后，他已筋疲力尽，昏然就睡。等他一觉醒来，天也亮了，他又得再赶到江南去做同样的琐事。所以虽然造了这间东轩，并没有时间来享受，自言："每旦暮出入其傍，顾之，未尝不哑然自笑也。"①

这次苏轼远来，才真派上了用场。

这是苏氏兄弟黄州别后第一次重逢，而且是与他全家人的合聚，他们可以一起自由自在地讲眉山家乡土话，做家乡点心"水饼"来吃，毫无拘束地说笑话。

苏轼最关心的是他的三个侄子，他上次见到他们还是十多年前，时在济南，老三虎儿（苏远）出生还不久。现在老大阿梁（苏迟）年已弱冠，和老二阿罗（苏适）都已长大得能够高谈阔论了，连这最小的幺儿也已十一岁，开笔学习作诗了。他很高兴几个侄子都已长那么大，给他们写"别诗"，自问中夹着甚深的感慨

--------
① 〔宋〕苏辙：《栾城集·东轩记》。

（《别子由三首兼别迟》）：

　　　　两翁归隐非难事，惟要传家好儿子。
　　　　忆昔汝翁如汝长，笔头一落三千字。
　　　　世人闻此皆大笑，慎勿生儿两翁似。
　　　　不知樗栎荐明堂，何似盐车压千里。

　　苏辙的公事，无人替代，甚至端午节那天，他仍然要去鬻盐沽酒，所以，苏轼只得带了三个侄子去玩了一趟大愚山的真如寺（这大愚山就是五戒和尚圆寂的地方）。

　　在高安，只能住六七天，多年的盼望，却像天上的闪电一样，照眼一亮便过去了。临别时候，他劝慰弟弟道："三年磨我费百书，一见何止得双璧。愿君亦莫嗟留滞，六十小劫风雨疾。"——人生途中，难免风风雨雨，只是吹打愈狂，过去愈快，劝他不要为眼前的潦倒而沮丧。

　　苏轼自己现在固然飘泊无归，但是，一个自幼从儒家学说里锻炼出来的人，怎样都消灭不掉"求为世用"的抱负，天生我才必有用，决不放弃拯物济时的责任，决不甘心使生命的意义从此失落。不过读书人虽要求用，但是立身处世，自有原则，决不放弃。他说了斩钉截铁的话，要他的弟弟不要担心他的前途："知君念我欲别难，我今此别非他日。风里杨花虽未定，雨中荷叶终不湿。"——这是苏轼可以自豪的志节，也是苏轼形体之外压不倒的英气。

　　苏轼从筠州折回九江，要在九江等待留在黄州的家眷，来此会合。

　　参寥自下庐山，也仍在九江等候，苏轼回来后，与他共住慧日院。九江旧名浔阳，当地有一唐代著名的道观——紫极宫，宋时改为天庆观。李白有《浔阳紫极宫感秋》诗。太白作此诗时，也在贬谪境况中，且与今日的苏轼，同为四十九岁。苏轼往游，兀自默诵着太白的原诗："何处闻秋声，翛翛北窗竹。回薄万古心，揽之不盈掬。……懒从唐生决，羞访季主卜。四十九年非，一往不可复。野情转萧洒，世道有翻覆。……"一种时光流逝的压迫，一种落拓无归的际遇，使苏轼惊讶于人生真是变化莫测，没有可以肯定的存在，惘然和唱："流光发永叹，自昔非余独。行年四十九，还此北窗宿。……世道如弈棋，变化不容覆。"吐露他寥落无依的伤感。

天庆观的道士胡洞微，热烈接待苏轼。他说，他种有玉芝，一名琼田草，已经培养了七八年，再过几年，便成熟可食，吃了可以延年益寿，慨然预约，到时定当分赠。苏轼非常感激这胡道士的慷慨——时光流逝的怅惜连带产生服食长生的幻想，诗人李白最丰富的那份想象，同样激荡着这半百老人的胸襟。

苏轼与胡道士于此订交，并将从磁湖得来的石菖蒲数本，一起托付这位道士代他培养。苏家全部眷口坐了大船从黄州到了九江，时将六月，参寥也要回浙江於潜去了，赋诗留别，苏轼和作，有"到后与君开北户，举头三十六青山"句，三十六峰系言嵩山，指河南府永安县的少室山，苏轼移置汝州，即在是地，意为约他将来更至汝州相见。

苏辙《次韵作却寄迈迨过遯诗》，有云："迈年最长二十六，已能干父穷愁里。"苏迈时将前往饶州德兴县去当县尉，苏轼决定先送儿子赴官，六月初九至湖口，父子二人还乘便游了当地的名胜石钟山。

这石钟山就是郦道元《水经注》所记的"下临深潭，微风鼓浪，水石相搏，声如洪钟"的奇景之地。

当地的寺僧使一小童陪他们父子同往，手持小斧在水边乱石间挑选一两处敲敲，果然发出硿硿的回音，但是苏轼笑而不言，他一定要实地去勘察个明白。当夜，独与苏迈乘一小舟到绝壁下，果然听到山下石穴与江水相激荡，自然发出钟鼓一样的声音。舟至两山间将入港口时，又发现有一大石踞于中流，此石中空而多窍，与风水相吞吐，声音更加响亮。据说，历来游客看过便罢，像苏轼这样自棹小舟，夜探水石的人并不多。他自己也很高兴得此发现，写出《石钟山记》那篇有名的散文。

苏迈须从湖口分程，自往德兴，初次出仕去当地方官了。老父特为检出一方砚台来，亲撰铭文相赠。那铭文说：

以此进道常若渴，以此求进常若惊。

以此治财常思予，以此书狱常思生。

苏轼和全家其他的人，则仍乘船溯江而南。经池州，六月二十三日到芜湖，七月初抵达当涂。

乐全老人张方平的儿子张恕，时居当涂，邀请苏轼宴叙，并出家伎侑酒，不料家伎中却有黄州旧守徐大受的爱姬胜之在内，君猷死后，她已归了张家，不料在此相遇。

苏轼本就非常喜欢娇小玲珑的胜之，也很欣赏她的冰雪聪明，在黄州时与她最熟，也写过好多阕词来赞美她，送过她好茶和好泉，认为只有她才配享受此物；又说过她是一个出身很好的女孩子等，似乎有一点秘密的爱意。

这次意外重逢，王明清《挥麈后录》记有一则故事：

东坡北归过南都，其人已归张乐全之子厚之恕矣。东坡复见之，不觉掩面号恸，妾乃顾其徒而大笑，东坡每以语人，为蓄婢之戒。

古人本将姬妾视同私人财产,可以随意将她遣去或赠人,何况时在君猷身后,苏轼没有理由"掩面号恸",除非他心里还有一份难忘的旧情,面对胜之嬉笑自若,毫无情意的态度,使他借君猷的酒杯,浇自己的块垒,作《西江月》(姑熟再见胜之,次前韵)一阕以寄慨:

别梦已随流水,泪巾犹浥香泉。相如依旧是臞仙,人在瑶台阆苑。

花雾萦风缥缈,歌珠滴水清圆。蛾眉新作十分妍,走马回来便面。

过姑熟堂下,苏轼偶读当地所印的"李白十咏诗",不禁抚掌大笑道:"伪作败露了,岂有李白作这等诗!"后来听说王安国曾在秘阁中见过李赤集中有此诗。赤自比李白,所以名赤,据说为厕鬼所惑而死。苏轼说:"今观此诗止如此,而以比白,则其人心恙已久,非特厕鬼之罪。"[1]

苏轼观察敏锐,感觉力很强,并非完全是天赋,大部分得之于凡事认真的态度,对于浮夸、作伪的事,落在他的眼中,一点也不肯含糊,亦不肯人云亦云。游石钟山,他对那出于自然的天籁,非拏舟夜探,寻出根底不休;《姑熟十咏》伪诗,他不肯读过抛开,悻悻于赝物李赤;游庐山,在陈令举的《庐山记》中读到徐凝的瀑布诗,非但訾为"至为尘陋",更讨厌他伪作乐天诗称羡此句有"赛不得"的这种谎话,不惜作诗痛骂:"飞流溅沫知多少,不与徐凝洗恶诗。"——这些都是小事,然而十足表露苏轼求真求

---

[1] 本集:《书李白十咏》。

实的真性情。

苏轼在当涂，往访诗友郭祥正（功甫），这郭功甫于熙宁年间即以殿中丞致仕在籍，不大乐意做官，而以诗闻名，梅圣俞推誉他为"太白后身"。

苏轼在郭祥正醉吟庵里喝酒，酒后兴发，索笔濡墨，就在他家髹漆屏上，画了一幅竹石，醉墨淋漓，大气磅礴。祥正无意得此，喜出望外，立刻送他两支家藏的古铜剑。苏轼复诗为谢，才将何以当时有非"挥洒云烟"不可的冲动，解释出来道：

空肠得酒芒角出，肝肺槎牙生竹石。
森然欲作不可回，吐向君家雪色壁。
平生好诗仍好画，书墙涴壁长遭骂。
不嗔不骂喜有余，世间谁复如君者？
一双铜剑秋水光，两首新诗争剑铓。
剑在床头诗在手，不知谁作蛟龙吼。

苏轼写字作画，大抵都在醉后，这是他自不讳言的癖性，生活中激越起伏的情感与艺术冲动相结合，借着痛快的笔墨，发泄他的感情。所以，此诗是苏轼画论的基础，此画则是苏轼盘郁胸中的块垒。

人在世间，处处受着束缚，步步似有荆棘，聪明过人，才气愈大者，他所感受的压迫，当然也更深更重。郁闷无聊到极点的时候，唯有借着酒醉，才能脱出尘俗世网，把自己暂时解放一下，所谓"何以解忧，唯有杜康"，即是此意。酒精的力量，是一种刺激，平常人可以借此灌夫骂座，可以醉后痛哭；而艺术家者，则以笔墨这种工具，以借醉得全的天真，写出他沉积胸中的块垒。满纸淋漓的醉墨，往往是诗人无所皈依的沉哀，"诗不能尽，溢而为书，变而为画"，都一样是精神发泄的产品，都一样是性灵的呼号与怒吼。

苏轼这幅郭家漆屏上的醉画，在他的朋友中印象很深。苏轼殁后，黄鲁直于崇宁元年（1102）在荆南作诗曰："郭家鬃屏见生竹，惜哉不见人如玉。"李端叔（之仪）更深入了解此画作者当时的心境，次韵诗曰："大枝凭陵力争出，小干萦纡穿瘦石。一杯未釂笔已濡，此理分明来面壁。我尝傍观不见画，只见佛祖遭诃骂。人知见画不见人，纷纷岂是知公者。"画中重要的是作画者的精神，不是笔墨。所以端叔看这画，竟然不见画面，但看入画里的"芒角"和"槎牙"，而为之震栗："汗流几案惨无光，忽然到眼如锋铓。急将两耳掩双手，河海震动雷电吼。"[1]

一个惯弄笔墨的人，无不讲究使用的工具，癖好文房用品，苏轼更不例外。黄州文化落后，苦无笔墨，他作诗说："我贫如饥鼠，长夜空咬啮。瓦池研灶煤，苇管书柿叶。……"所以一旦身还江淮，到了当涂，他即热烈寻求仅次于广州端石的歙砚。不料他又遭遇了一次小型"笔祸"。

苏轼曾作《凤咮石砚铭》，中有"苏子一见名凤咮，坐令龙尾羞牛后"句。其实龙尾是歙砚中的上品，曾为南唐李后主所爱用，石质紧密温顺，扣之声如玉振。所以歙人认为他的品评不公，便赌气说："您既自有凤咮，何必再求龙尾。"

当地的奉议郎方彦德，家藏一方龙尾大砚，他说："阁下倘能作一诗，稍解前语，即当将此大砚奉赠。"

苏轼果然作了《龙尾砚歌》，得到了这方歙砚。又将郭祥正送

---

[1]〔宋〕李之仪：《姑溪集》。

他的铜剑换了张近（几仲）的龙尾子石砚。

唐坰送他张遇墨半丸，张遇是李廷珪、李承宴后一人，苏轼珍视之为"乌玉玦"。老朋友孙觉（莘老）上年与李常同时被召至京，任太常少卿。初入经筵，例有文房之赐，莘老不善书法，佳墨名笔对他都无用处，便转送了苏轼。苏轼得到，不啻贫儿暴富，作诗四首为谢。苏轼此时，漂泊江淮，穷无所归，却亟亟于求砚弄墨，说是个人的爱癖，也只有深怀艺术感情的人，才能有此近于沉迷的嗜好。

然而，苏轼全家这段长江上的旅程，恰在六七月间铄石流金的大热天，日晒船蓬，水蒸炎暑，生活在这小小船舱里，长达两个月，怎能不人人生起病来。最先病倒的是王夫人，答袁真州书："某到金陵一月矣，以贱累更卧病，殆不堪怀。……"他自己的疮毒也复发了，与文玉帖说："某到金陵，疮毒不解，今日服下痢药，羸乏殊甚。……"①

在这种情形下，身体的抵抗力很重要。老年人抵抗力弱，所以病了。初生的婴儿，抵抗力更弱，侍妾朝云所生的遯儿，还不满十个月，禁不住湿热夹攻，于七月二十八日一病殇于金陵舟次。

老年丧子，本是人生一大苦事，苏轼痛悼不已，只归咎于自己的恶孽，连累了这个孩子，不得长大。亲自将他抱去金陵埋葬，葬后，双手空空回来时，一路上禁不住老泪纵横起来。

朝云，这个失去爱子的年轻母亲，更是整日整夜，只伏在床上痛哭，遯儿是她唯一的命根子，口口声声要和这个孩子同去。突然失去婴儿吮吸的乳房，涨满了乳水，溢流出来，湿透了床褥，

---

①《圣宋名贤五百家播芳大全文粹·与文玉帖》。

他穿的小衣裳,还挂在衣架上,令人触目心伤。苏轼没有办法安慰她,作《哭子诗》曰:

> 吾年四十九,羁旅失幼子。
> 幼子真吾儿,眉角生已似。
> 未期观所好,蹁跹逐书史。
> 摇头却梨栗,似识非分耻。
> 吾老常鲜欢,赖此一笑喜。
> 忽然遭夺去,恶业我累尔。
> 衣薪那免俗,变灭须臾耳。
> 归来怀抱空,老泪如泻水。
> 我泪犹可拭,日远当日忘。
> 母哭不可闻,欲与汝俱亡。
> 故衣尚悬架,涨乳已流床。
> 感此欲忘生,一卧终日僵。
> 中年忝闻道,梦幻讲已详。
> 储药如丘山,临病更求方。
> 仍将恩爱刃,割此衰老肠。
> 知迷欲自返,一恸送余伤。

苏轼很奇怪,人生梦幻一场的了悟,早有认识,何以事到头上,仍然一点都想不开,啮心的痛苦丝毫解脱不得。正如平日储藏药物已如山积,一到疾病上身,仍然觉得无药可医,听任这把"恩爱"的利刃,来切割老人的肝肠。

苏轼只想大哭一场,把所有的悲哀一齐发泄掉。

## 三　金陵谒荆公

　　王安石于熙宁八年（1075）二月，东山再起，复任同中书门下平章事，同年四月，进尚书左仆射兼门下侍郎，再度拜相。这时候，神宗对他虽然敬信不衰，但政治大环境，对他先已造成的"亲友尽成政敌，谤怨集于一身"的情况，并不因为中间稍稍间歇而有任何改善。另一意外，他的还朝，反而见忌于自己一手提拔起来的吕惠卿，认为安石再相，挡了他的锦绣前程，遂欲力闭其途，只要可以为害安石的，无所不用其极。甚至利用献《流民图》的郑侠狱案，害安石之弟安国。更将安石给他的私书，中有"无使齐年（指冯京）知""无使上知"语者，密呈神宗，动摇皇上对他的信心。安石一则痛心于他的新政措施败于群小之手，事功渺不可期；再则又很悔恨于"智不足以知人，而险诐常出于交游之厚"。失望之极，屡屡上章求去，无奈神宗总是不许，甚至诏令"勘断来章"，以示挽留的坚决。

　　不料再相的翌年，安石最得力的长子王雱（元泽），竟以三十三岁的英年，忽患背疽而死。遭遇如此，安石悲伤不堪，万念灰灭。决心摆脱政柄，罢为镇南军节度使同平章事，判江宁府，萧然归隐金陵。

　　一个政治家，一旦从热烈的政治生活中冷静下来，不免回顾生平，牵扯出种种前尘往事，常为自己作下一个残酷的结论。安石自嗟这一腔救国救民的抱负，何以竟不为当代的先达和老成所接纳，血心创造的种种新政措施，又不能获得大部分正人君子的合作，孤军奋斗勉强打下的一点新政基础，而又后继无人，是不是他的一切努力，都将付诸无情的东流，将来历史上又将如何描画他呢？他不能为同时代的人所了解，怎能避免后人的曲解或歪曲？一向强硬的安石，也不禁惶惑起来，一种突然产生的孤高的寒意，侵袭着他；一种无助的失落和悲哀，淹没了他。当时所作七律一章，意境竟已非常苍凉：

  自古功名亦苦辛，行藏终欲付何人？
  当时黯暗犹承误，末俗纷纭更乱真。
  糟粕所存非粹美，丹青难写是精神。
  区区岂尽高贤意，独守千秋纸上尘。

  安石原来有皇帝诏赐的一座宅邸，在金陵白下门外七里，距钟山宝公塔亦七里，故名"半山"的地方。虽是退休宰相的宅邸，周围却不筑设围墙。门下劝他，居室如此暴露，未免太不安全，他但笑而不答。每日骑匹野驴，带一两个随僮，漫游金陵各处山水名胜，南朝遗留下来的许多佛寺，逐一都有题咏，几年下来，倒已积存了很多诗稿。

  后来，这位孤独的老人，不幸又害了一场大病。病后，精神体力更加大不如前，觉得自己要这空荡荡的大宅邸，实在没有用处，便把它舍作佛寺——名曰"报宁禅寺"。他则隐居钟山，闭门却扫，平常不大出门。到苏轼自黄州至金陵时，安石已经在此闲居八九年了。

  当年的现实政治，曾使王、苏二人隔阂甚深，误会重重。但至罢政闲居以后，苏轼已在黄州，安石对于这位后辈的才气、学问和品格，却又非常欣赏起来。凡遇有从黄州来的人，他必定要问："子瞻近日有何妙语？"

  有一次，有人告诉他说："子瞻宿于临皋亭，夜半醉梦而起，作《胜相院经藏记》一篇，得千余字，一气呵成，写毕，才点定一两字而已。现有抄本在船上。"

安石即请人取来。其时，月出东南，林影在地，这花甲老人，便站在屋廊檐下，就着薄暮微光，展卷细读，喜见眉宇。

"子瞻，人中龙也。不过这篇文章中，却有一字未稳。"老人读毕，慨然言道。

"愿意听听您的高见。"

"文中'日胜日贫'那一句，不如说'如人善博，日胜日负'。"

这话后来传到苏轼耳中，他也禁不住拊掌大笑，认为荆公确是知言。[1]

苏轼一到金陵，即遭殇子之痛，还来不及去晋谒荆公，荆公却已野服乘驴，到江边来看他了。

苏轼不及冠带，出船迎揖道："轼今日敢以野服见大丞相。"

"礼岂为我辈设者！"安石洒然笑答。

这两位个性不同，但是一样伟大的人物，不论从前身在政治漩涡中，曾经有过若干是非，多少摩擦，而今事过境迁，金陵重见，则两人都已退出了那个混乱而又充满喧嚣的政治舞台，彼此皆是台下的闲人了，回首前尘，恍如噩梦。现在，悠游林下的王安石，得以一代才人来看待苏轼，苏轼则以前辈敬视荆公，无拘无束地晤言一室之内，不觉都有快慰平生的喜悦。

---

[1]〔宋〕释惠洪：《冷斋夜话》。东坡孙苏符曾跋此文之后曰："此先祖文成日所书，'如人善博，日胜日贫'，'贫'初亦不作'负'字，可见世传荆公事为妄也。符拜手书。"然周煇《清波杂志》又说："苏东坡云'如人善博，日胜日负'，王荆公改作'日胜日贫'。坡之孙符云'元本乃月胜日贫'。"则当时已有歧说。东坡好书己作，连写数十本者有之，苏符见者未必定是初稿，或荆公所见抄本有误字亦未可知，不可即谓无此事也。

王安石与苏轼，二人间另有一件微妙的关合，为两人的生、死、出身，都在同一年岁上。安石生于天禧五年（1021），苏轼生于景祐三年（1036），年龄相差十五岁。安石成进士于庆历二年（1042），苏轼为嘉祐二年（1057），同为二十二岁登第，前后相距也是十五年。最后一点，则在当时两人都不自知的，安石薨于元祐元年（1086），苏轼卒于建中靖国元年（1101），享年均为六十六岁，辞世先后也差十五年，可谓巧极。

苏轼约期来谒的前一晚，安石和几个门下客闲谈，他问"动""静"二字，应该怎样解释？门客回答的话，拖拖沓沓数百言，还没解说明白，安石不能满意，便说：

"等子瞻明天来时问他。"

后来拿这题目问苏，苏轼应声答道：

"精出于动，守神为静，动静即精神。"

安石为之击节称叹。[①]

苏轼在黄州作雪诗，有"冻合玉楼寒起粟，光摇银海眩生花"句，别人都不知典故出处，他二人谈到这诗时，安石说："道家以两肩为玉楼，以眼目为银海，阁下使的是这个典故吗？"苏轼大笑称诺。退后，对安石门客说："学荆公者，哪有像他这样博学的啊！"[②] 荆公叫苏轼口诵一篇得意的近作，他亲笔写了，送他做纪念，又自诵诗叫苏轼写赠自己。[③]

他们两人，接连数日，朝夕相见，饮食游玩，都在一起。金陵太守陈睦（和叔）陪伴他们同游了蒋山诸寺，安石的门客段缝

---

[①]〔宋〕吴垧：《五总志》。
[②]〔宋〕赵令畤：《侯鲭录》。
[③]〔宋〕潘淳：《潘子真诗话》。

（约之）、叶涛（致远）、陈辅之等共与游宴，大家都很愉快。

老年人历经世故，大抵都会喜欢史学，安石和苏轼于纵论诗文之余，不知不觉就把话题转入治史这条路上去了。安石认为苏轼是蜀人，平生纵迹又遍历中原和荆吴诸地，是重写三国史的理想人选，便鼓励他乘现在有时间来担当这一任务。安石说："欧阳修作《五代史》而不作《三国志》，实是可惜，现在应该由你来做。"苏轼坚辞不敢，说："作史我不内行，愿举刘道原（恕）自代。"[①]从覃心著作又谈到安定生活的重要，安石就举自己旧作《读蜀志》一诗为证，他说，三国的刘备曾对许汜说："人该忧国忘家，不应求田问舍。"安石不以为然，曾作翻案文章曰：

千载纷争共一毛，可怜身世两徒劳。
无人语与刘玄德，问舍求田意最高。

因此，又劝苏轼就在金陵买点田地，寻所住宅，先把生活安顿了，然后才能读书治学。安石这番意思，非常明白，他希望苏轼留居金陵，和他作伴，苏轼也为之非常感动，作《次荆公韵四绝》中，有一首是：

骑驴渺渺入荒陂，想见先生未病时。
劝我试求三亩宅，从公已觉十年迟。

苏轼面对这伟大而又孤寂的老人，想起"逝者如斯"又不可追的过去时候，有许许多多可以后悔的地方，所以说"从公已觉十年迟"，这是苏轼真诚的忏悔之辞，是他经过御史台狱的锻炼，经过黄州五年，沉痛的反省之后，才说得出来的真心话。荆公得

---

① 〔宋〕徐度：《却扫编》。又朱弁《曲洧旧闻》曰："东坡尝谓刘壮舆曰：《三国志注》中，好事甚多，道原欲修之而不果，君不可辞也。壮舆曰：端明曷不为之？东坡曰：某虽工于语言也，不是当行家。"

此诗后,也很感动,悯然道:"十年前后,我便不厮争。"

苏轼在金陵逗留期间,听从安石劝告,开始访求田宅,可惜匆匆不得遇合。后来,他的忘年老友河南王益柔(胜之)奉命来替陈睦接知江宁,就又陪他再游蒋山,赋诗中提到荆公舍宅作寺的事,有言曰:"欲款南朝寺,同登北郭船。朱门收画戟,绀宇出青莲。"安石听说苏轼有此作,急命取读。当他念到"峰多巧障日,江远欲浮天"句时,不禁拍案叫绝道:

"老夫平生作诗,无此一句。"[1]

五言诗是安石最擅的胜场,苏轼评荆公诗,说过:"荆公暮年诗始有合处,五字最胜,二韵小诗次之,七言诗终未脱晚唐风味。"历来论诗者,公认此是确当的评论。所以,作五言长诗而要博王荆公的拍案称赏,确是不易。

王益柔就任一日,即又诏移南都。时已八月,苏家泊舟为宅,终非久计,只得辞了荆公,八月十四日与王益柔联舟同往仪真(今江苏仪征)。

苏轼别去,安石对人长叹道:"不知更几百年,方有如此人物!"

离开金陵的翌日,苏轼即在舟中作书上荆公,曰:

> 某游门下久矣,然未尝得如此行,朝夕闻所未闻,慰幸之极。已别经宿,怅仰不可言。……

苏轼回想熙宁年间的荆公,怀抱一腔救国的热忱,执持理想,那一份勇往直前的勇气,着实足以令人敬佩。曾几何时,如今只

---

[1] 东坡亦有类此谦语。《宋稗类钞》:"陈传道尝于彭门壁间见书一联:一鸠鸣午寂,双燕话春愁。以问东坡,世传公作,然否?坡笑曰:此唐人得意句,仆安能道此。"前辈风仪,大抵如此。

是个衰病而又孤独的老人,驴背行吟,蹀躞于钟山道上,不禁付与无限的同情。

在金陵,因为王夫人病须调治,住了一个月,然后到了仪真,得到真州太守袁陟(世弼)的帮忙,先把家眷安顿在仪真学舍里,继在仪真探问可买的田庄。苏轼从黄州来,手头非常拮据,只能托人卖掉京中的宅第南园,可得八百余千,等钱来买这边的田宅,以便归隐,与子由书:"稍留真,欲葺房缗,令整齐也。"即是指此。

苏轼与秦观在金山聚首后,因他新举进士,特再为他上书荆公:

> 轼顿首再拜特进大观文相公执事。近者经由,屡获请见,存抚教诲,恩义甚厚。某始欲买田金陵,庶几得陪杖履,老于钟山之下。既已不遂,今仪真一住,又已二十日,日以求田为事,然成否未可知也。若幸而成,扁舟往来,见公不难矣。
>
> 向屡言高邮进士秦观太虚,公亦熟知其人。……才难之叹,古今共之,如观等辈,实不易得。愿公稍借齿牙,使增重于世,其他无所望也。

荆公希望苏轼卜居金陵,可以作伴,而苏轼留在仪真二十余日,买田未成,似乎没有这个缘分,但是,即使成功,为时也已太晚,别后不到两年,荆公即病逝金陵,永别人间了。

## 四　求田问舍

苏轼将离金陵,消息传来,老友滕元发已奉恩诏"起知湖

州",他赴任行程中,必可便道相见,立刻专函告以行止,约在仪真或扬州一晤。书曰:

> 自闻公得吴兴,日望一见于中途。而所至以贱累不安,迟留就医,竟失一婴儿。又老境所迫,归计茫然。故所至求田问舍,然卒无成。十四日决当离此,真州更不敢住,恐真守坚留,当住一日。不知公犹能少留,以须一见否?若到扬,闻公犹在,亦须轻舟往见也。

滕元发是到黄州来看过他的老友之一,那是元丰四年(1081)正月间,他从池州徙官安州时事。六年冬,罢安州任,到京师去,两人又约好在岐亭相见,不料苏轼去黄陂接他,元发却道出信阳,错失交臂。元发那次晋京,被人中伤,扯入妻党的一个大逆案中,几为小人所杀,因此责降筠州安置,当时他有一篇《辩谤引疾疏》稿,专人送请苏轼改定。苏轼认为"引疾"不大妥当,替他改作了《辩谤乞郡状》。状上,神宗悟到元发是被人诬陷的,所以有这次起知湖州的新命。元发是范文正公(仲淹)的甥孙,秉性豪迈,不但喜欢谈兵,尤擅实地作战。生得躯干魁梧,姿度雄爽,据说每当他殿前奏对完毕,退出去时,皇帝一定目送其行,是个美丽的伟男子。

苏轼在仪真安顿好了家眷,即乘船往金山去会滕元发,不料船至中途,元发已乘小舟,破浪来迎——苏轼将这别后重见一瞥间的印象,书寄贾收[①]说:

> 久放江湖,不见伟人。昨在金山,滕元发以扁舟破巨浪来相见,出船巍然,使人神耸。

---

[①] 贾收字耘老,湖州人,东坡旧友,既老且贫。滕元发知湖州,东坡致书托其照顾者,故函贾耘老云云。

看似一番无关紧要的话，其实是长时期被湮埋在尘下，满眼尽是凡庸，如今耳目突新的一种感慨。两人四年不见，执手涕下，苏轼于金山别后寄书道当时的感受，有曰：

   一别四年，流离契阔，不谓复得见公，执手恍然，不觉涕下。风俗日恶，忠义寂寥，见公使人差增气也。

元发对苏轼竭力称颂神宗皇帝的仁慈和念旧，劝他先把从前所作文字的刊印书版，一律烧毁，以示悔改，然后上表请求改定一个谪郡，极有可能获得恩准的。苏轼听了为之心动，决定于十月间赴扬州会过吕公著后，照计拜表乞请。

同时，秦观和润州太守许遵一同来了。师弟二人，灾后重见，感慨万千。就在此时，他为秦观写上荆公的第二书，请求荆公提拔这个青年才俊。

且说金山位于京口长江最宽阔处，所谓江心一峰，水面千里，简直与海无异。而山在江中，风涛四起，势欲飞动，所以又称浮玉山。金山有一极大丛林，始建于东晋元帝时。梁天监四年（505），武帝曾在该寺修建水陆大法会，称金山寺。宋真宗曾经梦游此山，庆历八年（1048）遭火灾，由瑞新禅师发愿重建，曾巩为作碑记；元丰中，宝觉禅师住持该寺，造"至游堂"，苏轼为作堂记。

苏轼此来，住持金山的，即是前在庐山归宗的、苏轼送他"怪石供"的了元禅师，这了元也即后来赐名"佛印"的佛印和尚。

了元要代苏轼买田京口，并且要买与金山寺庙产邻近的田亩，即可便代照管，苏轼非常感激他的好意，此时却又发现了京口的蒜山。山在江上，山上有一片松树林，风帆历历，尽收见底，视界非常广阔,与黄州临皋亭颇有相似之处,苏轼认为是筑屋卜居的理想地方,作诗向了元要求:"蒜山幸有闲田地,招此无家一房客。"后来苏轼决定居住常州宜兴,这话遂无下文。

苏轼绝意仕进,到处求田问舍,本来预备终老黄州,所以涉湖看田,杨绘为他介绍定襄胡家田,陈镗为他接洽荆南头湖的庄田,后来诏移汝州,便此作罢。至金陵后,寻田于金陵、仪真,至与滕元发商议决定向朝廷乞住常州后,更欲买田京口,均无遇合,苏轼很是失望,有段记事说:

> 吾无求于世矣,所须二顷田,以足饘粥耳。而所至访询,终不可得。岂吾道之艰,无适而可耶?抑人生自有定分,虽一饱亦如功名富贵,不可轻得也。①

幸而在仪真时,遇到了他的进士同年蒋之奇(颖叔),蒋是宜兴人,现任江淮发运副使,置司真州。他们是少年时代的朋友,知道苏轼求田常润,记起及第当年,在琼林宴座上,两人戏约将来退休,定当一同卜居阳羡的旧话,所以立即派人到他家乡宜兴去代苏轼寻田。苏轼感谢他的热心,《次韵蒋颖叔》诗说:

> 月明惊鹊未安枝,一棹飘然影自随。
> 江上秋风无限浪,枕中春梦不多时。
> 琼林花草闻前语,罨画溪山指后期。
> 岂敢便为鸡黍约,玉堂金殿要论思。

之奇终于替他找到了宜兴的卖主,苏轼便从金山到宜兴去看田。田在深山中,距城五十五里,地名黄土村,田主姓曹。苏轼于九月底到了宜兴,访问了县令李去盈,借到通真观侧郭知训提

---

① 本集、《东坡志林》。

举宅寄寓，由一单姓秀才陪同，亲往黄土村田上去步量，大约一年可有八百石谷子的收成，足够全家生活了。

地主曹家酒食相饷，告诉苏轼这种土酒名叫"红友"，苏轼笑道："此人知有红友，不知有黄封，真快活人也。"——宫廷内库法酒，例用黄罗封幂，谓之"黄封酒"。看似一句笑话，却充分流露出对政治生涯的厌倦。①

苏轼终于买定了宜兴这片田地，将来还想买一小园，自种柑橘。十月初二在宜兴舟中作《楚颂帖》，略曰：

……吾性好种植，能手自接果木，尤好栽橘。阳羡在洞庭上，柑橘栽至易得。当买一小园，种柑橘三百本。屈原作《橘颂》，吾园若成，当作一亭，名之曰楚颂。②

退休后住在许昌的范镇（景仁）招他住到那边去，苏轼说："范蜀公呼我卜邻许下，许下多公卿，而我蓑衣箬笠，放荡于东堤之上，岂复能事公卿哉！"复书婉谢："囊中止有数百千，已令儿子持往荆渚（宜兴）买一小庄子矣，恨闻命之后。……"

王巩邀他住到扬州去，苏轼告诉他已买了宜兴田，并说："非不知扬州之美，穷猿投林，不暇择木。"

苏轼不曾想到他所买下的这片田地，日后为他招惹了不少麻烦。曹姓田主卖田后，却来诈赖，诬告到官府，苏轼移牒本路转运使，请求秉公处断，事经转运使查实，曹姓卖主也招服了确是"非理昏赖"，断归苏轼，但已拖赖了七八年田租，苏轼时已在京服官，"憨见小人无知，意在得财"，不愿与他计较，仍许曹姓照原价收赎。这曹姓本图诈赖，并无能力赎田，也就无事了，后来

---

① 〔宋〕张世南：《游宦纪闻》。
② 周益公题跋载东坡《楚颂帖》全文。

却被御史黄庆基抓来作为诬诣苏轼侵渔民田的罪状,专章弹劾,时已元祐八年(1093),真是动辄得咎,无往而不被诬罔。[1]

苏轼买田事定,自宜兴再还京口,遇到故人王介(中甫)之子王洸之(彦鲁)。洸之官国子直讲时,因故得罪,亦在贬谪途中。讲起其父王介,不免勾起一连串的旧人旧事,苏轼慨然说道:

"自天圣以来至仁宗朝,以制策登科者,总共只有十五个人。在我登科之前,已经亡故五位,当时存世者,除我之外,仅有富弼、张方平、钱明逸、吴奎、夏噩、陈舜俞、钱藻,和令尊中甫先生、舍弟辙等九人。

"其后十五年间,令尊、钱明逸、吴奎、陈舜俞又先后谢世;又八年至于今日,十五人中只剩了张方平和我兄弟三人而已。

"不但人物凋零,现在连制策这一科名,也被那吕惠卿废了。……"

一种人事沧桑的迷茫,一种生死存亡的悲哀,激荡在这老少两代之间,不禁相对涕泣。苏轼作《王中甫哀辞》,却又很豁达地想开了:人,无论贤愚贵贱,死亡是一律公平的,觉得自己这无端的感伤,非常好笑。诗言:"……已知毅豹为均死,未识荆凡定孰存。堪笑东坡痴钝老,区区犹记刻舟痕。"

于是,由京口渡江,十月十九日至扬州,谒见知扬州军州事的吕公著,请教过这位富有政治经验的前辈后,即于十月十九日自扬州拜发。

第一次的《乞常州居住状》,略曰:

……臣以家贫累重,须至乘船赴安置所。自离黄州,风

---

[1] 本集:《辨黄庆基弹劾札子》。

涛惊恐，举家重病，幼子丧亡。今虽已至扬州，而资用罄竭，无以出陆；又汝州别无田业，可以为生，犬马之忧，饥寒为急。窃谓朝廷至仁，既已全其性命，必亦怜其失所。臣有薄田在常州宜兴县，粗给饘粥，欲望圣慈特许于常州居住。若罪戾之余，稍获全济，则捐躯论报，有死不回。……

公著设宴款待这位远客。他是前朝名相吕夷简的公子，与欧阳修同辈的人物，向以沉默寡言、态度矜重出名。苏轼在这严肃的前辈面前，当然也没有高谈阔论的机会，这顿饭吃得非常沉闷，苏轼竟在席上打起盹来，筵前歌伎在唱："夜寒斗觉罗衣薄。"突然惊醒了的他，喃喃自语道："夜来走却罗医博。"一脸惺忪睡态，惹得筵边群姬，无不匿笑。①

幸而酒罢，公著陪他去后园散步，有个歌姬拿出一把团扇来求他题诗，他才在挥毫落纸的兴头上，一消胸中闷气。

苏轼既已拜表乞居常州，也就中止了汝州的行程，与杜介访竹西寺，十一月间至高邮访问秦观，在秦家盘桓了好几天。直到他至淮上将去泗州时，秦观又赶来渡口送别，饮酒淮上，作《虞美人》一阕赠别：

> 波声拍枕长淮晓，隙月窥人小。无情汴水自东流，只载一般离恨向西州。
>
> 竹溪花浦曾同醉，酒味多于泪。谁教风鉴在尘埃，酝造一场烦恼送人来。

苏轼既渡淮河，经山阳来到泗州（今江苏盱眙），其时已经岁云聿暮，一年将尽，苏轼便会同家人，留在泗州度岁。

---

① 〔宋〕邵博：《闻见后录》。

苏轼自离黄州,这大半年来,带着一家人东奔西走,从来没有安定过一天,也着实是风尘劳苦,需要休息。所以在泗州,最使他快活的事情,是十二月十八日到雍熙塔下,和尚开的澡堂里,洗了个痛痛快快的热水澡。苏轼作《如梦令》两阕,凡有浴池洗澡经验的人,必会觉得非常有趣,而且好像"擦背"这个行业,在宋朝由寺院经营的浴室里就已经有了。录词如下:

  水垢何曾相受,细看两俱无有。寄语揩背人,尽日劳君挥肘。轻手,轻手,居士本来无垢。

  自净方能净彼,我自汗流呀气。寄语澡浴人,且共肉身游戏。但洗,但洗,俯为人间一切。

除夕那一天,苏轼的亲戚,现任淮东提举常平的黄寔(师是),乘船来到泗州,泊舟汴口。时正大雪纷飞,偶在船头远远望见有个人很像苏轼,策仗立在对岸,似在埠头等人的样子。过来招呼,果然是他,两人握手言欢,黄寔回到自己船上,取了扬州厨酿二樽、雍酥一衮,送到他的寓处来。苏轼得此卒岁,全家都很高兴。①作《泗州除夜雪中黄师是送酥酒二首》,大表雪中送炭的情味。今录其一:

  暮雪纷纷投碎米,春流咽咽走黄沙。
  旧游似梦徒能说,逐客如僧岂有家。
  冷砚欲书先自冻,孤灯何事独成花。
  使君半夜分酥酒,惊起妻孥一笑哗。

苏轼在泗州,数游南山(都梁山),一次是和三十年前乡中旧友刘仲达同游的,话旧感叹,因而有"三十三年漂流江海……"

---

① 〔明〕陶九成:《说郛》。

那阕《满庭芳》之作。最好笑的，是泗州太守刘士彦陪他同游的那一次。倦游归来，苏轼作《行香子》一阕，原是很平常的记游之作，全词如次：

> 北望平川，野水荒湾，共寻春、飞步屐颜。和风弄袖，香雾萦鬟。正酒酣时，人语笑，白云间。
>
> 飞鸿落照，相将归去，淡娟娟、玉宇清闲。何人无事，宴坐空山。望长桥上，灯火乱，使君还。

不料最后几句话，却惹得这位刘太守大起恐慌。他是一个地道的"山东伧子"，出身法家，胆小如鼷。一听到这阕词中有"望长桥上，灯火乱，使君还"这几句话，吓得不得了，赶来谒见苏轼，苦苦央告道：

"知有新词，您老名满天下，此作不久便将传诵京师，依法：泗州夜过长桥者，徒二年。何况我是州官。"

这老实人竭力恳求苏轼赶快把这首词藏起来，切勿示人。苏轼对他笑道："轼一生罪过，只为开口，而且都不在徒刑二年以下的。"①

元丰八年（1085）的正月初四，苏轼便离开泗州，要到南都去谒见归老林下、衰病不堪的乐全老人张方平。

## 五 南都来去

元丰八年（1085）新正，苏轼在泗州得到消息，他去年十月

---

① 〔宋〕王明清：《挥麈后录》。

十九日在扬州拜发的《乞常州居住表》，投入主管章奏的官署，他们"拘执微文"，挑剔文字上的小毛病，借为口实，不肯转呈。苏轼于是改写一状，派遣专人入京投递，这第二次写的表文，首尾比较详尽，比较哀戚，中间文字无大变更，如言：

> 臣昔者尝对便殿，亲闻德音，似蒙圣知，不在人后。而狂狷妄发，上负恩私。既有司皆以为可诛，虽明主不得而独赦。一从吏议，坐废五年。近者蒙恩量移汝州，伏读训词，有"人材实难，弗忍终弃"之语。岂敢复以迟暮为叹，更生侥觊之心。但以禄廪久虚，衣食不继。累重道远，不免舟行。……臣受性刚褊，赋命奇穷。向非人主独赐保全，则臣之微生岂有今日？敢祈仁圣，少赐矜怜。臣前去南京（都），听候朝旨。

苏轼忙着买田宜兴，乞居常州，苏辙则于十二月间奉诏移知绩溪县，在这年前年后的时间里，兄弟俩分在两路，各奔前程。苏辙是乘舟出筠江，过南昌登滕王阁，除夕夜是在鄱阳湖上度过的，新年他在庐山。苏轼除夕是在泗州，过年后才到南都，其时苏辙已至绩溪县任。哥哥是无可奈何，只想安于江湖，弟弟则幸已离开了那个遭人排挤的环境，从江西去安徽做"百里侯"了。

苏轼二月至南都，是张方平退休后第三次来谒。

乐全老人张方平（安道），第一个识拔苏氏兄弟，将他们推荐给欧阳修，得到这文坛盟主的揄扬，至于今日，饮水思源，苏氏兄弟对他一直敬礼不衰。尤其苏辙自中制科后，曾多年追随方平做事，关系更加亲密。

元丰二年（1079）七月，张方平以太子少师致仕，一直家居南都（今河南商丘），苏轼遇有机会，一定要抽出时间来，遄程去看望这位息影林下的长者。在张方平家居的十五年间，苏轼亲谒乐全堂有六次之多，除了最后一次吊祭之外，盘桓把晤，相得甚欢。这老人视苏氏兄弟如自家子侄，非常关心他们的事情。

苏轼诗狱案起，方平虽已退休，却不顾一切，以三朝元老的地位竭力营救，恩谊深重，在这两弟兄的心中，感激怀念不尽。

所以，苏轼脱祸归来，晋谒乐全老人，是预定行程中的一件大事。正月初四离开泗州，径往南都，就寄居在乐全堂中，与老人作伴，住了将近两个月。

这时候，张方平已经七十九岁了，两目昏暗，几已失明，平居精神好的时候，苏轼陪他谈谈疾病、医药、服食养生，以及做梦之类老年人通常喜欢的话题，也是苏轼向来留心，颇为内行的学问，谈得津津有味。他们之间，诚如苏轼所谓"有契于心，如水倾海，如橐鼓风"那样的和谐与亲切。①

因为方平病目，所以他家聘有私家眼医王彦若，擅于针治目翳，技术超绝。苏轼在黄州时，久患角膜炎，未曾完全治愈，趁这个机会请王医诊治了。在那个时代，用器械割治眼睛里面翳膜这种外科手术，简直是骇人听闻得要使人人"缩颈走避"的奇事，然而苏轼听了王医一番解说，非常佩服，写下《赠眼医王生彦若》一诗，对这冷僻怪异的题目，居然引经据典，说得头头是道，有庄子"庖丁解牛"的风味。②

李廌（方叔）闻知苏轼已抵南都，即自颍州阳翟遄程前来谒见。

---

① 本集:《祭张方平三则》。
② 苏籀《栾城遗言》:"箴眼医王彦若在张文定公门下，坡公于文定坐上赠之诗，引喻证据博辩，详切高深，后学读之茫然，坡公敏于著述如此。先祖（辙）屡云。"

方叔的父亲李惇（宪仲），是苏轼的同年，虽然生前并不相熟，但知道这人"贤而有文"，不幸早逝，身后萧条，家境非常贫困。李廌向苏轼讲述这些年来的景况，说起："我祖母边氏、前母张氏、生母马氏和先君的柩木，都还未葬。恁便怎么穷困，我也不敢沮丧，然而四丧未举，真是死不瞑目。"说到伤心处，流下泪来。

苏轼听了，心里很难过。恰巧，他有个从前在徐州交好的朋友梁先（吉老）听说他快要回常州去了，送了十匹绢，一百两丝的"程仪"来，苏轼推辞不得，就收下来全部转送了李廌，又作了一篇《李宪仲哀词（并叙）》，结尾几句是："有生寓大块，死者谁不蘝。嗟君独久客，不识黄土暖。推衣助孝子，一溉滋汤旱。谁能脱左骖，大事不可缓。"希望认识李宪仲父子的人，都能慷慨解囊，帮助他完成这件葬亲的大事。

张方平老病学佛，苏轼来，授以《楞伽经》，交他三十万钱托代翻印布施于江淮间，以弘佛法。

苏轼后来听从了元的意见，"印施有尽，若书而刻之则无尽"。所以不惜工力，亲自抄写经文，叫人到杭州去寻了刻工来，雕刻书版，藏于金山寺中——但是书版亦有兵燹水火之灾，世间真无常住的东西。

苏轼在南都，住了不到一个月，即元丰八年二月，朝廷告下，准了他的申请：

"仍以检校尚书水部员外郎、团练副使、不得签书公事，常州居住。"

得此，即免道路奔波，再去汝州，犹是小事，而常州住家，原是多年来的愿望，一旦竟然实现，真使苏轼欣喜欲狂。离开黄州时，曾作《满庭芳》一阕为别，现在则"蒙恩放归阳羡，复作一篇"：

>归去来兮，清溪无底，上有千仞嵯峨。画楼东畔，天远夕阳多。老去君恩未报，空回首，弹铗悲歌。船头转，长风万里，归马驻平坡。
>
>无何。何处有，银潢尽处，天女停梭。问人间何事，久戏风波。顾谓同来稚子，应烂汝，腰下长柯。青衫破，群仙笑我，千缕挂烟蓑。

苏轼身经大难，不能不相信命运，现在只希望这一场生命里的逆流，都已过去，祈祷上苍，从此船头转向，长风万里，莫要再起风波，让他得在常州这样美好的地方，平平安安度他的劫后余生。

从此，苏轼心里充满了宁静和幸福的喜悦，有《春日》一诗，极可体味他此时闲适的心情：

>鸠鸣乳燕寂无声，日射西窗泼眼明。
>午醉醒来无一事，只将春睡赏春晴。

苏轼过着隐士一样的生活，唯一遗憾的是"君恩未报"，万万料不到这回"放归阳羡"，已是神宗皇帝对他最后一次的恩泽，一个月后的三月初五戊戌，这位三十八岁，英年有为的皇帝，忽然龙驭上宾，驾崩福宁殿了。

南都密迩京师，三月初六日，苏轼已闻遗诏，立即举哀挂服。回念神宗对他的知遇，对他所作种种回护的努力，心里非常痛苦，写信给同难的王巩说：

>先帝升遐，天下所共哀慕。而不肖与公，蒙恩尤深，固宜作挽词，少陈万一。然有所不敢者耳，必深察此意。

无状罪废,众欲置之死,而先帝独哀之。而今而后,谁复出我于沟壑者,归耕没齿而已矣。

说是不敢写的《神宗皇帝挽词》,结果还是写了三首,如言:"……病马空嘶枥,枯葵已泫霜。余生卧江海,归梦泣嵩邙。"把自己身世的悲哀,归结在一片忠君爱国的情怀中,说得何等沉痛,同时并为张方平作《神宗功德疏》。

四月初,苏轼辞别乐全老人,离开南都,过楚州,再至扬州。五月初一日,往游扬州竹西寺,这是杜牧诗所谓"谁知竹西路,歌吹是扬州"的名刹。时值仲夏,天气已热,苏轼跑得累了,就在寺中休息乘凉,作了一首好诗:

道人劝饮鸡苏水,童子能煎莺粟汤。
暂借藤床与瓦枕,莫教辜负竹风凉。

打盹醒来,身心舒泰,迤逦归去,看见有父老百姓十余人,聚在路边说笑。只见其中一人,两手加额,一脸虔诚地说道:"见说好个少年官家。"

其时上距神宗之崩,已经两个月,哲宗已经嗣立,苏轼听到老百姓那么至诚地讴歌"吾君之子",心里非常高兴。再加自己获准常州居住,买就了宜兴的田产,虽然不能富裕,以后日子,至少可以免于流浪,免于饥寒,何况这一年淮浙间的年成,又很丰熟。这几件事,归在一起,使他压抑不住心里满溢出来的欢喜,于是续吟一首道:

此身已觉都无事,今岁仍逢大有年。
山寺归来闻好语,野花啼鸟亦欣然。

苏轼一时高兴,把这两首连同最先作的"十年归梦寄西风,此去真为田舍翁"的那一首,冠上《归宜兴留题竹西寺三首》的诗题，一起写在途中僧舍壁上。谁能料到，像这样的抒情小诗，也会招惹麻烦。后来元祐年间，竟被御史赵君锡、贾易摭来，指责苏轼见先帝崩驾，幸灾乐祸，无人臣礼，为大逆不道的罪证，严加纠弹。宋朝的言官"风闻言事"，有权胡说八道，也是当时的弊政之一。①

## 六 阳羡一梦

苏轼不愿居住河南的临汝，也辞谢了各方邀约，一心一意只要居住常州。这一段地方因缘，由来已久。

远在仁宗嘉祐二年（1057），苏轼新中进士，他去参加开封城西郑门外琼林苑举行的进士及第宴时，席上遇到宜兴籍的同年蒋之奇，谈起他家乡的风土之美，苏轼非常涎羡，即席与蒋相约，将来如有退休这一天，必欲与他同到阳羡定居。这次在仪真碰到之奇，谈到二十八年前的旧约，苏轼诗中遂有"琼林花草闻前语，罨画溪山指后期"的话。罨画溪，这个极美的水名，即是宜兴县的圻溪，琼林宴上，苏轼还仅闻其名，未履其地。到熙宁六年（1073），东南各地发生灾荒，苏轼时任杭州通判，奉派赴常润一带放粮赈饥。他一到常州，立即大为赞叹道："一入荆溪，便觉意思豁然。"真是如有宿缘。

在常润道中，写五首诗寄给杭州的知州陈襄（述古），其中有一首盛称惠山泉、阳羡米的，即认为宜兴是书生居家最理想的地

---

① 本集:《辨题诗札子》。又叶梦得《避暑录话》。

方。原诗是:

  惠泉山下土如濡,阳羡溪头米胜珠。
  卖剑买牛吾欲老,杀鸡为黍子来无?
  地偏不信容高盖,俗俭真堪老腐儒。
  莫怪江南苦留滞,经营身计一生迂。

谁知十三年后的五月,他才得偿宿愿,居家于此。

苏轼回到常州时,正是江南春老,桃花犹盛,园蔬柔绿,江鱼鲜美的好时候。老饕苏轼,不免食指大动,尽情享受一番。扬子江中的鱼产,他最欣赏两种,一是鲴鱼,一是河豚,只可惜鲴鱼多骨,河豚有毒。他曾戏作一绝句说:

  粉红石首仍无骨,雪白河豚不药人。
  寄语天公与河伯,何妨乞与水精鳞。

河豚鱼生活在江河入海口处,咸淡水混流的暖水之中。每年春初,沿江上溯,于四五月间杨花乱舞时,它们在淡水中产卵,等到所产的卵育成鱼苗后,再顺流而下,洄游海口,这时候,身含剧毒,割烹不得其法,食之立即中毒而死。所以梅尧臣诗说:"庖煎苟失所,入喉为镆铘。若此丧躯体,何须资齿牙。"然而,河豚尚未入海之前,有毒的部分还未发达,是可以吃的,盛产于镇江、南京、太仓、江阴、常熟、常州一带的江面上。苏轼来时,正是河豚当令的时节,据说这是一味千古无双的珍馐美味,它有鱼类的鲜嫩,又有豚肉的腴厚,尤其腹内有膏,色白,俗名"西施乳",风味只可想象,不能言传。苏轼对此念念不忘,甚至当他题建阳僧惠崇所绘《春江晚景图》时,竟将春花春水江南一时的美景,都拿来做了河豚鱼的配角。如言:

  竹外桃花三两枝,春江水暖鸭先知。

蒌蒿满地芦芽短，正是河豚欲上时。

苏轼嗜食河豚，不久就出了名。当地有一仕绅，特地烧了河豚鱼请他，全家女眷躲在屏后窥视，要看这位大名士吃了如何品评。

只见此老坐上桌后，下箸大嚼，一言不发，偷觑的妇人们甚为失望。正在此时，苏轼夹了一大块，狠狠说道："也值一死。"即时放入口中。请客的主人，全家大悦。①

苏轼在常州，日子过得非常悠闲，有时去与报恩寺的长老谈谈禅，该寺僧堂新造，以板为壁，苏轼便为题诗写字殆遍。②有一次邂逅了从前的黄州通判孟震，两人共话黄州旧事，恍惚如在梦中。

像这样一家团聚，一点心事都没有的逍遥岁月，苏轼自己有阕《菩萨蛮》词，写得最为传神：

> 买田阳羡吾将老，从来只为溪山好。来往一虚舟，聊随物外游。
>
> 有书仍懒著，水调歌归去。筋力不辞诗，要须风雨时。

苏轼自从去年四月离开黄州以来，整整一年间，挈带全家老小，尽在长江、淮河东南一带流浪，生活很不安定。他曾费了多少精神，才在宜兴买定了田亩，又费了多少踌躇和渴望，才得获准常州居住，得偿二三十年前的夙愿。神宗皇帝驾崩，他很感伤，以为从此再也没有"出我于沟壑"的人了。他在扬州竹西寺玩的

---

① 〔宋〕孙奕：《示儿编》。
② 罗大经《鹤林玉露》："……后党祸作，凡坡之遗墨，所在搜毁，寺僧亟以厚纸糊壁，涂之以漆，字赖以全。至绍兴中，诏求苏黄墨迹，时僧死久矣，一老头陀知之，以告郡守，除去漆纸，字画宛然，临本以进。高宗大喜，老头陀得祠曹牒为僧。"

时候，以为只要年成好，衣食无虞，从此可做个高蹈的诗人，从容欣赏江南的好山好水，从容享受江南的水陆珍馐了。

然而，人的命运，正如他所说的，只像一片迎风起舞的弱羽，风如不肯停止，这羽毛也就静息不下来。神宗皇帝晏驾以后，中枢政治正掀起了一阵巨大的风潮，太子赵煦嗣位，是为哲宗，虽然是"好个少年官家"，但当时他还只有十岁，不能亲政，由祖母太皇太后高氏垂帘摄政，是为宣仁太后。

宣仁太后四月临朝，首召吕公著乘传赴阙，授尚书左丞，继留司马光为门下侍郎，征询人事。公著、君实两人的荐牍中都有苏轼，然而苏轼不知；太后深深记得神宗皇帝眷念苏轼的遗意，亦亟欲将他起复，所以四月中旬都中即有起用苏轼的消息。五月间正式颁发朝命，复官苏轼为朝奉郎。

宋朝官制，起复责降的罪官，亦要一步一步做，这是恢复正式官阶的第一步，然后才实授官职。在京的王巩最先得此好讯，立刻托人告知湖州的滕元发，滕就派贾收遄程前来通知。苏轼复书说："一夫进退何足道。"读邸报，才知司马君实出山了，寄书致意，也只说：

> 某启：去岁临去黄州，尝奉短启，尔后行役无定，因循至今。闻公登庸，特与小民同增鼓舞而已。亦不敢上问，想识此意。

苏轼仍以一介草民自居，不敢上陈任何政见，这种从容进退的风度，不是热衷爵禄的人所能想见的。

六月告下，苏轼以朝奉郎起知登州军州事。

苏轼虽然绝不愿意放弃常州的生活，然而君命征召之下，为知识分子拯物济时的责任所驱策，他不能不忍痛割舍。此后"荆溪风土"常常在他胸中萦绕，身在京中，却屡与翰林院的同僚蒋之奇、胡宗愈诸人谈说荆溪，作《蝶恋花》词：

  云水萦回溪上路，叠叠青山，环绕溪东注。月白沙汀翘宿鹭，更无一点尘来处。

  溪叟相看私自语，底事区区，苦要为官去。尊酒不空田百亩，归来分取闲中趣。

七月至润州，许遵陪他重游金、焦二山，八月二十七日过扬州，访问接替吕公著知扬州的杨康公（景略），至石塔寺与无择道别。故黄守徐大受的弟弟大正追来送他，相见淮上，与他同行。九月抵楚州，与杨杰游，至淮口，遇大风，不能行舟，困卧船舱中，他的次子苏迨作了一首《淮口遇风》诗，他读后高兴非凡，特步原韵和作一首，有"我诗如病骥，悲鸣向衰草。有儿真骥子，一喷群马倒。……"那样奖誉的话。不但如此，他还写信寄扬州太守杨康公说：

  两日大风，孤舟掀舞雪浪中，但阖户拥衾，瞑目块坐耳。……某有三儿，其次者十六岁矣，颇知作诗，今日忽吟《淮口遇风》一篇，粗可观，为和之，并以奉呈。

欣欣得意之情，宛如声口。

大风中，蔡允元来看他，临别作书相赠，有曰：

  仆闲居六年，复出从仕。自六月被命，今始至淮上，大风三日不得渡。故人蔡允元来船中相别，允元眷眷不忍归，而仆迟回不发，意甚愿来日复风。坐客皆云：东坡赴官之意，殆似小儿迁延避学。……

"小儿逃学"，这真是一个绝妙的譬喻。

过海州，已是十月，再经怀仁而至密州。

十年前苏轼曾官密州，在州城修造一座超然台，这次旧地重游，当然要盘桓一番。现任太守霍翔，亲自担了牛酒来迎接他和他的随从一行，又特诚在超然台上，置酒款待。苏轼高兴的是"重来父老喜我在，扶挈老幼相追攀"这一份民间的热情，感慨的是时光过得真快，当年的小孩子现在都已长大成人了，自己怎么能够不老，"当时襁褓皆七尺，而我安得留朱颜"。超然台上还留着当年手写诗赋的石刻，又不免拂拭尘垢，手自摩挲一番。追寻旧梦，虽然惆怅多于喜悦，但是别有一种温慰，对这地方产生无上亲切的感情，所以他还建议霍太守，可以在城外筑一石埭，将北流的扶淇二水导引进来，使城郭之间能多一道溪湾，景色将会更加美好。

苏轼于六月间自常启程赴任，一路上游山玩水、访问友好，直至十月十五日方才抵达登州，这一并不太远的旅程，足足走了三个月。

不料到任只有五天，同月二十日忽又奉到九月间的朝命：

"以朝奉郎知登州苏轼为礼部郎中。"

又要将他召还京师去了。他很早就知道登州海上有名的奇景"海市蜃楼"，总以为既官是邦，来日方长，总可以慢慢欣赏，而且此景居常出现于春夏二季，现在时入初冬，亦不易见。不料席不暇暖，就须离去。苏轼不肯坐失这回机会，往祷于海神广德王庙，居然应验，他终于看到了虚无缥缈中的这一奇景，作长诗《海市》记其观感。

苏轼于十一月二日别登州，过莱州、青社、济南、郓州、南都而至京师。

苏轼之与登州，真是名副其实的"五日京兆"，但他还是看出了当地有关军政与财税的两大弊政,必须改革。

他说:"登州地近北虏,实居边疆前线的地位,向来屯驻重兵,教习水战。每年四至八月,派兵戍守与北虏蓟州界附近的驼基岛,戒备森严,原是京东一路的最大屏卫。近年来久安无事,军方便将这支兵力,随便抽调到莱州、密州等处去分散屯驻,兵势分弱,易启敌人觊觎之心,而且更番抽调,也影响水上作战的训练。"

所以他上《登州召还议水军状》,请令登州平海四指挥兵士不得差往别州屯驻。

其次,他详述所见登、莱两州现行榷盐制度的弊害,请求官收盐税,恢复食盐的自由贸易,以刺激生产,便利民食。苏轼在经济方面,一向反对政府统制产销的政策,现在所举,因为限于地位,只说登莱两州的弊害,但他盼望的还不止此,"并请详讲其余州军榷盐利弊情形",施行改善。

这是《乞罢登莱榷盐》的第二状。

这两状,都是于十二月间一到京师,立即呈奏的。这是苏轼再度从政的第一手笔,表现他对国防和民生的两大关切。

# 第八章　风雨京华

## 一　元祐更化

宋神宗赵顼在位十八年（治平四年至元丰八年），既薨，太子赵煦嗣位，是为哲宗。哲宗嗣位时，年只十岁，不能亲政，于是遵照宋室传统，尊神宗母后高氏为太皇太后，是为宣仁，权同听政。

宋朝自太祖、太宗、真宗三朝而后，因故不得不由母后暂行摄政者，非自宣仁始。第一次是仁宗即位时，年只十三岁，真宗后章献明肃刘氏垂帘临朝者十一年，至景祐元年方自亲政。

仁宗无嗣，以濮安懿王赵允让第十三子赵曙嗣位，是为英宗。英宗多病，仁宗后慈圣光献曹氏暂摄，方才归政。

神宗接位的时候，年纪虽轻，但已二十一岁，朝气蓬勃，果敢有为，确是一个英主，不料得年却只三十八岁，西征失败，赍恨而殁。哲宗冲龄践祚，就又不得不由祖母英宗后、宣仁圣烈高氏垂帘摄政。真宗朝后六十年间，这已是第三度母后临朝了。

历史上母后当政时代，常见朝纲不振，大权旁落的现象，或则奢逸享乐，有政失修明之弊，唯有宋朝摄政的这三位母后，却都知人善任，精勤政事，以厚德深仁，著誉后世。

宣仁太后且有"女中尧舜"之称，这也是宋史上的一大特色。

宣仁太后尊重祖宗成法，厌闻革新，是个稳健保守的老太太。她虽深处宫闱，但历经她的丈夫英宗、儿子神宗的两朝政事，又非常向往公公仁宗嘉祐时代的太平安乐，嘉祐时代那种宽厚雍睦的政风，所以定年号为"元祐"。她认为神宗皇帝用王安石、吕惠卿变成法，行新政，显然已经失败了，对于边臣无端挑起征西夏的军事，招来败战的损伤，使神宗惊悸悔咎，夺走了他正在英年的生命，更是痛苦难忘。所以，一旦临朝摄政，这位老太太早已成竹在胸，她要立即召用熙（宁）、（元）丰时代的旧臣，恢复熙丰以前的旧政。她的国策是一切遵循祖宗成法，她的目标是要重拾大宋帝国如嘉祐时代一样的和平与安乐。

宣仁太后的恢复工作，最重要的是如何着手废止不合传统的新法，要做这件大事，唯有熙丰时代的元老旧臣，才能帮她去新复旧，实现她的理想。

旧臣中最初被考虑到的，是仁宗朝名相吕夷简的儿子，现以资政殿大学士知扬州的吕公著，诏兼侍读，命即"乘传赴阙"，来京陛见。公著，字晦叔，东莱人，初以进士通判颍州，与当时的郡守欧阳修，交谊很好。神宗朝，做过翰林学士、开封府尹、御史中丞。因为反对新法，才被出知外郡。

次为退居洛阳，在独乐园中努力著述的司马光，朝廷依照例定的起复程序，第一步诏知陈州。

太后追念神宗皇帝的遗意，先已复官苏轼为朝奉郎，随又诏知登州。

太后部署人事，非常稳重，一面按照程序，起复旧臣；一面因王珪病卒，乘机将现任大臣，互作调动，稳住原来的朝局。五月间，以尚书右仆射兼中书侍郎蔡确，调为尚书左仆射兼门下侍郎；以知枢密院事韩缜，为尚书右仆射兼中书侍郎；以门下侍郎章惇知枢密院事；同时召司马光过阙入见。

司马光于熙宁三年（1070），因与王安石议新政不合，坚辞枢密副使的诏命，出为西京留台。他在洛阳私宅中，网罗了一代史学好手，专心编撰不朽巨著《资治通鉴》，甫于上年（元丰七年），脱稿进呈。三月间，自洛入京，专程吊唁大行皇帝之丧。为避免政治嫌疑，既吊即归，不敢在京逗留。太后来不及召见，他已匆匆离去，只得特遣内侍梁惟简和劳光二人，一路追踪前往，口传谕旨就询："目前为政何所当先？"

司马光复奏："请广开言路，不论有官无官，均许将朝政缺失及民间疾苦，封状进闻。"太后接受此一建议，诏求直言。短短时间内，收到封事数千件，而内容几乎全部都是指摘前朝实行新法的不当，诉陈新政下的民生疾苦。

这是一个被鼓励起来的"不满现实，人心求变"的舆论浪潮，也可以看作是国策将变的一个政治讯号，以这样开明的态度，揭开"元祐更化"的序幕。

接着，太皇太后毅然先以中旨遣散修造京城的役夫，停止制造军器，放宽民间保马户原先苛刻的规定，罢京城逻卒，免行钱等，作为接纳舆论、与民休息之始，为停罢新政，开其先河。

六月，吕公著应召至京，诏授尚书左丞。

入见后，立即上疏荐举人才，实即网罗熙丰以来，因与新政不合而散在四方的旧臣。他举：

> 孙觉方正有学识，可充谏议大夫；范纯仁刚劲有风力，可充谏议大夫或户部右曹侍郎；李常清直有守，可备御史中丞；刘挚资性端厚，可充侍御史；苏轼、王岩叟并有才气，可充谏官或言事御史。……

太后深知人才是政治的根本，同时为尊重司马光起见，特将上述札子密封，专差送往洛阳，要司马光详再审核，将所陈更张利害，直书以闻。

司马光复奏，特别保荐者六人：刘挚、赵彦若、傅尧俞、范纯仁、唐淑问、范祖禹，认为可处台谏，或侍讲读，必有裨益。其中刘挚、范纯仁二人，与吕公著推荐者同。

另外则作一般的推荐，其人选为吕大防、王存、李常、孙觉、胡宗愈、韩宗道、梁焘、赵君锡、王岩叟、晏知止、范纯礼、苏轼、苏辙、朱光庭等，请求太后记其名姓，各随器能，随时任使。

最后他说：文彦博、吕公著、冯京、孙固、韩维，都是国家的元老，应该命令他们各举所知，以便参考异同，无所遗逸。

从这两份奏状所列的名单来看，绝大部分是仁宗、英宗两朝的老臣，为反对新政致被排斥或消极退让，于熙丰年间陆续退出中枢政治的保守分子。他们之中，大多数人都有极好的家世背景，而个人立身处世，品德谨严，学问渊博，都是以尊重传统为重要立场，视疏减民生疾苦为自己本分的君子。所以历史家笼统地称誉他们为"元祐贤者"，称元祐为"贤人政治"。

不过这班元祐朝士，不是没有缺点，缺点在于过分持重，守成有余，进取不足，诚如当时论者所说："元祐执政，类丰于忠信而廉于才智。"不足以符时代的要求。因为宋室到了元祐朝时，经历多年边患，被契丹和西夏交相剥削和侵略，大宋帝国实在已经只剩了一个掏空的壳子，军备不足，国库空虚，民生穷困，士气低落，早已失去了从前那样的国力，所以消极的保守，既不足以振奋宋室的贫弱，也不足以匡救天下的凋敝。

司马光受命知陈州，过阙入见，当即被太皇太后留为门下侍郎。

司马光名满天下，他来京师，轰动社会，老百姓跟着他的行踪，叠足聚观，壅塞道路，竟使马不能行。在他们质朴的心地里，认为司马光应该是真正的宰相。

司马依礼往谒现任宰相时，老百姓爬上相邸对面人家的屋顶，骑在屋脊上，爬到树上看他，相府的卫士们阻挡不了，老百姓说："我们并不要看你家相公，我们只要瞻仰司马相公的风采。"那些附近人家的屋瓦都被践碎，树枝都被踏断。[①]

苏轼于十月下旬自登州还京，途中也遇着上千老百姓，拦住他的马头，向他呼吁："请您转告司马相公，不要离开朝廷，好自珍重，才可以活我百姓。"老百姓都相信苏轼会替他们讲话。[②]苏轼旧有《咏独乐园》诗："先生独何事，四海望陶冶。儿童诵君实，走卒知司马。"确是实言。

司马光一入中枢，便被朝廷倚为柱石，太皇太后对他言听计从，一切大政赖他擘划。眼前即将更新的政治，将为怎样一个局

---

① 〔宋〕王明清：《挥麈后录》。又张淏《云谷杂记》。
② 〔明〕薛应旂：《宋元通鉴》。

面？全国都在注视着司马相公的举止，仰望他的创造。

政治革新，自以人事调整为先。以后数月间，朝廷便陆续起复旧臣，如八月以苏辙为校书郎，九月以秘书少监刘挚为侍御史，十月二十日告下，以朝奉郎知登州苏轼为礼部郎中等。这使得苏轼到登州任只有五天，就又匆匆进京，投身到这个热烘烘的政治洪炉中来了。

十月，以中旨诏范纯仁为谏议大夫，唐淑问、苏辙为司谏，朱光庭、范祖禹为正言。"除目"（授官文书）已经由宫里发出来了，太皇太后问宰执道："这五个人怎么样？"大家都说："甚洽众望。"

当时，继续留任中枢的新政派章惇，认为这个样子的除官方法，违背祖制，破坏相权，挺身反诘道：

"故事：谏官皆由侍从推荐，然后由宰执禀奏。现在除目既然用中旨发出，不知陛下从何得知此五人可用。莫非左右所荐？此门不可开。"

"实皆大臣所言，无关左右内侍。"太皇太后说。

"如主意出于大臣，应该公开奏举，为何密荐？"章惇反问。

至此，吕公著因为范祖禹是他的女婿，司马光、韩缜因与范纯仁各有亲戚关系，立刻起来自动声明。

章惇说："台谏之设，是朝廷用来纠绳执政之不法的，所以按照制度，执政初除时，凡是他的亲戚或他从前所保举过而现任台谏者，都该转徙其他官职。现在，天子冲幼，太皇太后同听万几，一切都该按照制度行事，不可违背祖宗成法。"

司马光忍受不住，接着奏道："纯仁、祖禹做谏官，甚合众望，不可因臣之故，妨碍贤路，臣宁愿避位。"

"韩缜、司马光、吕公著必不至于徇私，但如他日有怀奸当国者据此为例，引用亲党做台谏，恐非国家之福！"章惇理直气壮地奏说。

这场争论的结果，改范纯仁为天章阁侍制，范祖禹为著作佐郎，其他三人顺利通过。苏辙于他老哥奉旨起复时，先已移知歙州的绩溪县，不久又以校书郎自绩溪被召入京，至此则已跻登谏垣了。苏辙初得校书郎时兴奋非凡，作《初闻得校书郎示同官》诗："读书犹记少年狂，万卷纵横晒腹囊。奔走半生头欲白，今年始得校书郎。……"这也难怪，苏辙十九岁成进士，廿三岁登制科，淹滞于九品小官者达二十余年，到此才稍扬眉吐气。

章惇所争的，是政府重要人事的任命，不经过宰相的审核进拟，径由"宫廷"除目，显属侵害了相权，并非没有道理，无奈说话的态度有欠庄敬，台谏们就抓住这一弱点，对他开始攻击起来。

后来王岩叟有奏："风闻章惇于帘前问陛下御批除谏官事，语涉轻侮。又问陛下从何而知，是不欲威权在人主也，乞行显黜。"

刘挚和朱光庭则攻击蔡确于神宗皇帝灵驾发引时，既不遵礼入宿幕次，复先驰数十里之远以自便，"为臣不恭，莫大于此"。

虽然，太皇太后对此弹章"留中不报"，然而朝中的御史官和台谏们认为国家安危，系于大臣。而现在执政大臣中，奸邪过半，如蔡确为左仆射，韩缜为右仆射，张璪为中书侍郎，李清臣为尚书左丞，章惇为知枢密院事，实际政权完全在他们手上。旧派的一二元老何以得行其志？这是当时热衷更化的朝士们一致的认同，他们在积极酝酿，只待时机成熟，非要伐倒这几棵"敌派"的大树不可。

## 二　从调和到冲突

司马光为门下侍郎，章惇知枢密院，几个月间，两府之间的关系，已经搞得非常不好。司马光的脾气，虽然不如王安石的"拗"，但也十分固执；而章惇则秉性豪强，从不让人，共事未久，摩擦已经很深，几已到了冰炭不能相容的地步。每遇口舌相争的场合，司马光是个恂恂儒者，拙于言辞，而章子厚则躯干修伟，实大声宏，再加口齿锋利，咄咄逼人，弄得司马光真已不堪他的百般虐侮。苏轼与章惇多年老友，现在身当两大之间，义不容辞，应该挺身出来，做这个调人。

于是往见章惇，对他侃侃言道："司马君实时望甚重。从前许靖因为虚名无实，为蜀主刘备所轻视。法正说：靖有虚名播于四海，若不礼遇，他人以为我们贱视贤者。刘备立即接受他的建议，以许靖为司徒。您想，许靖尚且不可轻侮，何况君实？"章惇认为苏轼的话对，以后对司马的态度，缓和了不少。

苏轼抵京才半个月，朝廷降告命：迁起居舍人。苏轼起于忧患未久，不愿骤然跻登清禁重地，两上章请辞，皆不许，他只得亲往谒见宰相蔡确，恳切面辞。

蔡确说："公回翔已久，论资望，朝中无人更出公右。"

苏轼坚决辞谢。

"今日谁当在公前者？"蔡确问。

"前与林希同在史馆，他年龄比我长。"他举林希来代替自己。

"林希真的应该在你之先吗？"蔡确略作沉吟，摇头不应。

苏轼举以自代的林希，字子中，福建人，与苏轼、顾临、胡宗愈等，都是开封府举人试的同年。治平三年曾与苏轼在史馆共事，现在外任。苏轼推他自代，虽未获许，不过因此也被执政方面注意到了这个人，不久召回中枢，补了记注官。

宋制：起居郎、起居舍人谓之左右史，职掌宫廷记注和机要政务，俗谓"小侍从"。苏轼既任起居舍人，元祐元年二月以七品服入侍延和殿，蒙恩改赐银绯。

宋朝官员的服式，有严格的规定，文臣自入仕时起，着绿袍，满二十年才赐换绯袍和银鱼袋，换穿绯袍后再过二十年，才能赐换紫袍、佩金鱼袋。苏轼入仕，如以仁宗嘉祐六年（1061）中制科授大理评事起计，至元祐元年（1086），为时则已二十五年，但因中经顿挫，所以直到此时才得换绯挂银，并获诏赐对衣、金带、金镀银鞍辔马。

司马光执政后，一方面大刀阔斧地调整人事，一方面陆续废止熙丰年间实施的新法。元丰八年七月罢保甲法，十一月罢方田法，十二月罢市易法、保马法。元祐元年闰二月，被人反对得最激烈的青苗法，也告罢废。

当司马光、吕公著二人，积极推翻一切新政，彻底清除新政所生的积弊时，新政派的大将韩缜、蔡确和章惇，仍然高踞在原来的相位上，冷眼窥伺得失。蔡确既为公论之所不容，而章惇跋扈如故。

元祐元年二月间，司马光上言：免役法有五害，请求恢复差役。章惇力加驳斥，上章累数千言，笔下一点不为司马稍留余地。这还不算，更在太后帘前与司马光觌面争论起来，态度非常豪横，说得冲动，竟在殿上大声咆哮道："它日安能奉陪吃剑！"如此狂妄，太皇太后也按捺不住，大怒起来。于是刘挚奏言："章惇佻薄险悍，诌事王安石，以边事欺妄朝廷。再附吕惠卿，又为蔡确所引，横议害政，请除恶务尽。"

当时，尚书左仆射蔡确已先罢政，出知陈州，旋改亳州，朝廷即以司马光接替蔡确所遗的相位，仍兼门下侍郎原职，所以王岩叟更奏曰："惇见陛下以司马光做相，躁忿忌嫉，所以如此。"

章惇帝前争论，惹怒太后后不久，因孙觉议论边政，不合其意，他便公然骂道："议者可斩。"对于任何一个上书言事的人，一律蔑视为"不逞之徒"，于是满朝怨毒，群起而攻，并于同月罢官，以正议大夫知汝州。钱勰（穆夫）时为中书舍人，制行词，有"怏怏非少主之臣，悻悻无大臣之节"句，非常尖刻。①

但是，关于罢废免役法，持反对意见者却不仅是章惇一人。朝列中头脑比较冷静，不太意气用事的人，也都认为从前施行的差役法，流弊很多。改行免役以来，已经十几年，确比差役进步，法无新旧，以良为是，何必一定要恢复旧法。如与司马光非常亲密的范纯仁，便婉转劝他道："为治之道，去其太甚者即可。差役一事，尤须仔细考虑，不然，徒为民病。"又道："宰相的职责，在求人才，变法不必太急。愿公虚心以延众论，不必一定要谋自己出。谋自己出，则谄谀逢迎的小人，便得乘虚而入。"司马光默不作声，纯仁无奈，只好退一步说："假使相公决意要这样做，不妨挑择一路，先作试验，看看恢复之后的利弊如何？"

司马光为人，有强烈的自尊心和执拗的责任感，坚持已定的主张，不肯接受任何人的建议。范纯仁出来叹道："凭这个样子的态度，只是使人不再说话而已。我如只欲媚公以取容悦，不如少

---

① 赵令畤《侯鲭录》："哲宗亲政，章惇当权，时穆父在翰林，章面责前制行词，语太尖刻，不为稍留余地。穆父笑曰：'官人怒，杂职安敢轻行杖。'卒罢知池州。"

年时迎合王安石，早就既富且贵了。"

当王安石变差役为免役时，苏氏弟兄都是激烈的反对论者。苏辙当时曾说："役人之不可不用乡户，犹官吏之不可不用士人。"苏轼更曾坚持差役决不可变，但是后在地方上亲经历练，有了实际的体认，便完全改变了原来的观点，认为王安石新法中，免役确是比差役进步的一个良法。

熙宁初年，苏轼到底还只是一个得意太早的书生，缺乏实际的政务经验，只因读书较多，才气充沛，率然放言高论，不免未尽事实。等他有了几年地方政务的实际经验，才明白从前所行的差役法，积弊很深。主要的原因是应差服役的老百姓，不懂官府衙门的规矩，遂被胥吏们颠倒捉弄，很多人因此破产亡家。原先认为"无可取代"的差役，事实上是便利胥吏为害百姓的恶法。

免役法比较简单，按照老百姓的户产高下，分等出钱雇役，颇合"有钱出钱，有力出力"的原则，可以断绝胥吏勒索的机会，只须把该收的实费之外，另有许多滥加名目的苛杂严格禁革，这已经实行了十六年的办法，没有改回差役的必要。

司马光尽罢熙丰新法，罢到差役法时，最不为朝列所同情。范纯仁诤劝无效，苏轼便贾勇往见，向司马相公说道：

"相公所要施行的，都是上应天心、下合人望的事，唯有役法一节，不可轻议。差役免役，各有利害。免役之害，在于掊敛民财。在上的人聚敛，在下的老百姓便有钱荒之患。差役之害，在于民常在官，不得专力农事，而胥吏从中作奸。……两害相权，轻重略等，现在要以彼易此，人民未必欢迎。……"

苏轼很婉转地说开了一个头，还没提出正面的意见，司马光便愕然问道："那么，如你所说，计将安出？"

"法相因则事易成,事有渐则民不惊。"苏轼先举原则,然后以兵役作例来做说明:"三代之法,兵农合一,到秦时才分而为二;唐朝中叶,把府兵废为长征卒,从此民不知兵,兵不知农,农人拿出谷帛来养兵,兵用性命来保卫老百姓的身家,天下称便。我想,即使圣人复出,怕也不能变易。现行的免役法,与此相同。公欲骤罢免役,改行差役,恰如要罢佣兵而恢复民兵一样,恐怕不很容易。……"

苏轼稍稍停顿,看司马光不开口,接续说道:

"先帝本意,按民户大小出钱雇役,使老百姓可以专力农作,虽有贪吏滑胥,无所施其暴虐。坊场河渡,官自出卖,用这笔钱来雇用衙前,则人民可免仓库、纲运等破家之患。此万世之利,决不可变。

"不过,其中也有两项弊端,一是把这笔钱移作别用,二是拿宽剩役钱来争购坊场河渡,想赚不实在的涨价利益。这是王安石、吕惠卿的办法,并非先帝本意。

"相公如能彻底消灭这两项流弊,不必变法,则老百姓必然拥护相公,事亦易成。

"至于宽剩役钱,名为十中取二,事实上却已加半征收。相公如能把这额外的浮收全部豁免,同时准许老百姓用布帛谷米折纳役钱,各从其便,那么钱荒的毛病也就没有了。……"

司马光听后,默不作声,苏轼只得讪讪说道:"若照这样去做,天下称便,相公尚有何求。如其认为现在还不是时候,那么慢慢再斟酌,也不嫌迟。"

司马光成见很深,仍无言语。

苏轼后来调换话题,和他谈熙宁年间曾经实施过的给田募役法,那是用官田及宽剩役钱买民田来募役人,大略如边郡雇用弓箭手的办法一样。苏轼说他曾在密州推行过,人民称便。所以劝司马光恢复先帝曾行的此一办法,不过必须请发内帑,补足全国宽剩钱斛至三千万贯石,用以推行此法于河北、河东、陕西三路。数年之后,三路役人,可以减少一大半,如此培养民力,可备边境缓急之用。

司马光听了,尤不赞成。

这天谈话没有结果,但是苏轼不肯死心,第二天直接找到政事堂去,再向司马相公公开陈述他的反对意见。司马光心里不耐烦,脸上就不免忿然作色起来。苏轼也很气恼,反转来诘责他的态度:

"从前韩魏公(琦)创议于陕西路刺义勇,家有三丁者刺一丁,民情惊惧,军纪也受影响。当时公为谏官,极言不便,魏公怒形于色,公亦不顾,略无一言假借,这是苏轼以前听公亲口告知的。莫非公今做相,就不容苏轼尽言了吗?"[1]

表面上,司马相公只好强笑表示歉意,心里不免存了芥蒂。

司马温公面黄貌癯,而枯瘦自如,目光炯炯峻厉,鼻梁挺直,稀稀朗朗的胡子已经花白了,两只耳朵的耳轮,阔厚外向[2],使他整个神态,显得坚强而有劲力,很少有人敢于在他面前争论,争亦无用。

役法,在宋代政治制度中,是件大事,朝廷为了详定役法,

---

[1] 苏辙《东坡先生墓志铭》《龙川别志》记司马当时反对韩魏公的经过曰:"当时,司马光亦持札子至政事堂面净,魏公曰:'吾在此,君毋忧。'司马曰:'光终不敢奉信,恐相公亦不敢自信耳。'魏公怒曰:'君何相轻之甚耶!'司马曰:'相公常在此座可也,万一他人在此,如何?'魏公默然,竟不为止。"
[2] 〔明〕宋濂:《宋九贤遗像记》。

设了一个专门机构的役局，负责研讨役法的改订，苏轼也是被诏派参加的一员。在会议中，他屡与局中官员如孙永、傅尧俞辈激烈辩论，感情弄得很坏。至政事堂说司马丞相失败后，他就以与大臣主张不同为理由，乞罢此一兼差，状言："臣既不同，决难随众签书，乞早赐罢免，俾议论归一。"虽然表露了他的硬汉作风，但也从此得罪了"相门"。

政事堂的争论，司马相公的脸色，是众目所共见的，负气请辞役局的差使，更加造成双方关系的恶化。

雇役法终于依照司马光的主张，明令罢废了，而且，命令限期五日之内，恢复已经停废了十六年的"差役"。一般朝臣看到这个命令，都觉得限期那么迫促，实在不合情理，独有开封府尹蔡京，居然如期报办。司马光大喜，嘉奖他道："使人人能奉法如君，何不可行之有！"

谋自己出，适便小人逢迎，不幸而为范纯仁所言中。更不幸的是古往今来，凡是拥有权势的大人物，几乎很少有人伟大到能够排斥小人的阿谀奉承，贤如司马温公，亦属不免，可为浩叹。

苏轼喜欢戏谑，朝中公卿，一个一个都给起了诨号，独于司马光，一向敬服，不敢造次。这次争论役法，碰了一个大钉子，心里非常气愤，争罢回家，一面卸巾弛带，一面恨恨地连声呼叫："司马牛！司马牛！"①

据说，还有一次，苏轼与司马光论事不协，轼说："相公此论，故为鳖厮踢。"司马听不懂他说什么，还问："鳖何能厮踢？"

"是之谓鳖厮踢！"苏轼冷冷作答。②

---

① 〔宋〕蔡绦：《铁围山丛谈》。
② 〔明〕王世贞：《调谑编》。

## 三　不到中书不是官

元祐元年三月，以吏部侍郎李常为户部尚书；以中书舍人胡宗愈为给事中；以苏轼接替胡宗愈的遗缺，特诏：免试为中书舍人。

宋朝的政制，以二府——中书省和枢密院及计省三司使为中枢政治的中心，直接隶属于皇帝。枢密院主管天下军马，计省三司使掌理全国财政，除此以外的一切庶政，全部集中于中书省，而中书省又设于禁中。所以中书舍人的职责非常重要，宋朝官制大抵沿袭盛唐，《唐百官志》：

中书舍人参议表章，百官奏议、考课皆预裁焉。

宋代亦然。凡事先经给事中书读，并经中书舍人书行者，才将原本留省，录黄过尚书省给札施行。不过唐制只有给事中始得封驳，而宋朝则中书舍人认为不可行时，亦可不书而执奏，称为"缴驳"，实际上，具有除军马财经外的全国政务之审核的权力，所以宋有俗谚说："不到中书不是官。"

苏轼在还朝三四个月的时间内，扶摇直上，一再升迁，这事即使他本人勇于自用，不怕权高责重，但也不能不凛于官场中树大招风的忌讳，所以颇为踧踖不安，立即具状恳辞，有曰：

起知登州，到任五日而召以省郎，半月而擢为右史。……今又冒荣直授，躐等骤迁，非唯其人既难以处，不试而用，尤非所安。

中书舍人这一职务，不但是宰相的属官，而且例兼"知制诰"，代拟王言。所以按照宋朝的定制，"知制诰"必先考试而后任命。宋朝开国百余年来，免试任命者，只有陈尧佐、杨亿、欧阳修三人而已,现在苏轼也得特旨免试而用,使他十分不安,同时更畏惧政治圈子里的时忌。①

但是他辞不掉,只得拜表就任,仍改赐章服。上表谢曰:"右史记言,已尘高选;西垣视草,复玷近班。皆儒者之至荣,岂平生之所望。"

中书舍人这职务,最难的是写作"外制"。自唐至宋,有个惯例,中书舍人承受词头后,就须在省中起草付吏,一直到写成告命,从不耽搁到第二天。担任这个工作的人,自非具有"捷才"不可。②苏轼纵然笔快,但文件太多,仍是苦事。到后来白天来不及写时,也只好开夜车把"词头"留到灯下来写,常常写到半夜才睡。这时期,曾布(子宣)托他作篇塔记,他复信诉苦道:

塔记非敢慢,盖供职数日,职事如麻,归即为词头所迫,卒以夜半乃息。五更复起,实未有余暇。乞限一月,所敢食言者有如河。愿公一笑而恕之。

四月,以吕公著为尚书右仆射兼中书侍郎。诏起元老文彦博平章军国重事,班列宰相之上,以辅助多病的司马光。

新任御史吕陶上章弹劾司农少卿范子渊,元丰时提举河工,糜费巨万,而所筑护堤崩塌,溺死无算,堤工卒无所成,乞行废放。多少年来,中枢实施错误的治河方法,浪费国帑,牺牲民命,是苏轼一再激烈反对的政策之一,看了吕陶的弹章,对于这种漠视人民生命财产的官僚,激起了如火的愤怒。他挥笔作《范子渊

---

① 欧阳修《归田录》:"国朝之制,知制诰必先试而后命,有国以来百年,不试而命者,陈尧佐、杨亿及修忝预其一耳。"
② 洪迈《容斋随笔》"外制之难"云:"中书舍人所承受词头,自唐至本朝,皆只就省中起草付吏,逮于告命之成,皆未尝越日,故其职为难。"

改知峡州敕》,有曰:

> 汝以有限之财,兴必不可成之役;驱无辜之民,置诸必死之地。横费之财,犹可以力补;而既死之民,不可以复生。

痛快淋漓,成为传诵一时的名言。

苏辙初任右司谏,以为自王安石变法以来,台谏官过分嚣张,朝士们"一言被及",马上就逐出中枢,政风因此大败。他倡言朝廷应加约束,使台谏们亦知自律。

苏辙开始行动,首上《乞选用执政状》,同时弹劾左右二相,指左仆射蔡确出身狱吏,"忺佞刻薄";论右仆射韩缜,"识暗性暴,才疏行污";再论张璪、李清臣、安焘,说他们都是斗筲之人,"持禄固位,安能有为"。

凡七状攻下右相韩缜,五月,再上状《乞诛窜吕惠卿》,指他诡变多端,见利忘义。

朝命吕惠卿降官光禄卿,分司南京,苏州居住。大多数朝臣认为这样处分太轻,苏辙、王岩叟、朱光庭、王觌、刘挚等交章痛劾,苏辙且把吕惠卿举发王安石私书的丑事,也揭发出来,对这种卑鄙的小人行径,施以无情的挞伐。

于是,吕惠卿再行责降为建宁军节度副使,建州安置。词头始下中书,据说,按照轮值次序,此供该由刘攽(贡父)草制。

苏轼大嚷道:"贡父平生做刽子手,今日才得斩人。"

贡父知道苏轼有一肚皮积愤,非吐不快,所以推说身体不舒服,乘间溜走,苏轼就把这件公事接过手来,痛快淋漓地历数吕惠卿的罪恶。[1] 撰"责词"曰:

---

[1] 〔宋〕朱弁:《曲洧旧闻》。

吕惠卿以斗筲之才，穿窬之智，诡事宰辅，同升庙堂。乐祸贪功，好兵喜杀。以聚敛为仁义，以法律为诗书。首建青苗，次行助役、均输之政，自同商贾；手实之祸，下及鸡豚。苟可蠹国害民，率皆攘臂称首。

先皇帝求贤如不及，从善若转圜。始以帝尧之仁，姑试伯鲧；终焉孔子之圣，不信宰予。发其宿奸，谪之辅郡；尚疑改过，稍畀重权。复陈罔上之言，继有砀山之贬。反复教戒，恶心不悛；躁轻矫诬，德音犹在。

始与知己，共为欺君。喜则摩足以相欢，怒则反目以相噬。连起大狱，发其私书。党与交攻，几半天下。奸赃狼藉，横被江东。

至其复用之年，始创西戎之隙。妄出新意，变乱旧章。力引狂生之谋，驯至永乐之祸。兴言及此，流涕何追。迨予践祚之初，首发安边之诏。假我号令，成汝诈谋。不图涣汗之文，止为款贼之具。迷国不道，从古罕闻。尚宽两观之诛，薄示三危之窜。国有常典，朕不敢私。

苏轼这篇责词，固然写得大为快意，而读者也觉得"利如并剪"，天下传诵。但就个人的利害而言，则其后果，无异于在自己前途上，遍插荆棘，从此以后，终生都在荆棘丛中行路了。只有像苏轼这样的人才会做如此傻事，官僚决不肯为。

苏轼为谏官，勇猛更如出山之虎，一鼓作气，扫荡群奸。他对王觌说："张璪天资邪佞，易以为奸，宜除去。"连章攻击，至七月，张璪遂遭罢斥。张璪于诗狱案时，为知谏院兼侍御史知杂事，同时受命与李定、何正臣、舒亶共为杂治该案的四凶之一。

再说李定，本已降责："李定备位侍从，终不言母为谁氏，强颜匿志，冒荣自欺。落龙图阁直学士，守本官分司南京，许于扬州居住。"苏轼不服，缴进词头，与同官范百禄状奏曰：

臣等看详李定所犯，朝廷勘会得实，而使无母不孝之人，犹得以通议大夫分司南京，即是朝廷亦许如此等类得据高位，伤败风教，为害不浅。所有告命，臣等未敢撰词。①

于是，再被谪放滁州。这件事，很易被人误会是苏轼报复诗狱的仇怨，实则未必尽然。宋是盛倡以孝道治天下的时代，苏轼深沐儒学教化，对于悖伦常者，疾视如仇，是其基本观念，并非只对李定如此。同时有旨贬谪虐母的张诚一提举江州太平观案，苏轼一样反对，认为像这种"恶逆不道之人，虽肆诸市朝，犹不为过"，不肯撰告。反之，如程遵彦事母至孝，他便据此状请擢用。这都是"孝治之极，天下顺之"的时代里，一种维护伦理道德的行动，并不完全出于私人的恩怨。

七八月间，司马光告病在假，范纯仁因为国库空虚，支应匮乏，奏请再立常平钱谷给敛出息办法，俾沾国用。

其实，这办法即是恢复已废的青苗法，不过换个名目，遮人耳目而已。章上，台谏刘奏、上官均、王觌、苏辙交章反对。

司马光在病中，未经详细考较，也曾札奏赞成纯仁此议，至案下中书省，苏轼即上《乞不给散青苗钱斛状》，揭穿纯仁"偷天换日"的把戏，略曰：

熙宁之法，本不许抑配，而其害至此，今虽复禁其抑配，其害故在也。农民之家，量入为出，缩衣节食，虽贫亦足。

---

① 王明清《挥麈录》："吕吉父（惠卿）守延安，过阙，乞与枢密院同奏事。上亲批：'弼臣议政，自请造前，轻躁矫诬，深骇朕听，免朝辞，疾速之任。'已而落职知单州。"苏轼行制本此。

若令分外得钱,则费用自广,何所不至。许人情愿,未免设法罔民,使快一时非理之用,而不虑后日催纳之患。

他举述当年从政地方,亲眼目睹的经验说,不肖官吏,每趁放款时期,必令酒务设鼓乐倡优,或关朴卖酒牌子,诱惑借到青苗贷款的农家子弟,前来玩乐,那些农民不明利害,常有将贷款花光,徒手而归者,作为非理之用的事证。又曰:"每放青苗,酒课暴增。臣所亲见,二十年间,因欠青苗至卖田宅、鬻妻女、投水自缢者,不可胜数。"所以他请求不要再贷放青苗钱,盘剥老百姓,留下的旧欠,也请准于每届丰熟收成时,分五年归还,他们这许多年来,付出的利息已经很多,所以,对于四等以下贫户,应该一律放免。

其时,台谏们也一再上章乞罢此议,事情闹大,司马光才注意到事不可行,力疾请对,在太后帘前奏道:"是何奸邪,劝陛下复行此事?"

范纯仁也在殿上,心想这个建议是经你同意札奏的,现在却说这样的话,心里很是愤怒,但在天子之前,执笏却立,不敢说话。太皇太后从议,诏复常平旧法,青苗钱更不支俵。

司马光当朝,凡是王安石、吕惠卿所建立的新法,无不铲除务尽,对于熙宁年间执行新法的大臣,也抱着彻底清除的成见。程颐对他说:"作新人才难,变化人才易。现在这些都是可用之才,而且人岂甘心为小人?若宰相用之为君子,谁不为君子?此等事欲他们自做,未必不胜如吾曹。"

范纯仁也主张:"消合党类,兼收并用。"

然而,司马相公的成见牢不可破,他是"泾渭分明,不稍假借"。当时的朝士如曾子开、侯仲良等事后都说,假如程颐、范纯仁的意思,得被温公采纳,必无后来绍圣年间的报复之祸。

这一时期种下的另一恶因,则为对少年嗣君(哲宗)的忽视。皇帝已渐长大了,但朝事一切进止,但向太皇太后取决,非但不征皇帝同意,甚至皇帝指着问了,大臣也不具对。苏颂看到这种情形,觉得很危险,尝对诸大老说:"不要这样纷纭多变,到皇帝长大时,谁任其咎呢?"这话,哲宗似亦微有所闻,所以后来亲政时,便说:"朝臣中只有苏颂最知君臣之礼。"论及太皇太后垂帘时期的政事时,哲宗说:"朕只见臀背。"①可见这青年皇帝的心里,藏怒宿愤,早已种因此时。

类此的忠告,也有人对司马光当面说过:

"熙丰旧臣,多憸巧小人,将来若是有人以父子之义离间皇上和太后时,则大祸起矣。"

然而司马丞相只是危身正色答道:"天若祚宋,必无此事。"

以道德文章而论,司马光固是天下第一流人物,但以政治能力来说,则不无疑问,如三朝名臣韩琦便批评过他:"司马君实才偏量窄。"程颢也说:"君实自谓如人参甘草,病未甚时可用,病甚则非所能及。"②

而宋至元祐,内忧外患,病已甚深,司马光实在不是一个救时的国手。

至于苏轼之为中书舍人,也很难适应严格的官僚制度。从来文人都不适于从政,搞政治的人,首重实际利害,而文人只管发挥自己的理想。做官的人要用传统的典常来约束一切,而文人则

---

① 〔宋〕蔡绦:《铁围山丛谈》。
② 〔宋〕朱熹:《二程语录》。

重视自由意志的考虑，不屑规例。苏轼生有极为坚强的个性，其不适于从政，尤其如操持中书省这样需要最高幕僚技术的实际政务，就处处露出破绽来了。

苏轼初至中书，当时的执政当局，因为中书省的公事常有泄漏，所以要在舍人厅的后面，筑一道露篱，禁与同省其他部门往来。这本来是一件必要的保密措施，但他看不惯这种作风，便说：

诸公应须简要清通，何必栽篱插棘。

这个篱笆虽然暂时停工，但至明年还是筑了，他还大发牢骚，说《白乐天集》有这样一段话："西省北院，新构小亭，种竹开窗，东通骑省，与李常侍窗下饮酒作诗。"可见唐朝时，可以西掖开窗以通东省，而现在则本省之内都不能自由往来，觉得可叹——由这件小事，可见他实在不通实际政务。[①]

古时的成文法，不如现代完备，所以幕僚业务的法宝，是遵循典故，援引成例。但是苏轼认为世事复杂多变，不能以典常成例当作永远不变的金科玉律，天下没有任何标准，足以适应万事万物。所以他要运用聪明来随机应变，觉得没有思想内容的典常则例，只是妨碍以自由意志来裁量庶政的一种束缚。

苏轼在中书与司马门人刘安世（器之）共事，安世是一个熟谙典章的官僚，每遇苏轼处事逾越分寸时，他必非常冷静地搬出典故来约束他，苏轼当时很生气，背后骂道："何处把上曳得一个刘正言来，知得许多典故！"

把上，是农人乘以耕田的工具，相当于现在骂人为土包子的意思。安世听得此话，慨然道："子瞻是怕典故的，但如任他但凭

---

[①]〔宋〕苏轼:《东坡志林》。

才气而变乱故常,总不可以。"

中国幅员太大,政治上向来有南北的地方成见。王安石领导的新党,都是南人,如蔡确、吕惠卿是福建晋江人,章惇是浦城人,曾布是江西南丰人,等等;而元祐的主干,自司马光、吕公著以至吕大防、刘挚等,几乎尽是北方人,因此,对南人不免歧视。当时,朝士间流传一句骂人的俗谚:"闽蜀同风,腹中有虫。"这句话不但骂了福建仔,也骂了四川佬。苏轼听了,遽然作色道:"书称立贤无方,何得乃尔!"

大名人刘安世冷冷地接口道:"我先前未曾听说过这句话,不过立贤无方,须是贤者才可以;如是中人以下者,安得不受土地风俗的影响。"

苏轼默不作声,心里则很不喜欢这个北方籍的乡下佬。[1]

这个故事,充分说明文人从政与职业官僚的处事态度,根本不同。

## 四 老成凋谢

元祐元年(1086)四月癸巳,王安石薨于金陵。

是年闰二月司马光拜相时,安石已经卧病在床。他的弟弟安礼带了朝报来看他,安石在病床上展读,他只慨然说了一句:"司马十二作相矣。"别的什么也没说。

后来陆续听到朝廷在频频废止他所创建的新法,他也夷然不

---

[1]〔宋〕邵博:《闻见后录》。

以为意,从不说话。直到听到罢免役、复差役事时,他才愕然失声道:"连这个也罢了。"停顿好久,又缓缓接着道:"此法终究是不该罢废的。某与先帝反反复复讨论了两年,才付诸实行,此中利害,讲求无不曲尽,此法终不可罢。"

安石去世的噩耗传至京师时,司马光也在病中,他怕政治上的投机分子,乘势诋毁这位国家元老,赶忙在病床上倚枕作书给吕公著说:

> 介甫文章节义,过人处甚多。但性不晓事而喜遂非,致忠直疏远,谗佞辐辏,败坏百度,以至于此。
>
> 今方矫其失,革其弊,不幸介甫谢世,反复之徒,必诋毁百端。光意以为朝廷特宜优加厚礼,以振起浮薄之风。苟有所得,辄以上闻。不识晦叔以为何如?更不烦答以笔札,宸前力言,则全仗晦叔也。

朝廷追赠太傅,苏轼撰敕,竭诚推美。如言:

> 将有非常之大事,必生希世之异人。使其名高一时,学贯千载,智足以达其道,辩足以行其言,瑰玮之文足以藻饰万物,卓绝之行足以风动四方。用能于期岁之间,靡然变天下之俗。

又称其学术造诣曰:

> 少学孔孟,晚师瞿聃。网罗六艺之遗文,断以己意;糠秕百家之陈迹,作新斯人。

称朝廷对他的眷悼,则曰:

> 朕方临御之初,哀疚罔极。乃眷三朝之老,邈在大江之南。究观规模,想见风采。岂谓告终之问,在余谅暗之中。胡不百年,为之一涕。

安石薨逝之日，正是政治上极端的反对派当权之时，满朝尽是当年被他排挤的人物，饰终论典，何尝没有人不想乘机打一场死老虎！幸而司马光识得大体，苏轼也善代王言，元祐朝士胸襟气度的宽宏阔大，真不可及。

司马温公自与王荆公议政不合，退出中枢，居住洛阳，一十五年，邀约门人在独乐园里，专心著作《资治通鉴》，脱稿未久，就受宣仁太后的征召还朝，时已六七高龄，身体一向不好，拜相后工作繁剧，于是百病丛生。但他上则感激太后倚任之重，下则凛惧人民望治之切，无法顾及自己的病体，日夜孜孜，唯恐不及。他的门人弟子举诸葛亮"食少事繁，其能久乎"的故事来劝他，他则淡然说道："死生，命也。"依然终日营营，不肯稍息。

太皇太后知道司马光力疾从公的情形，立即下诏免他朝参，准在禁城中乘轿，三日一入省。司马光认为"不敢当"，又说："不见君，不可视事。"于是太后只好诏令：由他儿子司马康扶掖入对。这样的情形，何能持久，终于到了真正撑持不住的一天，他只好写信给吕公著说：

光以身付医，以家事付子，惟国事未有所托，今以属公。

遗憾的是病体拖延已经太久，继久疾之后，死亡便悄悄来到。

元祐元年（1086）九月初一，宋尚书左仆射司马光薨于位，享年六十八岁。还朝主政，为时不过一年，距王荆公之薨于金陵，亦只差迟四个多月而已。

温公薨日，皇帝方领大臣举行明堂祀典，朝臣以致斋，不能趋奠，至礼成降赦毕，参与祀典的三省官亟欲赶往司马相邸吊唁时，不料时任崇政殿说书的程颐，拦着众官道：

"《论语》：子于是日哭，则不歌。岂可贺赦才了，便去吊丧。"这时候旁边有人诘难道:"孔子说:'哭则不歌。'没有说歌则不哭。"

苏轼平常就很讨厌这位拘泥古礼、不近人情的道学先生,这时再也按捺不住,便嘲笑程颐道:"此乃枉死市叔孙通所制的礼。"众官大笑。①

其时苏轼已受任翰林学士,作了祭文,不顾程颐的反对,和两制官一同前往祭奠。程颐看拦阻众人不住,便去跟司马家的孝子说:"不得受悼。"大家去碰了一个壁,很是生气。

苏轼又说:"可谓鏖糟陂里叔孙通。"②

程颐为温公主办丧事,一切都遵古礼。用锦绸做囊,把遗体装在囊中为敛。

苏轼实在看不过去,便指着锦囊道:"还欠一物,当写信物一角,送上阎罗大王。"③

伊川程子是个道貌岸然的人,面色淡黄,目有棱角,颧骨微收,一脸结实刚劲的神气,短短的白须在颊上如欲飞动,刚方庄重,凛然不可侵犯。④苏轼却那样笑谑了他,这不但伤害了程颐的尊严,而且开罪了视程颐为圣人的一班洛学弟子,遗下后来无穷的后患。

程颐是司马光、吕公著两人会同荐举的河南处士。他十五六岁时,与其兄程颢从周濂溪学,为承袭宋学的代表人物,人称

--------

① 〔宋〕彭百川:《太平治迹统类》。
② 刘延世《孙公谈圃》"鏖糟陂里叔孙通",考"鏖糟陂"为汴京城外地名,见吕希哲《吕氏杂记》。又东坡与王定国书有"欲自号鏖糟陂里陶靖节"语,可知此三字为东坡口头语,后人不知其由地名,又不解其意,妄改为"爊曹鄙俚",应予订正。
③ 〔宋〕张端义:《贵耳集》。
④ 〔明〕宋濂:《宋九贤遗像记》。

"二程子",居学术界的领导地位。英宗、神宗两朝,大臣屡次推荐,他都拒不出任。元祐初,他因少年皇帝的教育,关系国家未来隆替,所以,以五十之年才出山来,要以成就君德为己任。初诏为西京国子监教授,力辞不就,元年二月再召为秘书省校书郎,入对称旨,改崇政殿说书。宋制:经筵讲官,地位高者为侍讲、侍读,秩卑资浅者为说书。程颐起于处士,故叙官仅得"说书",他也不以为意。只是照他理想,动辄诵说三代古礼,言则必称尧舜孔孟,这迂夫子的样子在官场中却很惹人厌恶。苏轼和他同样不适于做官,但却相反,处处以精神自由为重的人,心里非常鄙薄程颐的矫揉造作,视之为伪君子;程颐看苏轼,则是一个浮薄文人,彼此都很瞧不起对方。

程颐在经筵为皇帝讲书,中间有段休息时间,移坐殿旁小轩。哲宗当时还是一个十一岁的孩子,闲着,靠在窗槛上,随手折了一条柳枝来玩。这本是平常小事,不料程颐便拉长了脸告诫起来,说什么时当春和,万物发生,不可无故折柳,致伤天地和气等,噜噜苏苏一大套,说得少年皇帝很不高兴,把那条柳枝恨恨地掷在地上。司马光听得这个报告,便很感慨地对门人批评道:"使人主不愿亲近儒生,正因为有这等样人的缘故。"[1]

其实,一般人都有同样的观念,所谓道学家,上焉者自立崖岸,高不可攀;下焉者,冬烘猥琐,不过供人讪笑。程颐的作风,远不如他的老哥程颢通达,他那种僵硬顽固的态度,即使同是研治天人性命之学的洛学泰斗邵雍(康节),也认为伊川已经钻入牛角尖里,救拔甚不容易。

---

[1]〔宋〕沈作喆:《寓简》。

相传，邵康节病亟将殁，程颐赶去向他问"道"，康节笑道："正叔，你这人可谓生在姜树头上，将来亦必死于姜树上。"

"此话怎解？"程颐没能听懂。康节张开两手示意，他还是不解。康节说："面前路径须令宽，路窄时，自身且无着处，何能使别人行？"

然而，他自立朝以来，所言所行，却仍然是最狭窄的路径，生姜树头的三代古礼。

程门弟子认为苏轼侮辱了老师，就诬言苏轼欲主办温公的丧事，为程颐所得，因此生了妒嫉之心。这是卑劣的人身攻击，苏轼也不必以主办丞相的丧事来增高自己的身价。另有一种批评：

"子瞻，温公门下士也，闻其捐馆，不见有惨切之容，悼惜之语，而轻浮谑笑，无异平时。"[1]

不论苏轼对程颐的谑笑，原系极端鄙薄的变形发泄，然而，身临丧家，态度总欠庄敬，这还不失是一种合理的批评。

司马光饰终之典，非常隆重，太皇太后和皇上都亲临吊奠，同时辍朝三日志哀。赠太师温国公，予谥"文正"，襚以一品礼服，赐龙脑水银棺敛，赙赠银三千两，绢四千匹，派员护丧，归葬于他的故乡——陕州夏县之涑水乡。

司马既逝，朝中大事神倚右相吕公著，再以吕大防为中书侍郎，刘挚为尚书右丞，辅佐公著。

吕大防，字微仲，原籍汲郡，生长在京兆蓝田，是个朴实厚重的北方人。身长七尺，眉目英秀，说话声若洪钟，每日朝会，在殿廷趋跄进退，威仪翼翼，神宗往往目送其退。

---

[1] 〔宋〕李秀岩：《道命录》。又方鹏《责备余谈》。

大防为人，态度严肃，过市，从不左顾右盼，平时家居，终日如对宾客。在执政中，不免有人以私事干请，他便正身危坐，只听不答，不论多久，绝对不发一言，所以，他有个绰号叫"铁蛤蜊"。①

苏轼与大防向来交好。后来，苏辙在朝，与大防合作得更是非常密切，刘挚则成为逆派的领袖，与苏氏兄弟完全对立了。

## 五　学士院风波

苏轼擢升中书舍人，还不满半年，元祐元年八月间，又蒙太皇太后诏迁翰林学士、知制诰。金马玉堂的翰林学士，位三品，是侍从近臣中的高阶职官，地位超越给事中、六尚书。

翰林故事：学士入朝，有朱衣院吏二人，双双引至朝堂而止；给三省公文，不必用申状，只以尺纸直书其事，品位清华，从可想见。所以，当时的士大夫间，但凡听到有人新任翰林学士，便称"一佛出世"，其于世人心目中的尊荣，竟至如此。

然在苏轼，起自忧患未久，一再升迁，已遭他人侧目而视，现在更有新命，预见必将招来许多嫉妒，转生无穷烦恼。因此一再恳辞，却不蒙太皇太后允准。

宋制，两制以上官，初除之日，须举自代官一人，此亦沿袭唐朝的旧制，唐则常参官视事之三日，令举一人自代，目的是扩大延揽人才的门径，被举的人，只是登记储备，并非真欲进用。②

---

① 〔明〕黄宗羲：《宋元学案》。
② 〔宋〕朱弁：《曲洧旧闻》。

苏轼举以自代者,是他所尊重的朋友——黄庭坚。

庭坚初以秘书省校书郎被召入京,不久,除修神宗实录院检讨官,与王安石门下的陆佃共事,观点不同,时生龃龉,工作甚不愉快,而苏轼举以自代的状文,则推重备至,如曰:

> 伏见某官黄某,孝友之行,追配古人,瑰玮之文,妙绝当世。……

苏轼始供翰林学士职,官中派遣西头供奉官充待诏董士隆到苏宅来传读圣旨,宣召入学士院。①按唐制,宰相以下,初命都不举行宣召礼。唯有翰林学士,则必宣召。那个气派,真所谓已极儒臣的尊荣,故《谢宣召入院状》说:

> 里巷传呼,亲临诏使;私庭望拜,恭被德音。……伏以朝论所高,禁林为重。非徒翰墨之选,乃是将相之储。

学士院设在官禁内,非内臣宣召,不能进去。学士院的院门之外,另又设置一道复门,也是因为该院直通宫廷,门禁非得那么森严不可。②

宋太宗于汴京西郊凿金明池,简称西池,中有台榭,以阅水戏。③地在顺天门外,池九里三十步。每年三月一日起开放,准许士庶入园游览,至上巳日帝驾临幸毕,即关闭。每岁朝廷赐二府从官宴及进士闻喜宴,皆在西池举行。张择端所画《清明上河图》,追摹汴京景物,即是此时此事。

苏轼受任之次年三月十四日,出游西池,宋肇(懋宗)亲见

---

① 本集:《谢宣召入院状》。学士院,宋称翰林学士院,直隶于皇帝,以文学之士充之。掌起草诏令,并备咨询,因地在宫禁,故又称"玉堂"。
②〔宋〕沈括:《梦溪笔谈》。
③〔宋〕宋敏求:《春明退朝录》。

都人聚观翰林公出游之盛,作诗征和,黄庭坚次韵诗曰:

> 金狨系马晓莺边,不比春江上水船。
> 人语车声喧法曲,花光楼影倒晴天。
> 人间化鹤三千岁,海上看羊十九年。
> 还作遨头惊俗眼,风流文物属苏仙。

遨头,蜀人俗语,谓游乐也。此诗所说金马玉堂人物的威仪之重,以及被社会尊崇的普遍,也是宋代文化的特色之一。

苏轼还朝,不到一年,扶摇直上,忽已身入玉堂,跻位禁林,固非始料所及,而太皇太后对他帘眷之隆,只是使他自感两肩沉重,深为踧踖不安。依照宋朝常例,翰林学士常为宰辅的后备人选,搞政治的人,对这方面最为敏感。诏命既颁,朝士们就纷纷议论起来,认为照这样快的进度发展下去,苏轼迟早会拜相。有一部分人就生怕苏轼拜相,照他这种善善恶恶、毫不假借的脾气,别人还怎么能"搞政治"?他们有意要给他兜头浇桶冷水,以杜后患。

有两个现成的掌故可用,一是从前王安石深膺帝眷,神宗有意大用,咨询韩琦的意见,韩说:"安石为翰林学士有余,处辅弼之地则不可。"①现在不是大家都在骂王安石吗?又如孙升曾对司马光说:"苏轼为翰林学士,其任已极,不可以加。如用文章为执政,则国朝赵普、王旦、韩琦,未尝以文称。"②

现在,孙升为侍御史奏曰:

---

① 《宋史》本传:"韩琦出守相州,陛辞,神宗问:'卿去,谁可属国者,王安石何如?'琦曰:'王安石为翰林学士自有余,处辅弼之地则不可。'神宗不答。"
② 刘延世《孙公谈圃》:"子瞻以温公论荐,帘眷甚厚,议者且为执政矣。公(孙升)力言:'其任已极,不可以加。如用文章为执政,则国朝赵普、王旦、韩琦未尝以文称。……'"

辅弼经纶之业，不在乎文章学问。今苏轼之学，中外所服，然德业器识，有所不足。为翰林学士，可谓极其任矣，若或辅佐经纶，则愿陛下以王安石为戒。

苏轼自知生性甚不适于做官，更未期望过辅弼经纶的相业，因为他明白自己缺乏做宰相必需的政治手腕。意识深处，寄望较为实际的苏辙，能够发挥眉山苏氏的政治抱负。所以眼见苏辙同月除起居郎，入侍迩英；十一月又擢升中书舍人，这才是他最大的愉悦。

果然，升迁，在苏轼不啻是一个新的灾难的开头。就职后主办第一次"试馆职"，首由洛学弟子借机发难，随后司马门下的官僚集团也参加了，联合攻击起来。苏轼的预虑没有错，树大招风，是现实政治上必然会发生的风波。

"试馆职"是学士院的职掌。进士候选馆职，必须试而后用。英宗治平二年，苏轼自凤翔任满还朝，也是通过馆职试，才得"直史馆"这个职务。按照规定，应试的进士经大臣保荐，获得省札通知，方具应试资格。然后，皇帝命太史局择定日期，到考试前一天，内侍省还要差官一员充监门，锁学士院[①]，有如现在的入闱，在院内撰策题三道，送请皇上点定一题。至第二天清晨，才派员引导应试进士入院考试，参加考试的人可领在藏库钱三十缗，充作餐费。试毕，恭录策题，连同试卷，送呈皇帝御批等策。

这次考试的策问题，共拟三道。第一、第二两题，是翰林承旨邓温伯撰的，第三道"师仁祖之忠厚，法神考之励精"题，为苏轼所拟。这三道题目由苏轼亲自缮正进呈，蒙御笔点定用第三

---

[①] 学士院，不仅考试撰题要锁院，即代皇帝"撰麻"，也要锁院，以防止泄漏，保持机密。

道，恰为苏轼所撰。①

不料这道题目，却发生了极大的风波。

这场风波，首先发难的是朱光庭。光庭，字公掞，偃师人，与苏轼进士同年，是程颐的得意弟子，以司马光之荐，于元丰八年为左正言，乞罢青苗法，论蔡确、章惇、韩缜等直言耿耿，故苏轼作《次韵朱光庭初夏》诗：

朝罢人人识郑崇，直声如在履声中。
卧闻疏响梧桐雨，独咏微凉殿阁风。

…………

不料现在恶意抨击他的，却是这位老朋友。光庭现任左司谏，他割裂全题中的两段：一是"今朝廷欲师仁祖之忠厚，而患百官有司不举其职，或至于媮。欲法神考之励精，而恐监司守令不识其意，流入于刻"。二是"昔汉文宽仁长者，至于朝廷之间，耻言人过而不闻其有怠废不举之病。宣帝综核名实，至于文理之士，咸精其能，而不闻其有督责过甚之失"。

既从原题中割出这样本不连贯的两段，断章取义，加以"笺注"，便可据以弹劾苏轼为臣不忠，讥议先朝，控他有诽谤仁宗、神宗两代先帝的大罪。光庭的结论说：

臣以为仁宗之深仁厚德，如天之为大，汉文不足以为也。神考之雄才大略，如神之不测，宣帝不足以为也。今学士院考试官不识大体，反以媮刻为议论，乞正考试官之罪。

章上，太后不相信苏轼会有讥议先帝的意思，明白谏官们寻瑕摘疵，只是嫉妒而已，所以下诏："苏轼特放罪。"放罪即免罪之

---

① 本集：《辩试馆职策问札子第一》。

意。苏轼认为他本无罪，不甘被人平白诬谤，十二月十八日上章自辩道：

> 臣之所谓媮与刻者，专指今日之百官有司及监司守令不能奉行，恐致此病，于二帝何与焉？至前论周公太公，后论文帝宣帝，皆为文引证之常，亦无比拟二帝之意。

他最后说："这道策题是经御笔点定的，若有讽讥之意，岂能逃过圣鉴？"① 这封辩状递上去后，诏又追命放罪。

其时蜀人吕陶为右司谏，颇为苏轼不平，上疏纠弹朱光庭。他说："苏轼所撰策题，盖设此问以观其答，非谓仁宗不如汉文，神考不如汉宣。台谏当徇至公，不可假借事权，以报私隙。"

于是，他揭发此案的真实背景道：

> 议者谓轼尝戏薄程颐，光庭乃其门人，故为报怨。夫欲加轼罪，何所不可？必指其策问以为讪谤，恐朋党之弊自此起矣。

吕陶，字元钧，蜀之成都人。蒋堂守蜀，亲自到州学考课，吕陶时年十三，所作为蒋太守所激赏，誉为贾谊之文，故有神童之目。后来成进士，又中熙宁制科，元祐初召为谏官。

本来这件案子，尚属简单，不过是洛学弟子为他们的老师报一箭之仇而已。但在此时，忽然有个谣言说，朝廷以为朱光庭论罪不当，将逐去之，于是司马门下那班正格的官僚，对苏轼，不能不生恐惧心理，趁此机会，群起而攻。十二月二十七日，御史中丞傅尧俞疏论，二十八日侍御史王岩叟又继起上奏，帮朱光庭说话，疏论苏轼"以文帝有蔽，则仁宗不为无蔽；以宣帝有失，

---

① 同上。

则神宗不为无失,虽不明言,其意在此",乞正苏轼应得之罪。这简直是以讼师们惯用的伎俩,拿来罗织苏轼。苏轼认为洛学弟子以国家赋予的谏权,作为报复私怨的工具,实在可耻;而司马门下的傅尧俞,是他多年好友,王岩叟是韩魏公的幕宾,渊源私交,两皆深厚,现在却为什么也来趁火打劫,他不能理解,只觉得政治上的人情诡变,令他非常沮丧。

二年正月十七日,苏轼再上辩札。十八日太皇太后召傅、王两人入对,目的本在疏解,不料尧俞、岩叟在太后帘前,却又再度强调苏轼策题的不当。太皇太后愤怒了,面诘道:"这是朱光庭的私意,卿等与朱光庭一党吗?"

这话说得太重了一点,弄得傅、王二人下不了台。尧俞、岩叟便同奏道:"臣等蒙宣论,党附朱光庭纠弹苏轼,上辜任使,更不敢诣台供职,伏祈谴斥。"——他们只好自掼纱帽了。[①]

苏轼当朱、傅、王三人联合围攻他的时候,逐渐明白这已不是讲理的事情,也不是那两三个人见解差异的问题。策题的文理,粲若黑白,何尝有丝毫可以疑似议论先朝的地方,只是官僚们排斥异己的阵仗,他就不愿再和他们做毫无意义的争论,一切不过为了做官而已,不做官就没有是非,从此不再辩白,因为辩白还有恋栈的意思,他只接连四上章奏,竭力求去。

苏轼既已决心请辞,便不去翰林院上班,在家等候诏旨。作书致杨绘(元素),略说他的心事道:

> 某近数章请郡,未允,数日来杜门待命,期于必得耳。公必闻其略,盖为台谏所不容也。昔之君子,惟荆(王安石)

---

[①] 〔宋〕刘延世:《孙公谈圃》。

是师；今之君子，惟温（司马光）是随。所随不同，其随一也。老弟与温，相知至深，始终无间，然多不随耳。致此烦言，盖始于此。然进退得丧，齐之久矣，皆不足道。……

事情闹得下不了场，宰相吕公著出来疏解。因此再有诏命：

> 苏轼所拟策题，即无讥讽祖宗之意，然自来官司试人，亦无将祖宗治体评议者。盖一时失于检会，札付学士院知。令傅尧俞、王岩叟、朱光庭速依旧供职。

宋朝的政治传统，对于台谏特别尊重，由此可见。至于苏轼这方面，本已放罪，乞郡不允而已。

苏轼虽然从此保持缄默，然而事情并未就此平息，他们还是继续攻讦吕陶不已，以为朱光庭是为乃师程颐报复嫌怨代表洛派，而苏轼、吕陶都是蜀人，洛蜀二党之说，遂不胫而走。大风起于萍末，朋党分立之势，就是这样在别人心目中形成起来的。右司谏王觌因此上疏道：

> 朱光庭讦苏轼策问，吕陶力辩。臣谓轼之辞不过失轻重之体耳。夫学士命词失指，其事尚小，使士大夫有朋党之名，此大患也。

太皇太后认为王觌的话很对，同时知枢密院范纯仁也劝太后最好两置不问，而结果是一再下诏，各予安抚，后于五月间，命起居舍人孔文仲为左谏议大夫，吕陶为左司谏兵部员外郎，贾易为右司谏，王岩叟、傅尧俞皆徙官，双方都得了朝廷的安抚，一场风波，才告平息。①

虽然苏轼对于这样不辨是非黑白，"和稀泥"的办法甚不满

---

① 〔宋〕李秀岩：《道命录》。

意,但他总也不能使太皇太后为难,只是复职视事,但于复职后才再上自辩的第二道札子,愤然说道:

> 非独朝廷知臣无罪可放,臣亦自知无罪可谢也。

同时将经过函告张方平,书曰:

> 某以不善俯仰,屡致纷纷,想已闻其详。近者凡四请郡,杜门待命,几二十日。文母英圣,深照情伪,德音琅然,中外耸服,几至有所行遣,而诸公燮和之。数日有旨,与言者数君皆促供职,明日皆当见。盖不敢兼(坚)卧,嫌若复申前请耳。蒙知爱之深,不敢不尽,幸为察之。褊浅多忤,有愧教诲之素,临书悒悒。

苏轼虽因策问惹起一场风波,横遭冤诬,然而这次考试于应考进士被拔擢馆职的九人中,却有毕仲游、黄庭坚、张耒、晁补之、张舜民诸人在内,却是一大快慰。

毕仲游从游已有多年,原任卫尉丞,这次考了第一,补了集贤校理;黄庭坚本为校书郎,亦迁集贤校理、著作佐郎;张耒为太学录,以范纯仁荐试,迁秘书省正字;晁补之为太学正,以李清臣荐试,迁秘书省正字。苏门四学士中,只有秦观没有参加这次考试,这是因为凡除馆职,必须登进士第,历任完成一定资格,经大臣保荐,才得召试学士院,考试入等,才能除授馆职。秦观当时资历不足,所以未预此选。

## 六　经筵与驱程

元祐二年(1087)七月,告下,诏苏轼兼官侍读。苏轼对于此一参加经筵的任命,衷诚地欢喜接受。

一则是皇帝的教育成败,直接影响未来的国运,他要用循循善诱的功夫,将少年皇帝引向对知识、对历史、对治术逐渐发生兴趣的路子上去,培植圣学,陶铸人格。

二则照当时的制度,臣子要陛见进言,并不容易。太皇太后垂帘以来,除了执政的宰辅、台谏、开封府尹和经筵讲官外,其他一切臣工,都不易得到面见的机会。翰林学士虽说是侍从近臣,平常亦只能从内侍手中承受文件,无由当面论政。现在得此侍读经筵的机会,就可以面向皇帝说自己要说的话,随时有进言的机会,提供任何必要的意见。《辞免侍读状》说:"入侍迩英,其选至重,非独分摘章句,实以仰备顾问。"皇帝年纪还小,苏轼要将自己的思想、史识和政见,灌输给少年皇帝,培养皇帝知人论事的能力,则五六年后亲政时,希望以皇帝的权力与他所肯定的拯物济时的见解互相结合起来,就可使理想变成现实。这是儒者最高的机会,苏轼热烈向往。有人劝他少在皇帝面前说话,免被别人疑忌,苏轼认为以他所受恩礼之重,若复喑默不言,则是耳目尽废了,拒不接受。

据说当时程颐在经筵说书的情形,非常糟:"借无根之语,以摇撼圣听;推难考之迹,以眩惑聪明。上德未有嗜好,而常启以无近女色;上意未有信向,而常开以勿用小人。岂惟劝导以所不为,实亦矫欺以所无有。每至讲罢,常自夸道:'虽孔子复生为陛下陈说,不过如此。'"(元祐二年八月孔文仲疏语)当时哲宗皇帝还只有十二岁,不但不能接受他这种无影无踪的说教,对他那种高岸不逊的态度,尤其反感。

苏轼力矫程颐之弊,逢到他轮值进讲的时候,就拣选历史故事做教材,以夹叙夹议的方式,讲述治乱兴衰、邪正得失的缘由,希望这种富有启迪性的教材和方法,易为童龄皇帝所接受。

至于讲述的方法,也很重要,苏轼怎么讲,固无记载可见。但他曾经赞誉范祖禹的讲书:"言简而当,无一冗事,无一长语,义理明白而成文粲然,已得讲书三昧。"[①]推为经筵官第一。他对讲书的理想如此,他的口才本来很好,其动听当亦不在范淳父之下。

讲读的期日,每年分春秋两期,春二月至端午为上期,秋八月至冬至为下期。遇单日皇帝御迩英阁,轮官讲读。

迩英阁在崇政殿西南,前槐后竹,气象幽深。殿前一对古槐,枝干插天,柯叶覆地,状如龙蛇,人称"凤凰槐"。苏辙于元祐元年九月除起居郎,十月入侍迩英,记其所见,作诗曰:

铜瓶洒遍不胜寒,雨点匀圆冻未干。
回首瞳昽朝日上,槐龙对舞覆衣冠。

自苏辙之为起居郎,兄弟二人,遂得同时入侍皇帝讲筵。苏轼欣幸老弟的得步青云,他认为宋代大臣,从讲筵间出身的为多,细数当今朝中大老,如仆射吕公著、门下侍郎韩维、尚书右丞刘挚,莫不如此。故为兄弟相继入侍迩英,作绝句四章,其第一首即曰:

瞳瞳日脚晓犹清,细细槐花暖欲零。
坐阅诸公半廊庙,时看黄色起天庭。

苏轼觉得自己这几年来的经历,很像唐人白乐天。乐天自江州司马除忠州刺史,旋以主客郎中知制诰,拜中书舍人;与他自谪居黄州,起知登州,召为礼部郎中,拜中书舍人,出处老少,

---

① 〔宋〕李廌:《师友谈记》。

大略相同。乐天罢官,悠游林下,所以他也希望:"复享此翁晚节闲适之乐。"诗曰:

微生偶脱风波地,岁晚犹存铁石心。
定似香山老居士,世缘终浅道根深。

是年九月十五日,讲《论语》终篇,皇帝召执政、讲读和史官,举行秋宴于资善堂,以御书唐人诗,分赠与宴的近臣,这是前所未有的"异典"。苏轼所得是一首咏紫薇花的绝句:

丝纶阁下文书静,钟鼓楼中刻漏长。
独坐黄昏谁是伴,紫薇花对紫微郎。

连诗题及款共三十四字。按唐制:翰林学士带知制诰,许缀中书舍人班;唐天宝元年,改中书为紫微省,舍人曰紫微郎,故所赐白居易前诗,恰符苏轼身份。

在这段期间内,苏轼刚正率直的性格,开罪于小人之处很多,举例述之。

馆职试题所引起的那场风波,平息未久,二年五月,朝命秘阁校理诸城赵挺之为监察御史。苏轼听说此人元丰末年任德州通判时,逢迎提举官杨景棻的意旨,大力推行市易法,搞得商市大乱,当时监本州岛德安镇的黄庭坚向他请求道:"德安镇小民贫,不堪诛求,乞稍宽缓一步。"挺之悍然不许。现在因大臣之荐改职,须应馆试,苏轼当众批评道:"挺之聚敛小人,学行无取,岂堪此选。"

又挺之的岳父郭概当西蜀提刑时,本路提举官韩玠违法虐民,朝旨委令郭概调查,他却附会隐蔽,被苏辙弹劾,郭概、韩玠并行黜责。积此怨尤,赵挺之把苏氏兄弟恨入骨髓,等到朋党势成,他便出尽死力,做了攻讦苏轼的先锋。①

还有一个张商英,字天觉,是章惇荐与王荆公,与薛向同为新法时期的理财能手。后来被舒亶出卖,宦途一直不很得意。苏轼早在凤翔签判时,就已与他相识。元祐初,司马光曾经有意要用张商英,来问苏轼,轼曰:

> 犊子虽俊可喜,终败人事,不如求负重有力而驯良服辕者,使安行于八达之衢,为不误人也。

温公因此打消了原意。②

现在他任权开封府的推官,眼看苏轼位望日隆,自恃与他相熟,便写信给苏轼说:

> 觉老近来见解,与往时不同,若得一把茅盖头,老僧欲往乌寺为公呵佛骂祖。

他的意思是要苏轼举荐(所谓一把茅草盖头,暗指荐字),荐他召入台省,他可以台谏的地位助他排斥异己。这种话,只使苏轼对他非常鄙视,吕相也知道了这件事,很不高兴,便将张商英调离中枢,出为提举河东刑狱。从此伏下祸根,到哲宗亲政时,张商英首先疏劾元祐诸臣,其因在此。

自从馆职试题案后,洛学方面的上官均和蜀人吕陶互为攻讦,几无宁日,太皇太后和执政大臣都已非常厌烦。于是把这两人同时调离谏职,出吕陶为京西转运副使,调上官均为礼部员外郎。这个处分,使程颐门人右司谏贾易心甚不平,他看出目前这一形势,对于各派非常不利,单独上言:"吕陶和上官均的互相攻讦,事由苏轼、程颐交恶而起,如朝廷真欲澄清党争,应该并逐苏、

---

① 〔宋〕张邦基:《墨庄漫录》。
② 〔宋〕朱弁:《曲洧旧闻》。

程二人。"又说："吕陶依附苏轼兄弟为党，幕后实由太师文彦博从中主持。"同时又对范纯仁横加指摘，语皆无根。太皇太后认为贾易居然敢于侵犯国家元老，大为愤怒，一定要严加惩处，以肃政风。宰相吕公著奏言："贾易的话也还正直，不过诋谤大臣太甚而已。"因此才得从轻发落，罢知怀州。

公著退朝，对同官道："谏官所言，本来不能议论得失。不过主上现在年幼，将来如有谀惑上心的，仍要依赖左右诤臣，不可预使人主轻厌言路。"不错，尊重台谏，是宋朝的政治传统，但是台谏横言，使人人畏避，国家事，有谁敢做呢？

苏轼答慰吕陶外放书，有曰：

> 中间承进职，虽少慰人望。然公当在庙堂，此岂足贺也。此间语言纷纷，比来尤甚，士大夫相顾避罪而已，何暇及中外利害大计乎？示谕，但悯然而已。①

是年八月间，程颐因一细事，烧起了满朝怒火。

有一天，皇帝因患疮痛，不能御迩英阁听讲。恰巧这天程颐轮值，所以先得这个消息，便往见宰相吕公著，当面责问道："上不御殿，您知道吗？"

公著逊谢未知。程颐道："人主有疾，而宰相不知，实在令人寒心。"

他再推进一步，搬出礼法来："二圣临朝，上不御殿，太皇太后不当独坐。"第二天，宰相及其以次大臣，就根据程颐的消息，入宫请安。太后问他们从何得知，他们把程颐的话都据实奏了，太后很不高兴。

---

① 本集·书简。

于是由御史中丞胡宗愈、给事中顾临首先发难，连章力诋程颐不宜再在经筵。谏议大夫孔文仲奏文措辞非常激烈，他说："程颐污下憸巧，素无乡行。经筵陈说，僭横忘分。遍谒贵臣，历造台谏，腾口闲乱，以偿恩仇。致市井目为五鬼之魁。请放还田里，以示典刑。"此时，司马门下的刘安世、刘挚也都参加进来，攻击程颐。器之说："程颐、欧阳棐、毕仲游、杨国宝、孙朴，交结执政子弟，缙绅之间，号为五鬼。……方今士大夫无不出入权势，何不尽得鬼名？惟其阴邪潜伏，进不以道，故颐等五人，独被恶名。"孙觉说："若夫纷纷之论，致疑于颐者，非独臣言也。直以自古以来，先生处士，皆盗虚名，无益于用。若颐者，特以迂阔之学，要君索价而已。"苏轼也上章说："臣素疾程某之奸，未尝假以辞色。"又指他为"缙绅之所共疾，清议之所不容"。在此千手所指之下，程颐终于被黜，出为管勾西京国子监。

程颐曾说："天下重位，惟宰相与经筵。天下治乱系宰相，君德成就责经筵。"以程颐当时在思想学术界的地位，年逾五十，才以处士身份出仕，其目的不为功名富贵，而志在"成就君德"，意甚显明。不料一个皓首穷经的人，一旦投身官场，便为政客门人所包围，所利用，竟至被人指为"五鬼之魁"，指为奔走权门，要君索价的角色，狼狈去职，实甚可悲。

洛蜀双方互相攻讦之初，刘挚、刘安世那一班司马门下的官僚集团人物，只是非常冷静地坐在高山看虎斗，一旦胜败之势初分，他们立即发动最强的阵势，参加进来，将弱势一方的首脑，一击倒地。

剩下人数不多的几个蜀人，便易对付，慢慢再来收拾。但是，苏轼声名太盛，帝眷太隆，却千万不能让他再进一步，登上执政

的地位。于是有极善投机的谏议大夫王觌上奏曰:

> 苏轼、程颐,向缘小忿,浸结仇怨。于是颐、轼素所亲善之人,更相诋讦,以求胜势。前日颐去而言者及轼,故轼乞补外,既降不允,寻复进职经筵。今执政大臣有阙,若欲保全轼,则且勿大用,庶几轼不遽及于悔吝。

在举朝汹汹的驱程风潮中,攻击程颐最激烈的孔文仲,次年三月,因病逝世。据《吕申公家传》的记载,吕公著责怪他受了苏轼的唆使和利用,曾言:"文仲本来是个生性亢直的人,而又蠢不解事。他做谏议官,遂为浮薄辈利用以害善良,后来觉悟被人所绐,才愤郁呕血,以致不起。"

这完全不是事实。是年初,苏轼知贡举,文仲奉诏同知,先已染患寒疾,入闱后,力疾从公,终于不支病倒。考试未毕,闱内的人是不许出来的,大家劝他就在闱内好好休息,但是文仲不肯,谢曰:"居官即应负责,岂敢因病自便。"于是病更沉重,勉强撑到出闱,呕血而死,丝毫没有"被绐愤死"的影子。公著门下有很多理学人物,大概是出于此辈的伪造。

苏轼于文仲之丧,拊其柩悼哭道:

> 世方嘉软熟而恶峥嵘,求劲直如经父者,今无有矣。
> (《宋史》)

这才是真识孔文仲的知己之言。

## 七 元祐党争

朋党是宋代政治的传统,远如庆历党争,闹得天翻地覆。近如熙宁年间，元老旧臣与新政派的互相排斥，搞得波涛汹涌，使全国上下，都为之阢陧不安。到了元祐开元，宣仁太后所唯一信任依赖的，是息影十余年的恂恂儒者司马光，他上承太皇太后绝对的信任，下负天下人的重望，完全掌握进退人才的权力，盈廷朝士，不论是否出于他的门下，皆是他的晚辈，即使一向善于兴风作浪的台谏们，也无不仰视司马的颜色说话，他是元祐更化的主流之主，根本没有派系孳生的可能。不幸司马当国，为时仅及一年，他只做得把新法罢废，把主新法的朝官清除了去，却来不及做进一步的建树，便尔谢世。后继的人没有他的德望，就开始分裂成为三个派系：一是以司马门下为骨干的官僚集团，人称朔派；一是以洛学程子为主的洛派；一是籍属西南的朝士，人称蜀派。苏轼位望最隆，所以将这蜀派领袖的帽子扣在他的头上。

司马门下，与王安石不同，以个人的道德学问而论，甚少瑕疵可求，但他们大多是职业官僚，凡事遵循典制，以经验为主，重视实际利害，看不起好高骛远的空言。

宋朝取士太滥，粥少僧多，爵禄的竞争，非常激烈。司马既亡，他们为要维护既得的权位，非常自然地结成集团，政治上一经分成派系，则党同伐异，势所必至。人如过度执着于权势利禄，就会牺牲政治原则，变成一大堆不问是非的政治动物了。

司马光受命之初，汲引程、苏，本意在于利用他们学术上的地位、声望和才华，来辅翼他的经国大业。洛学的程颐，本是中原理学的重镇，道德学问，为世表率。然而一个人的学问愈高，他的知识范围便愈专门，观念就愈固定，他的经验和思考几乎完全偏在理论和概念方面，与行政业务的相关性就非常薄弱，对于现实政治的了解，实际社会的知识，常常不如一个平常人，何况还要高自崖岸，架子摆得很大，官场上的人事摩擦就从此发生。所以自古以来，学人从政几乎命定是要归于失败的。

颐兄程颢，胸襟比较通脱，生前与司马光相交甚好，不料程颐个性，与他哥哥完全不同。他一上来，即要用三代礼法来指导现实政治，辅弼天子圣学。他坚持周礼一定可以重行于当世，认为治天下不由井田，经济民生，终不得平。

引用这样一个学者，是司马光的失策；而一向坚守学术本位，至年已半百再出来做官，更是程颐的不智。《二程语录》说：

> 伊川（程颐）与君实语，终日无一句相合。明道（程颢）与语，直是道得下。

盖二程论学，本与温公不同，惟明道性较和易温粹耳。论学尚且如此，论政当然更加格格不入了。

苏氏家学，本于荀卿和孟子，具有自由批评的特质。苏轼是非观念之强，也实不下于司马光，疾恶如仇，坚持小人之防，努力保卫元祐朝"贤人政治"的原则，是其所是，非其所非，绝不与人妥协，好用激烈的语言文字，扫荡脏乱。

这样做，必然要与现实的权力世界，发生直接冲突，使自己在政治社会中变成一个可怕的"异端"。异端固常促进人类文明的进步，但他本身则将遭受无穷的迫害，何况他的言论具有很大的影响力量，何况他有不可轻视的主眷。

怨恨苏轼的，固然是最先挨打的蔡确、吕惠卿等辈；而司马门下所结成的那个官僚集团，具有极大的政治野心，嫉忌苏轼更深，也最不能容忍他。

据说，争论役法后，司马光生前就有将他"逐外"的意思，而现在，他的门人们自知声望不如他，帝眷不如他，不得不结起伙来，对付这匹政治上纵横难驭的野马。

苏轼作吕惠卿告词，辞锋那么凌厉，怨已结得不小，这人目前虽然失势，但党羽布列内外，仍然具有非常深厚的潜力。政治变幻无常，一旦机会到时，隐忍的怨恨，都将变为报复的利刃。

这还不算是眼前的对立，最糟的是二苏又得罪了数代簪缨，父子弟兄相继为相的豪门——颍昌韩家。韩家的门生故吏，此趋彼附，本属一气，在官僚政治的结构中，具有极大的势力，得罪韩家，等于得罪了掌握实际政权之官僚全体，二苏的祸患，从此便连绵不断了。

最初是苏辙把出名凶暴的韩缜攻掉了，后来刑部侍郎范百禄与门下侍郎韩维争议刑名，范百禄坚欲遵守祖宗成规，不敢以疑法杀人，而谏官吕陶又疏论韩维专权，说他援引亲旧，分布要津。韩维因此罢职。苏轼与范百禄、吕陶原是同乡知旧，所以韩氏之党迁怒苏轼，就将他戴上一顶"川党领袖"的帽子，虽然苏轼本来出自韩魏公之门，到这个时候，就都无用了。

"川党"这一名称，到了洛党口中，就又变成了"蜀党"。

然而不论名为川党或蜀党，被目为党人的，只是气类相从的几人而已，岂能与出将入相的豪门以及官场老手的集团相抗衡？故洛党既败，苏轼的孤危，就暴露无遗了。

苏轼是个文人气质非常浓厚的人，而官僚与文人，却是两种根本不同的人物。官僚重视利害，文人耽于想象；政治离不开权术，需要客观冷静，而文人则一腔热情，但求发泄。官僚必然看不起文人，所以朔派领袖刘挚，曾告诫他家子弟道：

士当以器识为先,一号为文人,无足观矣。[①]

孔文仲死后,吕公著也曾背后骂过苏轼为"浮薄之辈"。苏轼成为现实政治人物轻视之人,是很显然的了。

至于程、苏二人,性格更是完全相异。

程颐是个死硬派的理学泰斗,桃李满天下,一向被人宠惯了,态度高岸,固执己见,即使面对高官,他也直言无忌,不为他人稍留余地,所以朝士们几乎没有人不对他厌憎。道学家之不能与语文学,更是必然之理,举一故事为例。程颐有一天见到秦观,突然问道:"天若有情,天亦为人烦恼——这是你写的词句吗?"

少游以为这回得了老夫子的赏识,恭恭谨谨地拱手逊谢。哪知程颐却正色训道:"上穹尊严,安得易而侮之!"

少游碰了一鼻子灰,惭惶告退。[②]

苏轼憎恶矫揉造作以权威自命的人物,而聪明人喜欢表现自己,戏谑别人,成了习惯。当他看到口诵三代圣道,一脸"孔孟再世"的伊川程子,正如文明人见了巫婆,不免觉得可笑;又如一旦发现这道学君子的实际为人,却又奔走权门,作伪欺世,便再也忍耐不住,要破口大骂了。在奏状中也会说:"臣素疾程某之奸,未尝假以辞色。"

苏轼在程颐眼中呢?只是个徒逞辞辩的浮薄文人。他这种观念,成为理学人物的共识,即如后来的朱熹,也极诋苏轼为"早拾苏张之余绪,晚醉佛老之糟粕"。一笔抹杀一个天才所有的成就。

---

[①]〔元〕脱脱:《宋史·刘挚传》。
[②]〔宋〕袁文:《瓮牖闲评》。

以这样两个人同列朝班，同预经筵，不必一定得有"戏侮之言"做导火线，早晚是会发生冲突的。

元祐与熙宁不同。熙宁党争，一方面为要实现新政理想，一方面则为维护传统的安定，虽然双方争得剑拔弩张，"喜于敢为者，骂别人为流俗，乐于无事者，诋他人为乱常"。双方都不免意气用事，但其指归，皆为国家民族的前途，所争者是国家的利益，人民的生计，不为个人争权夺利。而元祐朝士不同，党争的目的，只是职业官僚的排斥异己，政治上的夺权运动而已，所争者皆是细事，并无一定的政治立场，甚至是一大堆人身攻击，纷纷叫嚣，尽是权势欺凌而已。

假如说当时朝士，真是鼎足三分的话，也只有朔派才具"党派"的规模，不但羽翼众多，而且大多数是搞政治的老手。所谓"蜀派"、所谓"洛派"，根本没有作为一个政团应有的条件，只是几个同乡朋友，三四个门生，各卫乡贤师门而已。

何况当时地位超然，有胡说八道特权的台谏官，后来又大都投靠了朔派。在宋代的政制中，谁抓得住这个政治工具，谁就能够操纵政局，这岂是迂夫子型的理学人士，天真任性的文人们所能抗衡的呢？

朔派诸公，大多是职业官僚，具有非常高明的政治手腕，他们冷静察见，洛蜀双方的摩擦，指日可待，所以稳坐高山，等待虎斗，若非两败，必有一失，到那时候，他们就收渔人之利了。

且看馆试策题案起，朔派诸公原来想帮程颐、贾易，先把那个"哓哓好言"的苏轼揪下台来。但是后来看太皇太后的脸色不对，劾案的理由也缺乏根基，就此暂时歇手。等到程颐有隙可攻时，他们又倒在苏轼、孔文仲、吕陶这一边，给这位愚不晓事的圣人之徒，先来个致命的打击。

程颐、贾易既都罢去，洛学这一派，"树倒猢狲散"，一部分投机分子又被朔派吸收了去，于是声势更盛。

声势更盛的朔党的矛头，现在可以毫无顾忌地专门对付苏轼了。然而苏轼是个对人对事非常天真的人，毫不警惕眼前的形势已经非常危险，依然任性任情地议论时事，臧否人物，不留一点余地，如写范子渊、吕惠卿制词，虽然笔墨淋漓，读者称快，然而他个人的冤家，也愈结愈多。他的门人毕仲游怕他再惹灾祸，致书恳切劝谏：

……君自立朝以来，祸福利害系身者未尝言，顾直惜其言尔。夫言语之累，不特出口者为言，其形于诗歌，赞于赋颂，托于碑铭，著于序记者，亦言也。今知畏于口而未畏于文，是其所是，则见是者喜；非其所非，则蒙非者怨。喜者未能济君之谋，而怨者或已败君之事矣。

天下论君之文，如孙膑之用兵，扁鹊之医疾，固所指名者矣。虽无是非之言，犹有是非之疑，又况其有耶？官非谏臣，职非御史，而非人所未非，是人所未是，危身触讳以游其间，殆犹抱石而救溺也。[①]

毕仲游是苏轼主持馆职试中，以第一名入选的高材生，这样苦口婆心的劝说，做座师的当然只有满心的感激。不幸苏轼生来心直口快，有话非说不可，又嫉恶如仇，遇事一定要分个黑白，个性如此，就毫无选择的余地，在这个官僚社会里，成为一个悲剧的角色。

---

① 〔宋〕洪迈：《容斋随笔》。

还有一层，即使苏轼从此钳口结舌，废笔弃砚，他也一样逃避不了官僚集团的围攻，那是因为他在当时政治与文化方面过高的声望使然。欧阳修逝世后，接任文坛盟主地位的是苏轼，几为天下人所公认。宋是彻底实施文人政治的朝代，像他这样名满天下、望重士林的人物，被既得权位的职业官僚所嫉视、所恐惧，毋宁是极为自然的形势。所以，"盛名"为苏轼祸患的根源，实不下于"多言"。

苏轼读书求知，总期望能以自己的才智，照亮社会的黑暗，疏解人民的苦难，救助时代的孤危。何况，入仕以来，自仁宗以次，经历三朝，一直承受皇室的器重，尤其元祐时期，宣仁太皇太后对他的期望如此殷切。危身奉上，本是儒者应有的节操，知遇激发勇气，他那奋不顾身的建言，皆是出于不能自已的赤诚。且看他此一时期，若干奏议的"尾言"，便是责任感使他不得不然的苦衷。

元丰八年《论给田募役状》：

> 臣荷先帝之遇，保全之恩，又蒙陛下非次拔擢，恩慕感涕，不知所报，冒昧进计，伏维哀怜裁幸。

元祐三年《论特奏名》：

> 臣等非不知言出怨生，既忝近臣，理难缄默。

同年《大雪论差役不便札子》：

> 今侍从之中，受恩至深，无如小臣，臣而不言，谁当言者。

同年《乞郡札子》：

> 言之则触忤权要，得罪不轻；不言则欺罔君父，诛罚尤大。故卒言之。

又《论边将隐匿败亡宪司体量不实札子》，不但得罪边将，更伤害了包庇边将们的朝中重臣，奏尾上说：

> 臣非不知陛下必已厌臣之多言，左右必已厌臣之多事。然受恩深重，不敢自同众人，若以此获罪，亦无所憾。

苏轼曾经自己形容他那"难安缄默"的脾气说："性不忍事，如食中有蝇，吐之乃已！"一个人的性格，决定他一生的命运，苏轼也不例外。

虽然，处身在现实政治的巨大压力下，有过身中奇祸的经验，中年以后，但在可以谨慎的地方，苏轼也已颇知谨慎了。蜀国公范镇作《司马温公墓志铭》，中间有一段写的是：

> 在昔熙宁，阳九数终，谓天不足畏，谓民不足从，谓祖宗不足法，乃哀顽鞫凶。……

稿成，嘱苏轼写此碑文，苏轼便复书劝景仁道：

> 二丈之文，轼不当辞，但恐一写之后，三家俱要遭祸。……①

结果，苏轼未写此碑，而今传铭文，也没有"哀顽鞫凶"这四个字了。

## 八　一士谔谔

元祐二年（1087）八月，朝廷得到一件莫大的喜讯。

边臣游师雄以种谊军入洮州，生擒吐蕃首领青宜结鬼章，余

---

① 〔宋〕王明清：《挥麈后录》。又邵伯温《邵氏闻见录》。

均降抚。捷报到京，这是宋朝立国以来，受尽边境寇患，第一次获逮元凶的胜利，人心振奋，大家计划拜表称贺。

西蕃部落中，以唃厮啰最称强大，朝廷封他西平王，用为屏藩。唃厮啰死，其子董毡非常桀黠。神宗朝，建昌军司理王韶献平戎策，建议利用他们家族间夺权的混乱，进兵剿治，虽然收复了若干城池，但是董毡的主力未动，而董的别将青宜结鬼章，就经常前来骚扰河州，岁为边患。神宗曾命李宪悬巨额赏金，购买他的头颅，十年不得。

这一次鬼章有意收复该族前失的故土，与西夏结合，约于事成后共分其地，遂引兵攻南川，城洮州，又派人鬻马于汉界，要结合属羌做他的内应。种谊得到情报，知道鬼章所驻洮州城内，兵力单薄，而西夏兵又远水不救近火。于是，种谊便与边将游师雄和熙河经略刘舜卿合议，分兵两路，一直追到洮州把城包围起来，乘有一天大雾，种谊亲自指挥攻城，雾散，城也破了，鬼章坐在佛寺中，束手被擒。

但是，鬼章虽然被擒，而西蕃的主力阿里骨退走青塘，这一路兵打得怎样，还没有消息。苏轼在满朝官僚们一片阿谀声中，独以为"偏师独克，固亦可庆"，但是阿里骨的巢穴未破，称贺不免太早。而且他更认为"捷奏朝至，举朝夕贺"，适足以助长边军将骄卒惰的风气。这样的议论，恰给众人热烘烘的兴头上，泼上一桶冷水，百官朝贺照样举行，他则不免为人侧目。

西夏接应鬼章的军队，行至半途，听说鬼章已经被擒，急忙回头，沿途抢掠而去，一面却又遣使请和，执政当局有意接受西夏的要求。苏轼再上第二道札子，他说，猖狂之后，不能任其有求必获，我们虽然以和平为国策，但是"为国不可以生事，既生事不可以畏事，今欲遽纳夏使，是病未除而先止药"。这意见显然和执政当局发生冲突，然而他则"我言我见"，不顾一切。

同月下旬，他又三上札子，反对边将贪功生事，请求朝廷节制进取。他更反对留质或杀戮鬼章，以为势必激使他的旧臣与阿里骨会合，北交西夏，合力报仇，"进窥熙河，其患甚大"。所以，他又四上建议：利用鬼章号召他的旧部来讨伐阿里骨，事成，许以生还！此正所谓"以夷制夷"之计。

被擒的青宜结鬼章，于同年十一月槛送阙下，献于崇政殿，谕以听招其子及其部属归附以自赎。鬼章表示服从，赦之，赐职陪戎校尉，遣居秦州。至于西夏的求和，执政当局还是接受了。

接着来的是礼部郎中叶祖洽改官案，这本来是件细事，但给事中赵君锡偏偏要把这十八年前的旧事牵扯出来，认为叶祖洽改官不当，予以封驳，理由是他当年进士廷试的对策，有讪及宗庙之语云云。叶祖洽应进士试，殿试对策，一意投合执政当道的意思，说："祖宗以来至于今，纪纲法度苟简因循而不举者，诚不为少，陛下即位，革而新之。"接下去则颂扬王安石、吕惠卿辈为忠智豪杰之臣。当时的初考官即是吕惠卿，定祖洽为第三等，中在甲科，且置于第一名及第；覆考官宋敏求定为第五等，应该黜落。苏轼时任编排官，认为用诋毁祖宗来颂扬今上，竟可大魁天下，何以端正风气，也奏请黜落，并且自拟一道"答进士策"献呈神宗，神宗拿给王安石看，安石说苏轼"所学不正"，遂无下文。

现在事隔十八年，赵君锡再把这件旧案牵扯出来，三省同奉圣旨，令翰林学士、中书舍人、谏议大夫共同参定。苏轼今日的看法，则已与当时不同，苏轼现在认为，政治社会中，士人为谋求出身，谀附权势，是平常之至的现象，不必深究，倒是言语罗织，正是目前官僚群惯使的武器，为害政风甚大，为消灭赵君锡辈阴谋建立"语言罪人"的事例，复奏曰："臣愚今详君锡所驳，极为未允。臣取祖洽印本试策寻究，即无讥讪之言，不知君锡何以见其讥讪？"

后来，祖洽也上章承认"苟简"二字是说错的，"减落"出为淮西提刑。

十二月又试馆职，苏轼撰"策问"题：

……请借汉而论之，西汉十二世而有道之君六，虽成、哀失德，祸不及民，宜其立国之势，强固不拔，而王莽以斗筲穿窬之才，谈笑而取之。东汉自安、顺以降，日趋于衰乱，而桓、灵之虐，甚于三季，其势宜易动，而董、吕、二袁，皆以绝人之姿，欲取而不敢。曹操功盖天下，其才百倍王莽，尽其智力，终身莫能得。夫治乱相绝，而安危之效，相反如此。愿考其政，察其俗，悉陈其所以然者。

这次考试，苏轼得一安州廖正一（明略），榜下，除秘书省正字。苏门四学士外，苏轼非常看重明略。

台谏官们并不放过这个机会，监察御史杨康国言：

学士院撰到召试廖正一馆职策题，王莽曹操所以攘夺天下难易，莫不惊骇相视。撰题者，苏轼也。

又监察御史赵挺之奏：

苏轼举自代，荐黄庭坚，庭坚罪恶尤大，尚列史局。按轼学术，本出《战国策》苏秦、张仪纵横揣摩之说，近日学士院策试廖正一馆职，乃以王莽、袁绍、董卓、曹操篡汉之术为问，公然欺罔二圣之聪明而无所畏惮，考其设心，罪不可赦。

赵挺之此奏，辞连黄庭坚，盖此苏轼当众对他恶评，系得之于庭坚，仍然是公报私仇那一套，不足为奇。

翌年正月，王觌奏：

> 苏轼长于辞华，而暗于理义。若使久在朝廷，则必立异妄作。宜且与一郡，稍为轻浮躁竞之戒。

这些奏疏，太皇太后看厌了，"留中不报"，但是苏轼本人不会完全不知道。赵挺之说"使轼得志，将无所不为"；王觌说"轻浮躁进，宜且与一郡"。苏轼忍着这一切侮辱，不愿辩白。《答刘贡父》述其此时心境曰：

> 某江湖之人，久留辇下，如在樊笼，岂复有佳思也。人情责望百端，而衰病不能应副，动是罪戾。故人知我，想复见怜耶？

这年冬天，他的眼病忽又复发，时间迈入元祐三年的正月，朝廷又诏苏轼权知是年礼部的贡举。宋人习称"省试"，从全国的举人中考选进士和明经，这是全国高等文官考试，规模与馆职试大大不同。嘉祐二年（1057），礼部侍郎兼翰林侍读学士欧阳修知贡举，选拔了苏氏兄弟，事隔三十一年，苏轼也于元祐三年（1088）正月二十一日领礼部贡举事了。玉尺抡才，是儒臣荣显的任务，苏轼全心全力要把这件工作做好。

上年冬末，汴京大雪成灾，方圆数千里内，农夫失业，商旅不行。到开春以后，天气还是很坏，不但雨雪交作，而且酷寒逾常。古人相信这是上天所示的警告，所以朝廷照例诏求直言。

苏轼为了争议役法，得罪过当朝宰相司马光，仍然改行差役。差役不好，人人知道，台谏官们之所以不说，在当时是为逢迎相意。司马逝世后，他们以为太后一定要维持司马生前的旧政，仍不敢说。苏轼对于此事,耿耿于怀,也曾屡与执政大臣们提起,虽都接受他的意见,但以纷更为不便,并无结果,现在朝廷诏求直言,他就决然上了《大雪论差役不便札子》。

苏轼此札,虽然无用,但是伤了台谏的权威,且使司马门人更加把他当做"叛徒"看待了。

## 九　试院抡才

元祐三年(1088)开科省试,苏轼奉诏与吏部侍郎孙觉(莘老)、中书舍人孔文仲(经父)同权知礼部贡举。正月二十一日领事,荐举郑君乘(元舆)、黄庭坚(鲁直)、梅灏(子明)、上官均(彦衡)等为参详官,以单锡、刘安世、李昭玘、廖正一、秦观、晁补之、舒焕、孙敏行、蔡肇、邹浩、张耒、李公麟等为点检试卷官。

这年大雪,使京畿方数千里地的交通阻塞,四方应试举人能够如期抵京报到者,不及三分之二。苏轼上札请求将考期展延半月,免得孤寒举人,赶路不及,转见失所;又为顾全定例三月内必须发榜,请求照南省条式,御试不分初覆考,聚众考官于一处共定等第,同时增加考官和执事人数,以便赶于限内完成试务,如期发榜。[①]

二月初三日开试,苏轼率领同官于锁太学前入闱,是年应试举人实到者四千七百三十二人。[②]

----

[①] 本集·奏议。
[②] 洪迈《容斋随笔》引《山谷别集》。

其时，大雪纷飞，朔风凛烈，考场里苦于酷寒，士坐庭中，竟至噤不能言。苏轼酌令宽放若干不必要的禁约，使应考举子得以从容写作。

宋代防范考试作弊的方法，大体沿用唐制。唐是"棘围截遮"，宋则"锁院"，考官考生进场之后，用一把锁把考场锁起来，关防十分严密。二是禁止挟带，为防范举子夹带，所以要实施解衣搜身，这办法，宋太宗时认为有辱士体，曾经一度废止，但是后来流弊太大，又不得不恢复了，不但禁止携带任何书物入场，甚至连包裹笔砚用的纸张，也一律限用青纸，以防用色纸来做"小抄"。三则考卷上密封姓名，是即所谓糊名弥封制，用以防止考官作弊，真宗时始用于礼部策士。另外还有"誊录"一项，即考官所阅的卷子，只是誊本，使他不能从辨认考生的笔迹发生作弊。凡考生与考官涉有亲嫌的，例须"移试别头"，以资回避。这一类科场防弊的办法，目的固然在于求取考试的公平，但是读书人的人格尊严，却已遭受了严重的损害，尤其是解衣搜身这一项，直接触犯举子身体，最为令人难堪；而且为了郑重其事，搜身的巡铺官都派宫里的内臣充任，骄横凶暴，对待读书举子如小偷，如囚徒。

这次考场里，因此甚不太平。

考试第一天，巡铺内臣郑永崇、石君召就抓来两个口传作弊的举人。经执事人将他们所写试卷逐一点对，只有十九个字相同。苏轼说，只有考经学的，不许传义口授；考进士的，须是怀挟代笔，方令扶出。

"扶出"，就是命令退出考场，实是撵出，那时代在用语上，也还相当尊重士子的体面，即使对作弊的考生亦不例外。

苏轼认为这显然是巡铺官举察不当，决定不予受理，而巡铺官却坚持要放免这两个举子。苏轼札奏朝廷："若令巡铺官内臣挟情罗织，即举人无由存济。"请求撤换巡铺官。

这班巡铺内官，认为太没面子，后来抓到夹带举子三人，依法"扶出"时，他们命令兵士大声呼喝；至十一日又抓到蒋姓举子时，巡铺内臣陈愭索性指挥三五十个兵丁齐声大叫，使得全院考生考官，莫不惊惶失措。

苏轼领衔奏说："朝廷取士之法，动以礼义举人，怀挟自有条法，而内臣陈愭乃敢号令众卒，齐声唱叫，务欲摧辱举人，以立威势，伤动士心，损坏国体。本院无由指约。乞赐行遣。"① 有旨：送内侍省挞逐之。

宋朝科场的积弊，本来很深，夹带枪手，非常普遍。夹带的资料，初时还是考生自己用蝇头小楷写成小册，私带进场。后来书店为了牟利，索性印成小书，称为"夹袋册"，高价卖与考生。因此，考完一场，场中"遗编蠹简"，竟至成堆。政府虽曾禁止出版，但无实效，才用解衣搜身的办法来防止夹带，由朝廷特派内臣来担任这监查的任务，因此发生以上种种纠纷。

另一烦恼是要求"特奏名"的特权分子多得不可胜计，考官一入贡院，四方免解举人前来投状，称今年是"龙飞榜"，要求法外推恩者无计其数；再加经省下状，说是已经奉旨核准的"特奏名"者已有四百五十人之多；最后又接尚书的札子，要增添恩额数百人。苏轼和孙、孔等都认为"天下之患，无过官冗"，历来朝廷所放恩榜，已经几千了，何尝见过奋励有闻之人。"不知吏部以有限之官，待无穷之吏；户部以有用之财，禄无用之人。"实在

---

① 本集·奏议。

是个极大的弊害。他们责在主试，只能依照近日圣旨遵办，但望殿试考官精加考较，量取一二十人已足，免使官冗积弊，有增无已。偃武修文，是宋太祖所定的国策，太宗御试贡士，采拔很宽，至仁宗朝殿试竟已例不黜落。他们寄望在殿试中将这些恃特权免试的人大量裁黜，谁人肯做这种得罪巨室的事，当然是要失望的。

根据参详官黄庭坚手写的书帖，这场贡举，应试的考生总数是四千七百三十二人，三月初二上奏礼部中式的进士只有五百人，约为每九个半考生中取一人，录取额为十分之一强。但至皇帝御集英殿策试，赐进士诸科及第出身者，竟达一千一百二十二人之多，超出正式考中名额一倍以上。

他们在试院中工作，历时四十四天。这次考题，按照元祐新制，诗赋、经义并试。苏轼所出的题目中，有一条是："出而难任人，蛮夷率服。"（注云：任，佞也。）难的意思，是拒之使不得进，读去声。"难任人"与"忠信昭"为对，苏轼习大科时，曾作《忠信昭而四夷服论》，他这题目是从那里联想出来的。而荆公父子所作新经，恰与原注的意思相同。当时的举子揣摹本届的主考是反对新经有名的，所以把题意解释为"难于任人，则得贤者，可服四夷"。苏轼看到这样的文章，大为生气，骂现在的举子竟然不认识字，以难（去声）为难（平声），全予黜落，只有作难（去声）解者，才得入选。其实，苏轼从来没有读过王氏新经，而举子亦未尝读注。总之，当时的士风已很窳败，举子揣摹考官的好恶，是科场中普遍的现象。[①]

宋代试官，大抵派由两制三馆的人担任，他们对文章的好尚

---

① 〔宋〕马永卿：《嬾真子》。

以及他们自己的文章，都是考生们诵读和揣摹的材料，希望由此获得青睐。这种揣摹办法，也确然很能得手。这次考题中有一条"光武何如高帝论"，参详官张耒送一卷子来给苏轼看，说道："此文甚佳，盖以先生《醉白堂记》为法。"苏轼看了一遍，喜曰："诚哉是言。"擢置魁等，拆弥封后，知是刘焘（无言）所作，这就是当时得售的登龙之术。①

这次应考举人中，苏轼有一相从多年的后辈，平常非常欣赏他的文章，也明了他屡试不第、家境贫寒的实况，所以很希望在这次科考里他能考中。同时的考官中，大都因苏轼的关系，认识此人，也都有心想把他的卷子找出来，荐与主考官。无奈宋代科场，沿用唐朝发明的弥封糊名办法，考官所看得到的卷子，都是胥吏誊录的抄本，卷上无姓名，也没有墨本的笔迹可辨认，所以只能从文章气体上去暗中摸索。要从四千七百多本卷子中找出这一本，确然非常渺茫。

苏轼详看考官所荐前二十名卷子中，有一卷文字，笔墨澜翻，非常杰出，对同官说："此必李方叔。"但是他看错了，拆封后才知是葛敏修，黄庭坚来说："可贺内翰得人。这葛敏修是某做宰太和县时相从的一个学子。"②

苏轼另又寻得一份卷子，玩味很久，认为一定是了，大喜之下，手批数十字，还和黄庭坚说："必是吾友李廌之作。"拔置魁等。但到拆出号来，却是章惇的公子章持（致平）。而在这一科中，李廌竟然名落孙山。③

---

① 〔宋〕王明清：《挥麈后录》。
② 〔宋〕罗大经：《鹤林玉露》。
③ 〔宋〕陆游：《老学庵笔记》。

苏轼在考官不荐的遗卷中，搜到章贡、孙勰两本卷子，认为文章都好，将孙勰擢置第五。榜发之后，外间舆论大哗，因为孙勰是苏轼朋友孙立节（介夫）的儿子，早在做杭州签判时，他曾从学于苏门，且与苏迈同学。因此众口籍籍，猜疑此中必有弊病。幸而后来孙勰参加殿试，仍中第五名，这才使大众信服文章自有定价，也就没有话说了。①

这场贡举中，章惇的两位公子——章援、章持都中了高榜，不料后来却有人造作谣言，诽谤苏轼。② 此外，孙勰、李常宁、刘焘、葛敏修、周濂溪的儿子周焘（次元）皆登第。唯有兴高采烈，自以为这场必中，吾文决不在三名以下的李廌，铩羽而归。

现在且说苏轼与李廌的关系。

廌父李惇，字宪仲，是苏轼的进士同年，然而他们并不相识。李廌六岁而孤，他父亲是不幸早死了的。苏轼在黄州时，李廌以是因缘，亲到黄州谒苏，贽文求知。苏轼很欣赏他的文字，赞誉为"笔墨澜翻，有飞沙走石之势"，拍拍他的肩膀道："你的才气，是万人敌也，但望抗之以高节，莫之能御矣。"廌本名豸，苏轼说："五经中无此字，宜易名为廌。"从此方叔就用此名。秦少游也有轻嘴薄舌的毛病，曾经嘲笑他道："昔为有脚之狐（豸），今作无头之箭（廌）。"方叔仓卒之间，无以为答，因此非常恨他。③

苏轼自黄州至南都时，李廌还从阳翟来看他，苏轼赠他丝绢，作《李宪仲哀词》，帮助他埋葬先人棺柩。

---

① 〔宋〕曾敏行：《独醒杂志》。
② 程门弟子所作《责备余谈》，造作东坡泄题与李方叔，而其简为章惇之子所窃，遂诬东坡潜通关节，罪不可文。赵潾《养疴漫笔》、罗大经《鹤林玉露》，亦凭耳食有此类似记载，实皆洛学后人造谣栽诬之辞，不足辩白。
③ 〔宋〕马永卿：《嬾真子》。

李廌这次科场失败，苏轼心里很难过，但说："廌年二十五，其文晔然，气节不凡，此岂终穷者哉！"①此亦不过强自解嘲而已，怏怏出院后，马上寄首长诗去安慰方叔：

> 与君相从非一日，笔势翩翩疑可识。
> 平生谩说古战场，过眼终迷日五色。
> 我惭不出君大笑，行止皆天子何责？
> 青袍白纻五千人，知子无怨亦无德。
> 买羊沽酒谢玉川，为我醉倒春风前。
> 归家但草《凌云赋》，我相夫子非臞仙。

黄庭坚也是预试的考官之一，他也很为方叔难过，和诗一首，同时寄慰李廌，句有"今年持橐佐春官，遂失此人难塞责"。

但是李廌的表现，绝对不像苏轼所希望的那样洒脱。

试罢归家，他很有自信地对人说："苏公知举，吾文必不在三名后。"后来竟然落第。据说他家有个七十岁的老乳母大哭道："吾儿遇苏内翰知举，还不及第，将来尚有何望？"就关起门来睡了。到得晚上还不见她出房，破壁察看，她已自缢而死。②李廌受了这个刺激，从此学亦不进，行为也很不自爱起来。他还屡屡写信抱怨苏轼不予举荐，苏轼很诚恳地复他一封长信。略曰：

> 累书见责以不相荐引，读之甚愧。然其说不可不尽。君子之知人，务相勉于道，不务相引于利也。……深愿足下为礼义君子，不愿足下丰于才而廉于德也。若进退之际，不甚慎静，则于定命不能有毫发增益，而于道德有丘山之损矣。

---

① 本集：《李宪仲哀词（并叙）》。
② 〔宋〕陆游：《老学庵笔记》。罗大经《鹤林玉露》："方叔落第，其母叹曰：'苏学士知贡举，而汝不成名，复何望哉！'抑郁而卒。"实则方叔生母、嫡母均已早死（见诗序），或为乳母之误。

> 古之君子，贵贱相因，先后相援，固多矣。某非敢废此道，平生相知，心所谓贤者，则于稠人中誉之。或因其言，以考其实，实至则名随之，名不可掩，其自为世用，理势固然，非力致也。
>
> 陈履常居都下逾年，未尝一至贵人之门，章子厚欲一见，终不可得。中丞傅钦之、侍郎孙莘老荐之，某亦挂名其间。会朝廷多知履常者，故得一官。某孤立言轻，未尝独荐人也。……

苏轼言者谆谆，而李廌一遭落第，心理不太平衡，索性奔走权门起来，苏轼再教诲他道：

> ……有文如此，何忧不达？相知之久，当与朋友共之。至于富贵，则有命矣，非绵力所能必致。姑务安贫守道，使志业益充，自当有获。鄙言拙直，久乃信耳。

苏轼以为方叔之所以如此，也许因为贫穷的缘故，所以不时给他赒济。自己没有钱时，甚至把皇帝御赐的马，也赠送给他。还怕他出卖时，买主要此马来路的证明，亲笔为他书立公据，用心周到，无以复加。[1]

然而才丰命蹇的人，虽得大有力者支持，确也仍有救助不得的，如李廌幸遇苏轼，但是没有机会，一切都是枉然。直到元祐七八年间，苏轼才能与范祖禹说：

> 李廌虽在山林，其文有锦衣玉食气。弃奇宝于路隅，昔人所叹，我曹得无意哉？

好不容易范祖禹应许与苏轼会衔合荐，而政局忽然生变，一

---

[1] 潘永因《宋稗类钞》谓黄山谷曾见此券，并为跋云："子瞻妙墨作券，或责方叔当成之，安用汲汲索钱，此又不识痒痛者，从旁论砭疽耳。"山谷与方叔交稔，当知其贫。

个巨大的浪潮冲击而来,荐主都已不能自保,还有什么李廌的机会,故布衣终身而死。

苏轼知贡举,一遭大雪的天灾,二遭巡铺内臣的捣乱,三遭李廌的落第,四遭孙勰五名中选的诬谤,短短四十余天锁院期中,尽是烦恼。回忆他应进士试时,欧阳修与韩绛、王珪、范镇、梅挚、梅圣俞六人于闱中五十日间,相与唱和,得诗一百七十余篇,笔吏疲于写录,僮子忙着传诗递笺,欢然相得之乐,真是不可同日而语。① 这次闱场中,虽然同官尽是旧好,不但都是诗人,而且还有画家,只因欧阳修知贡举那次,考官诗兴太浓,士论非常不满,所以自此以后,不准试官闱内吟咏。所以四十余日中,没有一人敢作一诗,苏轼闱中,烦懑需要发泄,只得随手拿起评点试卷的朱笔来扫了一幅竹子,有人说:"竹色非朱。"苏轼回答说:"竹也并非墨色。"这是无意中的创意,后世遂以为法,画谱里便有"朱竹"一格。②

三月初六,考校已毕,等待诸厅参会时,苏轼到李公麟房去看他。其时公麟害"水症",胸腹饱闷,画了一幅《骥马图》,苏轼、黄庭坚和同院的蔡肇、晁补之、舒焕、廖正一都是题诗。苏轼另有戏作一首,颇能道出场中生活的情景:

竹头抢地风不举,文书堆案睡自语。
看马欲骤顿风尘,亦思归家洗袍袴。

此诗戏言闱场里面的生活苦况,公麟读了大笑道:"有顿尘马欲入笔,快取纸来!"③

---

① 〔宋〕欧阳修:《归田录》。
② 〔清〕方薰:《山静居画论》。
③ 本集:《书试院中诗》。

## 十　金莲烛

贡举事了，苏轼就得认真考虑自家的出处了。

上年冬季，赵君锡所提出的叶祖洽改官案，赵挺之弹劾的馆试廖正一案，王觌的宜兴一郡案等等，抨击的本身，苏轼认为不必辩白。不过，一案未平，一案又起，让精神时间照这个样子消耗折磨，实在太不值得，所以他就不提劾案，只以疾病的理由，连连上札，请求外放。

太皇太后召见，面问他："何故屡入文字乞郡？"

苏轼具以病状为对，太后宣谕：

"岂以台谏有言之故？你兄弟自来孤立，向来进用，皆是皇帝与老身主张，不因他人。今来但安心勿恤人言，不用更入文字求去。"

苏轼退朝后，深感太皇太后恩德高厚，外放一言，再难启齿，自知不容于人的真实原因，只是在于"宠禄过分，地势侵迫"所致，倘然仍踞高位，谤讪一定不绝。因此他改乞朝廷罢免他翰林学士的位置，别给京师里任何一个闲差，可望免为台谏攻击的目标。元祐三年三月下旬，上《乞罢学士除闲慢差遣札子》，剖析遭人攻讦的因由云：

> 臣退伏思念，顷自登州召还，至备员中书舍人以前，初无人言。只从参议役法，及蒙擢为学士后，便为朱光庭、王岩叟、贾易、韩川、赵挺之等攻击不已，以致罗织语言，巧加酝酿，谓之诽谤。未入试院，先言任意取人。虽蒙圣主知臣无罪，然臣窃自惟，盖缘臣赋性刚拙，议论不随，而宠禄过分，地势侵迫，故致纷纭，亦理之当然也。……

苏轼但求给予一个秘书监、国子祭酒之类的闲官,俾资自保。札上,太皇太后只是"慰留"。

司马光逝世后,朝内群臣既自分别派系,人事纷争不已,而散在京外的那批熙丰之臣,蠢蠢欲动,不是恶意评骘朝廷的施政,就是从中挑拨离间,诡变无穷。

只爱谈禅,不喜接见士大夫的太平宰相吕公著,际此内外交迫的境况,自己则又既老且病,实在无法支应,屡请罢相。至元祐三年四月,获准解除实际政务,拜为司空同平章军国事,和文潞公一样,成为国家的元老。

相职的继任是以中书侍郎吕大防为尚书左仆射兼门下侍郎,以同知枢密院范纯仁为尚书右仆射兼中书侍郎。吕大防以不植党羽,立朝公正无私而被重用。范纯仁是范文正公(仲淹)的次子,字尧夫。他的政见不尽同于司马温公,看前述争差免役法和主张恢复青苗放款以济国用两事,可以概见。纯仁青年时代有个出名的"麦舟故事"。范文正公在睢阳,派尧夫到姑苏去取麦五百斛,回程路上,舟次丹阳,遇见父执石曼卿,问他来此已有多久。曼卿说:"我已来了两个月,原想将三具先人的灵柩运回西北去归葬,但是没处借钱。"尧夫就把麦子和船都送了他,自己骑马回去。到了家里,不敢对父亲说,直到文正问道:"在东吴见到故旧没有?"他才将遇见石曼卿的经过说了出来。文正便说:"那你何不就将麦舟送他。"尧夫才坦然道:"已经给他了。"其人品德之高,为人称道。①

宰相的更易,是何等重要的国家机密,所以必须先将学士召入翰林院,锁院,然后面授词头,撰麻公布。

---

① 〔宋〕释惠洪:《冷斋夜话》。

学士因"撰麻"锁院,与试士不同。试士有预定的日程,一切可先准备;撰麻都是临时宣召,或全番或半番快行差员,分批往学士邸第"传宣",须等各班快行分批到齐,则学士上马,穿朝服,戴高帽,众人簇拥入院。院内如别有直宿学士或直学士在,均须先行回避出去。当夜,依照宣论撰麻,撰就进呈,一面通报阁门宣赞舍人①,当晚由御史台阁门通报,明日"宣麻"②,则文武百僚明晨均须集合赴文德殿听宣。其郑重有如此。③

四月四日,苏轼被传锁宿禁中,中使宣召入对,内东门小殿帘中,传出除目。那是吕公著平章军国事;吕大防、范纯仁左右仆射,交他撰写"麻制"。苏轼承旨毕,太皇太后忽然说道:"官家在此。"

"适已起居(行礼)过了。"苏轼恪恭谨对。

"有一事要问内翰(宋称翰林学士),前年任何官职?"太后询问。

"汝州团练副使。"

"今为何官?"太后再问。

"备员翰林,充学士。"

"何以至此?"

"遭遇陛下。"

"不关老身事。"

"那必定出自官家。"

"亦不关官家事。"

---

① 阁门宣赞舍人:掌朝会、宴餐、供奉、赞相、礼仪诸事。
② 宣麻:宋存唐制,宣布重要诏令用白麻纸,其他诏令用黄麻纸,在朝廷对文武百官宣读,称"宣麻"。
③〔宋〕赵升:《朝野类要》。

"莫非是大臣论荐?"苏轼恭问。

"亦不关大臣事。"

苏轼大惊,郑重回道:"臣虽无状,必不别有干请。"

"久待要学士知道,"太后说,"此是神宗皇帝的遗意。神宗皇帝饮膳中常看文字,看得停箸不举时,内监们都知道定是苏轼写的什么。他又常常称道:奇才,奇才。不幸未及起用学士,就上仙了。"

苏轼听到此处,禁不住感情激动,失声痛哭。太后和皇帝也都流下泪来。随命赐坐,吃茶。

"内翰,内翰,直须尽心奉事官家,即是报答先帝的知遇。"太后郑重叮咛。

苏轼拜辞,太后命撤御前金莲烛,送学士归院。[1]

自此,苏轼一面尽力经筵,教育这位年轻的官家,遇事直抒己见,不顾一切地言事,只为报答先帝和太皇太后的知遇。

苏轼居常还有特派的外交任务,如元祐元年(1086)十二月在中国东北边境,契丹人所建的辽国,派使者耶律永昌、刘霄来贺坤成节(宣仁太后诞辰),诏以狄咏(狄青之子)、苏轼为"馆伴"。宋制:番使入国门,即差馆伴使副负责接待,陪同住在驿馆,凡趋朝、见辞、游宴均相伴同。辽是宋朝最大的敌国外患,馆伴的职责,混合外交和防谍的双重任务,苏轼表现得处处谨慎。

他们初与刘霄会食,苏轼酒量本来不大,饮半,他已谢不胜酒力,刘霄便念起他的旧作来:"痛饮从今有几日,西轩月色夜来新。公岂是不善饮酒的人?"苏轼心里很奇怪北虏也知他的诗。[2]

---

[1] 〔宋〕王巩:《随手杂录》。
[2] 〔宋〕陆游:《老学庵笔记》。

宫廷赐宴回馆,刚开始起步,苏轼骑的那匹马失足小蹶。刘霄立即下马过来慰问:"受惊了,没有受伤吧?"苏轼回答:"衔勒在御,虽小失,无伤也。"他很镇静地保持着上国大臣的风度。[①]

苏轼陪契丹使入宫觐见时,望见文潞公(彦博)站在殿门外,使者却立改容,小声问道:"那位即是所谓以德服人的文潞公吗?"又问潞公的年纪。苏轼说:"今年八十三岁。"使者惊叹:"何等强健!"

苏轼说:"您只见他形貌,没有听他讲话。他综理庶务,酬酢事物,虽精练少年,也不如他。贯穿古今,博学强记,虽专门名家,亦有不逮。"使者拱手道:"真是天下异人!"[②]苏轼后来撰富(弼)公碑,《答陈传道书》说:

某顷伴虏使,颇能诵某文,乃知虏中皆有中原文字,故为此碑,欲使虏知通好用兵利害之所在也。

身为近臣的苏轼,前曾奉派使辽,辞谢未去。至元祐四年八月,他在杭州任时,苏辙奉派为贺辽国生辰的国信使,将行,苏轼作《送子由使契丹》诗,引用唐史李揆的故事,谆谆以谦抑自己,宣示中朝人才之盛为嘱。

李揆风仪俊美,口才很好,皇上叹为门第、人物、文学都是当代第一。入番会盟,酋长说:"闻唐有第一人李揆,就是您吗?"

揆惧为番人所留,骗他说:"彼李揆安肯来耶!"

苏氏兄弟,一样名扬北狄,所以苏轼送行诗有"沙漠回看清禁月,湖山应梦武林春。单于若问君家世,莫道中朝第一人"那样的话。

---

① 〔宋〕何薳:《春渚纪闻》。
② 本集:《德威堂铭》。

果然，苏辙行至涿州，《神水馆寄子瞻兄四绝》诗，便有那样一首：

谁将家集过幽都，逢见胡人问大苏。
莫把文章动蛮貊，恐妨谈笑卧江湖。

苏辙至辽，辽主派他们的侍读学士王师儒为馆伴。师儒就很能讲说三苏的文章，还能背诵苏辙的《服茯苓赋》，但恨未见全集。苏辙所见辽人，大都会向他问候："大苏学士安否？"

苏轼文名，传扬海外，虽为外夷所爱服，讵知他在国内，却不见容于同列的朝士，只望能够给予越州一郡，能够逃过台谏们的凶锋，就算很好的了。作《次韵子由使契丹至涿州见寄四首》之一，即言：

毡毳年来亦甚都，时时鴂舌问三苏。
那知老病浑无用，欲向君王乞鉴湖。

苏辙此行，带了他的大儿子苏迟侍行。苏轼非常高兴，称赞他道："随翁万里心如铁，此子何劳为买田。"

此后若干年，苏轼的门生张舜民（芸叟）也奉命出使大辽，见宿州馆中有题苏轼的《老人行》于壁间者，范阳书肆刻苏轼诗数十篇，题曰《大苏小集》①，足见辽人研究中原文化的热烈和对于苏轼诗文的崇拜，亦不限于外交应对一时之用而已。

元祐三年（1088）五月初一，皇帝在文德殿视朝，苏轼以翰林学士兼侍读，苏辙以户部侍郎轮值恰同"转对"。按制，自侍从以次朝官，每五日各轮派一员上殿，为"轮当面对"，简称"轮对"或"转对"。面对时，必须进呈有关时政的札子，即就所见条

---

① 〔宋〕王辟之：《渑水燕谈录》。

陈之类。

苏轼条陈三事：一是以天下之广，事物之变，执政和谏官不能尽知，请准其他臣僚皆得"请间奏事"，以广耳目；二是取士太滥，而中式进士得缺不易，因为得缺不易，所以到官之后，难免贪赃黩货；三是任子（恩荫）必须裁减，以救官冗，减少国家官俸支出的沉重负担。

这三事中以第一项为最重要，广开言路，可以使君上耳目聪明，君上耳目聪明，则执政的臣僚就无法把持政柄，蒙上蔽下——宋朝的台谏制度本意在于监督执政，但如台谏官竟为执政利用时，则君上耳目尽废，历史上的权臣也就出现了。

## 十一　乞郡避谤

元祐三年（1088）五月间，进御史中丞胡宗愈为尚书右丞。宗愈是一个不主党派的人物，洛蜀交争时期，他曾撰进《君子无党论》一篇，大意说："君子指小人为奸，则小人指君子为党。陛下能择中立之士而用之，则党祸熄矣。"他这建议，太后印象很深，所以这次吕公著病辞，她就起用戆直无党的吕大防，公正无私的范纯仁为相，并以胡宗愈为尚书右丞，参与执政。从这一次改组政府的人选，看出太后对于党争的厌恶，已经非常明显。

谏议大夫王觌正是一个专搞朋党的言官，对于胡宗愈的议论甚是不满，于是他就疏论宗愈不可执政，言："胡宗愈自为御史中丞，论事建言，多出私意，与苏轼、孔文仲各以亲旧，相为比朋。"甚且指元老文彦博是他们的后台，这正是太后最憎恶的党同伐异，立刻由宫中内批出来："王觌论议不当，落职，与外任差遣。"

后二日，范纯仁、吕公著、文彦博三人辩于太后帘前。公著说："王觌若只为论列宗愈，便行责降，不协众情。"纯仁说："朝臣本无党，但善恶邪正各以类分而已。彦博、公著都是累朝旧臣，决不会共同罔上的。"他又极言庆历党祸的经过，并录欧阳修所作《朋党论》进上。然而太后之怒，终不可解，宣仁太后认为谏官必须超然，如谏官与执政勾结，参与党争，后果不堪设想，她坚持出王觌知润州。

自从太皇太后和皇帝便殿召见之后，苏轼认定朝廷既以国士待我，此身已非己有，一念只在如何报答知遇，心中不再有丝毫安危祸福的顾忌，下定决心，要把内外臣工联合起来蒙骗朝廷的几件弊案，揭发出来。元祐三年（1088）九月五日乘迩英进读时，上《述灾诊论赏罚及修河事缴进欧阳修议状札子》。他说："近四年来，水旱天灾迭见，阴阳失和，由于朝廷赏罚不明，举措不当之咎。"如：

一、去年，熙河诸将生擒鬼章，这是一件奇功，加官赐金，理所当然；但是泾原诸将，闭门自守，使贼寇大掠而去，如入无人之境，他们也一样加官赐金，赏罚不公，至于如此。二、广东妖贼岑探造反，兵围新州，差将官童政往救，他却贼杀平民数千，朝廷派江西提刑傅燮往查，燮畏避权势，归罪于新州官吏。但是又言新州官吏却有守城之功，乞以功过相抵，愚弄上下，有同儿戏。三、蔡州捕盗，吏卒杀平民一家五六口，皆是无辜的妇人，却屠割尸体，冒充男子首级请赏，守倅不按，监司不问。等到臣僚上言，行下本路彻查，却说杀时男女不可辨认。苏轼论曰："白日杀人，不辨男女，岂有此理！"似此纪纲颓弛，偷惰成风，则天下之乱，可坐而待。

关于河事，他说，黄河故道淤塞，水决向西北行者为时已久，岂能以人力筑堤堵塞？现在一个都水使者王孝先，偏要兴工堵塞北京南开孙村河，妄求河复故道。内自工部侍郎、都水属官，外至安抚转运使及外监丞，大家知道黄河故道高仰，势如登屋，水性向下，堤工必然无功，而且祸患不测。如能赶快停工，损失还小，假使再听任他搞下去，后患不堪设想。朝廷又"何苦徇一夫之私计，逆万人之公论，以兴必不可行之役"。苏轼所指"一夫私计"这四个字，里面包括许多文章。

这次回河东流的主意，表面上是知枢密院的安焘所奏请，幕后却是元老文彦博和宰相吕大防所同意支持的。苏辙已先往谒左相公吕公著建言：

"河决而北，先帝不能回，而诸公回之，是自谓过先帝也。元丰河决，导之北流，何不一仍其旧，修其未备即可。"

公著说："我们来想办法。"但是后来就无下文。

苏轼性不忍事，就直截了当上了这样的札子，而且语气还那么锋利。兄弟二人，一样以知识良心报国，而临事的态度与方法完全不同。虽然结果一样无法挽回大老的决计，但苏辙不招怨，苏轼则因此议，为当局所痛恶。

后来，苏辙在论河事章奏中，还追述此事说："臣兄轼前在经筵，因论河事，为众人所疾，迹不自安，遂求隐遁。"即指此事。

苏轼在此札中，还连带缴进欧阳修旧作《修河议状》两篇，以加重他的论据。札尾又"贴黄"言：

臣为衰病眼昏，所言机密，又不敢令别人写录，书字不谨，伏望圣慈，特赐宽赦。

苏轼的眼病，始于黄州，此后时发时愈，至今年十二月主馆职试时，目昏更甚，至今未愈。而黄州看田沙湖道中，淋了冷雨，左手肿痛的毛病，现已转成慢性的麻痹不仁，终不脱体。

自程颐罢去，洛党解体后，朔派指使言路，一力攻讦苏轼，太后知道苏轼说话，有时不免疏忽和夸张，但却本于谋国的忠诚，从不听纳间言。朔派愤无所泄，就使出别一战略：要斫大树，先去枝叶；要杀鹰隼，先除羽翼。所以这两年来，凡是苏轼所引荐的人，如黄庭坚、欧阳棐、秦观等，都被台谏弹劾过，几乎无一幸免。如元祐元年八月，苏轼荐举王巩，台谏便论巩本奸邪，离间宗室，因能谄事苏轼，所以获荐。苏轼大为愤怒，十一月上章力辩。他说："如王巩固是奸邪，则司马光生前擢升他为宗正寺丞时，台谏何不论奏？王巩疏论'疏远宗室，不当称皇叔皇伯'，意在尊君，何名离间？此议当时原有多人并不赞成，独司马光深然其说，所以行下有司，台谏官也无一人说话。只因现在司马光死了，王巩就变成了奸邪，就被戴上了'离间宗室'的罪名。至于臣与王巩，自幼相知，从我为学，何名'谄事'？总而言之，台谏要攻击的本来是我，王巩被我连累而已，'诬罔之渐，惧者甚众'。"反驳虽然激烈，而王巩依然被攻出京，初除西京通判。元祐二年秋间，自西京改调扬州通判，在任不到一年，又被攻了下来。后因苏辙之荐，除知宿州，便掀起绝大风波，未能莅职。王巩则因与苏氏兄弟交好之故，终元祐之世，始终不得抬头，蹭蹬不堪。

苏轼特立独行，非但议论不肯苟与人同，做事也我行我素，绝不迁就别人，所以，在朝一向孤立，很少有政治上声应气求的朋友。真正和他往来密熟，互相关顾者，只有几个门生而已，如被蔡京以蜀党列入党籍碑的，只有王巩、黄庭坚、秦观、晁补之、张耒、陈师道、毕仲游、李之仪、廖正一、李昭玘等十人。除了王巩的遭遇，已如前述，其余诸人，只因出自苏门，便逃不过被"剿治"的命运，没有一人在宦途上得意过。

如黄庭坚至元祐三年（1088）五月，始得除命为著作郎，便被赵挺之攻击得体无完肤，诋为"操行邪秽，罪恶尤大"，降归原职，一度为起居郎，旋又被攻责降。秦观得一秘书省正字的任命，马上遭贾易的严劾，狼狈出京；毕仲游被列为五鬼之一，为刘安世、孔文仲所攻；晁补之、廖正一、李昭玘竟至不能安于馆职，并出为吏；张耒"苜蓿自甘"，在馆八年，一无进展；李之仪在枢密院沉浮下吏；陈师道不保一个地方学官的职位。他们之中，没有一人能够跻身言路，也没有一人能获得有为的地位，尽是冠盖京华里，坐冷板凳的广文先生；而且因为沾上了苏门的色彩，稍一活动，便被痛击。虽然这些人对师门的敬爱依旧，而老师心里的遗憾与痛苦，则更甚于自己之遭遇侮辱与损害。

苏轼对于现实政治的丑恶，几已到了绝望的地步。他的老朋友，权知开封府尹的钱勰（穆父），以奏报狱空不实的罪名，被人检举，出知越州（今浙江绍兴）。苏轼表示非常羡慕，而且劝他千万不要回来。作《送钱穆父出守越州》诗曰：

若耶溪水云门寺，贺监荷花空自开。

我恨今犹在泥滓，劝君莫棹酒船回。

钱勰出知越州，右正言刘安世还认为罪重责轻，谠谠不已，苏轼与他力争，所以后来两次和穆父诗中，一曰："年来齿颊生荆棘，习气因君又一言。"一曰："欲息波澜须引去，吾侪岂独坐多言。"政坛上敌对的形势一经造成，即使能效金人三缄其口，对方也不会放松你一步的。

苏轼实在再也不堪在这泥淖里受罪,至十月十七日,他便以左臂不仁、两目昏暗的理由,上章坚乞一郡。

这次,他决心将自己遭遇的前因后果,统统说个明白,从他还朝以来,怎样与司马光因争役法而结怨台谏;范百禄与韩维争议刑名,韩维又怎样把他牵扯进去,称他们为川党;又将与赵挺之结怨的缘由,坦白陈告,所以如最近草一麻词,用了《诗经》上一句"民亦劳止"的话,便被赵挺之指责比神宗为周厉王,举为诽谤先帝,其心狠毒,甚于李定、舒亶;王觌论胡宗愈,又指他与孙觉为党,说丁骘是他的亲家。他说:"二年之中,四遭口语,发策草麻,皆谓之诽谤。未出省榜,先言其失士。以至臣所荐士,例加诬蔑。"动辄得咎,他已断然不见容于侪辈了。

苏轼引用汉宣帝杀盖宽饶,唐太宗杀刘洎为例,说明谗言积毁的可怕,请求太皇太后体谅他的处境,给他一个"不争之地"。

上了这个陈情乞郡札后,即便告了病假,在家静候朝廷发落。

这次病假,拖延竟达一月之久,太皇太后只是三日两头地遣使问疾,赐药赐膳,督促苏轼定个朝参的日子,最后才将他的乞郡札,朱批下来,依然不准。

苏轼无奈,只得销假复值玉堂。十一月一日锁院,宫中又赐出官烛、法酒,苏轼不能不为之感动,书呈同院诗:

微霰疏疏点玉堂,词头夜下揽衣忙。
分光御烛星辰烂,拜赐官壶雨露香。
醉眼有花书字大,老人无睡漏声长。
何时却逐桑榆暖,社酒寒灯乐未央。

吕公著辞相后,前时罢废在外的熙丰旧臣,分别对执政和台谏两方面，积极活动起来。朝廷确也渐启藩篱，不太能够坚持原则如初，如李宪乞于近地居住，王安礼抗拒恩诏，蔡确请求放还其弟，等等，这些不该准的逾分要求，都批准了。崔台符、王孝先、杨汲之流，都已进用了。熙丰罪魁吕惠卿冷眼旁观，看出朝廷日趋软弱，才敢乞居苏州。适于此时，苏轼前所举荐的郓州州学教授周穜，竟然上疏乞以故相王安石配享神宗皇帝。苏轼认为周穜草芥微臣，何敢创此重议，背后一定有人策动，目的在于试探朝廷，渐进邪说。此人是他荐举的，他应该负责，立即两上章自劾，并说：此事关系国家治乱之本，不可"薄臣之责而宽穜之罪"，否则是"私臣之身而废天下之法，臣之愧耻，若挞于市"。像这样严正是非的精神，充分表现元祐大臣的风裁。

有一天，在迩英阁进读"宝训"，讲到太宗听说各州牧监所养的马，被人克扣刍秣，多病且死，便命取十数槽来，置于殿庭下，亲自照顾，以资示范。苏轼从这个马的故事，联想到老百姓下情不能上达的痛苦，上札言：

  民之于马，轻重不同，若官吏不得其人，人虽能言，上下隔绝，不能自诉，无异于马。

举一个实例：去年西夏犯边，杀掠至万余人，而边将奏曰："野无所掠。"朝廷派提刑司勘查，提刑孙路复奏："被杀者只有十余人，乞朝廷先行免究，然后考查实数。"苏轼论曰："既行蒙蔽，又乞放罪。"实是侮弄朝廷。马不能言，小民亦不能言，四海之众，无法置之殿庭，亲自照顾，所以，朝廷除广任忠贤以为耳目外，老百姓的疾苦，根本无法上达天听。

元祐四年（1089）二月，司空、同平章军国事吕公著病逝。太皇太后震悼异常，一见到辅臣们，她就哭道：

"邦国不幸,司马相国既亡,吕司空复逝!"

太后与皇帝亲临吕家奠唁,赠太师、申国公,予谥"正献"。

苏轼病假一月后,虽然勉强回到翰林院去工作,但因讲述马的故事,说及边将隐匿败亡、提刑查报不实一节,又开罪了掌握政坛的"巨室",劾奏不断地飞送进宫,并在酝酿发动一次致命的打击,非把他斗垮不可。苏轼又连上三状求放越州,明白说出:"朝廷若再留他,是非永远不解。"太皇太后终于明白她既没办法控制言官,只得准了苏轼的请求。诰下:"苏轼罢翰林学士兼侍读,除龙图阁学士充两浙西路兵马铃辖、知杭州军州事。"

在此以前,台谏们攻击苏轼的章疏,源源不绝,真已到了"谤书盈箧"的地步,太皇太后一律留中不发,苏轼本人只听到朝列中有人在那样传说,内中说些什么,茫然不知。他是个光明磊落的人,当然不愿如此不明白地一走了之,因此,上疏乞将台谏官章疏降付有司根治。太皇太后认为只要她不相信就是了,何必增加是非,还是"不报"。

苏轼为结束公私事务,继续留在京师一个多月,而在此期间,朝廷却在热烈争论如何窜逐已谪安州的前相蔡确。

原因是蔡确去夏游车盖亭,作诗十章,落入他的仇家知汉阳军的吴处厚手上,吴就一一加以笺注,向朝廷检举。如"何处机心惊白马,谁人怒剑逐青蝇"是讥讪朝政;"叶底出巢黄口闹,波间逐队小鱼忙"是嘲笑新进用事之臣。其中一首用了唐朝郝处俊典故的,被"笺注"为把太皇太后比作武则天。[①]

诗进于朝,太后并未生气,但说:"执政们自去商量办理。"他

---

① 〔明〕蒋一葵:《尧山堂外纪》。

们议定,将原诗寄与蔡确,令其自为辨析。然而右正言刘安世说:"蔡确罪状著明,何待具析,此乃大臣曲为之地而已!"其意所指是范纯仁。于是贬蔡确为光禄卿分司南京。但是台谏们仍然议论纷纷,以为太轻。谏议大夫范祖禹说:"蔡确的罪恶,天下皆知。尚以列卿分务留京,未厌众论。"因此,执政议置蔡确于法,范纯仁、王存以为不可;文彦博很生气,主张将蔡确远贬岭南,纯仁听到这个消息,就赶去跟吕大防说:"此路自乾兴以来,荆棘已七十年。吾辈开之,将来恐自不免。"大防就不敢说了。

恰巧这时候,梁焘自潞州召还为谏议大夫,来京时路过河阳,遇到邢恕,邢恕盛称"蔡确有策立之功,社稷臣也"。太皇太后听到这话,才大发脾气,泣谕执政大臣道:

"皇帝是先帝的长子,子继父业,分所当然,当时谁曾有过异议?官家岂不记得,但问太妃就好。蔡确有何策立之勋?"

蔡确这句话,为什么会使太皇太后如此生气,盖因神宗病重,议立皇太子时,蔡确有意拥立岐王赵颢或嘉王赵頵,而岐、嘉二王都是太后的亲生儿子。

然而宣仁太后大公无私,认为神宗自有儿子,当然应该以神宗之子为皇储,继承大统,何用"兄终弟及",所以一面命令岐、嘉二王不要随便入宫,以避嫌疑,一面密谕宦官梁惟简缝一袭黄褙子,十岁孩儿穿得着者,不得令人知。①

神宗病危,太后力主神宗第六子延安郡王赵佣(后赐名煦)为太子,既崩,哲宗即位柩前,身上就穿这件早先预备的黄褙子。

---

① 〔宋〕晁说之:《晁氏客语》。又《曲洧旧闻》亦有类似记载,被委制衣者为小黄门邵成章。

一个公正的人，反遭冤诬为"欲帝己子"，假使哲宗信了这个谣言，这份苦心，如何得白？所以，太后会这样震怒而且伤心，力促执政严办谪命。

　　第二日，执政廷对时，帘内忽谕："蔡确可英州别驾，新州安置。"吕大防说："蔡确先朝大臣，乞移一近里州郡。"范纯仁说："圣朝宜务宽厚，不可以语言文字之间，暧昧不明之过，窜逐大臣。"左右二相共同劝阻，但是，帘内曰："山可移，此不可改！"大家后来推想，九重之内，安知有英州、新州？此必有"博士"——文潞公——在代出主意。①

　　蔡确固然是个罪有应得的奸人，但当台谏官们必欲置之死地的时候，苏轼认为蔡确做相时祸害国家的种种大罪，概已不问，现在却以语言文字来入其罪，本末倒置，有伤政府严正的立场。他是身受这种挑剔，厌恨这种作风达于极点的人，为要消灭这股歪风，想出了一个两全的办法。但因除命已颁，身是外官，所以只能以密疏上陈太皇太后，建言略曰：

　　　　朝廷若薄确之罪，则天下必谓皇帝陛下见人诽谤圣母，不知愤疾；若深罪之，亦或以谓太皇太后陛下圣量宽大，不能容一小人谤怨之言。臣欲望皇帝陛下降敕，令有司追确根勘，然后太皇太后内出手诏云：确尝为辅臣，当知臣子大义，今所缴进，未必真是确诗，其一切勿问。如此处置，则二圣仁孝之道，实为两得。取进止。②

　　据说，太皇太后看了苏轼这份密疏，心善其言而怒不解。蔡

---

① 〔宋〕王巩：《随手杂录》。
② 高文虎《蓼花洲闲录》："蔡确之子懋，宣和末为同知枢密院事，因奏事言及确南迁时事云：'苏轼有章救先臣确，臣家尝传录。'袖出章进上。……"所称应即此疏，然此为密件，不知何以有录本落入蔡确儿子之手。

确终于贬谪新州（今广东新兴）。苏辙则以为蔡确起自小官，每次升迁，都由鞫狱立功，"善恶之报，不可诬也"①。

苏轼此行，朝廷给予的礼遇，光宠异常，太皇太后特准用前执政恩例，诏赐衣一对，金腰带一条，金镀银鞍辔一副，马一匹。这都是加殿阁衔的封疆大臣，才能得到的宠赐。

热衷爵禄的给事中赵君锡，在一旁看得眼红心热，见得太皇太后以执政之礼待苏轼，猜想不久召还，一定就是拜相了。为要预先结个缘，立即上状盛称苏轼的道德文章，以为朝廷不能没有此人，"伏望收还苏轼所除新命，复留禁林，仍侍经幄"。

这样一个投机小人，二苏不察，视为朋友，后来果然吃了他的大亏。

苏轼往谒文潞公辞行，潞公再三嘱咐道："君至杭州，少作诗歌，恐为不喜者诬谤。"

临别，上马时，潞公又再三嘱咐道：

"若还兴也，便有笺云。某虽老悖，愿君不忘鄙言。"

此即引用近事，吴处厚笺注蔡确"车盖亭诗"，蔡因此罹祸的故事，叮咛苏轼务须警惕。②

苏轼出郊待发，太皇太后又特地派遣内侍来赐龙茶、银盒。

苏轼于元丰八年（1085）十二月自登州来京，至元祐四年（1089）四月离去风雨京华，三年有奇。

---

① 〔宋〕苏辙：《龙川别志》。
② 〔宋〕张耒：《明道杂志》。